Izabella Gawin

La Palma

„Eine der merkwürdigsten Inseln des Ozeans"
Leopold von Buch, Geologe, 1774–1853

Impressum

Izabella Gawin
REISE KNOW-HOW La Palma

erschienen im
REISE KNOW-HOW Verlag Peter Rump GmbH
Osnabrücker Str. 79
33649 Bielefeld

© REISE KNOW-How Verlag Peter Rump GmbH 2001, 2003, 2004, 2006, 2008, 2009, 2010, 2014
9., neu bearbeitete und komplett aktualisierte Auflage 2015

Alle Rechte vorbehalten.

Gestaltung
Umschlag: G. Pawlak, P. Rump (Layout);
    Caroline Tiemann (Realisierung)
Inhalt: Günter Pawlak (Layout);
    Caroline Tiemann (Realisierung)
Fotonachweis: siehe S. 360
Titelfoto: Izabella Gawin und Dieter Schulze
    (Motiv: die Hacienda de Abajo in Tazacorte)
Karten: Catherine Raisin, der Verlag

Lektorat: Caroline Tiemann
Lektorat (Aktualisierung): Andrea Hesse

Druck und Bindung: MediaPrint, Paderborn

ISBN 978-3-8317-2673-8
Printed in Germany

Dieses Buch ist erhältlich in jeder Buchhandlung Deutschlands, der Schweiz, Österreichs, Belgiens und der Niederlande. Bitte informieren Sie Ihren Buchhändler über folgende Bezugsadressen:
Deutschland
    Prolit GmbH, Postfach 9, D-35461 Fernwald (Annerod)
    sowie alle Barsortimente
Schweiz
    AVA Verlagsauslieferung AG
    Postfach 27, CH-8910 Affoltern
Österreich
    Mohr Morawa Buchvertrieb GmbH
    Sulzengasse 2, A-1230 Wien
Niederlande, Belgien
    Willems Adventure, www.willemsadventure.nl

Wer im Buchhandel trotzdem kein Glück hat, bekommt unsere Bücher auch über unseren
Büchershop im Internet: www.reise-know-how.de

Wir freuen uns über Kritik, Kommentare und Verbesserungsvorschläge, gern auch per E-Mail an info@reise-know-how.de.

Alle Informationen in diesem Buch sind von der Autorin mit größter Sorgfalt gesammelt und vom Lektorat des Verlages gewissenhaft bearbeitet und überprüft worden.

Da inhaltliche und sachliche Fehler nicht ausgeschlossen werden können, erklärt der Verlag, dass alle Angaben im Sinne der Produkthaftung ohne Garantie erfolgen und dass Verlag wie Autorin keinerlei Verantwortung und Haftung für inhaltliche und sachliche Fehler übernehmen.

Die Nennung von Firmen und ihren Produkten und ihre Reihenfolge sind als Beispiel ohne Wertung gegenüber anderen anzusehen. Qualitäts- und Quantitätsangaben sind rein subjektive Einschätzungen der Autorin und dienen keinesfalls der Bewerbung von Firmen oder Produkten.

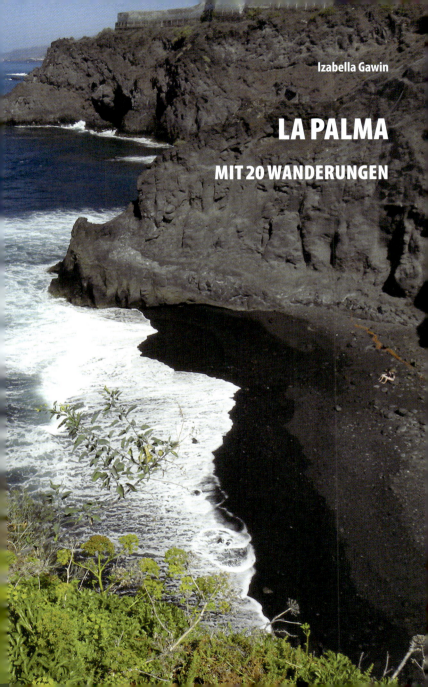

Izabella Gawin

LA PALMA

MIT 20 WANDERUNGEN

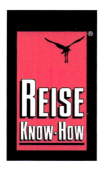

Auf der Reise zu Hause
www.reise-know-how.de

- Ergänzungen nach Redaktionsschluss
- kostenlose Zusatzinformationen und Downloads
- das komplette Verlagsprogramm
- aktuelle Erscheinungstermine
- Newsletter abonnieren

Bequem einkaufen im Verlagsshop

Oder Freund auf Facebook werden

Vorwort

„Nie wieder La Palma!" So schwören all jene, die sich im Urlaub am liebsten im weißen Sand rekeln, eimerweise Sangría schlürfen und nachts auf die Piste gehen. Tatsächlich ist diese Insel kein Pflaster für „Herrn Ballermann". Wer hierher kommt, will etwas anderes. Er möchte die ausgetretenen Touristenpfade verlassen, sucht das Abenteuer stiller Natur und den Kontakt mit dem ursprünglichen Landleben, reist in die abgelegenen Berg- und Küstendörfer.

Für La Palma hat man schon viele Namen erdacht: Isla Verde, weil sie so grün ist, Isla Corazón, weil sie die Form eines Herzens hat, oder auch einfach Isla Bonita, die schöne Insel. Sie erhebt sich aus dem Meer wie ein zerfurchter Gigant: in ihrer Mitte ein gewaltiger, nach Westen geöffneter Kessel – an seinem Rand ein in Nord-Süd-Richtung verlaufender Gebirgszug, der die Insel in zwei Hälften teilt und in einer bizarren Vulkanlandschaft ausklingt. Wohin man auch blickt, faszinierende Bilder: erstarrte Lava und aus Asche sprießender Wein, Bananenplantagen und Mandelbäume, zerklüftete Felslandschaften und romantische Schluchten!

La Palma ist noch nicht allzu lange touristisch erschlossen; gesichtslose Bettenburgen blieben der Insel deshalb erspart. Bisher gibt es nur zwei Ferienzentren mit größeren Hotels und Apart-

« Playa Zamora im Südwesten

› Wanderin unterm Drachenbaum bei Las Tricias

Vorwort

menthäusern: Los Cancajos im Osten und Puerto Naos im Westen, dazu eine kleine „Hotelstadt" bei Los Canarios im Süden. Mehr Betten sollen es auch nicht werden, denn nach dem Willen der Inselregierung wird zukünftig vor allem der Individualtourismus gefördert. Die meisten Besucher wohnen schon jetzt lieber in Berghotels und Pensionen oder auch in den liebevoll restaurierten, sich harmonisch in die Natur einfügenden Landhäusern. Turismo Rural (Tourismus auf dem Lande) lautet das Zauberwort für die Zukunft.

In diesem Reiseführer werden alle wichtigen Orte ausführlich beschrieben. Eine Fülle von praktischen Reiseinformationen ermöglicht es, die Insel auf eigene Faust zu entdecken. Leser erhalten fundierte Empfehlungen, wo man gut wohnen und am besten essen kann, wie man preiswert Urlaub machen kann, ohne auf Qualität verzichten zu müssen. Und natürlich ist auch an Naturliebhaber gedacht: 20 detailliert beschriebene Wandertouren machen mit den schönsten Landschaften vertraut. Sie führen vorbei an Drachenbäumen zu altkanarischen Höhlen, in den Märchenwald Los Tilos mit Riesenfarn und Wasserfällen, quer durch den Nationalpark und über die Vulkanroute in den sonnigen Süden.

Ich wünsche Ihnen eine gute Reise!

Izabella Gawin

Inhalt

Vorwort	4
Preiskategorien	8
Steckbrief La Palma	10
Kartenverzeichnis	11
Die Regionen im Überblick	12
Routenvorschläge	14

1 Hauptstadt und Umgebung 18

Santa Cruz – klein und fein 20
Überblick	20
Rundgang durch die Altstadt	23
Praktische Tipps	32
Las Nieves	38
Velhoco	41
Buenavista de Arriba	41

2 Der Nordosten 44

Monteverde – die grünen Berge 47
Überblick	48
Tenagua	49
Puntallana	50
La Galga	53
Los Tiles	54
Los Sauces	57
San Andrés	58
La Fajana	62
Barlovento	63

3 Der Südosten 68

Ländlich und bäuerlich 71
Überblick	71
Los Cancajos	72
Breña Alta und Breña Baja	80
Mazo	85
Belmaco	92
Tigalate	93

4 Der Südzipfel 94

Schwarz und wüst 96
Überblick	97
Los Canarios (Fuencaliente)	98
Las Indias und Los Quemados	107

5 Der Südwesten 112

Auf der Sonnenseite der Insel 115
Überblick	116
Puerto Naos	117
Rund um Todoque	126
Las Manchas	129
Tajuya	132
El Paso	132
Los Llanos	140
Argual	150
Tazacorte	155
Puerto de Tazacorte	162

„Kurzinfo ..."

Am **Anfang jedes Ortskapitels** steht ein Kurzinfo-Kasten. Hier finden sich Angaben zu Busverbindungen, Touristeninformationen, Banken, Gesundheitszentren etc.

Inhalt, Exkurse

6 Der Nordwesten 168

Rau und romantisch 171
Überblick 171
Mirador El Time 172
La Punta 173
El Jesús 175
Tijarafe 177
El Roque 183
Puntagorda 184
Las Tricias 191
Santo Domingo (Garafía) 193
Rund um Llano Negro 197
El Tablado 202
Roque Faro 203

Exkurse

Hauptstadt und Umgebung
La Palmas Indianer 37
„Manolos" aus der Modewelt 42
La Graja – die palmerische Krähe 43

Der Nordosten
„Feuerwasser" aus Zuckerrohr 61
Christen kontra Moslems –
eine Spiel-Schlacht im Barranco 64

Der Südosten
Starker Tobak –
La Palmas Meisterdreher 82
Mazos Kunsthandwerker 90

Der Südzipfel
Von Feinschmeckern und
Wandervögeln geschätzt –
die Salzgärten von El Faro 102

Der Südwesten
Abrissbirne am Strand 125
Kunst aus Feuer 152
Ein Kölner Zuckerbaron –
Jakob Groenenberg anno 1509 154
Cueva Bonita – „schöne Höhle"
mit gierigem Schlund 164
Sanftes Whale-Watching 167

Der Nordwesten
Gestoppter Exodus –
Licht am Horizont 176
Alle Jahre wieder –
Teufel los in Tijarafe 183
Loblied auf eine Frucht –
das Fest der Mandelblüte 190
Santo Domingo de Garafía –
Ort der Verbannten 195
Botschaften der Benahoritas 200

Das Zentrum
„La Palma zerbricht" 212
Multitalent Morera 213
La Palma –
erstes Starlight Reservat der Welt 218

Wandern auf La Palma
La Pared de Roberto –
die geheimnisvolle Wand 260

Praktische Reisetipps A–Z
Die schönsten Märkte 283

Land und Leute
La Palma –
für einen Urlaub oder für immer 336

7 Das Zentrum — 204

Caldera und Cumbre — 207
Überblick — 208
La Cumbrecita — 213
Los Brecitos — 214
Höhenstraße entlang der Caldera — 215
Observatorium Roque Muchachos — 216
El Pilar — 220

8 Wandern auf La Palma — 222

Die 20 schönsten Wanderungen — 224
Praktische Tipps — 224
1. Panoramaweg am Kraterrand – Spaziergang um La Cumbrecita — 228
2. Klassische Tour ins Herz der Caldera – Runde von Los Brecitos zum Barranco de las Angustias — 230
3. Prähispanische Felszeichnungen – Von El Paso nach La Fajana — 234
4. Wiesen, Pferdekoppeln, Aschefelder – Runde von El Paso über Llano del Jable — 235
5. Pilgerpfad zur Wetterscheide – Runde von der Ermita über den Picknickplatz El Pilar — 239
6. Erloschener Feuerberg – Runde von El Pilar zum Pico Birigoyo — 242
7. Spektakuläre Vulkanroute – Von El Pilar nach Los Canarios — 244
8. Durch Kiefernwald auf die Cumbre Vieja – Von Los Canarios zum Vulkan Martín — 247
9. Entlang einer Klippe zum Meer – Abstieg nach Puerto de Tazacorte — 249
10. Durch Mandelhaine zum Wachturm – Von El Jesús zum Torre del Time — 251
11. Zur Schmugglerbucht – Von Tijarafe zum Porís de Cancelaria — 254
12. Stilles Mittelgebirge – Von Puntagorda zum Gasthof Briestas — 256
13. Drachenbäume und Felshöhlen – Von Las Tricias zu den Cuevas de Buracas — 258
14. Alpintrip zur Sternwarte – Von der Degollada de los Franceses zum Roque de los Muchachos — 259
15. Windgepeitschte Höhensteppe – Vom Roque de los Muchachos zur Somada Alta — 263

Preiskategorien

Restaurants
Um den Lesern eine Vorstellung zu vermitteln, wie teuer die in diesem Buch vorgestellten Restaurants sind, wurden sie in drei Preisklassen unterteilt. Die Preise gelten für ein **Hauptgericht mit Nachspeise und Getränk.**

- **untere Preisklasse** ①: bis 15 €
- **mittlere Preisklasse** ②: 15–25 €
- **obere Preisklasse** ③: ab 25 €

Unterkünfte
Die Preise der Landhäuser und Hotels, Pensionen und Apartments gelten jeweils für ein **Doppelzimmer ohne Frühstück.** Für ein Einzelzimmer zahlt man in der Regel 70 % des Preises für ein Doppelzimmer.

- **untere Preisklasse** ①: bis 45 €
- **mittlere Preisklasse** ②: 45–90 €
- **obere Preisklasse** ③: 90–140 €
- **Luxusklasse** ④: über 140 €

16. Ausflug in ein Geisterdorf – Von Santo Domingo nach El Palmar	265
17. Durch die Wasserschlucht – Von Los Tiles in den Barranco del Agua	266
18. Lorbeerwald und Dschungelblick – Von Los Tiles zum Mirador Espigón Atravesado	267
19. Tunnelabenteuer – Zu den Wasserfällen Marcos y Cordero	268
20. Mandelbaumweg über der Hauptstadt – Runde von Santa Cruz nach Las Nieves	271

9 Praktische Reisetipps A–Z 274

Anreise	276
Autofahren	279
Barrierefreies Reisen	281
Camping	282
Diplomatische Vertretungen	282
Einkaufen und Mitbringsel	283
Ein- und Ausreisebestimmungen	285
Essen und Trinken	287
Geldfragen	291
Informationen	292
Internet	293
Kinder	295
Kleidung	296
Medizinische Versorgung	296
Museen und Besucherzentren	297
Nachtleben	298
Notfälle	298
Öffnungszeiten	299
Post	299
Rauchen	299
Sicherheit	299
Sport und Erholung	300
Telefonieren	305
Unterkunft	306
Verkehrsmittel	309

10 Land und Leute 312

Mildes Klima zu allen Jahreszeiten	314
Grandiose Landschaften	317
Schwarze Strände und wilde Küsten	318
Üppige Vegetation	321
Feste und Folklore	324
Altkanarische Kultur	329
Geschichtlicher Überblick	331

11 Anhang 338

Literaturtipps	340
Kleine Sprachhilfe	341
Hilfe!	346
Busfahrplan	349
Register	355
Die Autorin	360

Der Schmetterling …
… kennzeichnet Tipps mit einer ökologischen Ausrichtung: Naturgenuss, der besonders nachhaltig oder umweltverträglich ist.

MEIN TIPP: …
… steht für spezielle Empfehlungen der Autorin: abseits der Hauptpfade, nach ihrem persönlichen Geschmack.

Nicht verpassen!

Die Highlights der Region erkennt man an der **gelben Hinterlegung.**

Steckbrief La Palma

- **Lage:** im äußersten Nordwesten der Kanarischen Inseln, knapp 445 km vom afrikanischen Festland und 1500 km von Gibraltar entfernt. Zu den Nachbarinseln Gomera und Teneriffa sind es 65 bzw. 85 km.
- **Fläche:** 708 km², herzförmig, 46 km lang und 28 km breit.
- **Höchster Berg:** Roque de los Muchachos (2426 m)
- **Einwohner:** 85.000, davon ca. 10 % Ausländer (vorwiegend Deutsche)
- **Religion:** vorwiegend römisch-katholisch
- **Sprache:** Spanisch
- **Hauptstadt:** Santa Cruz, 18.000 Einwohner
- **Verwaltung:** Die Kanarischen Inseln bilden innerhalb Spaniens eine autonome Region (vergleichbar mit den Bundesländern in Deutschland). Sie ist in zwei Provinzen aufgeteilt: La Palma gehört seit 1927 mit Gomera, El Hierro und Teneriffa zur Westprovinz Santa Cruz de Tenerife, Gran Canaria bildet mit Lanzarote und Fuerteventura die Ostprovinz Las Palmas de Gran Canaria. Jede Insel wird von einem Inselrat, dem Cabildo Insular, verwaltet; dieser überwacht die Arbeit der Ayuntamientos, der Bürgermeisterämter der Gemeinden.
- **Exportgüter:** Bananen, Avocados, Mandeln, Orangen, Zigarren
- **Tourismus:** Ferienzentren in Los Cancajos, Los Canarios und Puerto Naos; daneben über 1500 Landhäuser und Ferienwohnungen, überwiegend im westlichen Aridane-Tal
- **Zeit:** Westeuropäische Zeit (= Mitteleuropäische Zeit minus 1 Std.)

Karten

La Palma, Touren	**Umschlag vorn**
La Palma	**Umschlag hinten**
Die Regionen im Überblick	13
Kanarische Inseln	Umschlag hinten

Übersichtskarten

Santa Cruz, Umgebung	20
Nordosten	46
Südosten	70
Südzipfel	96
Südwesten	114
Nordwesten	170
Caldera und Cumbre	206/207

Ortspläne

El Paso	136
Los Canarios (Fuencaliente)	100
Los Cancajos	75
Los Llanos	144
Puerto Naos	120
Santa Cruz	25
Tazacorte	158

Wanderkarten

Wanderung 1	228
Wanderung 2	233
Wanderung 3 und 4	234
Wanderung 5	240
Wanderung 6	242
Wanderung 7 und 8	245
Wanderung 9	250
Wanderung 10	251
Wanderung 11	254
Wanderung 12	257
Wanderung 13	258
Wanderung 14	262
Wanderung 15	264
Wanderung 16	265
Wanderung 17 und 18	266
Wanderung 19	270
Wanderung 20	271

◁ Selbst auf jungvulkanischem Boden sprießt es gewaltig – hier bei Los Canarios

Die Regionen im Überblick

1 Hauptstadt und Umgebung | S. 18

La Palmas Hauptstadt verströmt den Charme der „goldenen Zeit". Vor 500 Jahren war sie Spaniens letzter atlantischer Vorposten, ein Sprungbrett auf dem Weg in die Kolonien Amerikas. Aus dieser Zeit erhalten sind Renaissance-Plätze und Paläste, Kirchen, Klöster und Kastelle. Zurzeit wird Santa Cruz aufgepeppt: Außer einem Jachthafen erhielt die Stadt einen Strand. Für einen Tagesausflug unbedingt zu empfehlen, bietet sich Santa Cruz jetzt auch für einen längeren Aufenthalt an.

2 Der Nordosten | S. 44

Der **Lorbeerwald Los Tiles (S. 54)** – ein Relikt aus der Voreiszeit – war schon lange „Weltnaturerbe", als die UNESCO die gesamte Insel zum „Biosphärenreservat" erklärte. Beim Anblick der knorrigen, wolkenverhangenen Bäume fühlt man sich in alte Mythen versetzt. Der von Schluchten zerrissene Landstrich ist immergrün, im Winter aber kühl. In den Dörfern sind die Palmeros unter sich; an der Küste, wo Naturschwimmbecken locken, finden sich mehr Besucher.

3 Der Südosten | S. 68

Ein sanft geneigter Riesenhang senkt sich vom zentralen Gebirgsmassiv zur Küste hinab. Er ist mit Feldern und blühenden Gärten gesprenkelt, dazwischen liegen kleinere Orte, u.a. das historische **Mazo (S. 85)** und das Ferien-Resort **Los Cancajos (S. 72)** mit dunkelsandigen, geschützten Stränden. Etwas zersiedelt wirkt die Landschaft um **Breña Alta** und **Breña Baja (S. 80)**, dafür dominieren weiter südlich lichte, aus jungvulkanischem Boden sprießende Kiefern.

4 Der Südzipfel | S. 94

So grün der Norden, so karg der Süden: Nirgends wird man stärker gewahr, dass La Palma eine Vulkaninsel ist. Die Schlackefelder, erstarrten Lavaströme und mit Auswurfgestein bedeckten Hänge entstanden teilweise erst 1971! Der Landstrich ist von großem Reiz: an der Küste schwarze Lavabuchten, in mittleren Höhenlagen über Vulkanboden kriechender Wein, ganz oben, fast in der Cumbre, duftender Kiefernwald – und dazu steter Weitblick aufs Meer. Hauptort ist **Los Canarios alias Fuencaliente (S. 98).**

5 Der Südwesten | S. 112

Der lang gestreckte, bis zu 2000 Meter aufragende Gebirgszug der Cumbres ist La Palmas Rückgrat. Es teilt die Insel in zwei unterschiedliche Hälften: Während sich im Osten oft Wolken bilden, scheint im Westen die Sonne vom strahlendblauen Himmel. Dreh- und Angelpunkt ist **Los Llanos (S. 140)**, La Palmas „heimliche Hauptstadt" im zersiedelten Aridane-Tal. Weiter oben liegt das große, bei deutschen Residenten beliebte Bauerndorf **El Paso (S. 132)**. An der Küste hat sich **Puerto Naos (S. 117)** mit dem größten Inselstrand als Ferien-Resort etabliert. Eine dunkle Playa bietet auch **Puerto de Tazacorte (S. 162)** in großartiger Lage an der Mündung einer Schlucht.

6 Der Nordwesten | S. 168

Die gewaltige „Schlucht der Ängste" trennt das Valle de Aridane vom Nordwesten. Eine Serpentinenstraße überwindet die Schlucht, schraubt sich von Meereshöhe auf 600 Meter empor. Die anstrengende Anfahrt sorgt dafür, dass sich die Region ihre Ursprünglichkeit bewahrt hat: Zum bäuerlichen Alltag gesellt sich eine spektakuläre Natur mit zerrissenen Schluchten und Steilküsten, wilden Buchten, Drachenbaumhainen Kiefern- und Lorbeerwäldern.

7 | Das Zentrum
S. 204

Mit senkrecht abfallenden Felswänden und einem Durchmesser von 9 km zählt die **Caldera de Taburiente (S. 208)** zu den größten Erosionskratern der Welt. Sie ist von einem gezackten Kamm umgeben, von dem sich Schluchten zur Küste hinabsenken. Mit 2426 Metern höchster Zacken ist der **Roque de los Muchachos (S. 216),** auf dem ein Observatorium weite Blicke ins Universum bietet. Samt ihrer Nebenschluchten und -hänge ist die Caldera als Nationalpark geschützt und über Wanderwege erschlossen. Richtung Süden geht der Kraterrand in die **Cumbre (S. 210)** über.

Routenvorschläge

Die folgenden vier Touren erschließen La Palmas schönste Landschaften. Sie lassen sich miteinander kombinieren und selbstverständlich auch in umgekehrter Richtung fahren.

Die Touren sind in der **Karte im vorderen Umschlag** eingezeichnet.

1. Quer über die Insel: Zu beiden Seiten der Wetterscheide

Von Los Llanos nach Santa Cruz

- **Länge:** 105 km
- Der klassische Verbindungsweg führt von West nach Ost, von Los Llanos, der „heimlichen", nach Santa Cruz, der tatsächlichen Hauptstadt. Die Rückfahrt verläuft auf romantischen Nebenstraßen – über das Wallfahrtsstädtchen Las Nieves, danach auf einer dramatischen Höhenstraße durch Wälder und Lavafelder.

Über **El Paso** erreicht man das **Besucherzentrum** des Nationalparks. Unmittelbar davor zweigt links die schmale LP-302 zum Aussichtspunkt **La Cumbrecita** ab – mit großartigem Tiefblick in die Caldera de Taburiente! Unterwegs könnte man einen kurzen Abstecher zur Kapelle der Kiefernjungfrau (Ermita Virgen del Pino) einschieben, einem Kirchlein im Schatten einer Riesenkiefer.

Wieder auf der LP-3, geht es Richtung Cumbre Nueva, die sich wie ein gewaltiger Riegel über die Insel schiebt. Man quert sie durch den drei Kilometer langen **Túnel de la Cumbre** und findet sich alsdann auf der Ostseite der Insel wieder. In vielen Serpentinen schraubt sich die Straße durch Kiefernwald hinab. Hinter Breña Alta stößt man auf die Küstenstraße und erreicht die Hauptstadt **Santa Cruz**. Es empfiehlt sich, den Wagen am Hafen abzustellen und die Stadt zu Fuß zu erkunden.

Anschließend geht es vom nördlichen Ortsausgang über die landeinwärts weisende LP-101 in vier Kilometern zum Wallfahrtsort **Las Nieves**. Vorbei an **Buenavista de Arriba**, das vom Mirador „gute Sicht" bietet, gelangt man zur LP-3. Um nach Los Llanos weiterzufahren, folgt man nun nicht der vom Hinweg bekannten Route, sondern hält sich geradeaus, quert **San Pedro**, Hauptort von Breña Alta, und schwenkt auf die LP-301 ein. In vielen Windungen schraubt sie sich den Hang hinauf, passiert dabei die „Zwillingsdrachenbäume" (Dragos Gemelos) und den Aussichtspunkt La Pared Vieja.

15 Kilometer nach Queren der LP-3 erreicht man den schönen Wald-Picknickplatz **Refugio El Pilar** und passiert Llano del Jable, eine beim Ausbruch des „Verbrannten Berges" entstandene Asche-Ebene. Wenig später taucht man in dichten Kiefernwald ein, bevor die Straße in die LP-3 mündet, die links nach Los Llanos zurückführt.

Bei Tour 1 quert man den Gebirgszug der Cumbre – im Hintergrund des Bildes

2. Nordtour: Durch urwüchsige Wälder und Schluchten

Von Santa Cruz über Barlovento nach Los Llanos

■ **Länge:** 112 km
■ Tiefe Schluchten, wellenumtoste Küsten und Lorbeerwald: Im Norden erlebt man Natur pur und viel Einsamkeit; in Naturschwimmbecken kann man unterwegs ein Bad nehmen.

Von Santa Cruz geht es auf der LP-1 via **Puntallana** nordwärts, vorbei an mehreren Aussichtspunkten. Bei Km 21.1 muss man entscheiden, ob es geradeaus auf Spaniens längster Bogenbrücke (315 m) oder links in den naturgeschützten Lorbeerwald **Los Tiles** weitergehen soll. Nächste Station ist **San Andrés,** ein malerischer Küstenort – ideal für eine Pause, nach der man im Naturschwimmbecken **Charco Azul** einen Kilometer weiter ein Bad nehmen kann. Wer Fisch mag, findet im etwas weiter nördlich gelegenen **Puerto Espíndola** ein gutes Ausflugslokal.

Wieder retour auf der LP-1 könnte man nach drei Kilometern einen Abstecher nach **La Fajana** unternehmen, das gleichfalls mit Naturschwimmbecken und Fischlokal aufwartet. Und wieder auf der LP-1 kommt man nach **Barlovento:** ein windgepeitschter Kirchenplatz, dazu Zweckbauten – kein Ort, um länger zu verweilen! Kurz dahinter muss man entscheiden, ob man auf der abenteuerlichen LP-109 oder auf der bequemeren LP-1 weiterfahren will. Wählt man die erste Straße, passiert man mehrere pechschwarze Tunnel, dann märchenhaften Lorbeerwald – immer mit Ausblick auf tiefe Schluchten. Nach 15 Kilometern mündet die LP-109 kurz vor dem Weiler Roque Faro in die LP-1.

Wählt man in Barlovento die LP-1, passiert man den **Mirador La Tosca** mit Blick auf einen Drachenbaum-Hain. Zur Rechten zweigen mehrere Straßen ab – kehrenreich führen sie zu einsamen Dörfern. Etwas mehr spielt sich in **Roque Faro** ab, das immerhin mit einer Bar aufwartet. Dahinter passiert man den Abzweig nach El Tablado und kommt

zum **Parque Cultural de la Zarza.** Hinter dem Weiler Llano Negro schraubt sich die kurvenreiche LP-112 nach **Garafía** hinab, jenem Ort, der winterlichen Atlantikstürmen am stärksten ausgesetzt ist. Für die Weiterfahrt empfiehlt sich die Nebenstraße über **Las Tricias,** erst durch eine schluchtenreiche, dann eine liebliche Landschaft.

Kaum hat man **Puntagorda** hinter sich gelassen, tauchen bereits die ersten Häuser von **Tijarafe** auf. Ein letzter Höhepunkt der Fahrt ist der **Mirador El Time** mit weitem Blick auf das Aridane-Tal. Zu guter Letzt geht es über Haarnadelkurven in den Barranco de las Angustias hinab und auf der gegenüberliegenden Seite fast ebenso steil wieder hinauf nach Los Llanos.

3. Caldera-Tour: Aufs Dach der Insel

Von Santa Cruz zum Roque de los Muchachos

■ **Länge:** 55 km (104 km bis Los Llanos)
■ Von Meereshöhe hinauf über die Wolkengrenze – und dies in weniger als einer Autostunde! Bevor man die höchsten Gipfel erreicht, durchfährt man alle Vegetationszonen – von den grünen Gärten der Küste über Kiefernwald bis zu windgepeitschter Baumheide. Eine grandiose Tour, die man allerdings nur bei gutem Wetter unternehmen sollte.

Von Santa Cruz folgt man der Küstenstraße Richtung Norden und biegt nach vier Kilometern links in die zum Roque de los Muchachos ausgeschilderte LP-4 ein. Zunächst führt sie durch stillen Kiefernwald. Wer einen ersten spektakulären Ausblick auf die Caldera genießen will, biegt bei Km. 22 in die Straße zum Pico de las Nieves ein, dem „Schneegipfel". Von hier überblickt man den Krater mit seinen schwindelerregend steilen Wänden, in der Ferne die Silhouetten von Teneriffa, Gomera und El Hierro.

Wieder auf der LP-4 kann man am **Roque de los Muchachos** einen weiteren atemberaubenden Tiefblick in die Caldera werfen. Ab Km. 28 jagt eine Aussicht die nächste – diesmal über die nördliche Bergwelt La Palmas aufs Meer. Bei Llano Negro mündet die Höhenstraße in die LP-1, von wo man nach drei Kilometern in nördlicher Richtung Anschluss hat an die Nordtour (entweder nach Los Llanos oder über Barlovento nach Santa Cruz).

◁ Nordtour: bei Las Tricias

4. Südtour: Weingärten und Feuerberge

Von Santa Cruz über Los Canarios nach Los Llanos

■ **Länge:** 83 km
■ Über grüne Fluren ins „Herz der Finsternis" mit Vulkanen, Aschehängen und Schlackefeldern. Aufgelockert wird die Lavalandschaft durch zarte Weinreben.

Von Santa Cruz geht es südwärts. Ein erster Halt lohnt in **Mazo,** danach führt die küstennahe Nebenstraße weiter nach Belmaco mit seinem archäolgischen **Parque Cultural.** Über den Weiler Montes de Luna („Mondberge") erreicht man den Ortseingang von **Los Canarios,** wo die LP-207 nach Las Caletas/El Faro abzweigt. Wir folgen ihr und könnten nach 6,6 Kilometern auf ausgeschilderter Piste einen Abstecher zum Teneguía, dem jüngsten Vulkan La Palmas, unternehmen. Auf der Weiterfahrt zur Südspitze quert die Straße mehrmals seine pechschwarzen, bizarr aufgebrochenen Lavaströme. Nach 10,6 Kilometern empfiehlt sich ein Abstecher links zu den weiß glitzernden **Salinas** und zum **Faro** hoch über einem Kiesstrand.

Über **Playa Nueva** und **Punta Larga,** Las Indias und Los Quemados windet sich die Straße wieder nach Los Canarios hinauf. Kurz vor Erreichen des Ortes empfiehlt sich ein Abstecher zum Besucherzentrum am **Vulkan San Antonio.** Zurück auf der LP-2 gelangt man via **Mirador de Las Indias** nach **San Nicolás,** wo der Bodegón Tamanca (Km. 42.1) urige Einkehr bietet. Über **Las Manchas** mit riesigen Lavafeldern gelangt man nach Los Llanos.

Überblick | 20
Buenavista de Arriba | 41
Las Nieves | 38
Praktische Tipps | 32
Rundgang durch die Altstadt | 23
Velhoco | 41

Kopfsteingepflasterte Gassen und Plätze, Kirchen und Klöster, Prachthäuser mit der Patina verflossener Jahrhunderte, dazu eine Meeresfront mit Jachthafen und Strand: Santa Cruz ist so stimmungsvoll, dass man gern länger bleibt und

1 Hauptstadt und Umgebung

in ihren beschaulichen Alltag eintaucht – lassen Sie sich von palmerischer Lebensart anstecken!

◁ Blick auf Santa Cruz von Buenavista

SANTA CRUZ – KLEIN UND FEIN

Santa Cruz, Umgebung

Fast jeder Inselbesucher kommt einmal in die Hauptstadt. Spaß macht es, sich die Sehenswürdigkeiten anzuschauen, in kleinen Läden einzukaufen und essen zu gehen. Und hin und wieder locken Kulturveranstaltungen in den beiden schönen Theatern von Santa Cruz. Einige verbringen in der Hauptstadt gleich ihren gesamten Urlaub. Seit sich Santa Cruz mit einem künstlich angelegten, attraktiven Sandstrand zum Meer hin öffnet, hat man einen weiteren Grund zum Bleiben: Nun lassen sich Kultur- und Badeurlaub miteinander verbinden! Und auch das Hinterland bietet Interessantes, nicht zuletzt den Wallfahrtsort zu Ehren der „Schneejungfrau".

Überblick

Gerade einmal 18.000 Menschen leben in der Inselhauptstadt Santa Cruz. Sie liegt an einem schmalen Uferstreifen der Ostküste und wirkt, wenn man vom Flughafen kommt, nicht gerade einladend. Man glaubt eine ganz normale Hafenstadt anzusteuern: Terminals mit aufgeschichteten Containern, Lastwagen und Kränen, dazu nüchterne Häuserblocks, eine Zoll- und Polizeistation.

Erst wenn man am Rondell vorbei in die Calle O'Daly, die „Flanierstraße", einbiegt, begreift man, weshalb Santa Cruz als architektonisches Schmuckstück gepriesen wird. Adelspaläste und Bürgerhäuser künden von früherem Glanz, lauschige Winkel bewahren den Zauber verflossener Jahrhunderte. Über kopfsteingepflasterte Gassen gelangt man zu Kirchen und Klöstern und taucht ein in ein Ambiente, das frei ist von Hektik und Hast.

Kein Reisender sollte es sich entgehen lassen, Santa Cruz im Rahmen eines Tagesausflugs kennenzulernen. Und auch ein längerer Aufenthalt macht Spaß: Man genießt lässige, kanarische Lebensart und kann von hier dank guter Busverbindungen problemlos zu Ausflügen aufbrechen.

Tagesausflug – wann nach Santa Cruz?

Am meisten los ist montags bis samstags von 10 bis 13.30 Uhr und dann wieder nach 17 Uhr – während der Siesta werden die Bürgersteige hochgeklappt. Von Samstagnachmittag bis Sonntagabend, wenn die Hauptstädter aufs Land fahren, herrscht „tote Hose" – auch viele Lokale sind dann geschlossen!

Ein Blick zurück

Ihren Namen verdankt die Stadt dem **Konquistador** *Alonso Fernández de Lugo*. Am 3. Mai 1493 rammte er zum Zeichen des Sieges über die Ureinwohner ein Heiliges Kreuz (Santa Cruz) in den Boden und erkor die Bucht zur Hauptstadt der Insel. Mit dem Eroberer kamen die **Missionare**. Dominikaner und Franziskaner ließen sich Klöster erbauen und sorgten für die Christianisierung der Heiden. Rasch avancierte die Stadt zu einem wichtigen Atlantikhafen; die Werften waren bald so berühmt, dass sich ein Chronist zu der kühnen Behauptung verstieg, „unsere Werften haben mehr Schiffe auf den Atlantik gebracht, als es dort Wellen gibt."

Als westlichster Vorposten der Alten Welt erwarb Santa Cruz 1508 das königliche Recht, **Handel mit Amerika** treiben zu dürfen. Nur zwei weitere Städte des spanischen Imperiums kamen in den Genuss dieses Privilegs: Sevilla und Antwerpen. So segelte mehrmals im Jahr die spanische Flotte nach Santa Cruz und nahm dort palmerischen Zucker und Wein an Bord, den sie in den amerikanischen Kolonien vorteilhaft verkaufte.

NICHT VERPASSEN!

- **Calle Real/Plaza de España:** Die „königliche" Flanierstraße führt zum schönsten Platz | 23/24
- **Mercado:** Die kleine Markthalle ist eine Augenweide | 28
- **Convento de San Francisco:** Selbst Museumsmuffeln gefallen die schattigen Kreuzgänge | 28
- **Plaza Alameda:** Ruhepause am „heiligen Kreuz" *(santa cruz)* | 30
- **Casas de los Balcones:** Die pastellfarbenen „Balkonhäuser" sind das Wahrzeichen der Stadt | 31
- **Las Nieves:** Ein uriger Wallfahrtsort zu Ehren der „Schneejungfrau" | 38
- **Buenavista de Arriba:** „Gute Sicht" auf die Ostküste | 41

Diese Tipps erkennt man an der gelben Hinterlegung.

Kurzinfo Santa Cruz

■ **Touristeninformation:** Casa Cristal, Plaza de la Constitución s/n, Tel. 922412106, www.visitlapalma.es, Mo–Fr 9–14 und 16–20 Uhr, Sa 9–13 Uhr. Die zentrale Infostelle befindet sich auf einer Verkehrsinsel der Plaza de la Constitución am Südeingang der Stadt (gegenüber der Hafenzufahrt).

■ **Deutsches Honorarkonsulat:** Av. Marítima 66, Eingang Calle Jorge Montero, Tel. 922420689, Mo–Fr 10–13 Uhr.

■ **Umweltbehörde:** Medio Ambiente, Av. de los Indianos 20–2°, 2. Stock, Tel. 922423100, medio.ambiente@cablapalma.es, Mo–Fr 9–13 Uhr. Hier erhält man die Erlaubnis zum kostenlosen Kampieren in Freizeitzonen außerhalb der Caldera (z.B. El Pilar).

■ **Banken:** entlang der Calle O'Daly.

■ **Post/Telefon:** Plaza de la Constitución s/n.

■ **Krankenhaus:** Hospital General de La Palma, Buenavista de Arriba s/n, Tel. 922185000.

■ **Gesundheitszentrum:** Centro de Salud (nahe Museo Naval), Tel. 922418027.

■ **Apotheken:** mehrere auf der Calle O'Daly, eine davon immer geöffnet.

■ **Auto:** Parken kann man am Eingang zum Hafen; eine Tiefgarage befindet sich an der Avenida del Puente.

■ **Taxi:** Radio Taxi, Tel. 922416070.

■ **Bus:** Die zentrale Haltestelle für Überlandbusse befindet sich an dem großen Kreisverkehr an der Hauptpost. Gute Verbindungen nach **Los Llanos** direkt (Linie 300) oder in großer Runde über die **Nordachse** (Linie 100, Los Sauces – Barlovento – Santo Domingo de Garafía – Puntagorda – Tazacorte) bzw. die **Südachse** (Linie 200, Breña Baja – Mazo – Fuencaliente – Los Llanos). Viele Verbindungen auch nach **Los Cancajos** und zum **Flughafen** (Linie 500). **Fahrplan im Anhang!**

Auf dem Rückweg war Gold dabei, eine besonders begehrte Fracht. Neben Silber und exotischen Spezereien gelangte sie via Santa Cruz ins spanische Mutterland. Da verwundert es nicht, dass sich viele ausländische Kaufleute in der palmerischen Hauptstadt niederließen, um am blühenden Amerikahandel teilzuhaben. Noch heute verraten viele Straßennamen, woher die zu Geld gekommenen „Palmeros" stammten: *Van Dalle* aus Antwerpen, *Van Ghammert* aus Maastricht und *Aguiar* aus Portugal.

Doch nicht nur Kaufleute fühlten sich angelockt – auch **Piraten** rochen die flackernde Lunte. Sie überfielen die Schiffe mal auf offener See, mal direkt im Hafen, plünderten Häuser und Kirchen der Stadt. Am schlimmsten erging es Santa Cruz 1553, als *Le Clerc*, ein französischer Freibeuter, den Ort in Schutt und Asche legte.

Doch es dauerte nicht lange, da war Santa Cruz wieder aufgebaut – mit prachtvollen **Renaissancehäusern,** die noch heute als Perlen kanarischer Architektur gelten. Auch die **Befestigungsanlagen** stammen aus jener Zeit: Das Castillo de Santa Catalina und das Castillo de la Virgen wurden so reich mit Kanonen bestückt, dass selbst der Angriff des gefürchteten Sir *Francis Drake* 1585 erfolgreich abgewehrt werden konnte.

▷ Stimmungsvoller Abend an der Plaza de España

Rundgang durch die Altstadt

Plaza de la Constitución

Eingangstor zur kolonialen Altstadt ist die Plaza de la Constitución, an deren Nordseite sich das Post- und Telegrafenamt erhebt, ein protziger Bau aus der Franco-Ära. Am Platz geht es fast großstädtisch zu. Mit Bananen beladene Lastwagen brausen zum Hafen, während von dort Karawanen von Autos und Taxis heranrollen.

Wer nach Santa Cruz mit dem Mietwagen kommt, sollte ihn auf dem großen Parkplatz abstellen (Richtung Puerto abbiegen und dann sofort wieder rechts), denn die schönsten Straßen der Stadt sind nur zu Fuß zu erkunden.

Calle Real

Direkt am Platz beginnt die Calle Real (Königliche Straße), den Palmeros meist als **Calle O'Daly** vertraut. Der Name erinnert an einen aus Irland eingewanderten, politisch engagierten Kaufmann, der die Insel 1773 vom Joch des von Madrid eingesetzten Gouverneurs befreite. Die „Königliche Straße" mit ihrer Verlängerung, der nach dem Mitstreiter benannten Calle Pérez de Brito, ist die **Hauptgeschäftsstraße** von Santa Cruz. Sie ist kopfsteingepflastert und von schmucken Herrenhäusern gesäumt.

Fast sogartig zieht die Straße Besucher wie auch Bewohner an: Auf ihr – und nur auf ihr – spielt sich das öffentliche Leben der Hauptstadt ab. Mindestens einmal am Tag flaniert man auf und ab, trifft alte Freunde und schließt neue Bekanntschaften. Trotz einiger moderner

Bars und Boutiquen verströmt sie einen liebenswert nostalgischen Charme. Hier gibt es sie noch, die **alten Läden,** die fast unverändert von einer Generation zur nächsten weitergegeben werden, so zum Beispiel die Dulcería La Palmera, in der zuckerhutförmige *rapaduras* (Mandelkrokant) und leckere *piedras de la Caldera* („Caldera-Steine") hergestellt werden, die **Barbierstube,** wo sich ältere Herren allmorgendlich ihren Bart abnehmen lassen, oder die **Apotheke El Puente.** Verstaubte **Bars** sind schon morgens ab 6.30 Uhr geöffnet, bewirten Frühaufsteher mit Tortilla und starkem Kaffee.

Casa Salazar

Im frühen 17. Jahrhundert entstand das schönste Haus der Calle O'Daly mit einer Renaissance-Fassade aus Naturstein. Über dem von schraubenförmigen Säulen flankierten Portal steht der Satz „Soli Deo sit gloria" (Gott allein sei Ehre) – Leitspruch der dem Calatrava-Orden zugehörigen Familie *Salazar*. Die rings um den Innenhof verlaufenden Galerien sind aus dem unverwüstlichen Kernholz der Kiefer geschnitzt. Die Räume des Erdgeschosses beherbergen palmerisches Kunsthandwerk; im Obergeschoss veranschaulichen original eingerichtete Säle feudale Wohnkultur von anno dazumal.

■ **Casa Salazar,** Calle O'Daly 22.

Plaza de Santo Domingo

Hinter der Casa Salazar kann man über einen Treppenweg zum **Dominikanerplatz** hinaufsteigen. An seinem Rand findet man das im Art-Déco-Stil wunderschön restaurierte **Teatro Circo de Marte** (1913). Hier steht auch die verspielte Villa des **Colegio de Arquitectos** und – als minimalistisches Gegenstück – das **Museo de Arte Contemporáneo,** das in wechselnden Ausstellungen kanarische Künstler vorstellt. Den Platz selbst dominiert die **Dominikanerkirche,** von außen weiß und schlicht, jedoch mit reichem Innenleben. In goldenem Barock präsentiert sich der Hauptaltar; Gemälde aus Flandern, z.B. das „Heilige Abendmahl" von *Ambrosio Francken* (1544–1616), erinnern an die engen Handelsbeziehungen der Insel mit der ehemaligen spanischen Provinz.

■ **Museo de Arte Contemporáneo MAC,** Calle Virgen de la Luz, unregelmäßig geöffnet.

Plaza de España

Zurück auf der „Flaniermeile" kommt man geradewegs zum **schönsten Platz der Kanaren,** der Plaza de España, die durch hohe, schlanke Palmen von der Straße abgetrennt liegt. Rathaus und Kirche sind, wie man es von spanischen Orten gewohnt ist, vereint, daneben ist der Sitz der Fernuniversität in einem ehemaligen Kaufmannspalast. Fast zu jeder Tageszeit tummeln sich Tauben am trogartigen Brunnen (1588), Bänke gruppieren sich um das Denkmal eines bekannten „Ketzers", des wegen seiner liberalen Ideen von der Insel verbann-

Rundgang durch die Altstadt

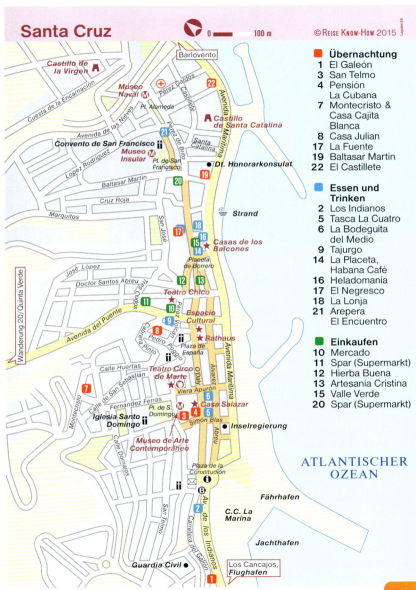

ten Priesters *Manuel Díaz Hernández* (1774–1863).

Die Nordseite des Platzes wird von der **Iglesia de El Salvador,** der „Erlöserkirche", dominiert. Sie besitzt nicht nur einen mächtigen Glockenturm aus schwarzem Vulkanstein und ein imposantes Renaissance-Portal, sondern hat auch eine bewegte Geschichte. Kurz nach der Conquista erbaut, wurde sie 1553 von französischen Korsaren in Brand gesetzt, aber schon wenige Jahre später neu errichtet.

Der Innenraum besteht aus drei Schiffen, die durch halbkreisförmige, auf Säulen ruhende Bögen voneinander getrennt sind. Darüber wölbt sich ein offener Dachstuhl im Mudejar-Stil: Die Holzbalken sind in raffinierten geometrischen Mustern angeordnet, mit Ornamenten verziert und vielfarbig bemalt. Blickfang der Kirche ist das Ölgemälde „Verklärung" des Romantikers *Antonio M. Esquivel* am Hauptaltar (1837). Sehenswert sind aber auch die zu Beginn des 19. Jahrhunderts geschaffenen Christus- und Mariafiguren von *Fernando Estévez* aus Teneriffa.

Ayuntamiento

An der Ostseite der Plaza de España erhebt sich das **Renaissance-Rathaus,** das auf den Trümmern des von Piraten zerstörten Vorgängers erbaut wurde. Mit seinem Säulengang wirkt es luftig und elegant; in der hinter ihm liegenden, weit eingezogenen Galerie laden Bänke zum Verweilen ein. Wer ein gutes Auge hat,

◰ Casa Salazar – Blick in den schönen Innenhof

▷ Placeta de Borrero – immer gut für einen Kaffee zwischendurch

kann am Fassadenrelief das politische Programm des Stadtrats „ablesen": Verworfen werden Verleumdung und Intrige – Eigenschaften, die in Form einer Fratze mit herausgestreckter Zunge dargestellt sind. Als positive Leitfigur gilt den Ratsherren der Delfin, ein Symbol für Intelligenz und Klugheit. Einer Frau, die mit bloßer Hand zwei Schlangen erwürgt, ist ein Leitspruch in lateinischer Sprache beigefügt: „Invidos virtute superabis" (Neidhammel wirst du mit Tugend überwinden).

Lange Zeit diente das Rathaus als Tagungsstätte des Gerichts, in den Kellerräumen befand sich der Kerker. Heute ist hier ein Archiv untergebracht, das wertvolle **Dokumente zur Stadtgeschichte** bis zurück ins Jahr 1553 beherbergt. Das Innere des Hauses ist mit **Fresken** *Mariano de Cossios* (1890–1960) ausgemalt; gezeigt werden Szenen aus dem Alltag der Bewohner: Palmeros beim Bestellen der Felder, beim Schiffsbau und beim Fischfang auf hoher See.

■ **Ayuntamiento,** Plaza de España/Calle O'Daly, Mo–Fr 9–14 Uhr.

Espacio Cultural

Der herrschaftliche Palast rechts neben dem Rathaus kann nicht besichtigt werden. Bis 1657 war dies die zentrale Zoll- und Schaltstelle für den Handel mit den Kolonien („Las Indias"). Besuchen kann man aber das Haus links des Rathauses, das heute eine Kulturstiftung beherbergt. Schön ist der Innenhof mit umlaufenden, aufwendig gearbeiteten Holzgalerien; in zwei Sälen werden **wechselnde Ausstellungen** gezeigt.

■ **Espacio Cultural,** Plaza de España 3, Mo–Fr 11–14 und 17–20 Uhr, Eintritt frei.

Mercado

Die vielbefahrene Avenida del Puente durchschneidet die Altstadt. An ihr liegt die alte **Markthalle:** klein, doch stets gut besucht. Je nach Saison sind die Stände mit Orangen und Avocados, Papayas und Guayabos gefüllt, in Vitrinen stapeln sich Käselaibe und Räucherwürste. In der einen Ecke wird Fisch verkauft, frisch oder gedörrt, in einer anderen hängen geschlachtete Kaninchen. Während die Frauen einkaufen, verlustieren sich ihre Männer meist in der Marktbar.

■ **Mercado,** Avenida del Puente, Mo–Fr 7–14, Sa 7–13 Uhr.

Teatro Chico

Neben der Markthalle steht ein attraktiver gelbgetünchter Bau, von den Palmeros liebevoll „Teatro Chico", Kleines Theater, genannt. Auf ihrem Weg nach Amerika gaben sich hier die besten Theater- und Musikensembles ein Stelldichein, und noch heute finden hier Konzerte und Lesungen, Theater- und Filmvorführungen statt.

Mein Tipp: Placeta de Borrero

Der Platz mit Springbrunnen, Grünpflanzen und Bürgerhäusern an der Calle Pérez de Brito gehört zu den lauschigsten Winkeln der Altstadt. Auf der Terrasse des **Bistro La Placeta** genehmigt man sich einen frisch gepressten Saft – ist's zu voll, findet man ein zweites schönes Plätzchen 100 Meter weiter vor dem Apartmenthaus La Fuente.

Convento de San Francisco und Inselmuseum

Biegt man links ein in die Calle Baltasar Martín und geht dann sogleich rechts den Treppenweg hinauf, kommt man zu einem weitläufigen, vom **Franziskanerkloster** gesäumten Platz. Bereits kurz nach der Conquista, im frühen 16. Jahrhundert, hatten sich die Mönche hier niedergelassen, um die zwangsgetauften Palmeros vor einem Rückfall in ihren heidnischen Glauben zu „bewahren". Die zugehörige dreischiffige **Kirche** ist leider meist nur zur Messezeit geöffnet. Im Innenraum sticht die aus der Renaissance stammende, reich verzierte Kassettendecke hervor. Besonders wertvoll ist eine vergoldete, gotisch-flämische Figurengruppe, die die heilige Anna sowie Maria mit dem Jesuskind in entrückter Anmut zeigt.

Mein Tipp: Das Kloster lohnt nicht nur wegen seiner Architektur einen Besuch, sondern auch wegen des darin untergebrachten **Inselmuseums.** Zwar gibt es hier weder flimmernde Bildschirme noch Touch Pads, dafür aber eine überwältigende Fülle von Exponaten. Im Erdgeschoss sind Hunderte unterschiedlicher **Muscheln, Korallen und Seesterne** ausgestellt, Haifischmäuler und präparierte Schildkröten, darunter die größte ihrer Art: die fast zwei Meter lange Lederschildkröte. Ausgestopfte **Vögel** mit ihren Eiern und im Glas „eingemachte" **Schlangen** vervollständigen die etwas makabre Sammlung.

Über die Abteilung **Seefahrt** mit Schiffsmodellen und -gemälden gelangt man ins Obergeschoss, wo **Handwerks- und Haushaltsgerät** anno dazumal zu sehen ist.

Rundgang durch die Altstadt

Die angrenzenden Säle zeigen akademische **Kunst** vom 16. bis 19. Jahrhundert. In starkem Gegensatz dazu präsentieren sich die Riesen-Radierungen der in La Palma geborenen Künstlerin *Carmen Arozena* (1917–63). Auf ihnen erscheinen archaische Männer und Frauen mit expressivem Gestus und fast karikaturhaft verzerrten Zügen. Der Künstlerin zu Ehren wird jedes Jahr die beste Radierung der Kanaren prämiert – die ausgestellten Werke zeigen die Vielfalt dieser grafischen Form. Das Highlight des Museums ist die **Sammlung Marbach,** die ein Schweizer Galerist der Insel vermachte: 350 ausdrucksstarke Werke von Avantgardisten des 20. Jahrhunderts, u.a. von *Joan Miró, Antoni Tàpies* und *Jacques Pajak*.

■ **Museo Insular,** Plaza de San Francisco 3, Mo–Sa 10–20 Uhr, So 10–14 Uhr (Juli–Sept. So geschl.), Eintritt 4 €, Kinder bis 12 Jahre frei.

Das Inselmuseum – in einem Kloster an einem romantischen Platz

Rundgang durch die Altstadt

Plaza Alameda

Den Endpunkt der Altstadt markiert die Plaza Alameda, ein großer, von indischen Lorbeerbäumen beschatteter Platz. An seiner Westseite ist ein großes Holzkreuz in den Boden gerammt – zur Erinnerung an das „Heilige Kreuz" (Santa Cruz), unter dessen Banner die heidnische Insel am 3. Mai 1493 erobert wurde. Errichtet wurde es 1893 zum Zeichen des Sieges über die „minderwertigen" Benahoritas, die früher hier lebten.

In der Mitte des Platzes steht der kreisrunde **Kiosko Alameda,** wo man zu allen Tageszeiten *tapas* und belegte Brötchen essen kann. Dabei schaut man hinüber zur **„Santa María",** einer 1940 gebauten, originalgroßen Replik jenes Schiffes, mit dem *Kolumbus* in die Neue Welt segelte. Zwar ist der „Entdecker Amerikas" nie auf La Palma gewesen, doch wen stört's – Gomera, wo er mehrmals anlegte, ist ja schließlich nicht weit!

Museo Naval

Im Bauch der „Santa María" wurde das **Schifffahrtsmuseum** eingerichtet. Unter den ausgestellten Schiffsmodellen befindet sich die deutsche „Pamir", ein Viermaster, der im 1. Weltkrieg in den neutralen Gewässern La Palmas festlag und sich ob drohender U-Boot-Angriffe nicht von der Stelle rühren konnte. Daneben sieht man kostbare, auf Pergament gezeichnete Seekarten, alte Navigationsgeräte, ausgestopfte Fische und Haifischkiefer. Über eine Wendeltreppe

gelangt man aufs Oberdeck, von wo man einen Ausblick aufs Meer hat.

■ **Museo Naval/Barco de la Virgen,** Plaza de la Alameda, meist Mo–Fr 10–14 Uhr, Eintritt 3 €/ 1,50 €, inkl. deutschsprachigem Prospekt.

Castillo de Santa Catalina

Die quadratische Bastion ist das einzige Relikt der einst weitläufigen **Befestigungsanlagen,** die Santa Cruz vor Piratenangriffen schützen sollten. Als sie 1674 fertig gestellt wurde, war diese Gefahr längst gebannt, sodass sie ihre Wirksamkeit nicht unter Beweis stellen musste. Sie hat heute ebenso wie die vor ihr postierte Skulptur des kanarischen Starbildhauers *Martín Chirino* rein dekorativen Charakter, eine Besichtigung ist nicht möglich.

Casas de los Balcones

Für den Rückweg zum Ausgangspunkt des Rundgangs empfiehlt sich die direkt am Meer verlaufende Avenida Marítima. Die dortigen **Balkonhäuser** sind zum heimlichen Wahrzeichen der Hauptstadt aufgerückt. Mit ihren Pastellfarben und der verspielten Architektur verkörpern sie südländische Lebensart. Einwanderer aus Portugal haben den Baustil mitgebracht. Jeder Balkon wurde in unterschiedlichster Weise gestaltet. Da gibt es hölzerne und verglaste Veranden, frei und überdacht, geschnitzt und mit gedrechselten Säulen!

■ **Casas de los Balcones,** Av. Marítima 38–46.

Strand

Vor den Balkonhäusern liegt der aus Lavasand aufgeschüttete und durch Molenarme geschützte Stadtstrand – ein schönes Plätzchen für ein Bad! Zusätzlich gibt es eine Playa hinter dem Jachthafen an der Straße zum Flughafen (15 Gehminuten). Auch er ist schwarzsandig und künstlich angelegt, Palmeros nutzen ihn vor allem im Sommer. Besser ist der Strand in **Los Cancajos** fünf Kilometer südlich oder Charco Azul, das **Meerwasserschwimmbecken** von San Andrés im Nordosten der Insel.

Die charakteristischen Balkone in der Avenida Marítima wurden zum Wahrzeichen von Santa Cruz

Praktische Tipps

Unterkunft

■ **El Galeón**③, Carretera del Galeón 10, Tel. 922 411000, www.hotelelgaleon.com. In Rundform erbautes Aparthotel oberhalb des Hafens mit gut geschnittenen und modern ausgestatteten Apartments. Das Dreisternehaus liegt an einer stark befahrenen Straße, trotz gut isolierter Fenster sind die vorbeifahrenden Autos zu hören. Mit Frühstücksbüfett, Garage und WLAN inkl.

■ **El Castillete**③, Av. Marítima 75, Tel. 92242 0840, www.hotelcastillete.com. Vierstöckiges, familiär geführtes Aparthotel an der Küstenstraße. Einige der 42 freundlich und hell eingerichteten Apartments haben direkten Blick aufs Meer, sind aber nicht gerade leise. Auf der Dachterrasse befindet sich ein kleiner Süßwasserpool; gefrühstückt werden kann im Café im Erdgeschoss. Gratis-WLAN.

■ **San Telmo**③, Calle San Telmo 3, Tel. 9224 15385, www.santelmo-lapalma.eu. Hübsches Mini-Hotel im Oberviertel mit acht pastellfarbenen Zimmern, einige mit Weitblick aufs Meer. Freundlich geführt von *Bernhard Praml*.

Mein Tipp: **Ap. La Fuente**②, Calle Pérez de Brito 49, Tel. 922415636, www.la-fuente.com. Eine der besten Adressen in Santa Cruz: ein historisches Haus im Herzen der Altstadt an einem kleinen Platz mit Palmen und Brunnen. Die neun Apartments wurden vor einiger Zeit renoviert, verfügen über Sat-TV (alle deutschsprachigen Programme) und schnelles Gratis-WLAN. Einige haben auch einen großen Balkon mit Blick bis zum Meer. Die aussichtsreiche Dachterrasse steht allen Gästen offen. Die größten Wohneinheiten (Nr. 5 und als oberstes Nr. 7) bestehen aus Schlafraum, Wohnzimmer, Küche, gepflegtem Bad und Terrasse mit Meerblick. Doch es gibt auch Räume mit offenem Dachstuhl wie anno dazumal. *Thomas, Rupert* und *Mona,* die das Haus leiten, sind um das Wohl aller Gäste bemüht und stellen auf Wunsch bereits am Flughafen einen Mietwagen bereit. Ist bei La Fuente alles belegt oder möchte man's einsamer haben, kann man über die Rezeption eine der nachfolgend aufgeführten Altstadtwohnungen oder die 200 Jahre alte Mühle in Las Nieves (s.u.) anmieten.

■ **Casa Julian**②, Cabrera Pinto 15, Tel. 92241 5636. Schräg gegenüber der Markthalle, an einer steil aufwärts führenden Gasse, befindet sich ein kleines historisches Haus mit einem Apartment, das mit Holzdielen und -decken gemütlich eingerichtet ist. Es verfügt über Wohnraum, Schlafzimmer für zwei Personen, Küche und Bad. Doppelglasfenster halten den Straßenlärm fern, auf dem Dach befindet sich eine große Terrasse mit Blick in Nachbars Garten.

■ **Ap. Montecristo**②, Calle Montecristo 33, Tel. 922415636. Leben wie die Palmeros: zwei Apartments für je zwei bis drei Personen in einem neuen Haus im oberen Teil der Stadt, von der Plaza de España fünf Minuten bergauf. Jedes Apartment ist 40 Quadratmeter groß, hell und behaglich; die gemeinschaftlich genutzte große Dachterrasse bietet über die Dächer von Santa Cruz einen weiten Blick aufs Meer. Privater Parkplatz. Alles Lebensnotwendige kauft man in einem Tante-Emma-Laden schräg gegenüber (Mindestaufenthalt mehrere Tage).

■ **Casa Cajita Blanca**②. Calle Cajita Blanca 5, Tel. 922415636. Historisches, aufwendig restauriertes Haus in einer ruhigen Seitenstraße in der Altstadt. Auf 60 Quadratmetern Wohnfläche befinden sich ein Schlafzimmer, ein Salon mit Balkon und Meerblick sowie ein Essraum mit Wintergarten. Der Garten ist üppig bepflanzt, eine herrliche Oase mitten in der Stadt; privater Parkplatz (Mindestaufenthalt mehrere Tage).

■ **Ap. Baltasar Martín**②, Calle Baltasar Martín 10, Tel. 922415636. Nahe La Fuente: ein 35 Quadratmeter großes Apartment für max. drei Personen in einem historischen Haus in der Altstadt.

■ **Pensión La Cubana**①, Calle O'Daly 24, Tel. 922411354, www.pension-lacubana.com. „La Cubana" (die Kubanerin): Das Porträt einer dunkelhäutigen Frau mit roter Blume im Haar weist den Weg in ein historisches Haus mit Kachelböden, knarrenden Dielen und Balkendecken. Die acht Zimmer sind gemütlich eingerichtet, bunte Farben sorgen für Frische. Da verschmerzt man es, dass sich die Gäste zwei Bäder teilen müssen, die allerdings picobello sauber sind. Leicht lernt man die anderen Reisenden in der Gemeinschaftsküche kennen; im alten Salon, dessen Fenster auf die „Königsstraße" hinausgehen, liegt Lektüre über die Insel aus. Gern trifft man sich dort auf ein Glas Wein und tauscht Erfahrungen aus. Gratis-WLAN.

Blick von Apartamentos La Fuente

Essen und Trinken

An der **Flaniermeile** und an der **Meerespromenade** reihen sich viele Bistros aneinander. Luftige Terrassen bietet das **Centro Comercial La Marina** am Jachthafen – mehrere Lokale von kanarisch-kreativ bis Fastfood gibt es hier, die sich aber nur im Sommer füllen (www.marinalapalma.es).

■ **La Placeta**③, Calle Pérez de Brito/Placeta de Borrero 1, Tel. 922415273, www.laplaceta.es, tgl. 10–23 Uhr. Auf dem romantischen Platz trinkt man Kaffee oder Saft, stärkt sich mit Kuchen oder belegten Brötchen. Im Obergeschoss wird stilvoll und teuer gespeist: Lammfilet in Portwein, Kaninchen in Mandelsoße und – in Erinnerung an die früheren Besitzer – hausgemachte Käsespätzle.

■ **Los Indianos**②, Av. de los Indianos 2, Mobiltel. 618752044, tgl. 10–24 Uhr. Stimmungsvoll-rusti-

kales Restaurant gegenüber vom Hafen, das den „Indianern" gewidmet ist – so heißen die Akteure von La Palmas gleichnamigem Karnevalsfest (⇨ Exkurs „La Palmas Indianer"). Die Kellner sind von Kopf bis Fuß blütenweiß gekleidet. Und auch die großformatigen Ölgemälde von *Luis Morera* zeigen weiß gewandete Festteilnehmer. Auf der Karte findet man modern abgewandelte palmerische Gerichte. Originell sind *habanitos de morcilla,* mit süßer Blutwurst gefüllte Blätterteigröllchen, die in Chutney getunkt werden, sowie *chips de berenjena,* saftig-knusprige „Pommes" aus Auberginen. Auch die interessante komponierte *ensalada de César* und die Nachspeisen von *Juan Caballero* schmecken! Günstiges Mittagsmenü.

■ **La Lonja**②, Av. Marítima 55/Calle Pérez de Brito, Tel. 922415266, www.lalonjarestaurante.com, tgl. außer Mo und So-Abend 12–16 und 19–23 Uhr. Aufwendig restauriertes Haus von 1530, in das man sowohl von der Meer- als auch von der „Landseite" hineingelangt. Man sitzt im Innenhof und hört das Plätschern eines Brunnens, noch gemütlicher ist der Salon im Obergeschoss und die Promenadenterrasse. *José,* der seit seinem neunten Lebensjahr in der Küche steht, bereitet vorzügliche Hühnchenleberpastete *(pastel La Lonja)* und lockere Käse-Quiche *(pastel de queso)* zu. Die Desserts sind hausgemacht, besonders gut schmecken Zitronentorte *(tarta de limón)* und Apfelkuchen *(tarta de manzana).* Lecker auch *churros con chocolate,* in heiße Schokolade getunktes Spritzgebäck.

■ **Habana Café**①, Calle Pérez de Brito 27/Placeta de Borrero, Tel. 922410317. Gleichfalls am schönen Platz: die klassisch-spanischen Tapas sind großzügig bemessen und schmecken!

■ **Tajurgo**①, Avenida del Puente 21, Tel. 922 415051, tgl. 9–24 Uhr. Gegenüber der Markthalle, steril, doch beliebt. Die lange Bar ist fast zu jeder Tageszeit von Palmeros belagert, während Urlauber bevorzugt an den Tischen Platz nehmen. Vor laufendem Fernseher verputzt man Tapas oder *platos combinados* (Tellergerichte) – kein kulinarischer Höhenflug, aber schnell und preiswert.

■ **Arepera El Encuentro**①, Calle Pérez de Brito 87, Tel. 922411044, tgl. 10.30–24 Uhr. Frisch gepresster Saft, reich belegte Brötchen und venezolanische Tapas: Kaum hat die kleine Cafetería geöffnet, füllen sich die Plätze auf der schattigen Plaza Alameda vor dem Conquista-Kreuz. Serviert werden v.a. *arepas,* Teigtaschen mit pikanten oder süßen Ingredienzen, und *cachapas,* gefüllte Mais-Crêpes.

■ **El Negresco**①, Calle Pérez de Brito 47, Tel. 922 411100, tgl. außer So ab 9 Uhr. Bei *Sergio,* in einem romantischen Winkel auf dem Weg zur Plaza Alameda, gibt's Tapas und belegte Brötchen, oft auch Tagesgerichte. Bitte vor der Bestellung Preise erfragen! Alle paar Wochen gibt es ein Konzert oder ein anderes kleines Event.

■ **La Bodeguita del Medio**①, Calle Álvarez de Abreu 58 (gegenüber vom Cabildo), www.bdelm. es/la-bodeguita-del-medio, tgl. außer So 11–16 und 19–1.30 Uhr. Hier herrscht beste Stimmung, rasch füllen sich die Holztische und die kleine Bar. Ausgeschenkt wird Wein von den Kanaren, dazu serviert *Miguel* üppige Portionen geräucherten Schinkens, deftige Wurst und gereiften Käse. Oft erlebt man hier Live-Musik.

■ **Tasca La Cuatro**①, Calle Blas Simon 4, Tel. 922 000000, Di–Sa 9–24 Uhr. Am Wochenende, wenn Musiker auftreten, ist es hier brechend voll. Doch auch sonst erfreuen sich die Tapas und Tagesgerichte großer Beliebtheit. Dazu wird Bier aus La Palma gereicht. Freundliches, gut gelauntes Ambiente!

■ **Heladomanía**①, Av. Marítima 48-B, Mo–Sa 11–14 und 16–20, So 11–14 Uhr. Hier gibt es ausgemachtes Eis in vielen geschmackvollen Varianten, oft auf der Basis von Biofrüchten, auf Wunsch zucker- und laktosefrei. Außerdem servieren *Karin* und *Daniela* leckere Milchshakes, Kaffee und hausgemachten Kuchen – am schönsten genossen auf der Terrasse.

◁ In der „Casa Los Indianos"

Wandertipp

Auf dem „Mandelbaumweg" geht es durch die „Schlucht der Schmerzensreichen" steil hinauf zum Wallfahrtsort Las Nieves (⇨ Wanderung 20).

Einkaufen

■ **Markt:** Mercado, Av. del Puente, Mo–Sa 7–14 Uhr. In der Markthalle der Hauptstadt bekommt man alles, was frisch ist: Obst und Gemüse der Saison, Ziegenkäse (zart, geräuchert und gereift), Wurst, Fleisch und Fisch.

Bioprodukte: Hierba Buena, Calle Dr. Santos Abreu 4, www.hierbabuena.info. Hinter der Markthalle liegt ein bestens sortierter Bioladen. Die sympathische Señora *Rosabel* sorgt für eine große Auswahl an Gemüse und Obst, Milch und Eiern, Tofu, Soja, Mojo und Gofio, Honig und Joghurt, Vollkornbrot sowie Naturkosmetik aller bekannten Marken.

■ **Kunsthandwerk:** Artesanía Cristina, Calle Pérez de Brito 28, Tel. 922417169. Seidenschals in allen Farben, Tops und Tücher aus Glitzergarn sowie in Silber gefasster Lavaschmuck.

■ **Outdoor:** Valle Verde, Calle Pérez de Brito 36, Tel. 922412042, www.valleverde-canarias.com. Wanderer finden hier alles, was sie für die nächste Tour brauchen: neben Schuhen auch atmungsaktive Hemden, Shirts und Jacken, kuschelweiche Fleece-Sweater, Ruck- und Schlafsäcke, Wanderstöcke, Sprays zum Imprägnieren und vieles mehr. *Silvia* gibt gern Tipps zu Wanderungen!

■ **Mode:** Längs der Calle O'Daly gibt es Läden von Benetton und anderen internationalen Markenunternehmen.

Kultur

■ **Theater und Musik:** Teatro Circo de Marte, Calle Virgen de la Luz 5, www.teatrocircodemarte.es. Im Theater an der Dominikanerkirche werden Konzerte von Jazz und Folklore bis Kammermusik aufgeführt. Karten gibt es ab 19 Uhr an der Abendkasse. Das zweite traditionsreiche Theater, das Teatro Chico neben der Markthalle, zeigt Filme und organisiert manchmal Konzerte (Calle Díaz Pimienta 1, www.cineteatrochico.com).

■ **Kunst:** Ausstellungen kanarischer oder auf La Palma lebender deutscher Künstler erlebt man oft im **Palacio de Salazar** (Calle O'Daly 22) und in der **Casa Monteverde** (Sala de Exposiciones, Calle O'Daly 2).

Nightlife

Obwohl Santa Cruz die Inselhauptstadt ist, bewegt sich hier während der Wintermonate nur wenig. Man trifft sich in den Bars an der Uferpromenade oder in den Tascas und Bodegas der Calle Álvarez de Abreu (z.B. Bodeguita del Medio). Doch spätestens um Mitternacht machen sie zu, nur während der Fest- und Karnevalstage sowie im Sommer, wenn die Festlandsspanier kommen, wird länger gefeiert.

Feste

■ **April:** Semana Santa. In den Prozessionen der **Karwoche** werden Heiligenfiguren durch die Stadt getragen, begleitet von Büßern mit langen Gewändern und spitzen Kapuzen.

■ **3. Mai:** Fiesta de la Cruz. In allen Stadtvierteln werden Kreuze mit Blumen und Glitter geschmückt. Gefeiert wird der **Gründungstag von Santa Cruz** und die Eingliederung der Insel in den westlichen Kulturkreis.

■ **28. Juni bis 5. August:** Bajada de la Virgen (⇨ Kap. „Land und Leute: Feste und Folklore").

■ **1. Septemberhälfte:** Fiesta de Nuestra Señora de la Luz y San Telmo. Mit einer Prozession wird die heilige Jungfrau des Lichts und von San Telmo geehrt.

La Palmas Indianer

Karneval in Santa Cruz: Wochenlang wird gefeiert, was das Zeug hält – Spaß und Stimmung rund um die Uhr mit Puderschlachten, Tanz und Salsa bis zum Abwinken! Höhepunkt ist die **„Ankunft der Indianer" am Rosenmontag:** Elegante, ganz in Weiß gekleidete Gestalten spazieren die Straße entlang, Damen mit Rüschenblusen und langen Seidenröcken, Herren im weißen Smoking, auf dem Kopf den Panamahut, im Mundwinkel eine Zigarre. Vielleicht tragen sie einen Koffer, vielleicht auch einen Käfig mit Papagei, und manch einer hat einen „schwarzen" Diener im Schlepptau. Auf ein geheimes Zeichen hin wird das Chaos ausgerufen: Jeder, der kann, zieht weißes Talkumpulver aus seinen Taschen und bewirft damit die „feine Gesellschaft".

Erinnert wird mit diesem Ulk an die aus Amerika zurückgekehrten neureichen Palmeros, denen man es verübelte, dass sie keine Gelegenheit ausließen, sich mit dem in Übersee erworbenen Vermögen zu brüsten. Übrigens stammt der Name „Indianos" von „Las Indias" – so hießen Spaniens Kolonien in Amerika … Zur Erinnerung: 1492 war *Kolumbus* im Auftrag der kastilischen Krone aufgebrochen, einen Seeweg nach Indien, dem Land unermesslicher Reichtümer, zu erschließen. Dass der Seefahrer statt Indien eine Neue Welt entdeckte, wollte er Zeit seines Lebens nicht wahrhaben. Und sein Irrtum hält sich im Sprachgebrauch bis zum heutigen Tage (www.losindianos.es).

Tipp: Wenn Sie an der **Puderschlacht** teilhaben wollen, vergessen Sie nicht, die Augen mit einer Sonnenbrille zu schützen und ein Taschentuch vor Nase und Mund zu halten! Das **Restaurant Los Indianos** in Santa Cruz steht im Zeichen der „Indianer".

Am „Tag der Indianer" tragen alle Weiß

Las Nieves

Zum „kulturellen Pflichtprogramm" gehört ein Ausflug zum **Wallfahrtsort** Las Nieves, vier Kilometer oberhalb von Santa Cruz (ausgeschildert ab dem Nordende der Avenida Marítima). An einem steingepflasterten Platz mit einem Brunnen und einer hohen chilenischen Fichte erhebt sich das **Santuario de Nuestra Señora de las Nieves,** das spirituelle Zentrum der Palmeros. Alle fünf Jahre, das nächste Mal 2020, startet hier eine farbenprächtige Prozession, bei der die in der Kirche aufbewahrte **„Schneejungfrau"** nach Santa Cruz hinabgetragen wird (Bajada de la Virgen). Doch auch in den Zwischenjahren bleiben die Palmeros nicht untätig: jedes Jahr ehren sie ihre Schutzpatronin einen Monat lang mit einer Vielzahl von Messen und Prozessionen (im Sommer auf Plakate achten!).

Die „Schneejungfrau" hat eine wahre Odyssee hinter sich. Von Mallorca segelte ihr Bildnis 1481 im Gepäck des Eroberers *Alonso de Lugo* nach Gran Canaria, wo es dem Ort Puerto de las Nieves seinen Namen gab. Ein paar Jahre später wurde die Figur nach La Palma gebracht, um auch bei der Eroberung dieser Insel geistlichen Beistand zu leisten. Heute wird die Schneejungfrau als Wundertäterin verehrt; auf ihre Anrufung hin kamen angeblich Vulkanausbrüche zur Ruhe, Dürren und Epidemien wurden erfolgreich bekämpft.

Die 82 Zentimeter große Figur thront wie eine Königin auf dem pompösen Silberaltar, ihr Gewand ist mit Edelsteinen geschmückt. Altarbilder und Malereien, Schmiedearbeiten und schöne Lampen machen aus dem Gotteshaus im Verein mit dem prächtigen Schrein der Jungfrau ein kleines Museum für sakrale Kunst. Gegenüber der Kirche befindet sich die **Casa de Romeros,** ein Pilgerhaus mit schönem Holzbalkon.

■ **Santuario de Nuestra Señora de las Nieves,** tgl. 8.30–20 Uhr, Messe So und feiertags 9.30 und 11.30 Uhr.

Unterkunft

Landhäuser
■ **El Molino Remanente**②, Las Nieves, buchbar über Tel. 922415636, www.la-fuente.com. Eine hervorragende Adresse, nur zwei Gehminuten von der Wallfahrtskirche entfernt. Die 200 Jahre alte, denkmalgeschützte Gofio-Mühle wurde restauriert und in zwei schmucke Apartments verwandelt. Die Wände sind meterdick, fast alle Räume sind mit offenem Dachstuhl ausgestattet. Aus den Fenstern eröffnet sich ein herrlicher Blick auf den grünen Barranco und das Meer. Terrasse und Garten gehören natürlich dazu.

■ **Casa El Abuelo**②, Carretera a las Nieves, Tel. 922429439 (Señora *Fefi*), buchbar über Isla Bonita (www.islabonita.es). Knapp 70 Quadratmeter großes Häuschen auf halber Strecke zwischen Las Nieves und dem Lokal Chipi-Chipi. Um hinzugelangen,

▷ Wallfahrtskirche Las Nieves – hier wird die „Schneejungfrau" aufbewahrt. Alle fünf Jahre trägt man die Figur der Schutzheiligen in einer farbenprächtigen Prozession zum Meer hinunter

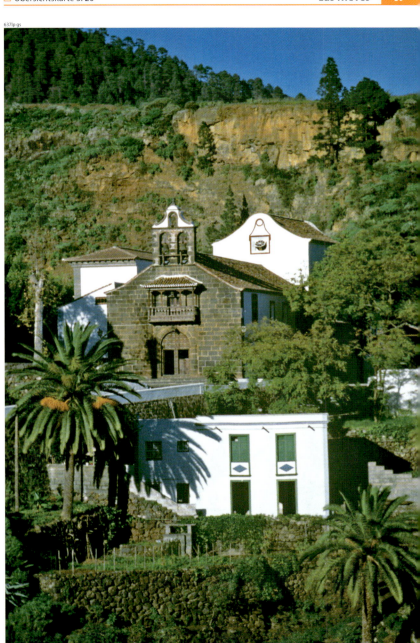

verlässt man die Straße an den großen, weithin sichtbaren Elektromasten auf einer abwärts führenden Piste. Mit Doppelzimmer, Küche, Bad und Terrasse sowie weitem Blick übers Tal.

Essen und Trinken

■ **Las Nieves**②, Las Nieves, Tel. 922416600, tgl. außer Do 12.30–17 und 19–23 Uhr. Traditionelles Ausflugslokal im Schatten der Wallfahrtskirche mit Riesenportionen Fleisch aus eigener Schlachterei. Gewöhnungsbedürftig sind Kaninchen und Zicklein, die mit gespaltenem Kopf serviert werden (um das als Delikatesse geschätzte Hirn leichter verspeisen zu können). Auch die *chicharrones*, in *gofio* gewälzte Speckgrieben, sind nicht jedermanns Sache. Am Wochenende ist Reservierung nötig!

■ **Los Almendros**②, Carretera a las Nieves (LP-101 Km. 4.8), Tel. 922411288, tgl. außer Mo 12–16 und 19–23 Uhr. Das Restaurant liegt auf halber Strecke zwischen der Kirche und dem Lokal Chipi-Chipi. Typisch kanarische Küche mit *gofio*, *chicharrones* und *papas arrugadas*, aber auch Internationales wie *solomillo* (Filetsteak), *bacalao* (Kabeljau), Paella und Pizza; preiswertes Mittagsmenü.

▽ Eine der Wassermühlen in Las Nieves wurde in eine Unterkunft verwandelt

Velhoco

Seit es das Lokal Chipi-Chipi gibt, steht das kleine Velhoco (2,8 km südlich von Las Nieves) auf jeder Straßenkarte – ein Treffpunkt für Ausflügler von der ganzen Insel, die hoch über der Hauptstadt und in gemütlich-rustikalem Ambiente essen und Spaß haben wollen. Und wer keine großen Ansprüche an Matratzen stellt, kann sich hier einquartieren und den Ort als Ausgangspunkt für Wander- und Autotouren nutzen.

Unterkunft

■ **Ap. Chipi-Chipi**①, Velhoco 42 (LP-101 Km. 6), Tel. 922411024, www.chipichipi.es. Sieben funktionale Apartments für zwei bis fünf Personen oberhalb des gleichnamigen Ausflugslokals, 2,8 Kilometer südlich von Las Nieves; in den Wintermonaten etwas kühl (keine Heizung!). Ohne Auto ist man hier etwas abgeschnitten, eine Einkaufsmöglichkeit liegt zehn Gehminuten entfernt.

Essen und Trinken

■ **Chipi-Chipi**②, Velhoco 42, Tel. 922411024, tgl. außer Mi und So 12–17 und 19–23 Uhr. Beliebtes Gartenlokal südlich von Las Nieves mit iglüähnlichen Separees inmitten wuchernder Vegetation (*chipichipi* = Sprühregen). Hier gibt es ausschließlich Fleisch, das auf offenem Feuer gebraten und mit *papas arrugadas* und pikanter Mojo-Soße aufgetischt wird. Hieß es noch in einem Merian-Heft von 1982, „die abgenagten Knochen wirft man hinter sich, für die Aufräumungsarbeiten sorgen die unzähligen Hunde und Katzen", so geht es heute professionell-zivilisiert zu, alles wird fein säuberlich abgeräumt.

Buenavista de Arriba

Monasterio

In gebührendem Abstand zur „Schneejungfrau", 3,5 Kilometer südlich im Weiler Buenavista, haben sich **Nonnen des Zisterzienserordens** niedergelassen. Bis 1998 hausten sie in einem romantischen, aber feucht-kalten Bau; zum 900-jährigen Bestehen des Ordens wechselten sie in ein repräsentatives **Kloster** über, in dem auch mehrere Einzelzimmer vermietet werden – freilich nur an ruhige und meditationsfreudige Gäste (Hospedería Bernardo①). Die Nonnen verkaufen hausgemachten Kräuterlikör, Marmelade und köstliche Süßigkeiten, zubereitet nach geheimer Rezeptur. Am beliebtesten sind *marzapán* (Marzipan) und *truchas de batata* (Teigtaschen mit Süßkartoffelmousse). Noch vor wenigen Jahren schrieb ich: „Da die Frauen in Klausur leben und mit „Normalsterblichen" keinen Kontakt pflegen dürfen, werden die Leckereien dem Gast über eine streng abgeschirmte Ladentheke gereicht – zuvor hat man höflich zu klingeln." Doch auch Zisterzienserinnen gehen mit der Zeit. Nach dem Klingeln öffnet sich automatisch eine Tür, eine unverschleierte Nonne erscheint und bedient die Besucher.

■ **Anfahrt:** Von Las Nieves der LP-101 3,5 Kilometer in Richtung Süden folgen, gegenüber dem Restaurant La Graja rechts abbiegen und der schmalen, von Palmen gesäumten Piste 400 Meter folgen.

■ **Monasterio del Císter,** Camino La Corsillada 10, Tel. 922414500, tgl. 10–19 Uhr.

„Manolos" aus der Modewelt

Seit der Serie „Sex and the City" heißen hochhackige Stilettos wie er: „Manolos". *Manolo Blahnik* wurde 1942 in Santa Cruz geboren und ist laut New York Times der „einflussreichste Schuh-Designer der Welt". Den abenteuerlustigen Mann trieb es fort von der damals gottverlassenen Insel: „Das Leben auf La Palma war einsam. Einmal in der Woche kam ein Boot. Kein Fernseher, Zeitschriften aus Argentinien. Aber meine Eltern gingen in den Country Club und gaben große Abendessen. Mein Vater spielte immerzu Tennis …"

Und wenn eine neue Mode-Kollektion zu kaufen war, reiste die Mutter nach Paris und nahm den Sohn mit (das hierfür nötige Kleingeld stammte von den Erträgen einer Bananenplantage). Bei einer dieser Gelegenheiten entschloss sich der junge *Manolo*, seiner Heimatinsel den Rücken zu kehren. Schließlich landete er in London, wo er begann, Schuhe zu entwerfen.

Der Erfolg setzte ein, als *Bianca Jagger*, Frau des Bandleaders der Rolling Stones, seine Schuhe 1977 öffentlich zur Schau trug … Seitdem entwirft Señor *Manolo* High-Society-Schuhe: „nie höher als elf (!) Zentimeter". Natürlich würde er selbst niemals High Heels tragen. Stattdessen schwärmt er für Birkenstock-Schuhe, jene bequemen „deutschen Sandalen, die die Hippies trugen". Und was sind für ihn schöne Füße? „Frauen auf Inseln haben oft schöne Füße. Sie laufen ständig barfuß durch den Sand und baden im Meer".

Mirador

Am zentralen Kreisel (Kreuzung der Straßen LP-101 und LP-202) geht es auf einer Stichstraße zur **Kapelle Mariä Empfängnis** (Ermita de la Concepción) mit einem auffallenden Drachenbaum. Wer am 15. August hierher kommt, erlebt ein großes Fest mit Messe und Prozession. Vom zugehörigen **Mirador de la Concepción** hat man einen großartigen Blick auf Santa Cruz und die Ostküste. Wer abends hierherkommt, sieht das Lichtermeer von Santa Cruz und manchmal auch ein festlich erleuchtetes, aus dem Hafen fahrendes Kreuzfahrtschiff.

Maroparque

Folgt man am Buenavista-Kreisel der Straße nach Santa Cruz, geht es nach 500 Metern, am Kilometerstein 6 der LP-202, rechts hinab zum Maroparque (identisch mit Wanderweg GR 130 Santa Cruz – San Pedro). Ein **Tierpark** krallt sich an den steil abfallenden Hang: Auf kühn angelegten Holzstegen (nichts für Leute mit Gehbehinderung!) spaziert man durch wucherndes Grün, vorbei an exotischen Vögeln, aber auch Kaimanen, Python-Schlangen, Waschbären, Kängurus und winzigen Titi-Äffchen. Leser monierten: Leider sind die Gehege nicht artgerecht, für die Tiere viel zu klein.

■ **Maroparque,** La Cuesta 28, www.maroparque.com, tgl. 11–18 Uhr, Eintritt 11 €.

Praktische Tipps

Essen und Trinken

■ **La Graja**①-②, Carretera a Las Nieves 32 (LP-101), Tel. 922420218, So und Mo geschlossen, wechselnder Ruhetag. Im 200 Jahre alten „Krähenhäuschen" *(graja)* entstand ein Lokal, in dem sich auch Einheimische wohl fühlen. Man sitzt unterm offenen Dachstuhl, auf den grünen Holztischen liegen Papierdecken, der laute Geräuschpegel sorgt für gemütliches Ambiente. Spezialitäten des Hauses sind Gerstensuppe *(sopa de trigo)*, Kabeljau-Häppchen auf Süßkartoffeln *(migas de bacalao)*, zarte Rippchen *(costillas)* und als Nachtisch hausgemachte Torten – je nach Saison aus Orangen, Zitronen oder anderen Früchten.

■ **Casa Osmunda**③, Subida a la Concepción 2 (am Abzweig zum Mirador), Tel. 922186123, www.casaosmunda.blogspot.com, 12–16 und 18–23 Uhr, So-Abend und Mo geschlossen. Ambitionierte Küche, in stilvollem Rahmen auf den Tisch gebracht: Das historische Haus an der Auffahrt zum Mirador (Kreisel LP-101/102) weiß seinen Gästen mit Antiquitäten und leinengedeckten Tischen in einem unterirdischen Wasserspeicher zu gefallen. Die Besitzer haben sich der „kreativen Küche" verschrieben. Dazu wählt man den passenden Wein aus einer umfangreichen Karte.

■ **Las Tres Chimeneas**③, Buenavista de Arriba 82, Tel. 922429470, tgl. außer Di 12–16 und 19–23 Uhr. Das Restaurant unterhalb des neuen Krankenhauses ist erkennbar an den namenspendenden *tres chimeneas* (drei Schornsteinen). Die Zeiten, da man hier gut und preiswert Pilzgerichte, Käse- und Gemüseauflauf essen konnte, sind leider vorbei. Heute treffen sich hier die feinen Herren aus Santa Cruz zum Geschäftsessen.

La Graja – die palmerische Krähe

Pechschwarz ist ihr Federkleid, knallrote Akzente setzen der lange Schnabel und die Krallen. Sie stammt von der Alpenkrähe ab, hat aber im Laufe ihrer langen Isolation eigene Merkmale ausgebildet, sodass sie heute als eigene Art gelten darf (Pyrrhocorax pyrrhocorax barbarus, span. *graja*). Wie alle Raben ist sie lernfähig und beherrscht neben der Rabensprache einen eigenen Familiendialekt. Am häufigsten begegnet man ihr in mittleren Höhenlagen, wo sie in großen Schwärmen lebt.

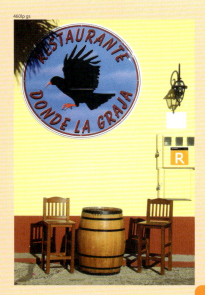

▷ Nach der palmerischen Krähe sind auch Restaurants benannt

Überblick | 48
Barlovento | 63
La Fajana | 62
La Galga | 53
Los Sauces | 57
Los Tiles | 54
Puntallana | 50
San Andrés | 58
Tenagua | 49

Vom Passat befeuchtet, sind die Steilhänge und Schluchten der mittleren Höhenlagen üppig grün – dies ist La Palmas regenreichste Region! Dank des vielen Wassers sprießt dichter Lorbeerwald.

2 Der Nordosten

An der rauen Küste locken Naturschwimmbecken und Dörfer mit nostalgischem Charme.

◁ Naturschwimmbecken von La Fajana

Der Nordosten

MONTEVERDE – DIE GRÜNEN BERGE

Die mittleren Höhenlagen sind dem Passat ausgesetzt, jenem Wind, der für stete Feuchtigkeit sorgt. Er speist einen dichten Lorbeerwald, der sich wie ein grüner Teppich über die Steilflanken legt. Mit Wolkenfetzen, die sich im Geäst verfangen, meterlangen Flechten, die

NICHT VERPASSEN!

- **Playa de los Nogales:** Herrlich wilder Klippenstrand | 52
- **Los Tiles:** Lorbeerwald, Schluchten, Wasserfälle | 54
- **San Andrés:** Kleinod überm Meer | 58
- **Charco Azul:** „Blauer Tümpel" – schön für ein Bad | 60
- **Naturschwimmbecken von La Fajana:** Den Wellen abgerungen | 62
- **Mirador La Tosca:** Majestätischer Drachenbaumhain | 67

Diese Tipps erkennt man an der gelben Hinterlegung.

Überblick

von den Zweigen baumeln, und mannshohem Farn wirkt er wie ein Zauberwald. Die Begleitmusik macht das stete Tröpfeln von Wasser. Was für einen Tagesausflug schön ist, muss es für einen längeren Aufenthalt nicht sein. Besonders im Winter kriecht die Feuchtigkeit rasch bis in die Knochen.

Nördlich von Santa Cruz wird die Küste zunehmend rau: Schluchten schneiden sich tief ins Gebirge ein, die Straße ist kurvig und verläuft hoch über dem Meer. Weiter landeinwärts bedeckt feuchter, dunkler Lorbeerwald die Hänge. Er wurde von der UNESCO als erste Region zum Biosphärenreservat erklärt, ein Abstecher in dieses Gebiet zählt zu den Höhepunkten einer La-Palma-Reise. Doch nicht nur die Natur lohnt einen Besuch. Zu empfehlen sind vor allem das Kolonialstädtchen San Andrés, das wie ein Balkon über dem Meer hängt, und die Meerwasserschwimmbecken Charco Azul und La Fajana. Gute und preiswerte Pensionen gibt es in San Andrés und Los Sauces.

Im äußersten Norden erlebt man Natur pur und viel Einsamkeit. Großartig ist die inzwischen ausgebaute Straße von Barlovento nach Santo Domingo. Da gibt es herrliche Panoramablicke auf die Küste und üppig grüne Barrancos, Abfahrten zu abgeschiedenen Weilern, Drachenbaumhainen und Kraterseen.

Sofern das Wetter es zulässt, kann man dem Roque de los Muchachos einen Besuch abstatten. Die Traumstraße zum höchsten Gipfel der Insel führt durch eine windgepeitschte Mondlandschaft mit ständig wechselndem Licht- und Schattenspiel.

Kurzinfo Nordosten

■ **Banken/Post:** im Zentrum von Los Sauces und Barlovento.
■ **Gesundheitszentrum:** Centro de Salud Puntallana, Tel. 922430206; Barlovento, Tel. 922 186360.
■ **Apotheken:** in Puntallana und Los Sauces.
■ **Autovermietung:** nur in Barlovento: Comba, Tel. 922186046.
■ **Taxi:** Los Sauces, Tel. 922450928; Barlovento, Tel. 922186046.
■ **Bus:** Linie 100 verbindet die Hauptstadt mit allen Orten im **Nordosten** und **Norden**; die Busse fahren über Los Sauces nach **Barlovento** und weiter über Santo Domingo de Garafía nach **Tazacorte** und **Los Llanos.** Mit Linie 104 kommt man von Los Sauces über San Andrés nach Puerto Espíndola. **Fahrplan im Anhang!**

▷ In privaten Gärten wachsen majestätische kanarische Palmen

Tenagua

Von Santa Cruz folgt man der Küstenstraße in Richtung Norden, ignoriert nach vier Kilometern die zum Roque de los Muchachos abzweigende „Traumstraße" La Palmas (⇨Kapitel „Das Zentrum – Caldera und Cumbre") und erreicht zwei Kilometer weiter Tenagua, eine Streusiedlung am steil zum Meer abfallenden Hang. Wer sich die Umrundung der Insel vorgenommen hat, hält hier bestenfalls an, um zu tanken – spektakuläre Sehenswürdigkeiten gibt es nicht. Die Schule und das Kirchlein Ermita Sagrado Corazón de Jesús liegen oberhalb der Durchgangsstraße. Ferienhäuser, zumeist mit weitem Blick übers Meer, sind über den ganzen Weiler verstreut.

Unterkunft

■ **Ap. Piedra Verde**①, La Verada, Tel. 922430 008. Gepflegte und ruhige, von Señora *Carmen* geführte Anlage oberhalb des Ortskerns. 100 Meter nördlich der Tankstelle via Brücke in die mit „Ermita Sagrado Corazón de Jesús" ausgeschilderte Straße einbiegen und ihr einen Kilometer folgen. Die Anlage verfügt über acht geräumige Apartments und vier Bungalows sowie eine Dachterrasse mit Pool und Sonnenliegen. Angrenzend befindet sich die etwas einfachere, gleichfalls mit acht Apartments und Pool ausgestattete Anlage Piedra Blanca.

Puntallana

„Flaches Kap" lautet die Übersetzung des Namens. Puntallana liegt auf einer der wenigen ebenen Hochflächen La Palmas, neun Kilometer nördlich von Santa Cruz. Die Landschaft ist von Hügeln und saftigen Wiesen geprägt, ringsum wachsen Obst und Gemüse. Das Zentrum östlich der Durchgangsstraße – mit Rathaus und Post – wirkt etwas steril, doch es lohnt sich, das Viertel unterhalb der Kirche zu besuchen: Dort entdeckt man das kuriose Ethno-Museum Casa Luján, die Quelle San Juan und – man höre und staune – eine deutsche Bibliothek.

Sehenswertes

Kirche

Am Nordrand der weitläufigen, meist leergefegten Plaza liegt die feudale **Iglesia San Juan Bautista** (Johanniskirche). Zwar wurde sie schon 1515 erbaut, doch den letzten Schliff erhielt sie Ende des 19. Jahrhunderts, als ein in Kuba reich gewordener Palmero der Kirche sein Vermögen stiftete. Sehenswert sind im Innern die flämischen Skulpturen, allen voran die Figur des heiligen *Johannes*.

■ **Iglesia San Juan Bautista,** Carretera Antigua, geöffnet während der Messe.

Mein Tipp: Casa Luján

In einem romantischen Seitental unterhalb der Kirche befindet sich ein Herrenhaus, das viele Jahre als Rathaus und Schule, unter *Franco* gar als Gefängnis diente – heute öffnet es als **Ethno-Museum**. Hinter einer weißen Mauer mit Türmchen verbirgt sich ein kopfsteingepflasterter Hof, von dem die einzelnen Räume abgehen. In liebevoll zusammengestellten Interieurs sind lebensgroße Puppen arrangiert, die viel über den dörflichen Schulalltag anno dazumal, das Verhältnis von Frau und Mann, Herr und Magd, Jugend und Alter erzählen. Es handelt sich nicht um beliebige Puppen, sondern um *mayos*, Karikaturen palmerischer Typen, wie sie seit Jahrhunderten zum Mai-Fest hergestellt werden: mit schlabberigen Gliedmaßen, maskenartigem Gesicht und aufwendigem Kostüm. Äußerst kurios!

Angeschlossen ist eine **Tapas-Bar**, in der man einheimische Weine und lokale Produkte probieren kann. Hat's geschmeckt, kann man sie im Mitnahmeformat kaufen. Auch eine Info- und Kunsthandwerkverkaufsstelle gibt es.

■ **Museo Casa Luján,** El Pósito 3, Mo–Sa 10–14 und 16–20, So 10–14 Uhr; erreichbar über die abschüssige Gasse Procesiones oder die breite Straße am nördlichen Ortsausgang.

> **Wandertipp**
>
> Von der Kirche in **Puntallana** führt der gelb-weiß markierte Weg PR LP 4 über die Calle Procesiones aus dem Ort heraus und vereint sich nach 45 Min. mit dem roten GR 130. Dieser führt in stetem Auf und Ab über den Barranco de Nogales und den Barranco de la Galga bis **San Andrés** (eine Richtung 5:30 Std., mittelschwer; Rückfahrt mit Bus).

Bila

Unterhalb der Casa Luján heißt es: „Willkommen im Bibliosphären-Reservat!" Ausgerechnet auf La Palma, in einem Dorf, in dem sich Kröte und Kaninchen „Gute Nacht" sagen, öffnete die erste **deutschsprachige Bibliothek** der Kanaren: Über 5000 interessante Titel können sich Urlauber zum Lesen aussuchen – die Sammlung stammt von einem Berliner Buchladenbesitzer und befindet sich in der ehemaligen Dorfbibliothek –, einer der ersten Gäste war Literaturnobelpreisträger *Günter Grass!*

■ **Bila,** Calle Procesiones 2, www.bila-lapalma.com, Mi–Fr 17–20 Uhr.

Fuente San Juan

Folgt man dem Gässchen ein paar Schritte weiter hinab, kommt man zur **Quelle San Juan:** Aus einem vorragenden Felsen tröpfelt es unentwegt in ein

◁ Puppen veranschaulichen das Leben vergangener Zeiten – in der Casa Luján

dunkles, mit schwimmendem Farn bedecktes Becken. Davor „hängt" eine kopfsteingepflasterte Terrasse, der Blick reicht über grüne Abgründe zum Meer hinab. Ein so schöner Platz für eine Rast, mag sich der Bürgermeister gedacht haben, ist der ideale Standort für eine Herberge – sie befindet sich seitlich der Quelle.

Strand

Die **Playa de los Nogales,** ein 450 Meter langer, dunkler Kiessandstrand unterhalb des Dorfs, zählt zu den schönsten der Insel (Bild S. 323). Er liegt am Fuß einer zerklüfteten Steilwand und ist vor allem im Sommer, wenn die See ruhiger ist, bei den Palmeros beliebt. Im Winter liegt der Strand schon nachmittags wieder im Schatten – die gefährlichen Strömungen sind nicht zu unterschätzen! Anfahrt: Gegenüber der *farmacia* (Apotheke) der ausgeschilderten Straße LP-102 etwa 2,5 Kilometer folgen, vorbei an einem Picknickplatz, dann links in ein Sträßchen und weitere zwei Kilometer hinab zu einem Parkplateau. Von hier kommt man in 15 Gehminuten auf geländergesichertem Weg zum Strand.

Praktische Tipps

Unterkunft

■ **Casa Rural María Cruz**②, Calle Procesiones 5, buchbar über Isla Bonita (www.islabonita.es). Schönes Anwesen unterhalb der Casa Luján mit Meerblick.
■ **Albergue Juvenil La Fuente**①, Calle Procesiones s/n. In einem hundertjährigen, restaurierten Haus, das verwegen am Abgrund steht, wurde La Palmas erste Jugendherberge errichtet: 32 Betten in acht Zimmern, dazu Gemeinschaftsräume und schöne Terrassen neben der Dorfquelle *(fuente)*. Zugelassen sind Gäste aller Altersstufen mit internationalem JH-Ausweis (dieser kann leider nicht vor Ort erworben werden). Eröffnung voraussichtlich 2016.

Einkaufen

■ **Bauernmarkt:** Mercadillo auf dem Kirchplatz, jeden 1. und 3. Samstagvormittag eines Monats.

Feste

■ **ca. 24. Juni:** Fiesta de San Juan Bautista. Viertägiges Fest mit Bauernmarkt, Sport und Musik.
■ **13. Dezember:** Fiesta de Santa Lucía. Fest der Lichterkönigin rund um die Kirche.

Wandertipp

An der LP-1 Km. 16.1 (zwischen zwei Tunneln) markiert ein Info-Häuschen mit Parkplatz den Eingang zu einem herrlich grünen Barranco, den **Cubo de la Galga.** Das Auto kann man hier gut parken. Ein markierter **Naturlehrpfad** *(sendero autoguiado* PR LP 5.1) führt durch eine mit Lorbeerwald dicht bewachsene Schlucht. Je weiter man läuft, desto enger und schöner wird sie: mit mannshohem Farn, von Felsen herabhängenden „Gärten" und dem unaufhörlichen Tropfen von Wasser. Für den sechs Kilometer langen Weg sind drei Stunden einzuplanen.

La Galga

Nördlich von Puntallana schlängelt sich die Straße in weiten Kehren an der Küste entlang, folgt dem Verlauf tief eingeschnittener Schluchten und passiert mehrere kleine Tunnel. Nach 5 Kilometern erreicht man die Streusiedlung La Galga mit zwei Aussichtspunkten. Im Zentrum führt eine Straße zum **Mirador de San Bartolomé** mit einer Skulptur, die einen in den Abgrund stürzenden Hirten zeigt. Ein zweiter Aussichtspunkt, der **Mirador del Jardín de las Hespérides,** (Km. 17) zeigt die Figur einer schwangeren Venus hoch über grünen Schluchten. Nicht nur der Küstenblick berauscht.

Im Zentrum La Galgas (gegenüber Restaurant Asterio) führt eine anfangs asphaltierte Straße zum Lorbeerwald Cubo de la Galga hinauf, einem quellenreichen Dschungel fern der Zivilisation.

Playa de la Galga

600 Meter nördlich des Lokals folgt die Abzweigung zum Mirador mit herrlichem Ausblick über die Küste. Nach 40-minütigem Abstieg erreicht man die schwarzsandige, unterhalb steiler Klippen gelegene Playa de la Galga.

Steilküste bei La Galga

Essen und Trinken

■ **Casa Asterio**①, La Galga, Carretera General del Norte, Tel. 922430111, tgl. außer Di 11–23 Uhr. Werktags wirkt das Lokal zugig und kalt, sonntags aber, wenn die Palmeros herbeiströmen, verwandelt es sich in einen stimmungsvoll-urigen Landgasthof. Empfohlenes Menü: als Vorspeise *queso asado* (gegrillter Schafskäse), als Hauptgericht *garbanzas compuestas* (Kichererbseneintopf) oder pikantes *cabra* (Ziegenfleisch).

Tödliche Ergebenheit – eine Legende

Ein junger Hirte war heiß verliebt in eine schöne Bäuerin. Doch diese war seiner Annäherungsversuche bald so überdrüssig, dass sie ihn auf eine grausame Probe stellte. Er werde ihr Herz gewinnen, sagte sie, wenn er sich an seinem langen Hirtenstab in eine der Schluchten hinabgleiten ließe. Der junge Mann nahm all seinen Mut zusammen und sprang in die Tiefe. Zwei Steilstufen überwand er, doch an der dritten stürzte er und fiel tot zu Boden. Zu spät begriff die Frau, was sie ihrem Verehrer abverlangt hatte – den Rest ihres Lebens verbrachte sie in Trauer, von allen Nachbarn verachtet.

Die Bewohner La Galgas haben dem verzweifelt Verliebten ein Andenken errichtet: Eine der Schluchten, die man vom Mirador de San Bartolomé überblickt, trägt den Namen „Salto del Enamorado" („Sprung des Verliebten").

Los Tiles

Bei Km. 21.1, unmittelbar südlich von Los Sauces, zweigt – nahe einer gigantischen Bogenbrücke – von der LP-1 die Asphaltstraße LP-105 ab. Diese endet nach knapp vier Kilometern an einem Besucherzentrum mit Parkplatz – ein unbedingt zu empfehlender Abstecher: **Lorbeerbäume,** durch die kaum ein Lichtstrahl dringt, Rankengewächse und mannshohe Farne, Kaskaden und gurgelnde Bäche! Man befindet sich im Obertal des **Barranco del Agua** (Wasserschlucht) und schon mitten im „Urwald" von Los Tiles, seit 1998 **Biosphärenreservat der UNESCO.**

Übrigens: Über viele Jahre hatte sich auf La Palma die Bezeichnung „Los Tilos" erhalten, und so manch ein Palmero benutzt diese noch heute. Sie ist falsch, denn das Naturschutzgebiet ist nach dem *til* benannt, der im Deutschen wenig schmeichelhaft „Stinklorbeer" heißt und dessen Plural *tiles* lautet.

Anders als im Mittelmeerraum, wo die Lorbeerwälder aufgrund der Eiszeit eingegangen sind, haben sie auf dem kanarischen Archipel dank des günstigen Klimas überlebt. Allerdings erstreckte der Wald sich vor gut 500 Jahren noch fast über den gesamten Norden La Palmas, während er heute nur noch im Nordosten der Insel in wirklich gutem Zustand ist. Nach der Conquista fielen weite Teile des Waldes der **Rodung** zum

▷ Eine schöne Kurztour führt durch die „Wasserschlucht", den Barranco del Agua

Wandertipp

Um den botanischen Zaubergarten zu erwandern, braucht man Regenschutz und festes Schuhwerk. Mehrere schöne Wege stehen zur Wahl, alle nehmen ihren Ausgang nahe dem Parkplatz. Eine Kurztour führt in den **Barranco del Agua** (⇨ Wanderung 17), die zweite hinauf zum **Mirador Espigón** (⇨ Wanderung 18). Eine dritte startet hinter dem Centro de Visitantes und führt hinauf zum Aussichtspunkt Mirador de Barandas (PR LP 6; hin und zurück 1:30 Std.).

Opfer, um den Brennholzbedarf der Zuckerindustrie zu decken; so groß war die Zerstörung, dass ein königliches Dekret erlassen werden musste, in dem jede weitere Abholzung unter Strafe gestellt wurde.

1983 wurde auf La Palma eine 500 Hektar große Enklave erstmals unter Naturschutz gestellt, 1998 wurde sie um Puffer- und Übergangszonen erweitert. Vor zerstörerischen Eingriffen ist sie gleichwohl nicht gefeit. Da es keine Zäune und markierten Grenzen gibt, machen Bauern auch weiterhin von ihrem angestammten „Recht" Gebrauch, ihre Ziegen in das fruchtbare Gebiet zu treiben. Daneben sind es vor allem Holzfäller, die gegen die Regeln des Naturschutzgebiets verstoßen: Sie schneiden die Stämme junger Bäume ab, um sie als Stützstangen für die Bananenplantagen zu verkaufen. Weitere Probleme entstehen mit dem Anzapfen der Quellen für Bewässerungszwecke und dem zunehmenden Rückgang der Grundwasserreserven.

Centro de Visitantes

Im **Besucherzentrum** wird man in Filmen und auf Schautafeln über Flora und Fauna des Biosphären-Schutzgebiets informiert.

■ **Centro de Visitantes Los Tiles,** Bosque de los Tiles, Tel. 922451246, www.lapalmabiosfera.com, tgl. 9–17 Uhr.

Flora und Fauna

Das kühle, frische Dickicht saugt die Feuchtigkeit der Passatwolken auf – ein faszinierendes Erlebnis für alle Naturliebhaber! In jedem Winkel gibt es Pflanzen und Tiere der ungewöhnlichen Art – so den Lorbeerbaum *til*, leicht an seinen eichelähnlichen Früchten zu erkennen, den *laurel*, dessen dunkle, mattgrüne Blätter nach Lorbeer riechen, und den mit dem Avocado-Baum verwandten *viñatigo*, an dessen giftigem Harz sich Ratten berauschen. In dunklen Felsspalten findet man die Honig-Wolfsmilch und das Gipfelveilchen, mit etwas Glück sieht man seltene Lorbeertauben und Sturmtaucher.

Essen und Trinken

■ **Casa Demetrio**①, Bosque de los Tiles, Tel. 922 451081, tgl. ab 10 Uhr. Nach einer Wanderung kehrt man gern in dem Waldgasthof, 100 Meter unterhalb des Besucherzentrums, ein. Es gibt *queso a la brasa* (gegrillten Käse), Fleisch und Fisch, am Wochenende auch deftigen *puchero* (Eintopf). Vom Salatteller waren mehrere Leser enttäuscht.

Los Sauces

Wer von Süden kommt, passiert Spaniens längste und tiefste **Bogenbrücke** (315 m/150 m), die sich verwegen über den Barranco del Agua spannt. Kurz darauf bietet der **Mirador del Sur** die Möglichkeit, einen tiefen Blick in die „Wasserschlucht" zu werfen. Dort wachsen in dichten Hainen jene Weiden (spanisch *sauces*), denen der Ort seinen Namen verdankt.

Zusammen mit dem tiefer gelegenen und sehr viel schöneren San Andrés bildet Los Sauces eine Gemeinde, die ein wichtiges **Landwirtschafts- und Handelszentrum** ist. Nach der Eroberung wurde hier Zuckerrohr, das „weiße Gold", angebaut, das in der Destillerie von Puerto Espíndola bis in die Gegenwart zu Rum weiterverarbeitet wird. Beliebt ist auch der hier hergestellte *miel de caña* (Zuckerrohrsirup). Das wichtigste Anbaugut allerdings sind heute Bananen, daneben gibt es – in kleinerem Umfang – Tabak und Yamswurzeln *(ñames)*.

Rathausplatz und Kirche

Los Sauces erstreckt sich über mehrere Kilometer entlang der Hauptstraße. An ihr liegt auch die **Plaza del Ayuntamiento,** der große Rathausplatz mit Springbrunnen, an dem man gern eine Pause einlegt. Man dreht eine kleine Runde und wirft einen Blick in die Kirche am Südrand der Plaza. Sie wurde kurz nach der Conquista erbaut, Stifter war ein reicher Kaufmann aus Katalonien, der sie der Schutzpatronin seiner Heimat weihte. So verwundert es nicht, dass man auf Schritt und Tritt der Jungfrau von Montserrat begegnet, als Skulptur am Hochaltar und auf zahlreichen Gemälden. Am schönsten präsentiert sie sich auf der „Katalanischen Tafel" in der Taufkapelle (rechts vom Eingang), die der flämische Meister *Pieter Pourbus* im 16. Jahrhundert schuf.

■ **Iglesia de Nuestra Señora de Montserrat,** Plaza de Montserrat, unregelmäßig geöffnet.

Molino

Eine **Wassermühle** von 1875 wurde restauriert und in ein Gofio-Museum verwandelt, das aber nur zu Festtagen öffnet. An der vom Rathaus in die „Oberstadt" führenden Straße 600 Meter steil talaufwärts (Calle Los Molinos 33).

Praktische Tipps

Unterkunft

■ **Pensión El Drago**①, Carretera General s/n, Tel. 922 450350. Fünfstöckiges Haus am südlichen Ortseingang über der gleichnamigen Bar. Zwölf mit dunklen Holzmöbeln eingerichtete Zimmer, ein jedes mit edlem Marmorbad. Infos bei Señor *Rubén* in der Bar.

Essen und Trinken

■ **El Canal**②, Carretera General 27, Tel. 922450 843, www.restauranteelcanal.es, 13–16 und 20–22.30 Uhr, So-Abend geschl. Familiär geführtes Lokal mit kanarisch-kreativer Küche – *Carlos* sorgt für Schwung!

San Andrés

Inmitten ausgedehnter Bananenfelder liegt San Andrés, einer der ältesten und schönsten Orte der Insel. Von Santa Cruz kommend, zweigt noch vor Los Tiles eine ausgeschilderte Straße rechts ab, eine zweite Zufahrt bietet sich ab Los Sauces. In San Andrés empfiehlt es sich, den Wagen schon vor der Bar Miami abzustellen, danach geht es über eine kopfsteingepflasterte Gasse steil hinab zur großen, stimmungsvollen Plaza. Eine strahlend weiße Kirche steht in ihrer

■ **Caboco**①, Carretera General 5, Tel. 922451425. Beliebtes Lokal nahe der Plaza. Gemütlich geht's an der Bar zu, wo süßer Malvasier aus eigenem Anbau fließt, dazu hausgemachter Kräuterlikör und Rum aus Los Sauces. Zum Essen gibt's Tapas, die man sich in der Vitrine aussucht.

■ **Bar Caribe,** Alonso Pérez Díaz 2, Tel. 922450 202, So Ruhetag. Tapas-Bar an der höher gelegenen Seite der Plaza.

Feste

■ **27. April:** Fiesta de Nuestra Señora de Montserrat. Fest zu Ehren der Schutzpatronin, der katalanischen Jungfrau von Montserrat.

San Andrés – einst Sommerfrische der Zuckerbarone

Mitte, ringsum reihen sich schmucke Herrenhäuser und Palmen. Zur Küste hin öffnet sich der Platz zu einer Terrasse – über Bananenplantagen blickt man weit hinunter aufs Meer.

Ort der Zuckerbarone

San Andrés wurde 1507, kurz nach der Conquista, gegründet. Hier gab es fruchtbaren Boden und viel Wasser, sodass die frisch gebackenen Großgrundbesitzer rasch mit dem Anbau des Exportschlagers Zucker beginnen konnten. Vom nahe gelegenen Naturhafen Puerto Espíndola wurde das „weiße Gold" nach Europa verschifft, wo es einen hohen Preis erzielte. Zwar brach der Export aufgrund karibischer Konkurrenz im 17. Jahrhundert zusammen, doch die Häuser der Zuckerbarone blieben bis heute erhalten.

Iglesia de San Andrés

Die Zuckerbarone waren es auch, die im Jahr 1515 die Pfarrkirche stifteten. Zum Schutz vor Piratenangriffen wurde sie als **Wehrbau** errichtet, was ihr wuchtiges Aussehen erklärt. Dagegen ist das Innere

von barocker Pracht beherrscht: Golden glänzt der Hochaltar mit einer geschnitzten Figur des heiligen *Andreas;* ihm zur Seite stehen die „Jungfrau des Sieges" und die „Rosenkranzmadonna" – Werke einer flämischen Werkstatt des 17. Jahrhunderts. Eher kurios wirkt eine große, vom Schein Dutzender Weihkerzen erleuchtete Tafel, an der amulettartige Anhänger, archaische Holzpuppen und aus Wachs geformte Arme und Beine hängen.

Charco Azul

Vom Zentrum führt ein kurzer Küstenweg zum **Meerwasserschwimmbecken,** einem der besten Badeplätze im Norden La Palmas. Mit dem Auto ist es über die nach Puerto Espíndola führende Straße erreichbar. An der Steilküste hat sich das Meer weit vorgearbeitet und große Becken ausgeformt, die durch Mauern befestigt wurden. So kann man im „Blauen Teich" (Charco Azul) gefahrlos baden, während sich nur wenige Meter entfernt hohe Wellen brechen. Zwischen den Becken verlocken attraktive Liegeflächen zum Sonnenbad, die Bar Charco Azul bietet kühle Drinks und Snacks, während weiter oben das Restaurant Rompecabos② auf einer attraktiven Terrasse gehobene Fisch- und Fleischküche bietet (Tel. 92245254, Do geschl.).

Puerto Espíndola

Folgt man vom Charco Azul der Straße nach Norden (fünf Minuten zu Fuß), gelangt man nach Puerto Espíndola, dem ehemaligen Exporthafen von San Andrés und Los Sauces. Er liegt am Fuß gewaltiger Steilhänge; eine weit ausgreifende Mole bietet Schutz vor dem Meer. Täglich fahren **Fischerboote** hinaus, ihr Fang landet direkt im Hafenrestaurant.

Rum-Destillerie

Immer noch in Betrieb ist die Destillerie Aldea, in der wie in alten Zeiten das oberhalb der Hauptstraße angebaute **Zuckerrohr** zu Rum *(Ron de Aidea)* verarbeitet wird. Die Herstellung erfolgt unmittelbar nach der Ernte im Frühjahr und dauert bis zum Sommer; in dieser Zeit kann die Fabrik besichtigt werden.

■ **Destilerías Aldea,** Puerto Espíndola 3, Tel. 922 450568, www.destileriasaldea.es (⇨ Exkurs).

Praktische Tipps

Unterkunft

In San Andrés

■ **Pensión Las Lonjas**①, Calle San Sebastián 16, Tel. 922450736. Pension am südlichen Ortseingang mit vier Zimmern, allesamt schlicht, aber freundlich eingerichtet mit hellen Holzmöbeln, jedes mit eigenem Bad. Einziger Nachteil: Man tritt von der Straße direkt ins Zimmer, vorbeifahrende Autos sind unüberhörbar. Seitlich des Hauses ist die Straßennummer 16 vermerkt, während an der Frontseite die Zimmer nummeriert sind. Die freundliche Besitzerin wohnt im ersten Stock.

■ **Pensión San Andrés**①, Calle San Sebastián 4, Tel. 922450539. Die Pension schräg gegenüber der Bar Miami ist auch unter dem Namen Martín bekannt. Die freundliche *Adela* vermietet ein Apartment und drei Zimmer; ab drei Tagen Aufenthalt gibt es Rabatt.

In Charco Azul

● **Ap. Miriam**②, Calle El Melonar s/n, Tel. 922 450739, www.apartamentosmiriam.com. Señora *Miriam* vermietet neben ihrer Bäckerei *(Dulcería)* zwölf Apartments in einem villenartigen Haus: geräumig, gemütlich und komfortabel, mit Wohnküche, Schlafraum, Bad und Balkon bzw. Terrasse. Den schönsten Blick über grüne Bananenplantagen aufs wellengepeitschte Meer bieten die oberen Wohnungen bzw. die Eck-Apartments Richtung Straße. Das nur wenig teurere *ático* (Dachwohnung) hat eine riesige Terrasse und die beste Sicht. Zum Puerto Espíndola läuft man nur wenige Minuten, und auch zum Meerwasserschwimmbad hat man's nicht weit.

Essen und Trinken

An der Plaza öffnen ein paar einfache Lokale, besser isst man am Charco Azul.
● **San Andrés**②, Plaza de San Andrés 7, Tel. 922 451725, tgl. außer Mi 12–23 Uhr. Lokal im Schatten der Kirche, am schönsten sitzt man auf der Terrasse

„Feuerwasser" aus Zuckerrohr

Durch Zerquetschen wird dem Zuckerrohr sein süßes Mark entlockt: *Sarkara,* in unserem Wort „Zucker" leicht wiederzuerkennen, heißt im Ursprungsland Indien „zerrissenes Stück". Doch nicht die süße Melasse, sondern der austretende Saft wird für die **Rumproduktion** destilliert: 180 Tonnen Zuckerrohrpflanzen ergeben etwa 100.000 Liter Rum.

Zwar wurde Zuckerrohr unmittelbar nach der Conquista auf der Insel angebaut. Doch erst 1862 gelang es dem Kubaner *Bacardi,* vergorenen Zuckersaft derart zu veredeln, dass daraus Rum entstehen konnte. Kurz darauf wurde das Verfahren auf Gran Canaria kopiert, 1936 folgte La Palma: In Puerto Espíndola stellt Familie *Quevedo* nunmehr in vierter Generation Rum der Marke **Ron de Aldea** her.

Die Palette reicht vom jungen *Ron blanco,* der sich als Zutat zu Cocktails eignet, über *Ron Añejo,* der einen guten Digestif abgibt, bis zum vollmundigen, 8 bis 15 Jahre im Eichenfass gereiften *Ron Aldea Reserva Especial.* Je länger der Rum liegen darf, desto milder und vollmundiger ist sein Geschmack! Außerdem gibt es *Ron Carmelo* aus geröstetem Zuckerrohr und mit Honig versetzten *Ron Miel.* Von der Umgebung inspiriert, werden in den Destilerías Aldea auch Bananen- und Orangenlikör hergestellt.

▷ Ron de Aldea

mit Blick auf die Palmen. Erkundigen Sie sich, welcher Fisch frisch angelandet wurde *(pescado del día)* – wenn Sie die Auswahl nicht überzeugt, begnügen Sie sich mit einer kleinen Erfrischung.

Feste

■ **16. Juli:** Fiesta del Carmen. In Puerto Espíndola sticht *Carmen*, die Schutzheilige der Fischer, in See, danach wird zu Lande gefeiert.
■ **Ende Mai/Anfang Juni:** Fiesta de Corpus Cristi. Zu Fronleichnam werden die Straßen des Orts mit Blütenteppichen geschmückt.
■ **30. November:** Fiesta de San Andrés. Fest zu Ehren des Ortsheiligen.

La Fajana

Gut sechs Kilometer nördlich von Los Sauces geht es auf einer schmalen Straße nach La Fajana hinunter. Hier ist im Halbrund an die Klippen ein Restaurant gebaut, das einen fantastischen Ausblick auf die Steilküste und das wellengepeitschte Meer bietet. Bei ruhiger See erfrischt man sich mit einem Sprung in die aus Lavastein geschlagenen ==Naturschwimmbecken== *(piscinas)*. Es gibt Umkleideräume und Duschen, im Sommer ist sogar der Rettungsdienst anwesend. In Sichtweite liegt der unter Denkmal-

Barlovento

schutz stehende **Leuchtturm von Punta Cumplida** (Faro de Barlovento), der seit 1867 seine Warnlichter in die Nacht strahlt.

Vom Leuchtturm führt ein Sträßlein längs der Küste durch Bananenfelder nach einem Kilometer zum malerisch verlassenen **Puerto de Talavera.** Die Felsküste rings um die Anlegestelle ist im Sommer – wenn die See ruhig ist – ein gutes Schnorchelrevier.

Unterkunft

■ **Ap. La Fajana**②, La Fajana 25, Tel. 922186162. Ganz nah an Naturschwimmbecken und Meer: fünf Apartments, vermietet von *Miguel Ferraz,* dem Besitzer der gleichnamigen Bar. Auch einen schattenlosen Zeltplatz neben den Schwimmbecken gibt es.

Essen und Trinken

■ **La Gaviota**①, Piscinas de la Fajana, Tel. 922 186914, tgl. 11–22 Uhr. Die Auswahl ist klein, doch ist das, was geboten wird, frisch: *pescado del día* (Fisch vom Tage), Meeresfrüchte-Paella und gegrillte Langusten. Passend zum Fisch: der weiße Hauswein aus Mazo.

Kalt ist's in diesem Ort – besonders im Winter, wenn der Passatwind dichte Wolkenbänke heranführt. Barlovento liegt knapp 600 Meter hoch, eine unwirtliche Ansiedlung, die sich über mehrere Kilometer entlang der Carretera General erstreckt. Palmerische Bauern freilich blicken voll Neid auf den Ort, denn bei über 800 Millimetern Niederschlag pro Jahr fällt die Ernte reich aus. Auf den fruchtbaren Terrassenfeldern gedeihen Bananen und Avocados, Zitrusfrüchte und Gemüse aller Art. Die Einwohnerzahl zeigt seit wenigen Jahren wieder ansteigende Tendenz; die aus der Emigration zurückgekehrten Bewohner investieren ihr Vermögen in den Kauf alter Steinkaten oder in die Schaffung moderner Zweckbauten.

Der Tourismus will bisher nicht so recht Fuß fassen – die *Casas Rurales* ste-

Wandertipp

Der rot markierte Cabildo-Weg GR 130 führt von **Barlovento** über den Weiler **La Tosca** in etwa drei Stunden ins verträumte **Gallegos,** das „Dorf der Galicier". Wer gut bei Fuß ist, kann die herrliche, aber anstrengende Tour via **Franceses** und **El Tablado** bis **Santo Domingo** fortsetzen (ab Los Gallegos weitere 7 Stunden). Unterwegs gibt es nur Unterkünfte in Franceses (Anschrift s.u.) – ansonsten heißt es auf der langen Tour: übernachten im Schlafsack!

◁ Hoch über den Wellen –
„La Gaviota" in La Fajana

Christen kontra Moslems – eine Spiel-Schlacht im Barranco

„Viva la muerte" (Es lebe der Tod) – etwas irritierend ist es schon, diesen Schlachtruf auf der sonst doch so friedlichen Insel La Palma zu hören. Doch am zweiten Augustsonntag hallt er kilometerweit durch die Schluchten des Nordens. Alle zwei bis drei Jahre (Infos im Rathaus unter Tel. 922186002), ziehen in Barlovento Christen gegen Moslems zu Felde. Bei der **Fiesta de la Virgen del Rosario** wird die **Schlacht von Lepanto** aus dem Jahr 1571 nachgestellt. Damals besiegten die vereinten christlichen Truppen in Griechenland unter dem Banner der Rosenkranzmadonna das osmanische Heer und beendeten damit die muslimische Mittelmeerherrschaft.

Schauplatz der Spiel-Schlacht ist der Barranco del Pilón. Anfangs weht auf der Festung der Osmanen (eine Papp-Kulisse) noch die rote Flagge mit dem Halbmond, Männer mit Turban halten Wacht. Doch dann tut sich etwas auf dem imaginären Meer. Kriegsschiffe gehen in Stellung, und es erklingt der Donner von Kanonenschüssen. Christliche Matrosen entern die türkischen Boote und zerstören, was nicht hieb- und stichfest ist. Anschließend muss die Festung dran glauben. Unter krachendem Artilleriefeuer wird sie gestürmt, zu den Klängen der Nationalhymne wird die spanische Flagge gehisst. Alsdann werden die gefangenen Türken in Ketten gelegt und zur Kirche geschleppt, wo sie unter dem wachsamen Auge der Madonna zwangsgetauft werden. Das Spektakel endet mit einer gemeinsamen Prozession, an der auch die soeben zum Katholizismus konvertierten Moslems teilnehmen.

---

hen meist leer, nur La Palma Romántica, das schöne Hotel am südwestlichen Ortsausgang, erfreut sich regelmäßig wiederkehrender Stammkunden, bei denen es sich meist um passionierte Wanderer handelt. Diese lieben die wild-herbe, fast **irisch anmutende Landschaft,** die geheimnisumwitterten Wälder und die stürmische Nordküste – seit prähispanischen Zeiten spannt sich ein Wegenetz inmitten der Hänge und Hügel. Abends versammelt man sich dann vor dem wärmenden Kamin im Hotel und tauscht Erfahrungen aus, plant vielleicht auch schon den Wandertrip des kommenden Tages.

Kirche

Einzige Sehenswürdigkeit des Ortes ist die **Iglesia Virgen del Rosario** (Rosenkranzkirche) – auf der weiten Plaza davor ein von Bougainvillea umrankter

Laubengang. Erbaut wurde die Kirche um die Wende vom 16. zum 17. Jahrhundert. Der barocke Hauptaltar birgt ein flämisches Bildnis der Madonna, das noch Züge der Spätrenaissance trägt. Unterhalb des Chors steht ein andalusisches Taufbecken aus glasierter Keramik. Die Glocke stammt aus Kuba, dem Emigrationsziel vieler Familien im 18. und 19. Jahrhundert.

Stausee

In einem Vulkankrater, zwei Kilometer südwestlich des Ortes, liegt die **Laguna de Barlovento**. Sie verdankt ihren Namen den Teichen, die sich zur Winterzeit bildeten, wenn sich die lehmige Erde des Vulkankraters vollsaugte mit Flüssigkeit. Seit es vor einigen Jahren gelungen ist, das Becken abzudichten, können über fünf Millionen Kubikmeter des kostbaren Nasses gespeichert werden: Die Laguna de Barlovento ist das größte Wasserreservoir der Insel.

Im Winter ist es am Stausee oft unangenehm kalt. Man befindet sich hier auf einer Höhe von ca. 700 Metern, nicht selten ist die Sicht aufgrund feuchter Wolkenschwaden stark eingeschränkt. Neben dem See wurde ein **Erholungspark** angelegt, der vor allem bei kanarischen Familien beliebt ist: mit Grillstellen und Tischen, Kinderspielplatz und kleinem Lokal. Der zugehörige Campingplatz verfügt über mehrere *cabañas* (Holzhütten), in denen bis zu sechs Personen Platz finden. Zusätzlich gibt es eine Anlage für Camping-Wohnwagen. Am Wochenende öffnet ein Marktstand mit Obst und Gemüse, in einem Kunsthandwerksladen (ab 11 Uhr) werden gehäkelte Deckchen, Schnaps und allerlei Süßes angeboten.

■ **Camping Laguna de Barlovento**①, Tel. 9226 96023, secretario@ayuntamientodebarlovento.org.

Praktische Tipps

Unterkunft

■ **La Palma Romántica**③, Carretera General, Tel. 922186221, www.hotellapalmaromantica.com. Ruhiges Berghotel inmitten schöner Landschaft, einen Kilometer nordwestlich des Ortskerns an der Straße nach Santo Domingo. Lösen sich die Wolken auf, so hat man einen herrlichen Blick auf die bewaldeten Hänge und den Atlantik. Im Garten gibt es einen Süßwasserpool, im Innenbereich ein Becken mit Gegenstromanlage und einen Whirlpool. Der Hotelbus fährt Gäste vormittags zum Naturschwimmbecken La Fajana hinunter und holt sie nachmittags wieder ab. Die meisten der 41 Zimmer sind für zwei Personen ausgestattet; die größeren Familienzimmer für drei bis vier Personen liegen im älteren Gebäudetrakt. Tischtennis und WLAN sind kostenlos, für Tennis, Kegeln und Billard, Dampfbad und Sauna muss man zahlen. Auf Wunsch werden Mietwagen gestellt. Freundliche, englische Leitung durch Herrn *Douglas Lofill!*

■ **Casas Rurales**②, buchbar über Isla Bonita (www.islabonita.es). Die meisten der über die Finca-Zentrale buchbaren Häuser liegen vier bis sechs Kilometer von Barlovento entfernt, vorwiegend im Weiler Las Cabazedas. Keine schlechte Wahl ist die Casa Pedro auf dem Lomo Quinto und die Casa Peluquina auf dem Lomo de la Florida. Beide sind mit 325 Metern relativ niedrig gelegen und bieten Platz für fünf bzw. vier Personen. Kühler ist es bereits in der Casa Eloína (Lomo de la Florida, 450 Meter Höhe). Vorsicht bei Buchungen im Weiler Las Paredes: die Häuser liegen oft in dicken Wolken, 500 bis 600 Meter hoch!

Essen und Trinken

■ **La Palma Romántica**②, Carretera General, Tel. 922186221, tgl. 12.30–16 und 18.30–22.30 Uhr. Warm-gemütliches und elegantes, ans Hotel angeschlossenes Restaurant mit guter internationaler und kanarischer Küche.

■ **Las Goteras**①, Parque Recreativo de la Laguna, Tel. 922696456, http://lasgoteras.com, tgl. außer Mo 12–23 Uhr. Uriges Lokal im Erholungspark Laguna de Barlovento. Hier gibt es gute palmerische Küche. Vor allem am Samstagnachmittag herrscht hervorragende Stimmung. Man sitzt rings ums offene Kaminfeuer und genießt deftiges Fleisch, oft auch *queso asado con mojo*, gegrillten, mit Mojo-Soße beträufelten Ziegenkäse.

Weiterfahrt entlang der Nordküste

Auf dem Weg Richtung Westen hat man kurz hinter Barlovento die Qual der Wahl, muss sich entscheiden, ob man auf der erlebnisreichen, inzwischen asphaltierten Piste oder auf der bequemen, gut ausgebauten Küstenstraße weiterfahren will. Wählt man die Piste, so folgt man der Ausschilderung zur **Laguna de Barlovento** und hält sich an der folgenden Gabelung rechts. Es geht durch pechschwarze Tunnel und märchenhaften Lorbeerwald – und zwischendurch hat man Ausblick auf tiefe, mit Wacholder und mannshohem Farn überwucherte Schluchten. Nach 15 Kilometern mündet die Piste kurz vor Roque Faro wieder in die Hauptstraße.

Wählt man in Barlovento die gut ausgebaute, auch vom Linienbus befahrene Küstenstraße LP-1, so passiert man den **Mirador La Tosca,** erkennbar an einer hoch aufschießenden Palme. Vom Aussichtspunkt blickt man auf die hügelige Küstenlandschaft, den größten **Drachenbaumhain** der Insel und die Gehöfte des Weilers **La Tosca** hinunter.

Von der LP-1 zweigen in der Folge mehrere Straßen rechts ab – kehrenreich führen sie zu einsamen Dörfern hinab, die einst von galicischen und französischen Einwanderern gegründet wurden. Die Weiler **Franceses** und **Gallegos** sind auch mit dem Bus erreichbar.

Wandertipp mit Bed & Breakfast

Der rot markierte Cabildo-Weg GR 130 führt von **Barlovento** über den Aussichtspunkt **Mirador La Tosca** sowie die Weiler **La Tosca** und **Gallegos** in vier Stunden nach **Franceses**. Wer gut zu Fuß ist, kann die herrliche, aber anstrengende Tour via **El Tablado** bis **Santo Domingo** fortsetzen (ab Franceses weitere 6 Std.).

Unterwegs gibt es Unterkunft nur in Franceses: Die Briten *David* und *Ann* bieten auf der **Finca Franceses** Bed & Breakfast der stilvollen Art – mit uriger Bodega und Aufenthaltsraum (Finca Franceses②, Lomo de las Tierras 34, Mobiltel. 660512005, www.holiday-lapalma.com; von der LP-1 bei Km. 45 in Richtung Franceses, gegenüber Artesanía Las Tierras links in die abwärts führende Piste).

Ein ähnliches Angebot macht ein niederländisches Paar auf ihrer **Finca Los Castros** (Los Castros 52, Mobiltel. 690927009, www.loscastros.nl).

Überblick | 71
Belmaco | 92
Breña Alta und Breña Baja | 80
Los Cancajos | 72
Mazo | 85
San Pedro | 81
Tigalate | 93

„Der Garten von La Palma": Unter dem Kiefernwald des zentralen Kamms liegen grüne Felder, blühende Wiesen und kleine Tabakplantagen. An der Küste punktet der Ferienort Los Cancajos mit zwei durch Wellenbrecher geschützten Stränden.

3 Der Südosten

Und in historischen Gemeindeorten wie Mazo und San Pedro werden alte Kunsthandwerkstraditionen hoch gehalten.

◁ Die Schokoladenseite von Breña Alta, im Hintergrund Santa Cruz

DER SÜDOSTEN – LÄNDLICH UND BÄUERLICH

Ein gewaltiger Hang senkt sich vom zentralen Gebirgskamm rampenartig zur Küste hinab. Er ist fast frei von Schluchten, auf La Palma eine Seltenheit. Die Erde ist fruchtbar, das Klima mild und die Hauptstadt liegt „vor der Haustür". Kein Wunder, dass sich hier bevorzugt die Begüterten niederließen – verspielte Villen in blühenden Gärten künden davon. Doch werden auf kleinen Feldern auch Obst, Gemüse und Tabak angebaut. An der Küste entstand in Los Cancajos das erste Ferienzentrum La Palmas. Umwerfend schön ist es nicht, aber ganz angenehm und mit seinen durch Wellenbrecher geschützten Stränden bietet es einen der wenigen sicheren Badeplätze der Insel. An der relativ ebenen Küstenplattform fand sich auch Platz für einen Flughafen, über den die Insel an die „große, weite Welt" angeschlossen ist.

Überblick

Blühende Gärten und Felder, Villen von Amerika-Heimkehrern und Ferienhäuser deutscher Residenten: Der Landstrich zwischen Santa Cruz und Mazo galt schon immer als privilegierte Wohngegend. Die üppige Vegetation verdankt sich dem feuchten Passat, der in den höheren Lagen für Wolken und Niederschläge sorgt. Unmittelbar südlich der Hauptstadt befindet sich in Los Cancajos das neben Puerto Naos größte Urlaubszentrum der Insel. Im Hinterland schließen sich die Gemeinden Breña Baja und Breña Alta an, die mit einer Vielzahl kleiner Wohnbezirke enorm zur Zersiedlung beigetragen haben. Angenehm ländlich wird es erst ab Mazo, wo Weiden, Tabakfelder und Weinhügel vorherrschen.

NICHT VERPASSEN!

- **Los Cancajos:** Baden am dunkelsandigen Strand | 72
- **Breña Alta:** Das **Tabakmuseum** ist auch für Nicht-Raucher interessant! | 81
- **Mazo: Kunsthandwerk** steht hoch im Kurs | 85
- **Belmaco:** Eintauchen in die Welt der Ureinwohner im **Archäologischen Park** | 92

Diese Tipps erkennt man an der gelben Hinterlegung.

Kurzinfo Südosten

■ **Touristeninformation:** Büros am Flughafen (Aeropuerto, Tel. 922426212) und in Los Cancajos (Paseo Marítimo, gegenüber Centro Cancajos, Tel. 922181354).

■ **Bank und Post:** in Breña Baja (San Antonio), Breña Alta (San Pedro) und Mazo; Geldtausch in Los Cancajos vorerst nur an Automaten und bei Autovermietungen.

■ **Gesundheitszentrum:** Centro de Salud Breña Baja, Tel. 922181181; Breña Baja, Tel. 922 435 935; Breña Alta, Tel. 922438000; Mazo, Tel. 922 440804; im Einkaufszentrum von Los Cancajos gibt es ein privates Ärztezentrum (Tel. 922434 211), in allen genannten Orten auch Apotheken.

■ **Markt:** Sa/So Bauernmarkt in Mazo, So in San Pedro.

■ **Internet:** Tauchladen La Palma Diving Center im Einkaufszentrum Centro Cancajos (Los Cancajos).

■ **Wandertouren:** organisiert ab Los Cancajos.
■ **Tauchschule:** in Los Cancajos.
■ **Radverleih:** in Los Cancajos.
■ **Flughafen:** wenige Kilometer südlich von Los Cancajos, bisher kein Nachtverkehr.

■ **Taxi:** Los Cancajos, Tel. 922181383; Aeropuerto, Tel. 922181128, Breña Baja, Tel. 92243 4046; Breña Alta, Tel. 922437228; Mazo, Tel. 922 440078.

■ **Autovermietung:** am Flughafen (günstig CICAR) sowie rund ums Einkaufszentrum von Los Cancajos. Natürlich kann man Autos auch über die jeweilige Hotelrezeption anmieten.

■ **Bus:** Von Los Cancajos gelangt man schnell und bequem in die **Hauptstadt** und zum **Flughafen** (Linie 500). San Antonio und San Pedro sind bestens angeschlossen an Santa Cruz – Los Llanos (Linie 300); interessant ist auch Linie 200, die den gesamten **Süden** umrundet (Santa Cruz – Breña Baja – Mazo – Los Canarios – Los Llanos). **Fahrplan im Anhang!**

Los Cancajos

Los Cancajos, der **größte Touristenort der Ostküste,** liegt auf halber Strecke zwischen Flughafen und Hauptstadt. Wo bis 1980 nur ein paar Wellblechhütten standen, reiht sich heute ein Hotel und Apartmenthaus ans nächste. Einen traditionellen Ortskern gibt es nicht, dafür ein mehrstöckiges Einkaufszentrum mit Supermarkt, Geschäften und Bars. Im Vergleich zu den gedrängten Touristenhochburgen in Süd-Teneriffa mag Los Cancajos gut abschneiden – dennoch schade, dass vielfach keine fantasievolleren Architekten am Werk waren.

Strand

Ungefährdet baden kann man an den **Playas de los Cancajos,** zwei kleinen, von Felsvorsprüngen eingerahmten Buchten mit vorgelagerten Wellenbrechern. Sie sind mit schwarzem Lavasand bedeckt, der sich bei Sonnenbestrahlung angenehm erwärmt. Ein paar Palmen bilden die Kulisse, am Horizont sieht man durch den Atlantik pflügende Schiffe. Am Strand werden Liegen verliehen, es gibt Süßwasserduschen und Toiletten, im Sommer einen Rettungsdienst.

▷ Der Strand von Los Cancajos wird im Sommer bewacht

Promenade

Oberhalb des Meeres wurde eine attraktive Natursteinpromenade (Paseo Litoral) angelegt. Sie startet am schnittig gestylten Pavillon der **Touristeninfo** und führt über eine kleine Brücke zu einer **Freilichtbühne** (Anfiteatro), auf der im Sommer Konzerte gegeben werden. Auf dem Programm stehen Klassik und Folklore, Jazz und Pop. Dann läuft die Promenade hoch über dem Wasser und bietet Ausblick auf Felstore, durch die sich die Brandung presst, auf Gischtfahnen und im Wasser liegende Mini-Eilande – ein schönes Schauspiel.

Nach Passieren des Hotels Taburiente und einiger Apartmentanlagen kommt man an den landeinwärts liegenden, längst aufgelassenen **Salinen** vorbei. Obwohl hoch ummauert, kann man zwischen den Stäben des gemeißelten Portals einen Blick auf sie erhaschen. Die Salinen wurden im 18. Jahrhundert angelegt, um das zur Konservierung von Fleisch und Fisch dringend benötigte Salz zu gewinnen. Der Promenadenweg endet vorerst auf der Höhe der Apartmentanlage La Caleta, wird aber wahrscheinlich bald schon verlängert.

Ausflüge

Wer in Los Cancajos seinen Urlaub verbringt, ist tagsüber meist unterwegs. Mit dem Mietwagen erreicht man in 30 bis 45 Minuten die schönsten **Wanderziele.** Reiseveranstalter organisieren für Hotelgäste zahlreiche Bustouren. Nicht nur bei schlechtem Wetter zu empfehlen: ein Besuch der nur fünf Kilometer entfern-

ten Hauptstadt mit Markt und Museen sowie von San Pedro mit seinem Tabakmuseum.

■ **Touristeninformation:** Información Turística, Paseo Marítimo/Los Cancajos 34, Tel. 922181354, www.lapalma-cit.com, Mo–Sa ab 9 Uhr, So ab 9.30 Uhr. Gegenüber vom Centro Comercial Cancajos, fast am Nordende der Promenade, werden Touristen in einem Pavillon mit Broschüren versorgt.

Praktische Tipps

Unterkunft

■ **Taburiente Playa**③, Playa de los Cancajos, Tel. 922181277, www.hotelh10taburienteplaya.com. Größtes Hotel auf einer Klippe direkt über dem schäumenden Meer. Zum Baden geht man entlang der Küstenpromenade 300 Meter zur Nachbarbucht. Das zur H-10-Kette gehörende sechsstöckige Haus bietet viel Komfort. Durch eine elegante Empfangshalle gelangt man in einen riesigen, an einen Dschungel erinnernden Innenhof: Schlingpflanzen gleiten von den Galerien herab, über dunkle Felsen fließen Rinnsale und und sammeln sich in Goldfischtümpeln. Hat man die Halle auf Brücken durchquert, gelangt man in große Aufenthaltsräume sowie in den Speisesaal, in dem ein opulentes Frühstücks- und Abendbüfett angeboten wird. Der Garten könnte mehr Grün vertragen, doch gibt es zwei Süßwasserpools und so viele Sonnenliegen, dass kein Gedränge aufkommt. Fast jeden Abend gibt es eine Show – die Palette reicht von Flamenco über klassische Gitarre bis zu Salsa und Merengue. Die 283 geräumigen Zimmer und neun Suiten sind ausgestattet mit Klimaanlage oder Heizung, Sat-TV und Balkon. Fast alle haben Meerblick: Wer viel Sonne wünscht, fragt nach Südseite und Pool, wer die Aussicht auf Santa Cruz bevorzugt, wählt die Nordseite. Bei Buchung der „Bergseite" schaut man über Straße und Parkplatz. Fitnessangebot gratis, Tennis, Sauna und Massage gegen Gebühr. Kinder können den Miniclub des benachbarten und der gleichen Leitung unterstehenden Costa Salinas mitbenutzen.

■ **Ap. Costa Salinas**③, Playa de los Cancajos, Tel. 922434348, www.hotelh10costasalinas.com. Große Apartmentanlage am Meer, direkt neben dem zur gleichen Kette gehörenden Hotel Taburiente Playa, dessen Sporteinrichtungen mitbenutzt werden können. Costa Salinas bietet weniger Komfort, ist aber gleichwohl sauber und gepflegt. Vor allem Familien mit Kindern fühlen sich hier wohl, denn viele der 140 Apartments verfügen neben einem Wohnraum über zwei Schlafzimmer. Zum Haus gehören ein Restaurant und eine Bar (hier oft Live-Musik), dazu ein Kinder-Miniclub und ein Süßwasserpool. Ein gut sortierter Supermarkt befindet sich gleich nebenan.

■ **Ap. Cancajos**③, Carretera de los Cancajos s/n, Tel. 922416329, www.apartamentoscancajos.com. Eine terrassenförmig in den Hang gebaute Anlage am Ortseingang von Los Cancajos. Die acht Apartments sind hell und geräumig und mit Naturstein und Terrakottafliesen geschmackvoll gestaltet; schwere mexikanische Holzmöbel verleihen ihnen einen rustikalen Touch. Jedes Apartment verfügt über Satelliten-TV und eine große Terrasse. Der Pool befindet sich mit separatem Kinderbecken oben am Hang, noch ein Stück höher liegt der Grillplatz. Freundliche Rezeption, ideal für ruhesuchende Gäste.

■ **Aparthotel Hacienda San Jorge**③, Playa de los Cancajos 22, Tel. 922181066, www.hsanjorge.com. Mit Hilfe des Künstlers *Facunao Fierro* wurden diese pastellfarbenen Häuser im kanarischen Stil erbaut, inmitten der Gartenlandschaft findet sich ein geschwungener Meerwasserpool (mit Kinderbecken). Die Anlage liegt direkt an der Küste, der Strand ist über die Promenade schnell erreicht (200 m). Viele der 155 Apartments bieten Blick auf Garten und Meer. Für Botanikfreunde wird einmal

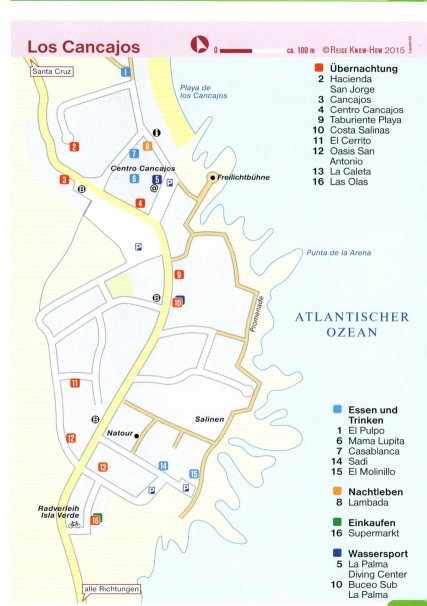

Los Cancajos

Los Cancajos — **Der Südosten**

wöchentlich eine Führung durch das zum Haus gehörende Orchidarium angeboten. Massage, Sauna, Dampfbad und Fitnessraum gegen Gebühr.

■ **Las Olas**②, Playa de los Cancajos, Tel. 922433 015, www.hotellasolas.es. Das weitläufig angelegte Aparthotel (mit sechs Nebengebäuden und 182 großzügig geschnittenen Apartments) steht am südlichen Ortsrand und ist nach den „Wellen" *(las olas)* benannt, die einige Hundert Meter entfernt an die Küste schlagen. Vom Hotel zum Strand läuft man gut zehn Minuten. Erker und Balkone sorgen für ein freundliches Gesamtbild, vom Restaurant und dem Terrassencafé sieht man das Meer. Familien mit Kindern wählen gern die Zimmer im Erdgeschoss, die Anlage verfügt über zwei Pools und einen Paddle-Tennisplatz.

■ **Ap. Centro Cancajos**②, Centro Cancajos, Tel. 922181300, www.apcancajos.com. Ältere, architektonisch wenig ansprechende Anlage mit 144 funktionalen Apartments. Man sollte eines mit vollem Meerblick wählen; bei den übrigen hat man die Wahl zwischen Ausblick auf Parkplatz, kargen Hang oder Innenhof mit der gegenüber aufragenden Hauswand. Der zugehörige Pool befindet sich auf einer Terrasse. Wer Halbpension bucht, speist im benachbarten Restaurant La Fragata.

■ **Ap. El Cerrito**②, Playa de los Cancajos, Tel. 922434985, www.elcerrito.es. 40 sehr geräumige Apartments (alle über 80 Quadratmeter, mit Terrasse oder Balkon, Meerblick und Sat-TV) gruppieren sich in zwei terrassenförmig angelegen Gebäuden um eine Garten- und Poollandschaft. Zum Strand läuft man knapp 10 Minuten.

■ **Ap. Oasis San Antonio**②, Calle San Antonio del Mar s/n, Tel. 922433008, www.oasis-sanantonio.com. Freundliche Anlage oberhalb der Durchgangsstraße, 68 Apartments gruppieren sich um einen Pool. Für Gäste Minigolf und freies Internet.

■ **La Caleta**②, Playa de los Cancajos, Tel. 922 433170, www.lacaletaapartamentos.com. 62 einfache Apartments mit ein bzw. zwei Schlafzimmern, gruppiert um einen Pool. Mit Restaurant und Bar.

◁ Hacienda San Jorge:
von traditioneller Architektur inspiriert

▽ Die Promenade verläuft hoch über der Felsküste

Los Cancajos

Essen und Trinken

In einem Ferienort, in dem die große Mehrzahl der Gäste Hotels mit Halbpension bucht, ist es nicht leicht für Restaurants, zu überleben. Die Fluktuation ist groß, nur wenige Cafés und Lokale halten sich länger als fünf Jahre.

MEIN TIPP:
Entspannung bei Sadi

Das Lokal ist eines der besten der Insel: Die Tische sind mit Leinen eingedeckt, vorherrschende Farben sind Beige, Ocker und Olivgrün. Im Hintergrund ertönt leiser Blues oder Jazz. *Sabina* serviert virtuos, was Küchenchef *Dieter* zubereitet: vorneweg einen Gratis-Appetithappen, danach frisches Gemüse, Polenta-Plätzchen mit Curry-Chutney und Ziegenkäse mit frischer Mango, Fleisch und Fisch mit ausgefallenen Soßen und hausgemachte Pasta – hervorragend schmecken z.B. Gemüse-Lasagne und Tagliatelle mit Waldpilzen aus La Palma. Alle Gerichte sind mit frischen Kräutern angerichtet und mit Blüten liebevoll dekoriert – ein Vergnügen, hier zu speisen!
■ **Sadi**②, Urb. La Cascada, Tel. 922181463, www.sadilapalma.com, Mo 18–23, Di–Sa 13–23 Uhr.

■ **Casablanca**②, C.C. Los Cancajos, tgl. ab 12.30 Uhr. In einer Passage versteckt, aber nur wenige Schritte von der Promenade nahe der Touristeninfo. Ein überdimensionales Schwarz-Weiß-Fresko zeigt Szenen aus dem Film „Casablanca" und bildet den Rahmen für ein gutes italienisch-rustikales Lokal. Die Pasta ist hausgemacht, die Pizza kommt aus dem Holzkohleofen. Auch Carpaccio und Tintenfisch „a la genovés" (auf Kartoffelscheiben dünn aufgeschnitten und mit Essig und Öl angemacht) gibt es. Viele Desserts stammen aus eigener Herstellung, für den Nachmittag zu empfehlen: Tiramisú und dazu italienischer Moi-Kaffee! Gut sitzt man auch auf der sonnigen Terrasse.

■ **Mama Lupita**②, C.C. Cancajos, Tel. 922433591, Mi–So ab 12 Uhr. Lockeres Ambiente im Mexiko-Look im Innenhof des Einkaufszentrums: Die Küche ist eher Fast Food und dem „mediterranen Gaumen angepasst", d.h. stark entschärft. Vorneweg bestellt man diverse Soßen, zum Dippen gibt es Maisstäbchen *(palos de maíz)*, Pita-Brot, Nachos oder mexikanische Pommes *(papas mejicanas)*. Anschließend hat man die Wahl zwischen *burritos, enchiladas* und *taquitos,* Pizza, Fleisch und Fisch. Wer hungrig ist, entscheidet sich für die *revolución,* drei unterschiedlich gefüllte Teigtaschen. Außer mildem Sol-Bier wird auch Wein aus Südamerika und La Palma angeboten.

■ **El Pulpo**②, Playa de los Cancajos, Tel. 922434 914, tgl. außer Mi 12.30–15.30 und 18–21 Uhr. Ein einfaches, traditionsreiches Lokal direkt am Strand, das allen Modernisierungsversuchen widerstanden hat. Frischer Fisch, solange der Vorrat reicht, Gar-

◁ Schöne Stunden bei Sadi

nelen in Knoblauchsoße und dazu Landwein vom Fass – nicht mehr so billig wie früher, aber immer noch gut.

■ **El Molinillo**②, Lago Azul, Tel. 922434304, tgl. 10–21 Uhr. In diesem Promenadenlokal lässt sich bei einem Kaffee, einem Glas Bier oder Wein der schöne Blick auf die Küste genießen. Die kanarische Küche ist eher durchschnittlich.

Einkaufen

Kosmetika, Souvenirs und Kunsthandwerk findet man im **Centro Cancajos**. Ein **Supermarkt** öffnet in der Apartmentanlage Las Olas.

Nightlife

Die abendliche Unterhaltung (Shows, Cabaret, Folklore) beschränkt sich zumeist auf das in den Hotels vorgestellte Programm.

■ **Lambada,** Centro Cancajos, tgl. geöffnet. Wenn die Hausband zu Folk und Folklore aufspielt (mehrmals wöchentlich ab 21 Uhr), ist das kleine Lokal nahe der Promenade rappelvoll. Das Publikum ist bunt gemischt – von Jung bis Alt und von Deutsch bis Kanarisch ist alles vertreten. *Dicky* bietet Warsteiner Bier oder La-Palma-Wein vom Fass, preiswerten, frisch gepressten Orangensaft und hausgemachten Kuchen.

Aktivitäten

Wandern

■ **Natour,** Ap. Valentina 4, Tel. 922433001, www.natour.travel. Anbieter von Wanderungen im Westen und Osten der Insel. Einen Vorgeschmack auf die Touren erhält man bei den kostenlosen Dia-Vorträgen in mehreren Hotels. Außer normalen Halbtages- und Tagestouren gibt es auch spezielle Fototouren, Kräuterwanderungen und „Extremtouren".

Tauchen

Dana und *Hermann,* die mehrere Jahre eine Tauchbasis vor Ort leiteten, waren vom hiesigen Spot begeistert:„Hinter den Wellenbrechern öffnet sich das große Blau. Die Wellenbrecher sind zu einem künstlichen Riff geworden und bieten Fischschwärmen ein sicheres Plätzchen, unter anderem ein paar neugierigen Makaronesen-Zackenbarschen. Links und rechts der Bucht findet man Lavaströme, Canyons, Kamine und Höhlen. Ab 27 Meter Tiefe entdeckt man rote Gorgonien. Die gesamte Bucht ist durch ihre geschützte Lage strömungssicher und durch den geschützten Einstieg fast ganzjährig betauchbar." Zurzeit konkurrieren zwei Tauchschulen um die Gunst der Klienten.

■ **La Palma Diving Center,** Centro Cancajos, Tel. 92218 1393, www.la-palma-diving.com. Tauchschule fast am Spot: Man kann sich in der Basis fertig machen und läuft dann mit der Ausrüstung direkt zum Strand, es gibt also keine umständliche Packerei und die warme Dusche nach dem Tauchen ist garantiert. Großer Wert wird auf den erholsamen Charakter der Tauchgänge gelegt, die Gruppen sind klein. Wer vor allem den Flachwasserbereich schätzt, bescheidet sich mit Masken, Schnorchel und Flossen – bekommt man alles im Laden, wo man übrigens auch seine Mails anschauen kann.

■ **Buceo Sub La Palma,** Aparthotel Costa Salinas, Local 3, Tel. 922181113, www.4dive.org. Die zweite Tauchschule wird von *Manuela* und *Jürgen* geführt. Der Laden befindet sich rechts neben dem Eingang zum Hotel Costa Salinas.

Radfahren

■ **Isla Verde,** Las Olas, Mobiltel. 616418828, www.autosislaverde.com. Im Laden beim Aparthotel Las Olas werden Touren- und Mountainbikes verliehen.

Breña Alta und Breña Baja

Las Breñas: „zerklüftetes, mit Gestrüpp bedecktes Gelände" – so sah es südlich der Hauptstadt aus, bevor die spanischen Eroberer kamen und das Gebiet landwirtschaftlich erschlossen. Heute gilt es als bevorzugte Wohngegend wohlhabender Palmeros, aber auch deutsche Residenten entdecken ihre Liebe zu diesem Landstrich. Villen und Apartmentanlagen, von denen viele zur Vermietung frei stehen, verteilen sich über die sanft ansteigenden Hänge – eine Landschaft reich an Gärten, vereinzelt werden noch Tabak und Wein angepflanzt.

Breña Alta, das „hohe", spaltete sich 1634 von Breña Baja, dem „niederen" Breña, ab. Beide Gemeinden bestehen aus mehreren Ortschaften und Weilern, von denen aber nur wenige über einen geschlossenen Ortskern verfügen: so San Pedro in Breña Alta, San José und San Antonio in Breña Baja. Für Touristen haben die Weiler nicht viel zu bieten, doch wer hier wohnt, ist schnell in schönster Natur.

Nicht nur für Raucher –
La Palmas Zigarrenmuseum in San Pedro

San Pedro

Sehr lebendig geht es zu allen Tageszeiten an der **Plaza** von San Pedro zu. Die Männer des Ortes treffen sich am Kiosk und diskutieren wie in alten Zeiten über Gott und die Welt. Unterhalb des Platzes befindet sich die **Iglesia de San Pedro Apóstol,** eine Wallfahrtskirche aus dem 16. Jahrhundert, die in der Folge mehrfach erweitert wurde. Das heute dreischiffige Gotteshaus besitzt einen üppigbarocken Altar und ein grün glasiertes Taufbecken, von dem es heißt, in ihm seien die ersten Ureinwohner getauft worden.

Tabakmuseum

Ein Stück weiter straßenaufwärts, fast schon am Ortsausgang, fällt ein weiß ummauertes, großes Anwesen in den Blick. Auf dem schön gepflasterten Gelände einer ehemaligen Hacienda findet samstags draußen und drinnen ein **Bauernmarkt** statt.

Der ehemalige, aufwendig restaurierte Gutshof beherbergt das lohnenswerte **Museo del Puro Palmero y la Fiesta de las Cruces.** Hier wird man nicht nur in die Kulturgeschichte des Rauchens eingeführt (⇨Exkurs), sondern erfährt auch, was es mit La Palmas fantastischen **Kruzifixen** auf sich hat. In der ehemaligen Gutskapelle werden prachtvolle, mit Blumen- und Früchtegirlanden ausgeschmückte Kreuze ausgestellt. Am 3. Mai jedes Jahres werden sie beim „Fest der Kreuze" durch die Straßen getragen.

Los Gemelos

An der Straße von San Pedro nach San Isidro kann man an einer kleinen Plaza Los Gemelos, die berühmten **Zwillingsdrachenbäume,** bewundern. Sie sind an die 15 Meter hoch, ihr Alter wird auf etwa 300 Jahre geschätzt. Gern erzählt man sich auf La Palma die Geschichte zweier Brüder, die in die gleiche Frau verliebt und darüber so unglücklich waren, dass sie gemeinsam den Tod suchten. Die umworbene Frau setzte ihnen ein Andenken: Der Legende zufolge pflanzte sie zwei Drachenbäume und goss sie mit dem Blut der beiden Brüder (LP-301, 400 Meter hinter dem Abzweig dieser Straße von der LP-202, Schild „San Isidro, Zona Recreativa").

▷ Schon die alten Mayas haben gepafft – Darstellung im Museo del Puro Palmero

Starker Tobak – La Palmas Meisterdreher

Schon beim Eintreten hat man würzigen Tabakduft in der Nase, der während des gesamten Besuchs nicht verschwindet. Das **Museo del Puro Palmero** beleuchtet die Kulturgeschichte der Zigarre, die von La Palma nicht wegzudenken ist – jeder ältere Señor, der auf sich hält, gönnt sich in einer ruhigen Stunde einen *puro palmero* (*puro* = Zigarre).

Zunächst wird die geheimnisvolle Wirkung des Rauches beleuchtet: Schamanen vertreiben mit Rauch böse Geister und Indianer besiegeln mit einer Friedenspfeife einen Waffenstillstand. Auch Christen und Moslems nutzen den (Weih-)Rauch, um eine magische Stimmung zu erschaffen. Später kam das Rauchen hinzu: Das Relief eines paffenden Maya-Priesters aus einem Tempel in Palenque beweist, dass das Rauchen in Amerika längst in Mode war, als die spanischen Konquistadoren eintrafen.

Von der Neuen gelangte der Tabak via Kanaren rasch in die Alte Welt. Das Museum beleuchtet La Palmas enge Kontakte zu Kuba, von wo mit zurückkehrenden Auswanderern das Zigarren-Know-how auf die Insel gelangte. Kenner behaupten, ein *puro palmero* stünde einer guten Havanna in Sachen Geschmack in nichts nach ...

Vor allem im Osten der Insel sieht man Felder voller Tabakbüsche. Im August werden sie abgeerntet, die Blätter anschließend wochenlang getrocknet: erst liegend an der frischen Luft, dann hängend in einer Scheune. Der Trockenprozess wird mit den museumseigenen Tabakpflanzen

466lp gs

veranschaulicht. Ledrig geworden, werden die Blätter in einer Trockenkammer bei max. 20 % Luftfeuchtigkeit und 35 °C ein halbes Jahr gelagert. Dabei fermentiert das Tabakblatt, d.h. Eiweiß und andere unerwünschte Bestandteile werden zersetzt, wobei Duft und Aroma frei werden. Während der Fermentierung sinkt der Nikotingehalt und die Farbe der Blätter nimmt eine braune Tönung an.

Jetzt treten die Meisterdreher in Aktion, die jede Zigarre einzeln mit der Hand rollen. Ihre Kunst besteht darin, die Tabakblätter so zu falten und zu brechen, dass die Luftkanäle gleichmäßig über die Einlage verteilt sind, die Zigarre also ausgeglichen brennen kann. Schlägt das „Herz" der Zigarre, darf der nächste Schritt folgen: Sie wird in einen hölzernen Pressstock gelegt, in Form gebracht und alsdann mit einem dünnen Deckblatt umwickelt. Für das Mundstück wird ein weiteres Deckblatt zurechtgeschnitten und mit dem geschmacksneutralen Gummi des Tragacántha-Baums angeklebt. In einem letzten Arbeitsschritt wird die Zigarre mit der sogenannten Guillotine auf die gewünschte Größe gebracht. Im Museum ist stets eine Zigarrendreherin in Aktion, der man bei der Arbeit über die Schulter schauen kann – und natürlich kann man Zigarren der Marke *Museo del Puro* im Laden erwerben.

Wer eine Tabakplantage lieber „live" sieht, besucht die **Finca El Sitio** in San Isidro oberhalb von Breña Alta. Hier haben *Inmeldo* und *Antonio González,* die seit ihrer Kindheit in der Welt des Tabaks zuhause sind, mit Unterstützung der EU ein „lebendiges Museum" geschaffen, in dem man von der Aussaat bis zum Rollen der Zigarren nachvollziehen kann, wie *puros* entstehen. Mit kubanischem, brasilianischem und sumatrischem Tabak vermischt, ist ihr Geschmack am besten.

Tipp: Kaufen kann man *puros palmeros* in jedem gut sortierten Souvenir- und Zeitungsladen; in fast jeder Bar werden Zigarren auch einzeln verkauft.

■ **Museo del Puro Palmero,** Parque de los Àlamos/Calle La Cuesta (San Pedro), LP-202, Di–Sa 10–13 Uhr, Eintritt 3 €; auch Infos zu Zigarrenmanufakturen in der Umgebung.
■ **Finca El Sitio,** Camino La Cueva 19, Tel. 922 435227, www.fincatabaqueraelsitio.info, vorerst Mo–Fr 9–13 Uhr und nach Voranmeldung (Eintritt frei). Aufgrund dezenter Ausschilderung ist die Finca etwas schwer zu finden: Von der LP-202 fährt man bei Km. 10.3 (San Pedro) in Richtung El Pilar *(zonas recreativas)* und biegt knapp unterhalb der Bar Casa Lucío links ein in den Camino La Cueva.

◁ Meisterdreherin María Carmen

Breña Alta und Breña Baja

Praktische Tipps

Unterkunft

Wer in Las Breñas seinen Urlaub verbringen will, benötigt ein Auto. Fast alle Apartmenthäuser und Fincas liegen deutlich abseits der Busstrecke Santa Cruz – Los Canarios.

■ **Parador de La Palma**③, Carretera de El Zumacal s/n (Breña Baja), Tel. 922435828, www.parador.es. Staatlich geführtes Luxushotel im spanischen Kolonialstil, einen Kilometer oberhalb von Breña Baja gelegen, mit schönem Innenhof und weitläufigen, stilvoll eingerichteten Aufenthaltsräumen, dazu ein großer Garten mit Süßwasserpool und Sonnenterrasse. Die 78 komfortabel eingerichteten Zimmer bieten einen herrlichen Blick über die Küste aufs Meer. Benutzung von Sauna und Fitnessraum sind im Übernachtungspreis inbegriffen. Im Restaurant wird in stilvollem Rahmen palmerische Küche serviert, gut schmeckte beim letzten Besuch das Kaninchenragout in warmer Mojo-Soße. Für alle, die es hinaustreibt: Der Strand von Los Cancajos liegt fünf Kilometer, die Hauptstadt acht Kilometer entfernt.

■ **Ap. Vista Bella**②, La Polvacera 312, San José (Breña Baja), Tel. 922434975, Rezeption Mo–Fr 9–12 und 14–16 Uhr. Anlage unter deutscher Leitung, meist von TUI-Gästen belegt: neun rustikale Apartments in zwei getrennten, zweistöckigen Gebäuden mit kanarischem Balkon und Blick übers Meer. Im gepflegten Garten finden sich ein 6x12 Meter großer Süßwasserpool, ein Pavillon mit Grill, ein Tennisplatz mit Flexbelag und eine Tischtennisplatte.

■ **Ap. Miranda**②, Ctra. General El Zumacal 83, San José (Breña Baja), Tel. 922434295, www.apartmentsmiranda.com. Gepflegte Anlage mit Garten und Pool. Die acht Studios für zwei Personen sind gemütlich eingerichtet und geräumig, vom Balkon bietet sich ein weiter Blick aufs Meer (alle mit Sat-TV und Gratis-WLAN).

■ **Ap. Madoyber**②, La Polvacera 11 (Breña Baja), Tel. 922434185. Zweistöckige Anlage im Neubaugebiet des Ortsteils La Polvacera. 15 Apartments und kleiner Süßwasserpool, *María Luisa* sitzt in der Rezeption, sie spricht Englisch. Das Haus liegt an der Hauptstraße Santa Cruz – Los Canarios, nahebei befinden sich die Bushaltestelle und das Lokal Casa Pancho.

■ **Breñas Garden Apartotel**②, Finca Amado 2, San José (Breña Baja), Tel. 922433175, www.brenasgarden.com. Anlage mit 40 aneinander gereihten Apartments, bestens in Schuss und alle mit Kamin (sowie Sat-TV und Gratis-WLAN). Im ersten Stock genießt man Meerblick über Garten und Pool hinweg. Ein Mietwagen tut not – die nächste Einkaufsadresse befindet sich im tiefer gelegenen Ortsteil San José, einen Kilometer entfernt. Bei der Anfahrt der Ausschilderung „Finca Amado" folgen!

Essen und Trinken

■ **Casa Pancho**①-②, La Polvacera, San Antonio 283 (Breña Baja), Tel. 922434834, Di–Sa ab 12.30 Uhr. Das Lokal an der LP-2 im Ortskern von San Antonio (die untere Küstenstraße nach Hoyo de Mazo/Belmaco zweigt hier ab). Die Theke ist stets von Männern umlagert, die sich zum Bier eine Tapa bestellen. Doch auch palmerische Klassiker wie gebratener Ziegenkäse mit Mojo *(queso asado)* und Rippchen mit Mais *(costillas)* sowie Fleisch und Fisch sind beliebt.

■ **Kiosco La Plaza**①, Plaza de San Pedro (Breña Alta), Tel. 922437652, tgl. außer Mo 7–24 Uhr. Beliebter Treff in der Mitte des Dorfplatzes; hier gibt es stets gute Tapas, auf Bestellung auch gebratene Hühnchen.

Einkaufen

■ **Centro de Artesanía La Destiladera,** Calle Benahoare s/n, San Pedro (Breña Alta), meist Mo–Fr 8–14 Uhr. Hinter dem Centro de Salud (Gesundheitszentrum) von San Pedro: kleine Kunsthandwerkstätte mit lokalen Zigarrendrehern, Webern, Töpfern und Korbflechtern.

Aktivitäten

- **Baden:** Batavida, Calle La Constitución 39 (San Pedro), www.batavida.com, Mo–Fr 7–23, Sa 8–20, So 9–13 Uhr. Selbst das leistet sich La Palma: Ein großes Hallenbad mit 25 Meter langem Pool, dazu ein Spaßbad, Dampfsauna und Fitness-Studio.

Feste

- **19. März:** Fiesta de San José. Zu Ehren des Ortsheiligen.
- **3. Mai:** Fiesta de la Cruz. Tausende von Pilgern bewundern die von den Frauen des Ortes kunstvoll geschmückten, nach Gagelbaum und Heide duftenden Kreuze. Kinder lassen Ballons in die Luft steigen. Erinnert wird an die Eroberung der Insel durch die Spanier.
- **15. Mai:** Fiesta de San Isidro. Ein Fest jagt das nächste: Für den Schutzheiligen des Ackerbaus legen die Palmeros ihre typischen Trachten an, in San Isidro finden eine Prozession und ein großer Viehmarkt statt.
- **13. Juni:** Fiesta de San Antonio. Pech für diesen Ortsteil: Die Bewohner müssen sich ihren Schutzheiligen mit San Antonio del Monte im Nordwesten La Palmas teilen.
- **29. Juni:** Fiesta de San Pedro. Die Bewohner San Pedros singen ein Loblied auf ihren Schutzpatron und führen ihn auf einem goldenen Sessel über Blütenteppiche durch die Stadt.
- **25. Juli:** Santiago Apóstol y Santa Ana. Zwei Wochen lang feiert San José die hl. *Anna,* Mutter der Jungfrau *Maria,* und mit ihr den hl. *Jakobus.*
- **24. Dezember:** Mitternachtsmesse. Einer der stimmungsvollsten Weihnachtsbräuche: Zum hypnotischen Klang von Kastagnetten singen Männer alte Volkslieder.

Mazo

Mazo hat eine geschichtsträchtige Kirche und ein Zentrum für Kunsthandwerk. Am Wochenende – vor allem am Samstag – kommen viele zum großen Markt, dem Pionier in Sachen Mercadillo (s.u.). Was im Ort wichtig ist, liegt dicht beieinander: An der Durchgangsstraße finden sich Bank, Post und Apotheke – am besten stellt man dort das Auto ab und erkundet die darunter liegenden, steil angelegten historischen Gassen zu Fuß.

Sehenswertes

Plaza del Ayuntamiento

Von der LP-2 geht es auf der kopfsteingepflasterten Dorfstraße hinab. Sie weitet sich zu einer Plaza mit dem **Rathaus** *(ayuntamiento)* und dem ebenso schmucken **Kulturhaus** *(casa de cultura).* Im davor postierten Musikpavillon finden vor allem im Sommer Konzerte statt.

Mercadillo

Ein Stück weiter bergab ist die große Markthalle zur Linken nicht zu übersehen: Am Wochenende findet hier ein großer **Bauernmarkt** statt, wo die Erzeuger – ohne die Ware verteuernde Zwischenhändler – all das verkaufen, was sie hergestellt bzw. geerntet haben. Die Preise sind auf einer großen Tafel angeschrieben; von der Qualität der Ware darf man sich mit einer Gratis-Probe überzeugen. Immer mit von der Partie sind Stände der lokalen Wein-Kooperative Bodegas El Hoyo und der Käserei Arquemazo, dazu Vollkornbäcker und Bio-Gärtner, Imker und Schnapsbrenner, Kräutersammler und Mojo-Köche.

Im Obergeschoss bieten einige **Kunsthandwerker** bestickte Textilien, archaische Keramik, geflochtene Körbe und Geschnitztes an. Hergestellt haben sie ihre Artikel in der **Escuela de Artesanía,** dem pastellfarbenen Palast der Kunsthandwerksschule gleich nebenan. Der Prunkbau zeigt, welche Bedeutung der Tradition beigemessen wird – man hofft, dass sich auch die nachfolgenden Generationen für sie begeistern werden.

■ **Mercadillo,** Calle Dr. Morera 2, Sa 15–19, So 9–13 Uhr.

Iglesia de San Blas

Noch ein Stück tiefer befindet sich die **Pfarrkirche,** eine der ältesten und schönsten der Insel: 1498 wurden in der damals improvisierten Kapelle die Altkanarier zwangsgetauft. Ende des 19. Jahrhunderts wurde die Kirche um zwei Seitenschiffe erweitert. Blickfang im Innern sind die reich verzierten Barockaltäre und die ausdrucksstarken Skulpturen flämischer Meister. Schön ist auch die bemalte Holzkassettendecke im Mudéjar-Stil über dem Altarraum.

■ **Iglesia de San Blas,** Besichtigung nur vor und nach jeder Messe.

> In der Mühle wird nach traditioneller Art getöpfert

El Molino

An der unteren Küstenstraße ist die **Mühle** schon von weitem sichtbar: Ein großes Windrad erhebt sich aus einem blühenden Garten mit knallroten, haushohen Weihnachtssternen. In der Mühle ist ein **Töpferatelier** untergebracht, in dem *Ramón* und seine Frau *Vina* künstlerisch anspruchsvolle Keramik herstellen. Seit mehr als zwei Dutzend Jahren sind sie schon am Werk und die Begeisterung für ihre Arbeit ist noch immer nicht erloschen. Sie arbeiten nach dem Vorbild der prähispanischen Ureinwohner. Deren Keramikkunst war auf allen Kanaren hoch entwickelt, wobei es in der Ornamentierung von Insel zu Insel erstaunliche Unterschiede gab. Was Größe, Form und Muster angeht, wurden auf La Palma bisher 180 verschiedene Prototypen gefunden, die *Ramón* und *Vina* 1:1 kopieren: Palmerischen Ton schichten sie Wulst auf Wulst aufeinander und glätten diese mit Spachtel und Hand ohne Zuhilfenahme einer Töpferscheibe. Anschließend wird die Oberfläche mit einem spitzen Gegenstand kunstvoll eingeritzt: meist mit kreisförmige Mustern, Spiralen und Mäandern, wie man sie auch auf Felsen fand. Die Gefäße werden nicht glasiert, sondern bestenfalls mit Öl bestrichen, das beim Brennen eine dunkle Tönung hervorruft.

Doch *Ramón* und *Vina* beschränken sich nicht auf die Reproduktion altkanarischer Keramik, sondern schaffen auch ausdrucksstarke **Skulpturen,** die an *Ernst Barlach* und *Gerhard Marcks* erinnern. Sehr schön sind die ca. 20 Zentimeter großen Krippenfiguren oder die fast metergroßen Plastiken, die in sich gekehrte, ernste Menschen zeigen.

212lp mb

Casa Roja

Sehenswert ist auch die Casa Roja – erreichbar über die rechts der kopfsteingepflasterten Hauptstraße abzweigende Maximiliano Pérez Díaz: ein Palast aus der Belle Epoque (1911), wie ihn sich nur reiche, aus Amerika heimkehrende Emigranten leisten konnten. Das „Rote Haus" wirkt verspielt und kokett, viele Fenster weisen zum Meer – ein schöner Rahmen für das hier untergebrachte Museum, das sich der Kunst der Klöppelei und Stickerei widmet (⇨ Exkurs „Mazos Kunsthandwerker").

■ **Casa Roja,** Calle Maximiliano Pérez Díaz s/n, Mo–Fr 10–14, Sa 11–18 Uhr, mit Laden.

◁ Casa Roja – das „rote Haus" in Mazo

Ein kleines **Museum** veanschaulicht die Töpferei, ein Film erläutert (auch in Deutsch) die Techniken.

■ **Céramica El Molino,** Monte de Pueblo 27 (Ctra. Hoyo de Mazo), Mo–Sa 9–13 und 15–19 Uhr, Eintritt frei.

Mirador

Die Umgebung von Mazo mit ihren üppigen Wiesen, Bäumen und Sträuchern verlockt zu Spaziergängen. Besonders zu empfehlen ist der Weg zur Aussichtsplattform auf dem 565 Meter hohen Vulkanberg **Montaña de la Breña.** Vom Bauernmarkt kommend verlässt man die LP-2 (Richtung Santa Cruz) an der ersten halblinks abzweigenden Straße und erblickt zur Rechten nach 1,4 Kilometern einen schönen **Picknickplatz** *(zona recreativa)* mit Grillöfen, Wasser und Toiletten. Wir befinden uns am Fuße des besagten Vulkankegels.

Über die Nordflanke geht's mit dem Auto hinauf, über die Südflanke führt ein steiler, deutlich ausgetretener Fußweg. Er endet an einem umzäunten Wendeplatz, von dem man nach wenigen Stufen die Aussichtsplattform mit dem kühnen, im Jahr 2000 aufgestellten Millennium-Kreuz erreicht. Für die Mühen des Aufstiegs wird man mit einem prachtvollen Panoramablick über die Ostküste belohnt.

■ **Im Internet:** www.villademazo.es.

> Altes Landhaus, aufwendig restauriert und mit schönem Pool – die Casa Felipe Lugo in Mazo

Strände

An der Küste gibt ein paar einsame, dunkelsandige Strände. Sie könnten freilich schon bald touristisch erschlossen werden – aber das hieße auch, dass die meisten der dort illegal erbauten Häuser abgerissen würden. Das gilt für die Häuser an der **Playa del Pozo** ebenso wie für die an der **Playa de Cangrejeros** und **Playa Salemera.** Gut erreichbar ist nur die letzte: Hinter dem südlichen Ortsteil San Simón (LP-2, ca. Km. 12) zweigt die LP-217 in Richtung Arenas Blancas/Playa Salemera ab, die nach 2,5 Kilometern an einem Leuchtturm endet. Nach Süden erstreckt sich die Playa mit dunklem Sand, beschattet von Kokospalmen und rustikalen Sonnenschirmen – manchmal öffnet eine Strandbar.

Praktische Tipps

Unterkunft

■ **Finca Arminda**③, Calle Lodero 181 (LP-132), Tel. 922428432, auch über TUI buchbar. Altes herrschaftliches Anwesen an der unteren Küstenstraße, ab Gabelung La Polvacera 2,3 Kilometer in Richtung Süden. Señora *Arminda*, die das Haus von ihren Großeltern geerbt hat, hat es mit antiken Möbeln, Gemälden und Lüstern so edel ausgestattet, dass man sich fast wie im Museum fühlt – fehlt nur das Schild „Bitte nicht berühren". Die fünf Suiten gruppieren sich um einen Patio, am schönsten sind die Zimmer 1 und 2 mit Blick über die Bananenplantagen aufs Meer. Das Frühstück wird meist im Freien vor dem kleinen Pool eingenommen, bei schlechtem Wetter an einer gemeinsamen Tafel im Esszimmer. Insgesamt ein herrliches Haus, vor allem im Sommer!

Landhäuser

■ **Casa Felipe Lugo**②, Camino Montaña la Breña 101a (La Rosa), buchbar über *Karin Pflieger* (⇨ „Praktische Reisetipps A–Z: Unterkunft"). Vorbildlich restaurierte, sehr komfortable Casa Rural im Schatten der kegelförmig aufragenden Montaña Breña. Sie liegt in 520 Metern Höhe inmitten wild wuchernder Blumenwiesen, Mispel- und Orangenbäumen und bietet von fast allen Fenstern weiten Meerblick. Es wurde weder an wertvollen Materialien noch an schönen Einrichtungsgegenständen gespart, gleich beim Betreten des Hauses fühlt man sich wohl und geborgen. Es verfügt über eine große Wohnküche mit Terrakottaboden und Balkendecke, rustikalem Tisch, Vitrinenschrank und vielen Details (auch Gratis-WLAN). Der Salon mit Dielen, hohem Holzgewölbe und offenem Kamin lädt zu gemütlichen Stunden ein; durch einen Paravent abgetrennt ist ein Raum mit Ausziehbett (Schlafmöglichkeit für zwei Personen). Das eigentliche Schlafzimmer ist

Mazos Kunsthandwerker

Zu Fronleichnam werden die Straßen von Mazo mit **Teppichen** *(alfombras)* ausgelegt. Diese bestehen aus Blüten und Blättern, Moosen, Flechten und Samenkapseln, farbiger Vulkanasche und gefärbtem Salz. Tagelang sind die Künstler damit beschäftigt, das vergängliche Material auf eine Holzunterlage zu kleben, wobei fantastische Ornamente und erstaunlich „realistische" Heiligenporträts entstehen. Die Mühe ist groß, das Kunstwerk aber nicht von Dauer: Kaum ist die Prozession über sie hinweggeschritten, sind die Bilderfolgen für immer zerstört ...

Von der Inselnatur sind auch La Palmas **Textilarbeiten** inspiriert. In monatelanger Fleißarbeit entwerfen Frauen auf Baumwoll- und Leinendecken üppige Gartenlandschaften. Die Kunst besteht darin, durch eine Kombination von Techniken ein möglichst lebendiges Resultat zu erzielen. Obendrein muss so sauber gestickt werden, dass Vorder- und Rückseite kaum zu unterscheiden sind. Historische Stücke sind im Ethno-Museum Casa Roja ausgestellt; daneben illustrieren Muster, wie durch plastisches Sticken *(bordados)* Reliefs erzielt werden, durch raffinierte Löcher *(calados)* Licht und Schatten entsteht und durch symmetrisches Richelieu-Sticken *(rechi)* die Vielfalt der Ornamente zusammengehalten wird. In der **Escuela de Artesanía** (⇨ Mercadillo) kann man schöne Stücke erwerben – der Preis ist hoch, aber der Zeitaufwand für die Herstellung ist es auch!

hell und gemütlich, das Bad elegant. Der Clou des Hauses aber ist die Fußbodenheizung (eine Rarität auf La Palma!), die auch im Winter für behagliche Wärme sorgt. Es gibt eine Terrasse einen Garten-Grill und einen schönen Pool. Anfahrt: Von der LP-206 zwischen Km. 4 und 5 in die Straße nach Montaña La Breña einbiegen und dieser knapp einen Kilometer folgen, wo links ein Schild auf das Haus verweist.

■ **Casa Fidel**②, Monte Breña 119b, buchbar über *Karin Pflieger* (s.o.). Noch etwas weiter nördlich: ein kleines, von Avocado- und Orangenbäumen eingerahmtes Landhaus, ruhig gelegen und mit Holzmöbeln gemütlich-rustikal eingerichtet. Von der umlaufenden Terrasse bietet sich ein weiter Blick aufs Meer, aufgrund der Überdachung kann man selbst bei schlechtem Wetter grillen. Mit Wohnküche (Gratis-WLAN), Schlafraum und Bad, gut für zwei bis vier Personen. Der Besitzer Señor *Fidel* kümmert sich aufmerksam, dabei dezent um seine Gäste, bringt ihnen Obst und Gemüse der Saison vorbei.

■ **Casa Priscila**②, Camino El Linar (La Rosa), buchbar über *Karin Pflieger* (s.o.). Wunderschön restauriertes historisches Anwesen inmitten eines blühenden Obst- und Gemüsegartens mit Palmen und anderen Exoten. Sein Clou ist ein Pool, der sich abdecken lässt und nach Sonneneinstrahlung auch noch am Abend ein warmes Bad ermöglicht. Die Einrichtung im Landhaus-Stil gefällt ebenso wie die Aufmerksamkeit der Besitzer, die sich engagiert um ihre Gäste kümmern. Mit Gratis-WLAN.

▷ Ein Landhaus der komfortablen Art – Casa Priscila

Essen und Trinken

■ **San Blas**①, Calle María del Carmen Martínez Jerez 4, Tel. 922428360, tgl. außer Mo 13–16 und 19.30–22.30 Uhr. In der Tasca gibt es deftige Tapas in lockerem Ambiente, das darüber liegende Restaurant bleibt vorerst geschlossen.

Einkaufen

■ **Mercadillo,** Calle Dr. Morera 2, Sa 15–19, So 9–13 Uhr. Bauernmarkt mit vielen palmerischen Spezialitäten (s.o.).
■ **Bodegas El Hoyo,** Los Callejones 60 (LP-2), Tel. 922440616, www.bodegaselhoyo.com, Mo–Do 9–14 und 15.30–17.30, Fr 9–14 Uhr. 75 Weinbauern haben sich zu einer Genossenschaft zusammengetan und gut zwei Kilometer unterhalb des Ortszentrums eine moderne Kellerei eingerichtet. Vor dem Kauf darf gekostet werden. Samstag/Sonntag auf dem Mercadillo.

Aktivitäten

■ **Outdoor-Aktivitäten:** Ekalis, Calle Molina 1, Tel. 922444517, www.ekalis.com. Angeboten werden Wandern, Biken und Klettern, im Sommer auch Paddeln – Sportausrüstung, Verleih von Rädern und Booten.

Feste

■ **3. Februar:** Fiesta de San Blas. *Blas* ist Schutzpatron von Mazo, Bischof und Märtyrer, Schutzheiliger der Halskranken und Tiere.
■ **Ende Mai/Anfang Juni:** Fiesta de Corpus Cristi. Zu **Fronleichnam** werden die Straßen des Orts mit Kränzen und prachtvollen Blütenteppichen geschmückt.
■ **24. August:** Fiesta de Nuestra Señora de los Dolores. *El Borrachito*, der „kleine Betrunkene" ist Hauptakteur dieses Volksfests. Die Figur steckt in einem Fass, tanzt und verschießt Feuerwerkskörper.

Belmaco

Fünf Kilometer südlich von Mazo liegt die berühmte Höhlenwand Cueva de Belmaco. Hier wurden Mitte des 18. Jahrhunderts die ersten **Felsgravuren** auf dem kanarischen Archipel entdeckt: Die Steinwände sind mit Figuren übersät, die als Menschen- und Tierköpfe identifizierbar sind, dazu Wellen und Ringe. In den Höhlen wohnten vermutlich *Juguiro* und *Garehagua*, die letzten Herrscher des Stammesgebiets von Todote.

Heute sind die Zeichnungen Hauptattraktion eines **Archäologischen Parks,** der Grundwissen zum Leben der Ureinwohner vermittelt. Im kleinen Besucherzentrum werden die Zeichnungen erläutert. Aufgrund der Fundstücke in der Schlucht – es handelt sich um schnöden Hausmüll – geht man davon aus, dass sie im 10. Jh. in den Fels geritzt wurden.

Nach der Theorie die Praxis: Ein Lehrpfad führt – an Palmen, Drachenbäumen und Kiefern vorbei – zur **Cueva de Belmaco,** einer großen, durch Einsturz freigelegten Naturhöhle. Davor stehen Felsblöcke mit geheimnisvollen Spiralen, Wellen und Mäandern. Anschließend geht es durch die kleine **Schlucht,** vorbei an neun weiteren Höhlen, an denen Schautafeln (auch auf Deutsch) vom Leben der Ureinwohner erzählen: wie sie wohnten und arbeiteten, das Land bestellten und Fische fingen. Wozu genau die Höhlen dienten und warum sie so aufwendig verziert wurden – darüber erfährt man (bisher) leider wenig.

■ **Parque Arqueológico de Belmaco,** LP-2, Km. 7 (Lomo Oscuro 32), Tel. 922440090, Mo–Sa 10–18 Uhr, So 10–15 Uhr, Eintritt 2 €.

Strände

Südlich von Belmaco zweigt bei **Tiguerorte** eine anfangs asphaltierte Piste ab, die nach acht Kilometern in einen parallel zur Küste verlaufenden Fahrweg mündet. Hält man sich an der Küste rechts, kommt man zu zwei weiteren Stränden. Die **Playa del Río** ist ein dunkler Kiesstrand im Schatten eines im Meer erstarrten Lavaflusses (*río muerto*, „toter Fluss"). Kommen am Wochenende Palmeros in ihre Wochenendhäuschen, ist der nur 70 Meter lange Strand fast schon überfüllt. Mehr Einsamkeit findet man an dem 250 Meter breiten, von Felsen eingerahmten Kiessandstrand **Playa de los Roquitos** (erreichbar über einen ca. 500 Meter langen Pfad).

Unterkunft

■ **Casa Belmaco**②, Lomo Oscuro 20 (LP-132), Landhaus buchbar über Isla Bonita (www.islabonita.es). Kleines Bauernhaus nahe der Höhle mit Wohnküche und zwei Schlafzimmern sowie einer Terrasse mit Meerblick. Señor *Bernardo Martín*, der Besitzer, wohnt nebenan und versorgt die Gäste mit hausgemachtem Ziegenkäse, frischer Kuhmilch und palmerischem Wein.

Essen und Trinken

■ **Casa Goyo**②, La Bajita, Lodero 120, Tel. 922 440603, www.casagoyo.es, tgl. außer Mo 13–16 und 19–23 Uhr. Ein Lokal wie „anno dazumal" an der Straße von Mazo zum Flughafen, in der südlichen Einflugschneise. Man sitzt auf klapprigen Hockern in Holzbuden oder Steinhäuschen und bestellt, was *Fran* und seine Familie zubereiten: fangfrischen Tintenfisch (*pulpo*), kleine Garnelen (*cama-*

rones), Suppe, Salat und natürlich „Fisch des Tages" (pescado del día). Köstlich schmecken der hausgemachte Pudding (quesillo) und Schokoladen-Mousse mit Mandeln und zerbröseltem Kuchen (Principe Alberto). Das entspannte Ambiente lockt viele Palmeros an – am Wochenende muss man früh kommen, um ein Kabüffchen zu ergattern.

Tigalate

Über grüne Steilhänge verstreute Landhäuser, ein paar Läden und Bars – so präsentieren sich die beiden Weiler an der oberen Straße nach Los Canarios. In **Sabina** bekommt man in einem Tante-Emma-Laden neue Wanderinfos, Turismo Rural bietet Unterkunft auf Wochenbasis in **Tigalate.**

Südlich von Tigalate, wo die untere in die obere Straße einmündet, beginnt eine bizarre, oft wolkenverhangene „Mondlandschaft" – **Montes de Luna:** Gewaltige Schlackefelder ziehen sich den Hang hinab, knorrige alte Kiefern stehen am Straßenrand.

Unterkunft

■ **Casa Los Volcanes**②, Camino de Tigalate 136a, Tigalate, Landhaus buchbar über *Karin Pflieger* (⇨ „Praktische Reisetipps A–Z: Unterkunft"). Renoviertes, kleines Steinhaus oberhalb der Kirche von Tigalate mit Blick auf die Nachbarinseln. Mit Wohnküche, Schlafzimmer und zwei Terrassen, geeignet für max. drei Personen.

Auch Rinder mögen Bananen

Überblick | 97
Las Indias und Los Quemados | 107
Los Canarios (Fuencaliente) | 98

Eine Landschaft wie auf dem Mond: schwarz, nackt und voll zertrümmerten Gesteins – größer kann der Kontrast zum grünen Inselnorden kaum sein! Hier erhebt sich La Palmas jüngster Vulkan, der

4 Der Süd-zipfel

1971 entstandene Teneguía. Auf dem Südkap stehen zwei Leuchttürme, flankiert von flirrenden Salzgärten und wilden Buchten.

◁ Abstieg zur Inselsüdspitze – im Hintergrund die beiden Leuchttürme und die Salinen

DER SÜDZIPFEL – SCHWARZ UND WÜST

Die steilen Rampen, die sich vom Hauptort Los Canarios alias Fuencaliente zur Küste hinabsenken, sind mit pechschwarzer Lava bedeckt. Diese erstarrte in den vielfältigsten Formen, in Strömen und Kaskaden, in Wällen und bizarr aufgebrochenen „Feldern".

Hauptort ist Los Canarios auf 700 Metern Höhe. Unterkünfte gibt es auch in den tiefer gelegenen, deshalb wärmeren Weilern Las Indias und Los Quemados.

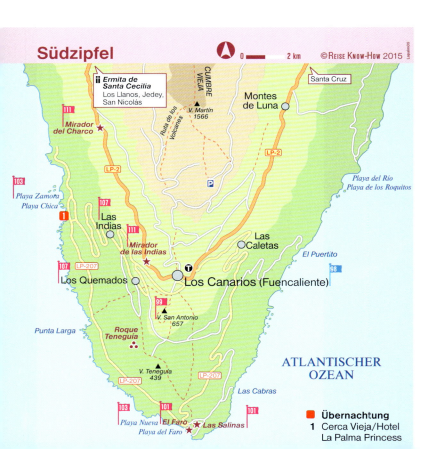

In der sonnensichersten Ecke liegen die beiden Princess-Großhotels, die ein eigenes „Dorf" bilden. Die Inselsüdspitze bietet einige schöne Badebuchten und ist zugleich ein gutes Wanderrevier: Hinauf geht's durch Kiefernwald zur Cumbre Vieja, La Palmas Rückgrat, hinab über jungvulkanische Hänge zur Küste.

Überblick

Vulkan, Wein und eine Handvoll Strände: Fuencaliente, die kleine, 750 Meter hoch gelegene Gemeinde am Südzipfel der Insel, hat einiges zu bieten. Sie verdankt ihren Namen einer heißen Quelle *(fuente caliente),* die allerdings 1677 verschüttet wurde. Seitdem ist die Gemeinde nicht zur Ruhe gekommen. „Wir leben auf dem Vulkan", sagen die Bewohner, „die Erde unter uns bewegt sich noch."

Vulkanausbrüche

Allein in den letzten 400 Jahren hat es in der Gegend von Fuencaliente mehrere gewaltige Eruptionen gegeben: 1646 explodierte der etwas nördlich gelegene **Martín,** 31 Jahre später spie der südliche **San Antonio** neun Wochen lang Asche und Feuer. Zuletzt erhob sich 1971 der **Teneguía** aus dem Schoß der Erde – seine glühenden Lavaströme wälzten sich ins Meer und begruben fruchtbare Felder unter sich. Bisher sind die Bewohner immer mit dem Schrecken davongekommen – wie durch ein Wunder blieb Los Canarios, der Hauptort der Gemeinde, verschont.

Feuriger Wein

Oberhalb von Los Canarios erstreckt sich dichter Kiefernwald, unterhalb dehnen sich Vulkankrater mit ihren **pechschwarzen Aschehängen** aus. Dass dort auch grüne Tupfer an den Hängen zu finden sind, liegt an den porösen, nussgroßen Lavakörnern, die den Nachttau auffangen und zur Tageszeit an die zwischen ihnen gepflanzten **Weinreben** abgeben. So gut ist die Ernte, dass über 200 Winzer von ihr leben können. Sie haben sich zur Kooperative Teneguía zusammengeschlossen, die zu den größten und modernsten des Archipels gehört.

NICHT VERPASSEN!

- **Bodega-Besuche:** Vor dem Weinkauf ein Gratis-Schluck! | 98
- **San Antonio: Vulkantrip** mit Simulation | 99
- **Salinen:** Salz in der Luft und starke Brandung | 101
- **Playa Nueva:** Lavabucht mit „heiliger Quelle" | 103
- **Playa Chica und Playa Zamora:** Versteckte Badebuchten | 103
- **Centro de Artesanía:** Blühende Landschaften auf Textilien im Kunsthandwerkszentrum von **Los Canarios** | 106

Diese Tipps erkennt man an der gelben Hinterlegung.

Los Canarios (Fuencaliente)

Wer in dem 500-Seelen-Dorf Urlaub machen möchte, sollte bedenken, dass dieser Ort ein paar Kilometer von der Küste entfernt und im Winter oft von Wolken umhüllt ist. Die Temperaturen liegen fünf bis acht Grad unter den am Leuchtturm des Südkaps gemessenen Werten. Während an der Küste ein großes Viersterne-Resort entstanden ist, wird man im Ort vom Tourismus nur wenig berührt. Man findet hier preiswerte kleine Unterkünfte, die Lokale bieten unverfälschte kanarische Kost. Dazu gibt es attraktive Wanderwege, die direkt vor der Haustür beginnen. Wer Finca-Urlaub bevorzugt, wählt die Weiler Los Quemados und Las Indias, wo viele Häuser für Naturliebhaber restauriert wurden.

Sehenswertes

Bodega-Besuche

Die moderne **Bodega Teneguía** kann besichtigt werden. Sie befindet sich im Ortszentrum. Jährlich werden aus den hier angelieferten Reben 1,5 Millionen Liter Wein gewonnen. Die Palette reicht vom süßen Dessertwein *Malvasía dulce* über den leichten weißen *Listán blanco* bis zum herben rubinroten *Negramol*. Der Wein wird unter der Marke Teneguía vertrieben und besitzt selbstverständlich die Herkunfts- und Qualitätsauszeichnung *denominación de origen*.

Familiärer geht es zu in der traditionsreichen **Bodega Carballo** am Vulkan San Antonio. Einst hat sie ihren Wein nach Kuba verschifft, doch heute gibt es allein auf La Palma so viele Genießer, dass bei der geringen Ertragsmenge an Export nicht mehr zu denken ist. Außer dem vielfach prämierten *Malvasía dulce*, dem leicht süßlichen, 22-prozentigen Dessertwein, werden auch preiswertere Tafelweine der Marke *Brisas del Sur* angeboten. Auf Wunsch (und wenn nicht zu viele Besucher da sind) werden die Kellerei- und Lagerräume gezeigt. Dort stehen auch noch jene historischen Fässer, in denen die Tropfen nach Übersee gingen. In beiden Bodegas darf vor dem Kauf gratis gekostet werden.

Kurzinfo Südzipfel

■ **Touristeninformation:** Los Canarios, Plaza Minerva s/n, oitfuencaliente@hotmail.com, So geschlossen.
■ **Bank/Post:** an der Hauptstraße von Los Canarios
■ **Gesundheitszentrum:** Centro de Salud, Tel. 922444128
■ **Apotheke:** Hauptstraße Los Canarios
■ **Taxi:** Tel. 922440825
■ **Bus:** mit Linie 200 mehrmals täglich nach **Los Llanos** und **Santa Cruz** (⇨Anhang). Linie 203 verbindet Los Canarios alle 2 Std. mit dem Leuchtturm **(Faro)** via Las Indias und **Hotel La Palma Princess.**

> Los Canarios: zwischen Lava und Wald

- **Bodega Teneguía/Llanovid,** Calle Los Canarios, www.bodegasteneguia.com, Mo–Fr 10–18, Sa/So 10–13 Uhr.
- **Bodega Carballo,** Carretera a Las Indias 74, www.bodegascarballo.com, tgl. 10.30–18.30 Uhr.

Vulkantrip

Gegenüber der Bodega Carballo zweigt eine Straße ab, die zu einem Wachhäuschen führt. Hier wird man erst einmal zur Kasse gebeten, bevor man das Auto auf dem Parkplatz abstellen darf (wer nur wandern will, braucht in der Regel nicht zu zahlen). Ein aus schwarzem Vulkanstein erbautes **Besucherzentrum** beherbergt eine (bescheidene) Ausstellung: Auf Schautafeln wird die Geschichte der Vulkane erklärt, ein kurzer, aber interessanter Lehrfilm in verschiedenen Sprachen, auch auf Deutsch, wird gezeigt. Ein Seismograf registriert die Bewegungen in der Erdkruste La Palmas, ein anderer die Schritte der Besucher. Geht man hinaus zur Aussichtsterrasse und schwenkt sofort links zum Wegweiser „Monumento Natural Teneguía" ein,

Los Canarios

wird ein Simulator aktiviert, der das Beben bei einem Vulkanausbruch imitiert: unter den Füßen wackelt die Erde!

Die eigentliche Attraktion des „Vulkantrips" ist aber der leider auf zehn Minuten verkürzte Spaziergang zur Südspitze des **San Antonio.** Vom windgepeitschten Kraterrand blickt man in den Schlund hinab, auf dessen Boden ein paar junge Kiefern wachsen. Richtung

Süden schaut man auf die frisch aufgeworfenen Aschefelder des 1971 entstandenen Teneguía, La Palmas jüngstem Vulkan. Dahinter erkennt man den Leuchtturm am Meer, kann bei klarer Sicht sogar die Nachbarinseln Gomera und El Hierro ausmachen.

Näher heran an den **Teneguía** kommt man mit dem ⇨ Wandertipp.

■ **Centro de Visitantes,** tgl. 8.30–18.30 Uhr, Eintritt 5 € (Kinder vorerst bis 16 Jahre frei), mit Café und Aussichtsterrasse.

El Faro

Die kurvenreiche LP-207 führt in gut zehn Kilometern zu den beiden **Leuchttürmen** an der Südspitze hinab. Der neue, rot-weiß gestrichene Turm (El Faro) weist noch heute vorbeifahrenden Schiffen den Weg.

Der alte Turm blieb als Industriedenkmal erhalten und öffnet als **Interpretationszentrum des Meeresreservats La Palma.** Man betritt einen diffus beleuchteten Raum und hört Walgesang, während man hinabzusinken scheint und die Decke die Untersicht auf ein Boot freigibt. Ein Netz ist ausgeworfen, in dem sich ein Delfin verfangen hat, zwischen Fischen treiben Müllstücke umher. Derart eingestimmt, kann man sich anschließend zwei Filme anschauen. Einer berichtet von der Schönheit des Meeres, der andere von seiner Zerstörung.

■ **Centro de Interpretación de la Reserva Marina de La Palma,** Carretera de la Costa-Faro s/n, Mi–So 10–18 Uhr (aufgrund von Budgetkürzungen vorübergehend geschlossen).

Salinen

Einer der schönsten Inselplätze: Schwarze Lava kontrastiert mit schneeweißem Salz, immerzu brandet das Wasser an die Felsküste und schießt seine Gischtfahnen nach oben. Von den Leuchttürmen führt ein Weg zu schachbrettartigen Salzfeldern, wo das glitzernde „weiße Gold" auskristallisiert. Ein mit Info-Tafeln markierter Pfad erschließt die Becken, in denen mehrmals im Jahr Salz geerntet wird: grobkörniges und gemahlenes, feinkörniges Salz der Marke *Sal Teneguía*. Auch *Flor de Sal*, die „Blüte des Salzes", d.h. die oberste Salzschicht, die besonders reich an Mineralien ist, wird produziert – nicht gerade billig, aber deutlich günstiger als in Deutschland (⇨ Exkurs).

Über den Becken duckt sich ein Natursteinbau, flach und verschachtelt, sodass er sich optisch gut in die Landschaft einfügt. Darin befindet sich das **Café & Restaurant Jardín de la Sal**② (geöffnet tgl. 11–18 Uhr): Durch Panoramafenster blickt man über den „Salzgarten" und genießt Fischgerichte, die mit hiesigem Salz gewürzt werden, aber nicht gerade preiswert sind. Schmackhaft ist *bacalao* und als Dessert die Schokotorte mit Erdbeerstückchen, Basilikum und Salzkörnchen. Angeschlossen ist ein kleiner Laden, in dem man sich das Salz bei einer Gratisprobe auf der Zunge zergehen lassen und in dekorativen Säckchen und Gläsern kaufen kann. Danach empfiehlt sich ein Spaziergang längs der Küste, wo die Brandung bizarre Formen in die Lava getrieben hat.

■ **Salinas de Fuencaliente,** Carretera de la Costa-Faro 5, Tel. 922411523, www.salinasdefuencaliente.com.

Von Feinschmeckern und Wandervögeln geschätzt – die Salzgärten von El Faro

Aus der palmerischen Küche ist es nicht wegzudenken – erst das grobkörnige, graue Meersalz verleiht vielen Speisen ihre leicht herbe, von Feinschmeckern geschätzte Note. Seine Herstellung in den Salinen von El Faro an der Südspitze La Palmas ist umweltschonend, aber arbeitsintensiv. Wind und Brandung pressen das Meerwasser in die *saltaderos* (Auffangbecken), aus denen es mit Windenergie in die höher gelegenen *cocederos* (Erwärmungsbecken) geleitet wird. Von der Sonne erhitzt, verdunstet es allmählich, wobei das in ihm enthaltene Salz eindickt – jeder Liter Meerwasser enthält durchschnittlich 36 Gramm Salz. Danach wird die Salzlake in *tajos* (Verdunstungsbecken) gepumpt, in denen sich weiße Salzkristalle ausbilden. Diese werden zu kleinen Kegeln zusammengeharkt, die in der Sonne austrocknen.

Da das Salz nicht, wie etwa in modernen Vakuumdampfanlagen, erhitzt wird, bleiben wertvolle Spuren von Kalzium und Magnesium erhalten. Die Herstellung wird von der EU subventioniert, damit sich das Meersalz gegen die zehnmal billigere Industrieproduktion behaupten kann. Doch noch aus einem weiteren, nichtkulinarischen Grund sind die Salzgärten von El Faro erhaltenswert: Auf ihrem Weg gen Süden legen im Herbst Hunderte von Wandervögeln, darunter Steinwälzer, Seidenreiher und sogar Flamingos, in den Salinen eine Zwischenstation ein, bevor sie gen Süden weiterziehen – hier finden sie ihre Lieblingsnahrung in Form von Minikrebsen.

▽ Das „weiße Gold"

Strände

Alle Strände des Südens sind über die Küstenstraße erreichbar. Unmittelbar westlich des Leuchtturms erstreckt sich die **Playa del Faro,** ein Kiesstrand mit mächtig ausrollenden Wellen. Unter einem Felsüberhang ducken sich Hütten, Möwen umkreisen aufgebockte Fischerboote auf der Suche nach Beute.

Einen Kilometer westlich des Leuchtturms, an der LP-207 zwischen Km. 11 und 12, liegt die ==Playa Nueva== (auch „Playa Echentive" genannt). Ein geländergesicherter Weg führt zum Kiesstrand, an dem man bei ruhiger See baden kann. In einer Lagune am Fuß der Steilwand schwimmen Feuerwürmer, nahebei befindet sich der Zugang zu La Palmas Gesundbrunnen, der **Heiligen Quelle** *(Fuente Santa)*. Sie ist 42 °C warm, von Gasquellen gespeist und so reich an Mineralien (v.a. Natriumchlorid) wie kein anderes Wasser Spaniens. Kein Wunder, dass hier viele Heilung suchten – selbst ein Konquistador wie *Pedro Mendoza* ließ sich auf La Palma behandeln. Doch beim Ausbruch des San Antonio 1677 wurde die Quelle verschüttet. Erst dank moderner geologischer Verfahren gelang es, sie wieder aufzuspüren. *Carlos Soler,* kanarischer Tiefbauingenieur, studierte alte Chroniken und stieß gleich bei der ersten Bohrung auf 29 °C warmes Wasser, womit klar war, dass die Quelle nicht weit sein konnte. 2005 entdeckte er das „Heilige Wasser", zu dem nun ein durch Eisengitter abgestützter Gang führt. 2008 wurde es als Heilmittel gegen Rheuma, Haut- und Kreislaufkrankheiten anerkannt, darf in Flaschen abgefüllt und für Bäderkuren eingesetzt werden. Die Gemeinde plant, ein großes Thermalbad zu bauen.

Folgt man der LP-207 weitere 3,3 Kilometer, zweigt links eine Piste ab (zwischen Km. 14 und 15), die wenig später an der dunklen, sichelförmigen Bucht **Punta Larga** endet: Palmeros verbringen an der improvisierten Strandsiedlung gern ihre freien Tage, schön ist der Blick auf die Brandung.

Weiter an der Küste quert die Straße schwarze Lavatrümmer und passiert nach knapp drei Kilometern die Zufahrt zum Princess-Resort (⇨ „Las Indias, Unterkunft"). Kurz danach erreicht man über eine links abzweigende, ausgeschilderte Straße die wohl schönsten Badestrände der Insel („Kiosco Zamora", 800 Meter zur Playa Chica, ein Kilometer zur Playa Zamora): die kleine ==Playa Chica== und die etwas größere ==Playa Zamora,== mit feinem schwarzen Sand und von Klippen eingerahmt. An beiden kann man in die Fluten steigen und ein paar Runden schwimmen. Wer Taucherbrille und Schnorchel dabei hat, entdeckt nur wenige Meter vom Ufer entfernt eine bizarr zerklüftete Unterwasserlandschaft.

MEIN TIPP:
Fisch auf der Klippe

Uriger geht's kaum! Hoch auf der Klippe über der Playa Chica serviert Señor *Toni* in seinem improvisierten Lokal **Kiosco Zamora**①-② Fisch und Meeresfrüchte nach Gewicht, mit Runzelkartöffelchen und Mojo-Soße. Dazu genießt man Bier oder Wein von der Insel.

Los Canarios

Große Pläne wurden für die Zukunft geschmiedet: Von der Playa Zamora soll man auf einer elf Kilometer langen Küstenpromenade Richtung Norden über El Remo bis zum Leuchtturm nördlich der Playa Bombilla laufen können. Der gesamte Küstenstrich wurde zum **touristischen Entwicklungsgebiet** erklärt, d.h. hier sollen neue Hotels entstehen. Bleibt zu hoffen, dass alles in palmerisch-gemächlichem Tempo vonstatten geht und die Küste noch viele Jahre unbebaut bleibt!

Von der Playa Chica geht es zurück zur Straße, auf der man nach drei Kilometern die Weiler Las Indias und Los Quemados erreicht.

▽ Von der Playa Nueva führt ein unterirdischer Weg zur „Heiligen Quelle"

Praktische Tipps

Unterkunft

■ **Villas Fuencaliente**②, Calle de los Volcanes s/n, Mobiltel. 686934817, villasfuencaliente@gmail.com. Neun je 45 Quadratmeter große Reihenbungalows unterhalb des Dorfs, rustikal gestaltet mit Holzdachstühlen, ausgestattet mit Wohnküche, Schlafzimmer und Bad. Achten Sie bei der Buchung darauf, in der untersten Reihe einquartiert zu werden – nur von dort genießt man von der Terrasse ungehinderten Ausblick über die Vulkanlandschaft aufs Meer. Auf unterer Ebene befindet sich auch das Mini-Hallenbad mit schönem Panorama.

■ **Central**①-②, Calle Yaiza 4, Mobiltel. 6698 49852. Sechs Zimmer mit Bad und vier Apartments in einem Neubau oberhalb der Durchgangsstraße – vermietet von Señor *Pedro*.

■ **Los Volcanes**①, Carretera General del Sur 84, Tel. 922444164, www.apartamentosvolcanes.blog

spot.com. *César* und *Concha* sowie Sohn *Alex* vermieten vier picobello saubere Studios mit TV und Balkon sowie vier etwas einfacher eingerichtete Zimmer an der Hauptstraße von Los Canarios – preisgünstiger geht es auf La Palma kaum, nur 26 € pro Zimmer! Wer's romantischer mag, kann bei den netten Besitzern auch gemütliche, etwas teurere *casas rurales* im vier Kilometer entfernten Weiler Las Indias (für zwei bis vier Personen) oder im acht Kilometer entfernten Tigalate (für zwei bis drei Personen) reservieren.

Landhäuser

■ **Casa Los Jablitos I und II**②, Camino Los Jablitos 8 und 12, Carretera a Los Quemados, Tel. 922 444312, buchbar über *Karin Pflieger* (⇨ „Praktische Reisetipps A–Z: Unterkunft"). Zwei einsame Häuser für jeweils drei Personen, nahe beieinander am Fuße des San Antonio. Von den Zimmern, der Terrasse und dem Garten bietet sich aus 500 Metern Höhe ein herrlicher Blick auf die Südküste La Palmas. Die Wohnküche und der Schlafraum sind lichtdurchflutet und mit Holzmöbeln behaglich eingerichtet. Vom Ortszentrum einen Kilometer zum San Antonio hinunter und an der Zufahrt zum Vulkan rechts in ein anfangs asphaltiertes Sträßchen einbiegen.

> **MEIN TIPP:**
> ## An der „Haltestelle"
>
> In der Dorfbar **La Parada**① im Zentrum (*Parada* = Haltestelle) verkauft *Eduardo* hausgemachte und auf der ganzen Insel berühmte *almendrados* (Mandelmakronen) und *rapaduras de gofio* (Gofio-Kuchen). Am besten schmecken sie, wenn sie frisch aus dem Ofen kommen. In dekorativer Blechdose verpackt, halten sie sich länger und geben ein leckeres Souvenir ab (Carretera General del Sur 96, tgl. ab 8 Uhr).

Essen und Trinken

■ **Tasca La Era**②, Calle Antonio Paz 6, Tel. 922 444475, tgl. außer Mi 12–23 Uhr. Kleines, gemütliches Familienrestaurant mit verglaster Veranda und rustikalem Hinterraum, auf halber Strecke zwischen Ortszentrum und Vulkan San Antonio. Spezialität des Hauses ist *bichillo de cerdo*: feines Schweinefilet mit gerösteten Zwiebeln, dazu eine große Portion *papas arrugadas*. Der Service war in letzter Zeit leider nicht mehr so toll wie früher, und die Beilagen zahlt man jetzt immer separat.

■ **Centaurea**①, Carretera General del Sur 56, Tel. 922 444699, tgl. ab 8 Uhr. Beliebte, freundliche Dorfbar in einem Haus der Jahrhundertwende. *Jorge* und sein Sohn *Alberto* tischen leckere Tapas auf, besonders beliebt sind *ensaladilla rusa* (Russischer

Wandertipp

Von Los Canarios geht es **hinauf** in die Cumbre Vieja (⇨Wanderung 8). Oder man wandert **hinab:** Vom Besucherzentrum auf dem rot markierten GR 131 zu einer Piste, die links zu einem Parkplatz führt, dort Aufstieg zum Roque Teneguía. Anschließend geht es zum Faro hinab (3 Std., mittelschwer), Rückfahrt in den Ort mit Bus 203.

Etwas außerhalb

■ **La Casa del Volcán**②, Calle Los Volcanes 23, Tel. 922444427, www.lacasadelvolcan.es, Di–So ab 12.30 Uhr. Inmitten von Weinfeldern auf dem Weg zum Vulkan San Antonio werden in einer Bodega anno 1919 gute Tropfen aus La Palma glasweise serviert – darunter die hauseigene Marke *David Lana*. Zum Wein kann man Tapas ordern. Wer „richtig" essen will, bekommt kanarische Hausmannskost – nicht gerade billig, aber gut: gebratener Ziegenkäse mit Konfitüre, süße Blutwurst (schmeckt besser als es der Name vermuten lässt), Fleisch und Fisch. Günstiger ist das Menü inkl. einem Glas Wein. Hin und wieder gibt es ein „astronomisches Dinner" mit englischsprachigem Begleitvortrag. Gratis-WLAN.

Einkaufen

■ **Centro de Artesanía,** Carretera General 102, So geschl. Dieser große Laden ist das Reich der Frauenkooperative von Los Canarios: Die Señoras bieten große und kleine Decken, Tischläufer und

Salat), *carne en salsa* (Fleisch in pikanter Soße) und *tortillas* (spanische Omeletts). Wer „richtig" essen will, geht hinauf in den Speisesaal (bis 16 Uhr), wo an kühlen Tagen ein Feuer flackert.

Las Indias und Los Quemados

Servietten, Beutel und Taschen – allesamt aufwendig gearbeitet mit Relief- und Hohlsaumstickerei, nicht billig, aber jedes Stück ein Unikat. Dazu gibt es Gestricktes und Gehäkeltes, Gewebtes und aus Palmblättern Geflochtenes. Auch Zigarren werden angeboten und Kulinarisches von der Insel, u.a. Honig und Konfitüre, Wein und Likör.

Feste

■ **18. Januar:** Fiesta de San Antonio Abad. Fest zu Ehren des Ortspatrons.
■ **Zweiter Augustsonntag:** Pino de la Virgen. Messe an der Riesenkiefer am Südausgang der Vulkanroute, anschließend wird die Heilige in den Ortskern getragen.
■ **Ende August:** Fiesta de la Vendímia. Das größte Fest der Gemeinde findet unmittelbar nach der Weinlese statt. Männer reiten auf Pappgäulen durch den Ort, schwarz gekleidete Jungfern üben sich im Hexentanz. Bis zum frühen Morgen fließt edler Rebensaft in Strömen.

◁ Verschnaufpause nach der Vulkantour

Las Indias (500–570 Meter ü.d.M.) liegt auf der westlichen, den Passatwinden abgewandten Inselseite und ist meist sonnig und warm. Tief unter dem Ort liegt das Meer, das sich schier endlos bis zum Horizont erstreckt. „Bei gutem Wetter sehen wir Amerika", witzeln die Bewohner, „gleich hinterm Großen Teich liegt *Kolumbus'* gelobtes Land." Der große Seefahrer glaubte zeitlebens, er habe „Indien" und nicht einen neuen Kontinent entdeckt – in Anlehnung an diesen Irrtum wurde auch das palmerische Dorf „Las Indias" – und nicht „Amerika" – genannt. An der Durchgangsstraße gibt es Bars, ein Kulturzentrum und sogar einen Supermarkt; der Alltag verläuft in traditionellen, bedächtigen Bahnen.

Von der Straße nach Los Canarios geht es rechts hinab nach Los Quemados, das „verbrannte", auf erstarrten Lavaströmen entstandene Dorf (400–500 Meter ü.d.M.). Weit verstreut liegen seine hübschen, blumenumrankten Häuser, darunter auch die Casona Los Melindros, die vielleicht schönste Finca im Süden der Insel. Über steile, mit Wein bepflanzte Hänge blickt man ungehindert aufs Meer.

Unterkunft

■ **La Palma Princess**③, Carretera de la Costa, Cerca Vieja, Tel. 922425500, www.hotellapalmaprincess.com. Die kleine, sich weit über die Klippen ausbreitende Hotelstadt verfügt über 625 Zimmer und garantiert mit vier Sternen den erwünschten Komfort. Sie liegt an der klimatisch begünstigten Südwestseite der Insel, wo der Wind meist nur schwach ausgeprägt ist. Am besten quartiert man sich in einem oberen Stockwerk mit Meerblick ein. Zahlreiche Pools gehen ineinander über, ein künstlich aufgeschütteter weißer Sandstrand sorgt für „Meeresfeeling". Attraktiv ist auch die (kostenpflichtige) Spa- und Wellness-Abteilung mit verschiedenen Anwendungen und Massagen. Für sportlich Aktive stehen sechs Tennisplätze bereit, man kann Volleyball, Tischtennis und Billard spielen. Das morgendliche Büfett ist üppig, das Abendbüfett nicht minder. Da es vom Hotel nur Busverbindungen nach Los Canarios gibt, ist ein Mietwagen dringend zu empfehlen.

■ **Villa Colón**②, Los Quemados 54, Tel. 922444 155, www.apartamentoscolon.es. Attraktiv erbaute Anlage am Hang mit 20 Apartments unterschiedlicher Größe, dazu ein kleiner, üppiger Garten mit Pool und **Restaurant Puesta del Sol.**

Landhäuser

■ **Casa Morera**②, Camino de la Calzada 11, Los Quemados, buchbar über *Karin Pflieger* (⇨ „Praktische Reisetipps A–Z: Unterkunft"). Das ehemalige Rathaus wurde restauriert, auf die Bewahrung traditioneller Architekturelemente wurde dabei großer Wert gelegt. Das zweistöckige Haus ist ideal für vier bis fünf Personen, unten wird gekocht und gespeist, oben ruht man (hervorragende Betten); dazu gibt es einen großen Obstgarten und natürlich Blick aufs Meer.

■ **Casa Los Mangos**②, Camino de la Time 5, Las Indias, buchbar über *Karin Pflieger* (s.o.). 60 Quadratmeter großes, liebevoll eingerichtetes „Knusperhäuschen" unterhalb von Las Indias, umgeben von einem terrassierten Mango-Garten, in dem sich die Gäste bedienen dürfen (max. drei Personen).

■ **Casa Pardelo**②, Calle Virgen del Cobre 65, buchbar über Karin Pflieger (s.o.). Ockerfarbenes, 80 Quadratmeter großes Haus in Hanglage mit Zi-

tronenbäumen. Je ein Einzel- und Doppelzimmer, Wohnraum, Küche und Bad. Von den Sitzgruppen auf der mit Pergola teilüberdachten Terrasse hat man Meerblick. Gern nutzt man den Gartengrill zum Sonnenuntergang; auch einen funktionstüchtigen alten Backofen im Gemüsegarten gibt es!

■ **Casa Naranjos**②, Carretera Principal, Fondo de la Gorona, Las Indias, buchbar über *Karin Pflieger* (s.o.). Ferienhäuschen für zwei bis drei Personen in einem Orangenhain mit Meerblick. Mit Terrasse und Teleskop zur Beobachtung des Nachthimmels! Vermietet wird es von Señora Jennifer aus dem einen Kilometer entfernten Supermercado.

■ **Casa Goronas**②, Calle Mariano Sicilia 9, Las Indias, buchbar über *Karin Pflieger* (s.o.). 80 Quadratmeter großes Haus für max. drei Personen mit „Schlafturm" und weitem Blick aufs Meer, Balkon und Terrasse, Obstgarten zur Selbstbedienung und Grill (Gratis-WLAN). Engagiert geführt!

■ **Casa Huerta 1+2**②, Calle Los Colegios 7 und 11, Las Indias, buchbar über *Karin Pflieger* (s.o.). Zwei Bungalows für je vier Personen, auch getrennt anzumieten. Casa Huerta 2 ist im inseltypischen Stil komfortabel gestaltet, mit zwei Schlafzimmern und einer großen Wohnküche. Von der überdachten Pergola blickt man direkt aufs Meer. Nebenan die schlichtere, dafür preislich günstigere Casa Huerta 1. Der nächste Laden liegt nur fünf Gehminuten entfernt.

Viel Weite, viel Platz – die Princess-Hotels sind ein Resort der schönen Art

MEIN TIPP: **Casona & Casa Los Melindros**②, Calle Los Quemados 88, buchbar über *Karin Pflieger* (s.o.). In diesem liebevoll restaurierten Gutshaus (max. sieben Personen) wohnt man wie im Adlerhorst: Wie ein Balkon hängt es an einem steilen, 400 Meter hohen Hang; über weinbewachsene Lavahänge schaut man weit aufs Meer – und in den Sonnenuntergang. Mittelpunkt des Hauses ist der Salon mit offenem Dachstuhl und antikem Mobiliar. Hier ebenso wie in den vier eingerichteten Schlafzimmern sorgen Decken und Böden, Fenster und Türen aus dem harten Kernholz der Kiefer für ein warmes Ambiente. Toll ist auch die große, gemütliche Küche, in der noch der originale Rauchabzug erhalten ist. Bei aller Nostalgie kommt moderner Komfort – von der Fußbodenheizung bis zum Gratis-WLAN – nicht zu kurz. Die meiste Zeit wird man sich freilich auf den großen Terrassen aufhalten, die von Blumen umrankt sind.

Das angrenzende Häuschen *(Casa)* bietet Platz für drei weitere Personen, kann aber auch separat angemietet werden. Es besteht aus einer Wohnküche sowie einem kleinen Schlafzimmer mit Bad und bietet gleichfalls herrlichen Meerblick.

Essen und Trinken

■ **Puesta del Sol**①, Ap. Colón, Los Quemados 54, Tel. 922444120, Mo–Sa ab 18 Uhr. Restaurant am Rand eines tropischen Gartens mit Blick auf den Sonnenuntergang. Es gibt Fisch- und Fleischspeisen sowie leckere Tagesgerichte – die Köche haben sich der *cocina creativa canaria* verschrieben.

Las Indias und Los Quemados

Weiterfahrt nach Norden

Auf der Straße nach Los Llanos passiert man den **Mirador de las Indias** mit einem atemberaubenden Ausblick. 800 m unterhalb liegt ein Gürtel grüner Bananenplantagen, dahinter erstreckt sich das Meer bis nach *Indias* (Indien) – so nannte *Kolumbus* die 1492 von ihm entdeckte Neue Welt.

Die Weiterfahrt führt durch lichten, harzig duftenden Kiefernwald – weit und breit keine Siedlung, nur der **Mirador del Charco,** ein ebenfalls schöner Aussichtspunkt mit Bar und Balkon, und die **Ermita de Santa Cecilia:** eine moscheeartige Kapelle aus Vulkangestein, die sich zwischen Bäumen versteckt.

Die Weiler **Jedey** und **San Nicolás** gehören bereits zu Las Manchas (⇨ „Südwesten"), wo sich das Landschaftsbild abermals ändert. Man durchfährt Lavafelder, die 1949 bei dem Ausbruch des Vulkans San Juan entstanden. Noch heute kann man deutlich den Lauf des Magmas erkennen; die zopfartig verflochtenen Ströme wirken, als seien sie erst gestern in ihrem Fluss erstarrt.

Blick auf Las Indias

Casona Los Melindros – altes Gutshaus, moderner Komfort

Überblick | 116

Argual | 150

El Paso | 132

Jedey | 131

Las Manchas | 129

Los Llanos | 140

Puerto de Tazacorte | 162

Puerto Naos | 117

San Nicolás | 131

Tajuya | 132

Tazacorte | 155

Todoque | 126

Weite Blicke über Bananen-Plantagen aufs Meer, viel Sonne und ein paar gute Strände machen die Region zum Lieblingsziel kältegeschädigter Mitteleuropäer. Hauptort ist Los Llanos, La Palmas

5 Der Südwesten

„heimliche Hauptstadt". Größtes Ferienzentrum ist Puerto Naos, nach Puerto de Tazacorte fährt man zum Fischessen – beide Orte haben schöne Strände.

◁ Der Park von Los Llanos – im Hintergrund der Caldera-Rand

Der Südwesten

DER SÜDWESTEN – AUF DER SONNENSEITE DER INSEL

Durch den hohen Gebirgszug der Cumbres vom feuchten Nordostpassat abgeschirmt, ist der Südwesten eine „sonnensichere" Region. Das weite, sanft zur Küste abfallende Hangtal ist in den oberen Lagen mit Kiefern bewachsen, weiter unten mit Bananen bepflanzt. „Oben" vermittelt El Paso bäuerlich-beschauliches Ambiente, in mittleren Höhenlagen liegen das quirlige Los Llanos sowie das historische Tazacorte. „Unten" locken Puerto Naos und Puerto de Tazacorte mit Meerespromenaden und Stränden. Südlich davon, wo Vulkanausbrüche im Jahr 1949 hoch aufgetürmte Lavamassen hinterließen, gibt es gleichfalls Interessantes – so in Las Manchas ein Weinmuseum und in San Nicolás ein Höhlenlokal.

Überblick

Wie ein Riegel hält der Gebirgszug der Cumbre die Passatwolken ab und sorgt im Südwesten La Palmas für ein zumeist warmes, sonniges Wetter. Im weiten, zum Meer hin abfallenden Aridane-Tal werden Bananen, Avocados und Apfelsinen angebaut. Badebuchten entdeckt man rund um Puerto Naos, das größte Ferienzentrum der Westseite. Wer gern wandert, quartiert sich im ruhigen El Paso oder im beschwingten Los Llanos ein: Schnell gelangt man von dort zu den Ausgangspunkten der Vulkan- und der Caldera-Route. Wer zur Hauptstadt hinüber will, darf sich freuen: Mit dem drei Kilometer langen Tunnel östlich von El Paso reduziert sich die Fahrzeit erheblich.

NICHT VERPASSEN!

- **Puerto Naos:** Baden am pechschwarzen **Lavastrand** | 117
- **Las Manchas de Abajo:** Ein „paradiesischer" Platz, daneben ein Weinmuseum | 129
- **El Paso:** Seidenmuseum, Besucherzentrum und eine „Kiefernjungfrau" | 132
- **Los Llanos:** Stimmungsvolle Plätze, Läden und Lokale | 140
- **Argual Abajo:** Eine koloniale Plaza, die sich während des sonntäglichen Flohmarkts belebt | 150
- **Tazacorte:** Altstadtgassen und Patrizierhäuser | 155
- **Puerto de Tazacorte:** Schöner Strand, Promenadenlokale und ein Jachthafen | 162

Diese Tipps erkennt man an der gelben Hinterlegung.

Puerto Naos

Der einstige „Hafen der Fischer" *(Puerto Naos)* hat sich zu dem neben Los Cancajos größten Urlaubszentrum La Palmas gemausert. Im Winterhalbjahr ist der Ort fest in deutscher Hand, in den Sommerferien übernehmen Festlandsspanier die Regie. Mit gut 2000 Betten ist Puerto Naos freilich im Vergleich zu den Retortenstädten auf der Nachbarinsel Teneriffa noch immer winzig klein – ein beschaulicher Badeort, in dem abends die Bürgersteige hochgeklappt werden.

Strand

Seinen touristischen Aufschwung verdankt Puerto Naos der windgeschützten und sonnensicheren Lage, vor allem aber dem Strand: ein dunkler, feinsandiger Streifen, der sich 600 Meter entlang der Küste erstreckt. **Kokospalmen** sorgen für Schatten und exotisches Flair, daneben gibt es Sonnenschirme und Liegen, Umkleidekabinen, Duschen und Toiletten.

An der Südseite des Strandes ragt mächtig das 1000-Betten-Hotel Sol La Palma auf, während an der Nordseite, durch einen aus dem Meer ragenden Felsen abgetrennt, Fischerkaten und enge Gassen den ursprünglichen Charakter des Orts erahnen lassen. Auf seiner gesamten Länge wird der Strand von einer breiten, attraktiven **Promenade** gesäumt, Terrassencafés laden zur Pause mit Meerblick ein. Wander-, Tauch- und Paragliding-Veranstalter werben um Kundschaft.

Ortskern

Lässt der Paseo mit seinen Cafés und pastellfarbenen Apartmenthäusern Urlaubslaune aufkommen, so wirken die hinteren Straßen eher trist. Häuser mit Ferienwohnungen für die Palmeros sind so dicht aneinander gebaut, dass sie einander das Sonnenlicht rauben, die Fassaden wirken gesichtslos und anonym. Nicht viel besser sieht es oberhalb des al-

Kurzinfo Südwesten

- **Touristeninformation:** in Puerto Naos, Los Llanos und El Paso.
- **Bank/Post:** in Los Llanos, El Paso und Tazacorte.
- **Gesundheitszentrum:** Centro de Salud Los Llanos, Tel. 922403070; El Paso, Tel. 922486530, Tazacorte, Tel. 922482004; in allen Orten gibt es auch Apotheken.
- **Internet:** kostenlos in der Casa de Cultura von Los Llanos und El Paso.
- **Flohmarkt:** jeden Sonntagvormittag in Argual.
- **Tauchbasis:** Puerto Naos und Los Llanos.
- **Wandertouren:** organisiert ab Puerto Naos.
- **Fahrradverleih:** Puerto Naos und Los Llanos
- **Taxi:** Puerto Naos und Tazacorte, Tel. 922 480410; Los Llanos, Tel. 922462740; El Paso, Tel. 922485003.
- **Bus:** Alle Strecken sind ausgerichtet auf Los Llanos; von dort Busse nach **El Paso** (Linie 301), **Santa Cruz** via Tunnel (Linie 300), via Nordküste (Linie 100), via Südküste (Linie 200); nach **Puerto Naos** (Linie 204), **Puerto de Tazacorte** (Linie 207). **Fahrplan im Anhang!**

ten Ortskerns aus. Hier wurde teils mehrgeschossig und klotzförmig, teils im standardisierten Villenstil gebaut.

Praktische Tipps

Info

■ **Oficina de Turismo,** Mobiltel. 682776409, informacionturistica@aridane.org, Mo–Fr 10–16 Uhr. Info-Stelle auf dem Parkplatz am Ortseingang.

Unterkunft

■ **Sol La Palma**③, Playa de Puerto Naos, Tel. 922 408000, www.solmelia.com. Ein fünfstöckiger Bau am Südende der Strandpromenade. Bei gut 1000 Gästen kommt leicht das Gefühl von Anonymität auf, das auch durch zwei Süßwasserpools, Animation und Abendshow nicht verscheucht wird. Die 307 Hotelzimmer haben Meer- oder Bergblick, gleiches gilt für die 162 Apartments in drei angrenzenden Häusern: funktional eingerichtet und ca. 30 Quadratmeter groß. Fitness-Raum mit Wasser und Handtuch gratis; auch der Tennishartplatz ist tagsüber inklusiv, abends bei Flutlicht nur gegen Gebühr. Auch Sauna und Massage sind kostenpflichtig. Für 5- bis 12-jährige Kinder gibt es einen Miniclub.

■ **Ap. Playa Delphín**②, Paseo Marítimo 1/Calle José Guzmán Pérez 1, Tel. 922408194, www.playadelphin.com. Fünfstöckige Ferienanlage in einem Eckhaus der Strandpromenade; alle 13 Apartments gut ausgestattet und mit großem Balkon.

■ **Ap. Miramar**②, Paseo Marítimo 31, Tel. 922 460056, www.miramarparadies.de. Gleich neben dem Lokal La Nao: ein vierstöckiges Haus mit acht einfachen, geräumigen Apartments, nur durch die Promenade vom Strand getrennt. Vom Balkon bietet sich ein schöner Ausblick aufs Meer.

■ **Ap. Atlántida**②, Calle Los Lajones/Mauricio Duque Camacho, Tel. 922464126. Apartmenthaus mit 14 geräumigen Wohneinheiten an der den Hang hinaufführenden Straße im Norden von Puerto Naos.

■ **Ap. Atlántico Playa**②, Paseo Marítimo 29, Tel. 922412840. Schön gelegene, im Terrassenstil erbaute Ferienanlage mit fünfstöckigem Haupt- und Nebengebäude, nur durch die Promenade vom Lavastrand getrennt. 16 Apartments unterschiedlicher Größe (60–90 Quadratmeter).

■ **Ap. Horizonte**②, Calle Gabriel Lorenzo Calero 19, vor Ort buchbar über Tamanca Rent A Car, Calle Mauricio Duque Camacho 46-A, Tel. 922408147, www.tamanca.com. Apartmenthaus auf dem Felsen oberhalb von Puerto Naos mit neun Wohneinheiten, alle gut ausgestattet und mit Blick aufs Meer. Dachterrasse mit Sonnenliegen, über Treppen geht es zum Strand hinab.

■ **Ap. Los Lajones**②, Calle Los Lajones s/n, buchbar über Tamanca Rent A Car (s.o.). Dreistöckige halbrunde Apartmentanlage oberhalb der Küste, 500 Meter vom alten Ortszentrum entfernt. Alle 36 Wohneinheiten mit Balkon, neben dem Swimmingpool gibt es ein separates Kinderbecken. Die Rezeption ist nur stundenweise besetzt.

■ **Ap. Pedro Martín**①. C. Juana Tabares 1, Tel. 922408046. Preiswerteste Adresse vor Ort. Das Haus mit seinen 21 schlichten Studios unweit der Promenade hat mehr als zwei Dutzend Jahre auf dem Buckel und ist damit Puerto Naos' älteste Unterkunft.

Vermittlungsagentur

■ **Agentur La Palma Hola**② Puerto Naos Nr. 438, Tel. 922408220, www.lapalmahola.de, Mo–Fr 10–12 Uhr. *Doris* und *Yvonne* vermitteln Apartments und Häuser in Puerto Naos und Umgebung. Ihr Büro liegt am oberen Ortseingang. Auf Wunsch werden Gäste vom Flughafen abgeholt bzw. hingebracht.

[>] Playa Chica – der „kleine Strand" von Puerto Naos

Essen und Trinken

Um etwas zu trinken und Leute kennen zu lernen, setzt man sich in eines der Terrassenlokale. Auch zum Essen ist es hier am schönsten.

● **Playa Chica**②, Paseo Marítimo 4, Tel. 922408 452, tgl. 12–23 Uhr. Schön sitzt man auf der Terrasse hoch über dem „kleinen Strand" *(playa chica)* und bestellt bei Señor *Pedro* frischen Fisch und Meeresfrüchte. Auch das helle Ambiente drinnen gefällt.

● **Franconia**②, Paseo Marítimo 16, Tel. 922408 407, Di–Sa 17–23, So 13–23 Uhr. Rustikales Lokal im Souterrain neben der Tauchschule: Der Schweizer Besitzer *Roger* präsentiert einen kanarisch-mitteleuropäischen Mix: gebratenen Ziegenkäse und Garnelen in Knoblauchöl gibt es ebenso wie Rinderrouladen, Sauerbraten, große Steaks und Tafelspitz. Und natürlich gibt es auch Schweizer Spezialitäten wie Raclette und Zürcher Geschnetzeltes.

● **Don Quijote**②, Calle Juana Tabares 3, Mobiltel. 639736236, www.donquijoteweb.es, Mo–Sa 11–14 und 17–21 Uhr. Ein Restaurant ohne Meeresblick, dafür aber gemütlich und mit kleiner Terrasse (auch für Raucher). Ein Katalane und ein Provençale bieten palmerisch-mediterrane Küche wechselnder Qualität. Sind sie gut aufgelegt, schmeckt man es!

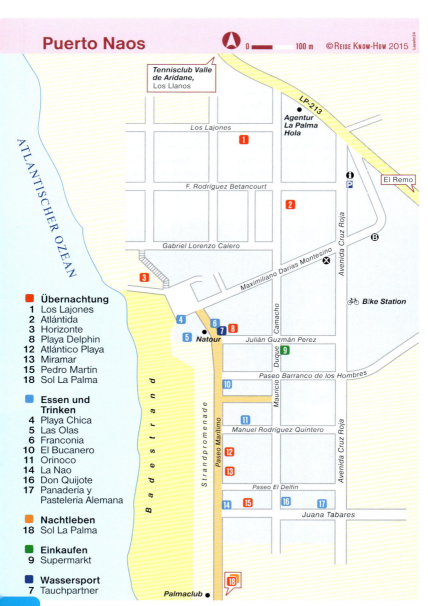

☐ Übersichtskarte S. 114 **Puerto Naos** 121

● **Orinoco**①, Calle Manuel Rodríguez Quintero 1, Mobiltel. 677869369, tgl. außer Mi 9–24 Uhr. Alteingesessenes Familienlokal, das außer preiswerten Tapas frischen Fisch und kanarische Klassiker wie pikantes Kaninchen und Zicklein anbietet. Im Winter gibt es meist donnerstags Live-Musik. Ein Leser schrieb: „Super-Tapas". Gegenüber vom Apartmenthaus Nisamar in einer ruhigen Seitenstraße.

● **La Nao**①, Paseo Marítimo 33, Tel. 922408072, tgl. außer Mo ab 11 Uhr. In bester Lage, direkt an der Strandpromenade, mit Tischen unter Sonnenschirmen. Es gibt frisch gepresste Säfte, Mixgetränke, gute Tapas und Kuchen; für den großen Hunger wird Fisch angeboten.

● **Las Olas**①, Paseo Marítimo 14, Tel. 922408026, tgl. außer Do 12–23 Uhr. Lokal direkt über dem Strand, aufgrund der Lage sehr beliebt. Es gibt u.a. frisch gepressten Orangensaft, Salate und Sandwiches. Gelobt werden auch die frittierten Calamares.

● **El Bucanero**①, Paseo Marítimo 23, Mobiltel. 663848008, Mo 14–2 Uhr, Di–So 10–2 Uhr. Von morgens bis abends geht man gern zum „Piraten" auf der Promenade. Bewirtschaftet wird er von Señora *Laly,* die Bio-Kuchen und -törtchen serviert, Quiches und Sandwiches, dazu Bio-Kaffee oder -Tee, ein Glas Wein oder einen Cocktail – am schönsten zum Sonnenuntergang! Jeden Abend ab 20.30 Uhr gibt es Live-Musik: mal Rumba, mal *Cantautores Latinos,* Rockabilly oder Folklore!

● **Panadería y Pastelería Alemana,** Calle Juana Tabares 3, Edificio Palma Beach, Tel. 922408110, tgl. 8–19 Uhr. Zu günstigen Preisen bekommt man Vollkornbrot, frische Brötchen und Croissants sowie allerlei Süßes: u.a. Bananen- und Orangenkuchen, Schokoladen- und Mandeltorte. Mit mehreren Tischen drinnen und draußen.

Nightlife

Im Hotel **Sol La Palma** wird für Disco und Unterhaltung gesorgt, Kanarier findet man eher in den **Bars und Kneipen** im alten Ortskern.

Aktivitäten

Wandern
● **Natour,** Paseo Marítimo s/n, Tel. 922 433001, www.natour.travel, Di–Fr 16–20 Uhr. Zur Wahl stehen die Vulkan-Route, eine Alpintour auf den Roque de los Muchachos, ein Ausflug zu den Quellen von Marcos und Cordero sowie die Runde durch den Caldera-Erosionskrater.

Radfahren
● **Bike Station La Palma,** Av. Cruz Roja Local 3, Tel. 922408355, www.bike-station.de, tgl. außer So 9–13 und 18–20 Uhr. Freundlich und engagiert geführte Radstation in dritter Strandreihe. Man kann hochwertige, voll gefederte Mountainbikes (Marke *Fully Scott* mit Scheibenbremse) inkl. Zubehör ausleihen oder auf Beach Cruisers mit und ohne Kindersitz zu den nahe gelegenen Stränden aufbrechen. Auch E-Bikes werden verliehen. Billiger wird's bei längerer Verleihdauer. *Chris* und *Ottes* geben Tipps zu den interessantesten Strecken und organisieren Tagestouren durch Lorbeer- und Kiefernwälder sowie über Lavasand. Sehr willkommen ist der kraftsparende Transfer mit Kleinbus und Taxi zu den höher gelegenen Ausgangspunkten der Touren.

Tauchen
● **Tauchpartner La Palma,** Paseo Marítimo 1-A/ José Guzmán Pérez 1 (Ap. Playa Delfín), Tel. 922 408253, www.tauchpartner-lapalma.de, So geschl. Man kann an geführten Tauchgängen teilnehmen und Kurse belegen oder sich ausbilden lassen zum Open-Water-Diver. Außerdem Verleih von Schnorchel, Maske und Flossen, auf Wunsch auch kompletter Ausrüstung mit Anzug, Lampe und Sauerstoffflasche. Ein gutes Tauchrevier liegt unmittelbar vor der Küste.

Paragliding
● **Palmaclub,** Paseo Marítimo s/n, Mobiltel. 610 695750, www.palmaclub.com. Am Südende der Promenade kann man von 12 Uhr bis zum Sonnen-

untergang Tandem-Flüge buchen. Der einfachste Flug startet auf dem hinter Puerto Naos aufragenden Gebirgszug in 250 Metern Höhe, dauert 10–15 Minuten und endet auf dem Landeplatz unmittelbar vor dem Pavillon. *Javier,* ehemaliger spanischer Vizemeister im Tandemgleitschirm, bietet auch – gute Winde vorausgesetzt – Flüge aus über 2000 Metern Höhe. Für erfahrene Flieger (mit Lizenz) wird ein „Guide-Service" angeboten: tägliche Wetterbesprechung auf Deutsch, Transfer zum Startplatz und vom Landeplatz zur Unterkunft und konstante Funkbegleitung.

Tennis

■ **Club de Tenis Valle de Aridane,** Tel. 922480 203. Wer nicht im Hotel Sol einquartiert ist und die dortigen Anlagen benutzen kann, fährt zum Tennisclub 1,5 Kilometer oberhalb von Puerto Naos an der Straße nach Los Llanos.

Einkaufen

■ **Kunsthandwerk/Souvenirs:** mehrere Geschäfte an der Strandpromenade (Paseo Marítimo).

Feste

■ **Juli:** Fiesta del Carmen. Die Schutzheilige der Fischer wird mit einer Bootsprozession und einem Fest auf der Promenade geehrt.

> Puerto Naos: die Promenade

Badebuchten in der Umgebung

Mehrere Badebuchten, teilweise mit schwarzem Lavasand und noch nicht touristisch verschönt, entdeckt man südlich und nördlich von Puerto Naos.

Im Süden von Puerto Naos

Knapp zwei Kilometer südlich von Puerto Naos, nahe einem zweistöckigen Haus mit Balkon (LP-213, Km. 11), parkten

früher zahlreiche Autos – hier zweigt eine Piste zur **Playa de las Monjas,** dem „Strand der Nonnen" ab. Doch seit es hier Steinschlag gibt und der Strand mit Felsbrocken übersät ist, kommen nur noch einzelne FKK-Freunde in die Bucht; sie rollen ihr Handtuch in kleinen Felsnischen aus und bleiben vor fremden Blicken geschützt.

MEIN TIPP: Folgt man der Straße weiter in Richtung Süden, gelangt man schon bald zum **Charco Verde,** einer weit geschwungenen Bucht mit feinem Sandstrand am Fuß hoher Klippen (daneben gibt es einen zweiten Strandbereich mit kleinen Felsnischen). Bambusschirme sorgen für Schatten, eine Blockhütte bietet Erfrischungen. Selbst Duschen und Umkleidekabinen gibt es! Die breiten Zufahrtsarme stammen noch aus jener Zeit, als geplant war, hier einen Jachthafen zu bauen. In bester Lage mit Meerblick präsentiert sich eine gepflegte Bungalowanlage mit 14 Einheiten: die Villa Marta und die Villa Carlos, letztere mit dem vielfach empfohlenen Apartment Garaje.

■ **Villa Marta & Carlos**②, Tel. 922461402, www.bungalowslapalma.com.

MEIN TIPP:
Fisch essen in El Remo

In diesem improvisierten Weiler weitab vom Schuss lebt das La Palma von einst: Die schlichten Terrassenlokale stehen im Kies nur wenige Meter vom Meer. Serviert wird, was die Fischer gefangen haben: Fisch, Napfschnecken und auch mal Calamar, immer mit von der Partie sind Runzelkartöffelchen und Mojo-Soße. Gewürzt wird das Ganze mit Meeresbrise. Besonders schön ist das Ambiente zum Sonnenuntergang, wenn der Feuerball ins Wasser fällt ... Von den drei „Kiosco" genannten Lokalen ist immer eines geöffnet, am schönsten ist **7 Islas.**

El Remo

2,2 Kilometer weiter südlich geht es rechts ab zur **Strandsiedlung** El Remo. Die Buden, in denen palmerische Familien ihre Ferien verbringen, sind bunt zusammengewürfelt, der Strand ist „naturbelassen", d.h. er wird nicht gereinigt. (Bus ab ⇨ Los Llanos)

◁ Fischessen zum Sonnenuntergang – am besten in den Strandbars von El Remo

Im Norden von Puerto Naos

Zu den nördlich gelegenen Buchten gelangt man über schmale Straßen. Man verlässt Puerto Naos in Richtung Los Llanos, um schon in der ersten markanten Rechtskurve links in eine nur schwer einsehbare Straße abzubiegen. Diese gabelt sich nach gut 600 Metern: Links geht es in 300 Metern hinab zur **Playa Bombilla,** einem Ort mit Sommerhäuschen für Palmeros. Der Strand ist wenig attraktiv und vor allem im Winter von Geröll übersät.

Zurück zur oben genannten Gabelung. Hält man sich dort gleich rechts, kommt man über in Bananenplantagen geschlagene Pisten zur beliebten **Playa Nueva** (auch Playa de los Guirres): nach 300 Metern links, 50 Meter weiter rechts und nach 500 Metern (an der Bananenpackerei, Wegweiser „Playa de los Guirres") wiederum rechts. 150 Meter weiter beschreibt die Straße am Haus Nr. 79-A einen Bogen nach links, danach noch einen Kilometer geradeaus bis zu einem Parkplatz.

Am Strand hat die **Abrissbirne** 2008 zugeschlagen und die **improvisierten Häuschen** dem Erdboden gleich gemacht (⇨Exkurs). Anschließend wurde der Kies-Sand-Strand durch Aufschüttung breiter und erhielt eine Promenade, präsentiert sich als schöner Flecken mit Ausblick bis hin zu den Klippen von Puerto de Tazacorte.

■ Der **Kiosco Los Guirres** ②, geführt vom palmerischen Fernsehkoch *Carlos* und seiner Frau *Grecia*, bietet nicht nur Fisch und Meeresfrüchte, sondern auch Fleischiges wie Kaninchen und Schweinefleischragout (tgl. 13–20 Uhr).

Abrissbirne am Strand

Das spanische Küstengesetz verfügt, dass im Abstand von 100 Metern zum Meer, gemessen bei Flut, nicht gebaut werden darf – ausgenommen von dieser Regelung sind nur gewachsene Küstenorte. Nun gibt es in ganz Spanien wilde Sommerfrischen am Strand. Familien haben sich improvisierte Hütten gebaut, in denen sie ihre freie Zeit verbringen – ohne Kauf oder Grundbucheintrag. Jahrzehntelang hat sie der Staat gewähren lassen, doch seit einigen Jahren stellt er sich auf den Standpunkt, dies sei eine illegale Privatisierung staatlichen Bodens. Argumentiert wird auch mit dem befürchteten Anstieg des Meeresspiegels, der die Bewohner zukünftig bedrohen und staatliche Rettungseinsätze erforderlich machen werde.

Auf La Palma gelten ein halbes Dutzend Siedlungen als illegal; eine erste – Playa Nueva – wurde schließlich im Jahr 2008 abgerissen. Doch dann organisierten sich die Betroffenen in ganz Spanien und erwirkten, dass der Abriss „ihrer" Siedlungen verschoben wird.

Rund um Todoque

Noch vor wenigen Jahren waren die Weiler um Todoque auf keiner Landkarte verzeichnet, heute sprießen auf den Lavahängen Häuser wie Pilze aus dem Boden. Das für Landwirtschaft wenig brauchbare Gebiet wird touristisch erschlossen – mit allem, was dazugehört: Restaurants, Autoverleihfirmen, Info- und Immobilienbüros.

Das einstige Bauerndorf **Todoque** liegt auf halber Strecke zwischen Puerto Naos und Los Llanos in etwa 300 Metern Höhe. Der zentrale Platz mit Kirche und Bar ist wenigstens etwas, das an frühere Zeiten erinnert. Die Ländereien ringsum sind teilweise in ausländischem Besitz, Ferienwohnungen inmitten weitläufiger, oft hoch ummauerter Bananenplantagen.

100 Meter südlich des Kirchplatzes befindet sich eine markante Gabelung: Nach Puerto Naos geht es über **Las Norias,** einen Weiler mit zwei Restaurants und guten Unterkünften, nach Los Llanos über die vor allem bei deutschen Residenten beliebte Streusiedlung **La Laguna.** Nach Los Canarios kommt man über **Las Manchas** (s.u.).

Praktische Tipps

Unterkunft

■ **Finca Tropical**③, Los Palacios 59, Las Norias, Tel. 922480162, www.la-palma-tourismus.com. Am Rand einer Bananenplantage mit weitem Meerblick und absolut ruhig gelegen – man hört nur Vogelgezwitscher und das Rascheln von Geckos. Die Anlage thront auf einem 75 Meter hohen Plateau überm Meer. Die 14 Wohneinheiten (Studios, Apartments und Bungalows) verteilen sich auf mehrere Häuser: Das gelbgetünchte Haupthaus Casa Amarilla liegt vor einem exotischen Garten mit großem Süßwasserpool; etwas tiefer befinden sich die Häuser Cuba 1 bis 3 sowie Silvano mit Aussichtsplätzen unmittelbar an der Klippe. Die Wohnungen sind freundlich und hell, mit gemauerten Betten und Sitzbänken mediterran inspiriert; alle verfügen über Balkon bzw. Terrasse mit weitem Meerblick. Die Rezeption ist Mo–Fr 10–12 Uhr besetzt.

Anfahrt: Mit Jeep ab der Straße Los Llanos – Puerto Naos bei Km. 6.2 der Ausschilderung folgen;

> Finca Tropical

mit weniger belastbaren Fahrzeugen bei Km. 5.8 in Richtung Tazacorte abzweigen, nach einem Kilometer beim Schild „Finca Tropical" links einbiegen, 250 Meter weiter rechts und auf die gelben Pfeile an der Bananenmauer achten.

■ **Casa Calma**②, Los Palacios 23, Tazacorte/La Costa, Tel. 922480568, aurico@terra.es. Zwei helle, gut ausgestattete Apartments auf einer Biofinca, 110 Meter ü.d.M. an der Küste von Tazacorte. Man wohnt ruhig mit schönem Ausblick aufs Meer und die Berge. Frau *Häberlein* ist Yoga-Lehrerin und Ernährungsberaterin, organisiert Seminare und Kuren für Gruppen von vier bis sechs Personen; dafür stehen zwei weitere Schlafräume zur Verfügung. Anfahrt: von Tazacorte auf der Küstenstraße LP-2132 Richtung Puerto Naos, nach 3,6 km rechts und nach 80 Metern wieder links abbiegen. Nach weiteren 450 Metern, am Ende dieses Wegs, liegt Haus Nr. 23.

■ **La Primavera**②, Calle Cuatro 5, Las Norias, buchbar über *Verena* und *Jesper Kaas* (⇨La Luna Baila in El Paso), www.lapalma-sonne.de. Vier hübsche Apartments und zwei freistehende Bungalows, dazu Sonnenterrassen und ein fünfeckiger Pool. Ausführlichere Infos gibt's auf ihrer Website!

■ **Residencia Las Norias**②, Las Norias de Abajo 26, Tel. 922401978, www.residencia-lasnorias.de. Über 10 Bungalows und Apartments in einer Gartenlandschaft mit Pool, 1 km von Todoque entfernt.

■ **Ap. La Muralla**②, Carretera Puerto Naos–Los Llanos Km. 8.5, Tel. 922408300, www.apartamentoslamuralla.com. An einer Straßenkehre an der Steilküste oberhalb Puerto Naos: elf terrassenförmig angelegte Reihenbungalows, alle mit Sat-TV. Von vielen Räumen bietet sich ein schöner Blick über den Pool, die grün wogenden Bananenplantagen und das Meer.

■ **La Plantación**②, Carretera Los Llanos–Puerto Naos Km. 4.1, Camino El Pedregal, Todoque, Tel. 922463567, www.bungalowslaplantacion.com. Freundliche Bungalowanlage zwischen Todoque und La Laguna. 31 Wohneinheiten unterschiedlicher Größe, eingebettet in Gärten mit zwei Süßwasserpools, dazu Tennishartplatz und Tischtennis (gratis) sowie Fahrradverleih. Bei Km. 4.1 an der Straße nach Puerto Naos links einbiegen, dann 700 Meter auf schmaler Asphaltpiste bergauf. Die Rezeption ist Mo–Fr 9–13 und 16–19, Sa 9–13 Uhr besetzt.

MEIN TIPP: Pension Musicasa①-②, Carretera Los Llanos – Puerto Naos, LP-213 Km. 6.3, Las Norias 10, Tel. 922463231, www.musicasa.de. Das Haus von *Hans-Richard Jonitz*, „Ödi" genannt, gilt seit Jahren als beliebte Anlaufadresse für junge und jung gebliebene Traveller. Es liegt an der Straße nach Puerto Naos (nicht ausgeschildert), 600 Meter hinter der Abzweigung nach Tazacorte und kurz vor dem Restaurant Las Norias. Für die Gäste der sechs Zimmer stehen zwei Bäder bereit. Mit musikalischen Motiven dekoriert sind das Beatles-, Zappa- und das Klassikzimmer, daneben gibt es den Fisch-, Muschel- und Afrika-Raum. Am frühstückt gemeinsam an einem großen runden Tisch im Garten – ein idealer Ort, um sich kennenzulernen! Im Gemeinschaftsraum steht ein Fernseher (mit deutschen Programmen), außerdem wurde eine Internet-Ecke eingerichtet, Gratis-WLAN gibt es natürlich auch. *Ödi* ist übrigens nicht nur ein guter Musiker, sondern als begeisterter Taucher auch ein Experte in Sachen Schnorcheln. Auch Spanisch-Kurse werden angeboten! Mit 23 € im Backpacker-Tarif (Bed & Breakfast) eine der günstigsten Unterkünfte auf der Insel!

Landhäuser

■ **Casa Vista Mar**②, Camino Las Casitas 25, Todoque, buchbar über *Karin Pflieger* (⇨„Praktische Reisetipps A–Z: Unterkunft"). Frei stehendes Häuschen mit Garten am Ortsrand von Todoque. Schmuckstück ist die Veranda mit tollem Blick auf den Sonnenuntergang, außerdem zwei Schlafzimmer und eine Wohnküche.

■ **Casa Pantana**②, Camino Pastelero 89, Todoque, buchbar über *Karin Pflieger* (s.o.). Oberhalb von Todoque, weit ab vom Schuss, absolut ruhig und inmitten eines großen Gartens mit Wein. Mit hellen Kiefernmöbeln freundlich eingerichtet, zwei Schlafzimmer und Wohnküche.

Camping

■ **Camping La Laguna**①, Camino Cruz Chica 60, La Laguna, Tel. 922401179, www.4011camp.com. Eine gute Adresse für preiswerten und „alternativen", kinderfreundlichen Urlaub: Auf dem Campingplatz des Schweizers *Hannes Keller* kann man sein eigenes Zelt aufschlagen, aber auch in einem der zehn aufgestellten Wohnwagen leben. Die Gäste treffen sich in der Gemeinschaftsküche zu Essen und Plausch, Schmuckstück der Anlage ist das „Open-Air-Badezimmer" mit Warmwasser. Gäste haben Zugang zu Telefon, Fax und Internet. Ein Tipp zur Anfahrt: Vom Ortszentrum La Laguna 100 Meter zum Lorbeerbaum mit Kapelle, dort einbiegen in den Camino Cruz Chica. Die Hausnummer ist nur klein an einem Strommast angebracht – kein Schild, das auf den Campingplatz hinweist!

■ Die Dependance **„4011 Camp"** (Las Norias/Calle Seis) befindet sich in den Bananenplantagen westlich von Todoque Richtung Tazacorte: ein spartanischer Zeltplatz mit Open-Air-Küche, Dusche und Toilette. Anfahrt: Am Restaurant La Mariposa rechts in die Piste einbiegen.

Essen und Trinken

■ **Altamira**①-②, Todoque 467, Tel. 922463880, www.altamira-lapalma.com, Mi–So ab 18 Uhr. Mit dem Namen hat das ehemalige Cervantes auch seine Besitzer gewechselt. In dem schönen historischen Haus an der Durchgangsstraße stehen heute mediterran inspirierte Tapas und Tellergerichte auf der Karte, dazu hausgemachtes Brot und Weine von der Insel.

■ **La Mariposa**②, Carretera Los Llanos – Puerto Naos Km. 6.1, Las Norias 1, Tel. 922464145, tgl. außer Do 13–16 und 19–23 Uhr (Fr nur abends). Kanarische und internationale Küche in stilvollem Rahmen. Fleisch und Fisch vom Grill, aber auch feinere Gerichte wie Avocadocreme mit Palmenherzen oder *sama* mit Mandelraspeln. Dazu ertönt leiser Jazz, manchmal auch Live-Konzerte. Vor allem abends eine gute Adresse.

◩ Blick auf das Aridane-Tal

▷ Eingang zum Tubo de Todoque

Las Manchas

Eine mit jungen Palmen bepflanzte Straße führt von Todoque nach Las Manchas („Die Flecken"). An dem sich zur Küste neigenden Lavahang liegen die Weiler Las Manchas de Abajo, San Nicolás und Jedey eingesprenkelt – wie weiße Punkte auf einem schwarzen Teppich.

Vulkanröhre

Die Vulkanröhre **Tubo de Todoque** entstand, als sich die an der Oberfläche fließende Lava aufgrund des Luftkontakts abkühlte und verfestigte, während unterirdisch der Magmastrom weiterzog. Als er verebbte, blieb ein leerer Lavastollen zurück. So dünn war seine Decke, dass sie mancherorts einbrach – genau an diesen Stellen hat man heute Zugang zur Unterwelt. Die Höhle wird für Besucher befestigt und zugänglich gemacht; im Besucherzentrum wird man über ihre vulkanische Entstehung informiert (Eröffnung voraussichtlich Ende 2017, Zugang an der LP-211 Todoque – San Nicolás zwischen Km. 2 und 3).

Las Manchas de Abajo

Schmuckstück von Las Manchas de Abajo ist die **Plaza La Glorieta,** die von einer imaginären Landschaft voller Heiterkeit belebt wird: Mosaiken zeigen ineinander verschlungene Blumen und tanzende Tiere, in der Fontäne des Springbrunnens verharrt ein archaisches Chamäleon. Wo keine Kacheln sind, wurden aus Kieselsteinen altkanarische Spiralen nachgeformt. Mit Stricklava umschlungen sind Säulen, auf denen Schatten spendende Pergolen ruhen. Zwischen einheimischer und exotischer

Flora kann man auf Kachelbänken ausruhen. Geschaffen hat den Platz *Luis Morera*, der Sänger der inselbekannten Musikgruppe Taburiente. Von der Straße Todoque – Las Manchas geht es vor dem Restaurant Secadero rechts ab, an der Kreuzung nach 400 Metern hält man sich links.

An der Plaza vorbei geht es in östlicher Richtung zur Straße LP-1 hinauf, unterwegs passiert man die Casa Museo del Vino, das **Weinmuseum** im rot getünchten Haus. Im Erdgeschoss darf Wein probiert und gekauft werden, im Obergeschoss veranschaulichen Schautafeln die Weinproduktion anno dazumal. Über den Garten gelangt man ins Nebenhaus, wo sich eine originale Bodega erhalten hat: Weinpresse und Eichenfässer, Körbe und Karren für den Transport führen zurück in die Vergangenheit.

■ **Casa Museo del Vino,** Camino El Callejón 88, Mo–Fr 9.30–13.30 und 16–18.30, Sa 9.30–14 Uhr, Eintritt 1,50 €.

Ein „blühender" Platz

San Nicolás

Tamanca, das originellste Lokal der Insel (⇨Kasten), liegt oben an der Hauptstraße und gehört zum Weiler San Nicolás, einem ansonsten eher farblosen Dorf. Wie durch ein Wunder blieb es vom Lavastrom 1949 weitgehend verschont. Zum Dank schufen Bewohner 300 Meter über dem Ort das **Santuario de Fátima,** eine einen Meter hohe, von einer Marienstatue gekrönte Kapelle.

Jedey

Weitere zwei Kilometer südlich, an der Straße nach Los Canarios, liegt Jedey, ein blumengeschmücktes Dorf am Rande des Kiefernwalds. Der einzige Laden, die von der herzlichen *Marisol* geleitete Tienda Jedey, befindet sich direkt neben der Bar. Wanderfreunde decken sich hier mit Proviant ein, bevor sie zum Vulkanschlot Hoyo de la Sima aufbrechen.

Unterkunft

■ **Casa Los Sueños**②, Las Manchas de Arriba s/n, buchbar über *Karin Pflieger* (⇨ „Praktische Reisetipps A–Z: Unterkunft"). Das „Haus der Träume" (vier Pers.) bietet durch große Panoramafenster und von der Terrasse Weitblick aufs Meer, dazu viel Komfort (Heizung, Sat-TV, WLAN und Musikanlage). Preiswerter ist das großzügig geschnittene Apartment für zwei bis drei Personen.
■ **Palmenfinca Las Manchas**②, Tel. 922494085, www.palmenfinca.de. Inmitten eines Palmenhains vermieten *Elke* und *Thomas* zwei helle Apartments mit Meerblick. Von der LP-211 unterhalb des Lokals Secadero der Straße über die Plaza de la Glorieta bis zum Ende folgen, dann rechts 300 Meter.

MEIN TIPP:
Schinken und Wein – Schmaus im Vulkan

Ein Besuch des Bodegón Tamanca ist ein Erlebnis: In einen Vulkanberg wurden Säle und Stollen gegraben, der Boden ist mit Kies bedeckt. Man sitzt am Holztisch unter Weinfässern und Schinkenkeulen, eine Uhr läuft dreist entgegen dem Zeigersinn. Da kostet man gern den Hauswein Tamanca und greift zu *jamón serrano* (luftgetrocknetem Schinken), *chistorra* und *butifarra* (pikanter und gegrillter Wurst). Wer ganz großen Hunger hat, ordert ein Kilogramm Schweinefleisch vom Rost *(carne de cerdo asada).*
■ **Bodegón Tamanca**②, Carretera General LP-1, San Nicolás, Tel. 922494155, tgl. außer Mo 11–24 Uhr.

Essen und Trinken

■ **Secadero**②, Las Manchas 90, Carretera Todoque – San Nicolás Km. 2.8, Tel. 922460028, 12–17 und 19–23 Uhr, Mi und So Abend geschlossen. Tapas und kanarische Hausmannskost in einem aus Vulkangestein iglühnlich gebauten Steinhaus an der Straße nach San Nicolás. Leider lässt der Service gelegentlich zu wünschen übrig.
■ **Pizzeria Evangelina**①, Ctra. General Jedey 27, Tel. 92249 4105, Fr–Mo ab 19, So auch 13–16 Uhr. Im ehemaligen Tanzsaal des Weilers Jedey steht ein großer Holzkohleofen, in den die Pizza geschoben wird: fein ausgerollt und schmackhaft belegt. Das Ambiente mit spiegelglattem Boden und blank polierten Tischen ist etwas asketisch, doch Beleuchtung und Oldies lullen angenehm ein. Geleitet wird die Pizzeria von *Gabriele,* der früheren Besitzerin des Lokals Utopía in Los Llanos.

Tajuya

Auf dem Weg von Las Manchas nach El Paso passiert man die etwas unscheinbare, bei deutschen Residenten und wohlhabenden Palmeros aber beliebte Wohnsiedlung Tajuya. Gepflegte Einfamilienhäuser bieten einen weiten Blick auf das Aridane-Tal; hier lebt man ruhig und genießt „Gartenlandschaft". Gute Restaurants befinden sich nahe der Gabelung der Straßen nach Los Llanos und Los Canarios.

Unterkunft

■ **Casa Acento Sincero**②, Calle Espigón 20, Tel. 922486028, www.clausvoss.de. Schönes, aus Naturstein gebautes Haus inmitten eines großen, blühenden Gartens. Traditionelle Bauelemente werden mit schlicht-elegantem Mobiliar aufgelockert; für kalte Tage gibt es Zentralheizung. Im Garten kann man Tischtennis spielen oder sich in einer Hängematte entspannen. Die deutschen Vermieter wohnen nebenan und führen eine Arztpraxis für Innere Medizin und Allgemeinmedizin, Naturheilverfahren, Akupunktur, Bioresonanztherapie, Reikibehandlungen und Darmreinigungskuren. Die nächste Bushaltestelle befindet sich 400 Meter unterhalb des Hauses an der Hauptstraße.

Essen und Trinken

■ **El Sombrero**②, Tajuya 1, Carretera General LP-1, Tel. 922497392, www.elsombrero-lapalma.com, tgl. außer Mo 17–23 Uhr, So 13–23 Uhr. Das Restaurant an der Gabelung der Straßen nach Los Llanos und Los Canarios bietet französisch-mediterrane Küche – je nach Wetterlage auf der Terrasse oder im Kaminzimmer.

El Paso

Der Bergort El Paso liegt in ca. 700 Metern Höhe am Fuß der **Caldera-Wand** und des Höhenzugs der **Cumbre.** Ringsum erstrecken sich Felder mit Mandel- und Maulbeerbäumen, auf Weiden grasen Pferde und Kühe. Vielleicht ist es gerade diese Mischung aus Gebirge und Meeresnähe, die den Reiz von El Paso ausmacht und eine so große Zahl **deutscher Einwanderer** angezogen hat. Mittlerweile haben sich diese eine eigene Infrastruktur geschaffen: mit Biobäcker und Naturkostladen, Arztpraxen und Immobilienbüros – selbst eine deutsche Grundschule fehlt nicht. Doch auch immer mehr Urlauber entdecken den Ort; für sie stehen Pensionen und restaurierte Landhäuser bereit. Attraktive Wanderwege starten quasi vor der Haustür (⇨ Wanderungen 3–5).

El Paso heißt übersetzt „der Durchgang" – jeder, der die Insel durchqueren will, kommt hier vorbei. Die gut 5000 Einwohner zählende Ortschaft erstreckt sich über mehrere Kilometer und reicht vom Besucherzentrum des Nationalparks bis fast nach Los Llanos. „Hauptstraße" des modernen El Paso ist die Avenida Islas Canarias. Sie zweigt von der Carretera General ab und wartet mit gut bestückten Supermärkten auf, auch das Rathaus sowie das Kultur- und das Gesundheitszentrum befinden sich hier. Der angrenzende Stadtplatz wirkt zwar ganz schmuck, belebt sich aber nur während des Wochenendmarkts und der Festtage, wenn Spiele und Sportveranstaltungen stattfinden.

Die Calle Manuel Taño, die am Rathaus vorbei zum alten Ortskern hinaufführt, zählt mit ihren schmucken Bürgerhäusern zu den schöneren Straßen. Zunächst passiert man das Seidenmuseum (s.u.), dann die aus dem 17. Jahrhundert stammende **Iglesia de la Bonanza,** in deren Schatten man gut einen Kaffee trinken kann. Ein Stück weiter kommt man zu der neuen, erst um 1900 erbauten Pfarrkirche gleichen Namens, die mit ihrem hohen Turm die Stadtsilhouette dominiert.

Von hier sind es nur wenige Schritte zur attraktiven alten Dorfstraße, die mit ihren Landgütern und ziegelgedeckten Häusern wie ein Relikt aus alten Zeiten wirkt. Westwärts geht es nach Los Llanos (ca. 5 km), ostwärts zur Ermita Virgen del Pino (ca. 4 km).

Seidenherstellung

El Paso ist keine reiche Gemeinde. Lavaströme haben den einst fruchtbaren Boden verschüttet, für den Anbau „subtropischer Exportgüter" ist es zu kühl. Da besannen sich findige Frauen auf die Herstellung von Seide, die ihnen ein ansehnliches Zubrot verschaffte. Seit dem 18. Jahrhundert werden zur Fütterung von Seidenraupen Maulbeerbäume ge-

El Pasos historisches Zentrum – Iglesia de la Bonanza

pflanzt. Sind die Tiere nach dem Fressen der Blätter fett geworden, verpuppen sie sich in einen weißen Kokon aus hauchdünnem Faden. Bevor sie sich in schillernde Schmetterlinge verwandeln, wird ihrem Leben ein Ende gesetzt: Man wirft sie in kochend heißes Wasser, damit sich der feine Seidenfaden von der Raupe löst. Alsdann wird dieser auf die Haspel gezogen und gesponnen, anschließend in heißer Lauge gebadet, auf dass er geschmeidiger werde und glänze. Nun wird der Zwirn gefärbt – selbstverständlich mit Naturfarben wie Koschenille (purpurrot), Reseda (gelb), Baumnuss (braun), Eukalyptus (grau) und Mandel (beige). Erst jetzt kann der Seidenfaden zu feinem Stoff verwoben werden!

In einem kleinen, bescheidenen Museum kann man den Frauen beim Weben des Seidenstoffs über die Schulter schauen. Wer Lust hat, kann eines der teuren Stücke erwerben – selbst König *Felipe,* so berichten die Frauen, habe bei ihnen schon Krawatten gekauft.

■ **Museo de la Seda Las Hilanderas,** Calle Manuel Taño 6, www.lashilanderasdepaso.com, Mo–Fr 10–14, Di und Do auch 17–19 Uhr, Eintritt 2,50 €, Kinder bis 12 Jahre frei.

Felsgravuren

Nördlich von El Paso hat man prähispanische Felszeichnungen, die sogenannten **Petroglyphen von La Fajana,** entdeckt (⇨Wanderung 3). In eine Basaltwand wurden konzentrische Kreise, Spiralen und Sonnenmotive eingeritzt – bis heute nicht enträtselte Botschaften einer vergangenen Welt. Jahrhundertelang blieben die Felsgravuren unbeachtet, erst vor Kurzem stellte man sie unter Denkmalschutz und brachte ein Gitter davor an, um sie vor Zerstörungen zu schützen.

Praktische Tipps

Info

■ **CIT Tedote,** Calle Antonio Pino Pérez s/n, 38750 El Paso, Tel. 922485733, www.lapalma-cit.com, Mo–Sa 10–18 Uhr, So 10–14 Uhr. Offizielle Touristeninformation in einem Pavillon am Hauptplatz, dazu Verkauf von Kunsthandwerk und Gratis-Degustation.

Unterkunft

■ **Villa Abuelito Francisco**③, Calle El Pilar 1, Tel. 922485442, www.villaabuelitofrancisco.com. Sieben aus Naturstein neu erbaute Häuschen mit Fernblick ins Tal im oberen Ortsteil von El Paso. Jedes Haus besteht aus einer geräumigen Wohnküche mit amerikanischer Massivholzbar, einem Schlafzimmer, originell gekacheltem Bad sowie Terrasse mit Grill. Für Gemütlichkeit sorgen die offenen Dachstühle aus Holz, die Keramik- und Dielenböden und das rustikale Mobiliar. Die Gäste teilen sich einen großen Pool, der auch im Winter auf 25 °C beheizt ist. *Francisco,* der engagierte Besitzer, hat das Anwesen nach seinem Großvater *(abuelito)* benannt und wohnt in der Nähe.

Finca Cosmos②, Calle Guzmán Toledo 1, Tel. 922401474, www.finca-cosmos.com. In einer grünen Talsenke versteckte Bio-Finca auf halbem Weg zwischen Ortsmitte und Besucherzentrum. Sowohl das Haupthaus als auch die sechs Casitas wurden restauriert und sind schlicht-schön und komfortabel eingerichtet; mit großen Fenstern öffnen sie sich zum Garten. Viele originelle Möbel und Open-Air-Installationen wurden eigens für die Finca entworfen und geschreinert. Die Gäste treffen sich im mit vielen kanarischen Pflanzen „bestückten" Bio-Garten. Von den Obstbäumen dürfen sich die Gäste bedienen.

◁ ◰ Rohseide und ihre Verarbeitung – in El Pasos Seidenmuseum

■ **Ap. Hermosilla**②, Calle Riquibas 7, Tel. 922 485741, www.hermosilla.de. *Wolfgang* und *Uwe Nooten* leiten die terrassenförmig erbaute Anlage mit vier Apartments und drei Bungalows (alle mit Sat-TV, CD-Player, Internet-Anschluss), Garten, Grillterrasse und Mini-Pool (im Winter unbeheizt). Endreinigung in Höhe einer Tagesmiete! Anfahrt: Man folgt der alten Dorfstraße nach Los Llanos und biegt am Camino Hermosilla Nr. 9 links ein – die Anlage befindet sich 200 Meter weiter zur Linken.

■ **La Luna Baila**①-③, Echedey 24, Tacande de Abajo, Tel. 922485997, www.lapalma-sonne.de. In Tacande, 2,5 Kilometer südlich von El Paso, vermieten *Verena* und *Jesper Kaas* in einem 10.000 Quadratmeter großen Hanggarten ein einfaches und sehr preiswertes Studio sowie vier Bungalows für zwei bis vier Personen, von denen Casa Alina am schönsten ist. Alina ist zum Meer gewandt und besteht aus einer Wohnküche mit offenem Dachstuhl (und Sat-TV), je zwei Schlafzimmern und Bädern sowie Terrasse und Wintergarten. Die Matratzen sind gut, die Oberdecken der Jahreszeit angepasst. Und auch Gratis-WLAN gibt es. Da die Häuser relativ weit auseinander stehen, genießen die Gäste Intimität, einander näher kommen können sie am Pool oder am Gartengrill. Die Besitzer vermieten auch Apartments im Haus Primavera in Todoque und in der Casa Santa Inés an der Playa Bombilla (nördlich

■ **Übernachtung**	■ **Essen und Trinken**	■ **Einkaufen**
1 Hermosilla	2 La Perla Negra	5 Bioladen El Campo
3 Casa de las Palmeras	4 Tasca Catalina	6 Supermercado San Martín
14 Casa El Rosal, Villa Abuelito Francisco	10 KaChoTé	7 La Tarta
15 Finca Cosmos	11 Tapas & Trekking	8 La Sorpresa
16 La Luna Baila	13 Tasca Barbanera	9 Markthalle
		12 Bioladen Alegria

Puerto Naos). Sie geben Tipps für individuell geführte Touren, auf ihrer Homepage versprechen sie ein interessantes Programm mit Wander-, Koch- und Wellnesskursen.

■ **Casa de las Palmeras**②, Calle Tamarahoya 20, Tel. 922402115, www.casadelaspalmeras.de. Großzügige Anlage mit zehn Wohneinheiten (28–115 Quadratmeter), die sich über einen 11.000 Quadratmeter großen Hanggarten verteilen. Da dieser am Rand einer Seitenschlucht verläuft, hat man das Gefühl, mitten in der Natur zu sein. Von den meisten Apartments blickt man übers Grün bis zum Meer – am schönsten von den Chalets ganz oben. Mit zwei kleinen Pools und Grillplatz an einer alten Weinpresse. Anfahrt: Von der LP-2 zwischen El Paso und Los Llanos bei Km. 46 hangaufwärts.

■ **Casa El Rosal**②, Calle La Rosa/El Rosal 4, Tel. 922485619, sedzlapalma@telefonica.net. Am oberen nördlichen Rand von El Paso, wo das Dorf in Natur übergeht: Das in einen Garten eingebettete Natursteinhaus besteht aus einer Wohnküche, von der man über eine Holztreppe zur Galerie gelangt – dort schaut man vom Sofa in den Sonnenuntergang (oder ins Sat-TV). Unterhalb der Galerie befindet sich ein Schlafzimmer, im ehemaligen Kuhstall wurde ein weiterer Schlafraum mit Bad eingerichtet. Endreinigung und Heizkosten werden extra berechnet. Die deutschen Besitzerinnen *Doris* und *Sabine* wohnen gleich nebenan und versorgen die Gäste mit Tipps. Für alleinreisende Frauen haben sie sich etwas Besonderes einfallen lassen: ein preisgünstiges Holzhäuschen mit Küche, Bad, Terrasse und Garten, auf Wunsch kann man – ebenfalls sehr günstig – mit den Gastgeberinnen vegetarisch zu Abend essen.

Essen und Trinken

■ **Tasca Barbanera**②, Av. Islas Canarias s/n, Tel. 922485669, www.tascabarbanera.com, tgl. außer Mo ab 12 Uhr. Deftige Tapas und Tagesgerichte, dazu eine kleine, aber gute Weinauswahl. Am Wochenende kommen auch viele Palmeros.

■ **La Perla Negra**②, Calle Antonio Piño Pérez 12 (fast an der Durchgangsstraße), Tel. 922485735, www.restaurante-la-perla-negra.com, Mi–Sa ab 17, So 13–22 Uhr. *Carsten* und *María,* ein deutsch-palmerisches Gespann, bieten feine Marktküche – jede Woche eine andere Karte –, dazu Fr und Sa ruhige Live-Musik.

■ **Tapas & Trekking**①, Calle Sagrado Corazón 4, Tel. 922485599, tgl. außer Di 9–21 Uhr. In diesem Terrassenlokal im Schatten der schönen, alten Kirche servieren *Carmen* und *Marita* frisch gepresste Säfte, Bier und Wein von der Insel, dazu Fischbrötchen und -kroketten, Salate und gefüllte Calamares.

■ **Tasca Catalina**①-②, Calle Miramar 27, Tel. 922486569, tgl. außer So und Mo ab 17 Uhr. Wohl eines der besten Lokale in El Paso. Man sitzt im rustikalen Häuschen oder auf der Terrasse mit Blick in den Sonnenuntergang; die Bedienung ist freundlich, die Tapas sind lecker. Jeden Mittwoch gibt es eine neue Wochenkarte, auf dass die vielen Stammkunden stets etwas Neues entdecken. Einige Klassiker sind freilich immer vorrätig: so überbackene Auberginen und Jakobsmuscheln, Avocado mit Sardellen und Rosinen, Thunfischspieß und Datteln im Schinkenmantel, mit Käse gefüllt sowie als Nachtisch herrliches Pannacotta. Es empfiehlt sich, zu reservieren, die wenigen Tische füllen sich rasch. Anfahrt: Von El Paso Richtung Tajuya und nach etwa 300 Metern, gegenüber der Einfahrt zum Fußballplatz (Estadio Municipal), auf die Ausschilderung achten!

■ **Cafetería KaChoTé**①, Calle Fermin Sosa Pino s/n, Tel. 922486502, Mo–Sa 8.30–15, Mi und Fr auch 16.30–20.30 Uhr. Bei *Anja* gegenüber vom Seidenmuseum gibt es **Ka**ffee, heiße **Cho**kolade und **Te**e. Auch Frühstück serviert sie sowie hausgemachten Kuchen, Crêpes und frische Snacks. Freitags steht Eintopf auf der Karte. Wer gute Urlaubslektüre braucht, findet hier Bücher zum Tauschen. Das WLAN ist gratis.

Einkaufen

Lebensmittel

Markt: Mercadillo, El Paso de Abajo, Fr 15–19, Sa 10–15 Uhr. In der kleinen Markthalle unterhalb des Stadtplatzes werden Vollkornbrot, Obst und Gemüse, Wein und Likör sowie Kunsthandwerk direkt vom Erzeuger verkauft.

Naturkost: Alegría, Calle Tanausú 16, Tel. 922 485784, www.solyvidacanarias.com. Großer Bioladen oberhalb der zentralen Plaza, bestens sortiert und mit vielen einheimischen Produkten; Öko-Obst und Gemüse von der Insel, Vollkornbrot und -kuchen, Tijarafe-Honig, Mandelmousse und Ziegenkäse, außerdem Aloe-Vera-Produkte, Naturkosmetik der Marken Sante, Weleda und Dr. Hauschka.

El Campo, Carretera General 1. Bioladen an der Hauptstraße mit etwas kleinerem Angebot.

● **Brot und Kuchen:** La Tarta, Av. Islas Canarias 12, Bestellung Tel. 696216016, Di–Sa 8.30–14.30 Uhr. Süßschnäbel freuen sich: *Martina* backt köstliche Torten, *Andreas* steuert Vollkornbrot, Brötchen und Croissants bei, dazu die beliebten „Schwäbischen Seelen" (Salzkümmelstangen). Der kleine Laden befindet sich gegenüber vom Parkplatz des Supermarkts.

Kunsthandwerk

● **La Sorpresa,** Av. Islas Canarias s/n, www.lasorpresa-lapalma.com. *Michael* und *Britta* verkaufen in ihrem Laden originelle Mitbringsel, darunter schwarze Keramik, Ohrringe mit Spiralmotiven der Ureinwohner und Broschen aus Vulkangestein; dazu Ketten aus Lavasandkugeln und Drachenbaumsamen, Notizbücher aus Bananen-Pergament, Ledertaschen und opulente Fotobücher.

Aktivitäten

● **Reiten:** Trainingsteam La Palma, Mobiltel. 6471 60047 *(Volkhard)*, 671374134 *(Tommy)*, www.tt-lapalma.com. Reitunterricht für Freizeit- oder Turnierreiter mit erfahrenen deutschen Trainern, Ausritte ab 2 Std. bis ganztägig.

Feste

● **Mai:** Fiesta de la Muñeca (Pepa). Eine gigantische lachende Puppe (Señora *Pepa*) wird vom Festplatz oberhalb des Orts ins Zentrum getragen. Zu hypnotischer Trommelmusik wird getanzt, und da *Pepas* gute Laune ansteckend wirkt, begleiten Lachsalven die Prozession – ein Glückstaumel über mehrere Kilometer.

● **2. Sonntag nach Fronleichnam:** Fiesta del Sagrado Corazón. Beim **Herz-Jesu-Fest** verwandelt sich die Kirchstraße in eine von geschnitzten Heiligenfiguren umrahmte Open-Air-Galerie. Auf Stellwänden prangen die Kopien berühmter Gemälde – nicht gemalt, sondern aus zerriebenen und gefärbten Eierschalen gefertigt.

● **August:** Fiesta de la Virgen del Pino. Anfang August wird alle drei Jahre (2015, 2018 usw.) das **Fest der Kiefernjungfrau** gefeiert. In einer riesigen Prozession (eine der größten des Archipels) wird die Marienfigur von der Ermita (beim Besucherzentrum des Nationalparks) nach El Paso getragen, einige Wochen später kehrt sie in die Kapelle zurück. Das Fest ist reich an Höhepunkten. Es gibt Pferderennen und kanarischen Ringkampf, Folklore, Tanz und Theater.

▷ Von El Paso lässt sich ein Ausflug auf der Vulkanroute der Cumbre unternehmen

Ausflüge in die Umgebung von El Paso

An der Hauptstraße, drei Kilometer östlich von El Paso, bereitet das **Centro de Visitantes** (Besucherzentrum) auf einen Ausflug in den Nationalpark vor. Daneben führt ein Sträßchen zum Aussichtspunkt **La Cumbrecita** hinauf, wo sich ein spektakulärer Blick in den Talkessel bietet: Über 1500 Meter stürzen die zerklüfteten Hänge in die Tiefe (⇨Kap. „Das Zentrum: Caldera und Cumbre"). Auf dem Rückweg empfiehlt sich ein Abstecher zur **Ermita Virgen del Pino**, einem von einer riesigen Kiefer überschatteten Kirchlein (⇨Wanderung 5).

Spektakuläre Caldera-Blicke bieten sich auch vom **Pico Bejenado** (1857 Meter): Auf dem Weg nach La Cumbrecita zweigt man Richtung Valencia ab und folgt der Straße, die in eine 1,5 Kilometer lange Holperpiste übergeht und nach einem Asphaltstück an einem Parkplatz (Nationalparkschild) endet. Von hier geht es zu Fuß auf dem PR LP 13.3 in 2 Stunden zum Gipfel.

Zurück geht's zur Hauptstraße und dann weiter in Richtung **Cumbre**. Gewaltig schiebt sich der Gebirgszug über die Insel, Wolken „schwappen" über den Kammrand – wie ein Wasserfall in Zeitlupe. Nach drei Kilometern, noch vor dem Tunnel, geht es rechts durch einen Kiefernwald längs der Cumbre eine Straße hinauf. Bald erblickt man pechschwarze Hänge und den **Llano del Jable**, eine beim Ausbruch der Montaña Quemada („Verbrannter Berg") entstandene Sand- und Ascheebene. Obwohl die Eruption mehr als 500 Jahre zurückliegt, beginnen sich Pflanzen erst jetzt wieder anzusiedeln (⇨Wanderung 4).

Die Straße wendet sich in der Folge gen Osten und man erreicht den mitten im Wald gelegenen Rast- und Picknickplatz **El Pilar**, wo am Wochenende viele Palmeros ihr Familienfest feiern und auch zahlreiche Touren starten (⇨Kap. „Das Zentrum: Caldera und Cumbre", Wanderung 6).

Los Llanos

Santa Cruz, so sagt man im Westen der Insel, möge sich getrost „historische Hauptstadt" nennen, doch die Bezeichnung **„wirkliche Hauptstadt"** gebühre Los Llanos, wo sich – unbelastet von aller Tradition – modernes Denken hat durchsetzen können. Pünktlich zum Beginn des neuen Jahrtausends hat der Ort die 20.000-Einwohner-Grenze überschritten und damit Santa Cruz übertroffen. Los Llanos hat mehr Geschäfte und Restaurants, und auch das Nachtleben ist vitaler.

Seinen Aufschwung verdankt Los Llanos dem **Bananenanbau.** Dank des warmen, sonnigen Klimas und dem aus der Caldera abgezapften Quellwasser ist er hier ertragreicher als irgendwo sonst auf den Kanaren. Und falls es mit den Bananen wegen der billiger produzierenden amerikanischen Konkurrenz irgendwann ein Ende haben sollte, gibt es ja noch den **Tourismus,** der das Gemeindesäckel füllt.

Fast großstädtisch wirkt die vierspurige Avenida, die Los Llanos durchquert. Sie ist von Geschäfts- und Mietshäusern gesäumt, während der Stoßzeiten staut sich hier der Verkehr. Ruhiger und schöner ist es zum Zentrum hin, hier wurden in den letzten Jahren mehrere Straßen zur Fußgängerzone erklärt und unattraktive Fassaden mit Wandmalereien verziert.

479lp gs

▲ Treff auf dem Kirchplatz – Plaza de España

Sehenswertes

Plaza de España

Herzstück der Stadt ist die Plaza de España: Auf dem großen, von ausladenden Lorbeerbäumen überschatteten Platz ist den ganzen Tag über etwas los. Morgens tollen Kinder unter den Argusaugen ihrer Mütter umher, mittags genehmigen sich die Angestellten des Rathauses einen Imbiss in einem der Terrassencafés. Das „Casino" ist in Los Llanos keine Spielhölle, sondern ein schlichter Herrenclub, wo sich zur Siesta-Zeit die älteren *señores* im Korbsessel niederlas-

sen und ihre obligatorische Zigarre rauchen. Lebhaft geht es in dem Haus mit den am Eingang postierten riesigen Kakteen zu: Hier befindet sich das **Kulturzentrum** (Casa de Cultura) mit Bibliothek sowie Konzert- und Ausstellungssaal. Abends ist der Platz von Jugendlichen beherrscht, die hier die Zeit bis zum Öffnen der Disco überbrücken.

Kirche

Die strahlend weiße **Iglesia Nuestra Señora de los Remedios** am Nordwestrand des Platzes wurde im 17. Jahrhundert erbaut. Der dunkle Innenraum besticht durch einen goldverzierten Hochaltar, in dessen Mitte eine Figur „Unserer Barmherzigen Frau" auf einem Halbmond schwebt – ein Zeichen des Sieges über die heidnische Mondgöttin. Über ihr spannt sich ein geschnitztes Deckengewölbe im Mudejar-Stil, das sich in einfacherer Form über Haupt- und Seitenschiff erstreckt. Ein kleines Museum mit sakraler Kunst ist angeschlossen.

■ **Museo de Arte Sacro,** Iglesia Nuestra Señora de los Remedios (Eingang von der Südseite), meist Di–Fr 11.30–13.30 und 17.30–19.30, Sa 11.30–13.30 Uhr.

Plaza Chica

Im Schatten der Kirche versteckt sich der „kleine Platz", im Volksmund auch „Plaza de Enamorados" („Platz der Verliebten") genannt: mit plätscherndem Brunnen, hoch aufragenden Palmen und Sitzbänken – ein idyllischer Flecken abseits des Trubels. Eigentlich trägt er den Namen des hier geborenen Naturforschers *Elías Santos Abreu,* doch niemand, scheint es, kümmert sich darum.

Östlich der beiden *plazas* zweigen schmale, schnurgerade Gassen ab, die von pastellfarbenen Bürgerhäusern gesäumt werden. Einige von ihnen wurden in Restaurants und Cafés verwandelt, sodass man einen Blick in die schönen, oft begrünten Innenhöfe werfen kann.

Museo Arqueológico

Das **Archäologische Museum** befindet sich in einem attraktiven Rundbau mit interessantem Innenleben. Zu den prähispanischen Fundstücken gehören Tongefäße, Felle, Werkzeuge sowie Skelette. Multimedial bekommt man Einblick in das Leben der Benahoaritas – so nannten sich die aus Nordafrika eingewanderten Ureinwohner. So sieht man typische Wohnhöhlen, erlebt Kult- und Bestattungsriten. Nebenbei erfährt man Wissenswertes zu Flora und Fauna sowie zu den unterschiedlichen Klimazonen der Insel.

■ **Museo Arqueológico Benahoarita,** Calle Las Adelfas 1, Mo–Sa 10–20, So 10–14 Uhr, Eintritt 4 €.

Botanischer Garten

Klein, aber fein: Am Ortsausgang Richtung Puerto Naos, wenige Gehminuten von der zentralen Plaza, taucht man in eine exotische Oase ein. Gestaltet wurde sie vom Inselkünstler *Luis Morera,* der sich von den Formen und Farben eines *Antoni Gaudí* inspirieren ließ (⇨ auch „Las Manchas"). Man betritt den Garten durch schmiedeeiserne Portale mit flo-

◁ Plaza Chica –
ein idyllisches Plätzchen zum Ausruhen

ralen Ornamenten, spaziert über vielfarbige Mosaiken und vorbei an geschwungenen, kachelverkleideten Pavillons. Unterhalb des „Paradiesgartens" befindet sich ein weiterer, eher „normaler" Park mit Fitnessgeräten inmitten fein säuberlich abgezirkelter Rasenflächen.

■ **Jardín de las Delicias,** Carretera a Puerto Naos s/n, Eintritt frei.

Nach Argual

Knapp zwei Kilometer sind es in den Vorort Argual (s.u.): Von der Plaza de España folgt man – den Boulevard Dr. Fleming querend – der Avenida Tanausú, vorbei an der kleinen Markthalle und stattlichen Bürgerhäusern. Die mittlerweile viel befahrene Straße führt vorbei am Kirchlein der hl. Märtyrer und einer von Araukarien beschatteten Plaza mit dem „Denkmal der Wasserschöpfer". Wo die Straße wenig später einen Linksknick beschreibt, liegt die **Plaza de Argual Arriba,** der „obere Platz". Noch ein Stück weiter hinab – umringt von Bananenstauden – liegt der „untere Platz": die attraktive **Plaza de Argual Abajo.**

Mirador de la Cancelita

Zwei Kilometer sind es auch zum schön angelegten Aussichtspunkt: Man folge der Straße La Caldera aufwärts und biege rechts in die Calle Cancelita ein. So erreicht man den Höhenrücken, der das weite Valle de Aridane von der engen „Schlucht der Ängste" (Barranco de las Angustias) trennt – beides lässt sich von hier überblicken.

Praktische Tipps

Info

■ **Oficina de Turismo,** Avenida Dr. Fleming s/n, Tel. 922402583, www.aridane.org, wechselnde Öffnungszeiten, Sa Nachmittag und So geschl. In einem originell gestylten Bau im Untergeschoss der Promenade (neben der Turmuhr) liegen Werbezettel aus, außerdem gibt es Tipps zu Ausflügen und aktuellen Veranstaltungen.

Unterkunft

In einem Reiseführer von 1982 hieß es noch: „Eines der wenigen Betten in Los Llanos de Aridane oder in der weiteren Umgebung zu bekommen, ist fast unmöglich. Die beiden Hotels sind fast das ganze Jahr über ausgebucht. Man steht mit seinem Gepäck buchstäblich auf der Straße." Diese Zeiten sind vorbei, in allen Preisklassen stehen zahlreiche Unterkünfte bereit.
■ **Trocadero Plaza**②, Calle Las Adelfas 12, Tel. 922403013, www.hoteltrocaderoplaza.com. Das Hotel gegenüber vom archäologischen Museum, ca. fünf Gehminuten von der zentralen Plaza, verfügt über 18 freundlich-funktionale Zimmer mit Sat-TV, Klimaanlage, Bad und Mini-Balkon. Auf dem Dach befindet sich ein Solarium, gefrühstückt wird in der Cafeteria. Mit Gratis-WLAN.
■ **Edén**②, Plaza de España/Calle Ángel 1, Tel. 922 460698, Mobiltel. 627124031 *(Sara),* hoteledenlapalma@hotmail.com. Schon seit 1969 gibt es dieses Hotel: kein „Paradies", wie der Name verheißt, doch in bester Lage direkt am Hauptplatz. Mit 19 funktionalen Zimmern, sechs von ihnen haben Balkon und Blick auf die Plaza. Die Einzelzimmer in der zweiten bzw. dritten Etage sind sehr klein und teilen sich jeweils ein Bad, der Preis ist dafür etwas niedriger. Wer sich zurückziehen möchte, findet auf dem Dach eine Sonnenterrasse mit Liegen unter einer schattigen Pergola.

Los Llanos

Valle de Aridane②, Calle Glorieta Castillo Olivares, Tel. 922462600, www.hotelvallearidane.com. Freundliches Hotel nur wenige Gehminuten westlich der Plaza de España, an der Ausgangsstraße nach Tazacorte. Alle 42 Zimmer sind funktional und hell, wer leichten Schlaf hat, wählt die von der Straße abgewandten mit Balkon. Im ersten Stock gibt es einen Aufenthalts- und Fernsehraum, im sechsten das Dachrestaurant mit Frühstücksbüfett. Von der angrenzenden Terrasse hat man Ausblick über die Stadt bis zur Caldera.

Pension El Porvenir①, Calle Fernández Taño 33, Tel. 922461649, www.el-porvenir.info. Pension für Rucksacktouristen: *Sigi* und *Annemaria* haben das 200-jährige Haus wenige Schritte von der zentralen Plaza restauriert und darin acht kleine, farbenfrohe Zimmer eingerichtet. Je nach Interieur heißen sie „Afrika", „Universum" und „Lotus". Hier finden sich Leute ein, denen es vor allem um Kontakt geht. Man trifft sich in dem Aufenthaltsraum mit traditionellem Dachstuhl, wo sich auch die Gemeinschaftsküche befindet. Einziges Manko: Die Gäste müssen sich zwei Bäder teilen. Angeschlossen ist eine Bikestation.

Hostal Rosaburiente①, Camino Los Matías 3, Mobiltel. 647105642, www.rosaburiente.es/hostel. Die Hostel-Welle ist in La Palma angekommen: ein DZ und ein Fünfbettzimmer mit je eigenem Bad, dazu eine Tee- und Kaffeeküche und ein Grill, ca. 10 Gehmin. vom Zentrum in einer Bio-Finca.

In Celta

Folgt man der neuen Verbindungsstraße von Los Llanos nach El Paso, so weist nach 2,4 Kilometern ein Hinweisschild linker Hand nach Celta, einer gepflegten touristischen Wohnsiedlung mit von Gärten eingerahmten Bungalowanlagen. 200 Meter hangaufwärts liegt Tamara, wo sich die Asphaltpiste gabelt. Rechts geht es nach La Palma Jardín, links u.a. nach El Castaño und zu den Anlagen La Villa und Las Colinas. Allen, die sich hier einquartieren möchten, sei ein Mietwagen empfohlen.

■ **La Palma Jardín**③, Celta, Calle B 20, Tel. 922 463567, www.lapalmajardin.com. 29 Wohneinheiten, absolut ruhig inmitten eines großen, subtropischen Gartens um einen Swimmingpool mit Kinderbecken gruppiert. Die Zimmer sind mit Korbmöbeln freundlich eingerichtet, einige wenige haben Meerblick. Tennis, Tischtennis und Pool sind im Preis inbegriffen. Die Rezeption ist nur vormittags geöffnet.

In der weiteren Umgebung

Weitere, in Vororten gelegene Apartmenthäuser sind buchbar über die bekannten Reiseveranstalter. Schöne Landhäuser liegen einsam und in unberührter Natur auf dem Weg zur Caldera (⇨Kap. „Das Zentrum: Caldera und Cumbre").

■ **Villa & Casitas Caldera**③, Camino a la Caldera s/n, Mobiltel. 646567571, http://bungalowslapalma.com. Am Hang einen Kilometer oberhalb Los Llanos auf dem Weg zur Caldera: fünf Häuschen und neun gemütliche Bungalows inmitten eines großen subtropischen Gartens mit weitem Blick übers Aridane-Tal bis zum zentralen Gebirgskamm. Alle Räume verfügen über eine rustikale Wohnküche, zwei Schlafzimmer, Bad und Terrasse. Im Garten befinden sich ein Pool und ein Jacuzzi mit Sauna.

■ **Ap. Los Pedregales**②, buchbar über *Karin Pflieger* (⇨„Praktische Reisetipps A–Z: Unterkunft"). Hoch über Los Llanos und ideal für ruhesuchende Gäste: eine kleine, terrassiert an den Hang gebaute Anlage mit sieben Apartments, die über ein bzw. zwei Schlafzimmer verfügen. Sie sind mit Holzmöbeln freundlich eingerichtet (auch Sat-TV, Gratis-WLAN) und werden vom palmerischen Besitzer tipptopp in Schuss gehalten. Die Gäste treffen sich am Pool und am überdachten, rustikalen Grillplatz, genießen den Weitblick aufs Tal.

Essen und Trinken

Vielfältig ist die Gastro-Palette: Bistros und Bars mit Angeboten für den kleinen Hunger findet man ebenso wie feine Restaurants. Und auch etwas außerhalb von Los Llanos wird man fündig, so an der Straße Richtung ⇨Argual und Richtung El Paso (z.B. das San Petronio).

■ **Plaza Chica**②, Plaza Chica, Tel. 922463685, Mo–Sa 12–23 Uhr. Ein engagiertes italienisches Team bietet auf der romantischen „kleinen Plaza" hinter der Kirche fantasievoll variierte Klassiker ihrer Heimat. Gemütlicher Innenraum, aber auch eine schöne Terrasse (an Winterabenden mit Wärmestrahlern).

■ **Tasca La Fuente**②, Av. Real 70, Tel. 922463 856, Mo–Sa 17–23 Uhr. In einem alten Haus mit überdachtem Innenhof werden Salate und kleine Gerichte serviert. Vegetarier kommen ebenso auf ihre Kosten wie Süßschnäbel. Es gibt auch guten hausgemachten Likör.

■ **La Luna**②, Calle Fernández Taño 26, Tel. 922 401913, http://lalunalapalma.com, tgl. 12–14 und 19–2 Uhr, So geschlossen. Kleines, von Deutschen geleitetes Lokal in einem 300-jährigen Haus an der Ecke Calle Luna/Fernández Taño. Man sitzt in gemütlichen, nostalgisch angehauchten Räumen im Schein brennender Öllämpchen, im Sommer auch auf der Dachterrasse. Das gastronomische Angebot reicht von Tapas und kleinen Gerichten bis zu guten Weinen und Cocktails. Gratis-WLAN.

■ **Alma**②, Calle Real 25, Tel. 922464711, Di–Sa 12–15, 18–23, So 12–15 Uhr. In dieser Gastro-Bar der etwas edleren Art werden vorwiegend Zutaten von der Insel verwendet, die schonend und mit Fantasie verarbeitet werden; auch Veggie-Gerichte. Gratis-WLAN.

■ **El Hidalgo**②, Calle La Salud 21, Tel. 922463 124, www.lapalma-hidalgo.com, Do–Di 13–23 Uhr. Das von Deutschen geführte Lokal hat eine große Auswahl an Pizza und vegetarischen Gerichten. Zugleich ist es eines der wenigen Lokale der Stadt, in dem das – eigentlich überall vorgeschriebene –

Tagesmenü angeboten wird. Es besteht hier z.B. aus Suppe, Schweinelende auf Reis, Dessert und einem Glas Wein. An warmen Tagen kann man im kleinen, schön gestalteten Garten sitzen.

■ **Mar y Tierra**②, Calle Fernández Taño 29, Tel. 922464314, Di–Sa 12.30–23, So 13–17 Uhr. Wie anno dazumal: Im Innenhof wird der Grill angeworfen, auf dem Huhn und Fisch schmoren; anschließend werden die großzügigen Portionen *open air* oder in netten Separees verputzt.

MEIN TIPP: **Café Frida**①, Calle Calvo Sotelo 24, Tel. 922 465110 www.frida-lapalma.com, Mo–Sa 10–18. Ob Kuchen oder Eis, üppiges Frühstück oder gut belegte Baguettes – „bei Frida" alias *Thomas* und *Rainer* verbringt man gern seine Zeit! Gut ist der Kaffee, der aus einer Hamburger Rösterei angeliefert wird. Noch besser ist das Eis, das ohne künstliche Aromen und Farbstoffe auskommt. Zum Sehen und Gesehenwerden nimmt man auf der Straßenterrasse Platz; wer's intimer mag, geht in die Lounge mit einem raumfüllenden Porträt der Malerin *Frida Kahlo*. Kunstbücher und Tageszeitungen laden zur Lektüre ein. Ein schöner Ort ist auch die ruhige Dachterrasse.

■ **Café Edén**①, Plaza de España 4, Tel. 922462 436, tgl. außer So 8–24 Uhr. Ein beliebter Terrassentreff mit Tapas, Fruchtsäften und heißer Schokolade neben dem Kiosk unter schattigen Lorbeerbäumen. Wem es hier zu voll ist, der wechselt hinüber zum Kiosco, wo sich tagsüber gern die Geschäftsleute treffen.

■ **Utopía**①, Calle Fernández Taño 9 (Plaza Chica), Mo–Sa ab 11 Uhr. Bistro und Cocktailbar in einem – ein bisschen fühlt man sich in ein deutsches Szene-Lokal versetzt: Vormittags serviert *Monica* Frühstück, danach Tapas und belegte Brötchen, abends werden an der langen Bar zahlreiche Cocktails gemixt – besonders beliebt ist Mojito. Das Publikum ist gemischt: vorwiegend spanisch und deutsch, alt und jung (25 plus)!

> Eine Prise Exzentrik – Shopping in Los Llanos

Etwas außerhalb

■ **San Petronio**②, Camino Pino de Santiago 40, Tel. 922462403, Mo 13–16, Di–Sa 13–16, 19–22.30 Uhr. Etwas schwer zu finden, doch die Mühe lohnt: am Kreisverkehr Richtung El Paso in die Straße Eusebio Barreto einbiegen, dann der Ausschilderung folgen. *Eliseo* und *María del Mar* servieren als Appetithappen Brot mit hausgemachten Patés, es folgen Papaya-Suppe oder Carpaccio, herrliche Mita (Lasagne mit Austernpilzen), Tagliatelle oder ein *plato combinado* (drei verschiedene Pasta-Varianten). Sehr gut schmeckt auch die altneapolitanische Pizza mit Sardellen, Schinken und Champignons. Alles ist frisch, appetitlich arrangiert und bekömmlich. Wer Süßes mag, greift zum Abschluss zu Kuchen oder hausgemachtem Eis. Entspannend wirken der offene Dachstuhl aus Holz, die Keramiktische und der weite Blick über grüne Fluren. Das Lokal ist bei Palmeros, Residenten und Besuchern gleichermaßen beliebt, für Kinder gibt es Schaukeln und Minigolf.

■ **Balcón Taburiente**②, Camino Cantadores 2 (Ortsteil Los Barros), Tel. 922402195, tgl. außer Di 12–23 Uhr. Wie ein Nest klebt das Ausflugslokal am Steilhang des Barranco de las Angustias und bietet tollen Ausblick. Die Portionen sind üppig, der Service freundlich und die Speisekarte typisch kanarisch, z.B. *sopa de garbanzos* (Kichererbseneintopf), *solomillo Taburiente* (Schweinefilet) und *cabrito* (Zicklein). Das Lokal befindet sich auf dem Weg zur Caldera (⇨ Wanderung 2 „Anfahrt").

■ **Franchipani**②, Carretera General Empalme Dos Pinos 57, Tel. 922402305, www.restaurante-franchipani.com, Mo/Di und Fr/Sa 17–22 (im Sommer 18–22), So 13–22 Uhr. Lokal an der LP-2 nach El Paso (zwischen Km. 46 und 47). Seit Jahren bewährt: Von vielen Küchen der Welt lässt sich *Heidy* inspirieren, alle Gerichte originell abgeschmeckt und schön angerichtet, vorneweg ein Aperitif in der Lounge. Auch für Vegetarier eine gute Adresse!

■ **Carmen**②, Celta 1, Tel. 922402618, www.restcarmen.com, Mo 18–23, Di–Sa 13–23 Uhr. Gepflegtes Lokal im Ortsteil Celta, das neben klassischer spanischer Küche auch ein paar „Exotika" wie z.B. hausgemachtes *foie-gras* oder Lammfilet mit Süßkartoffel-Püree bietet.

Aktivitäten

Los Llanos eignet sich bestens als Ausgangspunkt für Wandertouren in die Caldera. Aber auch Baden und Tauchen sind möglich: Die Strände rund um Puerto Naos liegen nicht weit entfernt. Von Puerto de Tazacorte starten Boote u.a. zur Cueva Bonita.

Radfahren

■ **Bike'n'Fun,** Calle Calvo Sotelo 20, Tel. 922 401927, www.bikenfun.de. Angeboten werden geführte Touren durch alle Landschaften La Palmas, in der Werkstatt kann man seinen Drahtesel reparieren lassen. *Claudia* ist bemüht, Bikern ein „Komplett-Programm" zu verkaufen: vom Flug bis zu Unterkunft und Autovermietung.

■ **Magic Bike La Palma,** Calle Fernández Taño 33, Tel. 922461649, www.magic-bike-lapalma.com, Mo–Fr 18–20 Uhr. Angeschlossen an die gemütliche Pension El Porvenir: Bikeverleih, Werkstatt und Ersatzteilservice, Mountainbike-Touren mit erfahrenen Guides.

Tauchen

■ **Casa de Buceo,** Calle Calvo Sotelo 16-B, Tel. 922 464886, www.casadebuceo.com. Von einem holländischen Paar – *Joost* und *Nanneke Boers* – geleitete PADI-Basis.

Einkaufen

Lebensmittel

■ **Mercado,** Calle Juan XIII/Ramón Pol, Mo–Sa 6–14 Uhr. Die Markthalle am westlichen Ortsausgang ist zwar klein, aber bei Einheimischen und Besuchern beliebt und gut bestückt. Außer Obst und Gemüse gibt es palmerischen Käse aller Reifegrade, dazu Fleisch und Meeresfrüchte; am originellsten ist ein Stand mit gedörrtem Fisch – als Blickfang dient hier ein ausgestopfter Rochen.

■ **Mercadillo del Agricultor,** Av. Dr. Fleming s/n, So 8–14 Uhr. Bauernmarkt auf dem Grünstreifen der schattigen Avenida mit Waren frisch vom Erzeuger.

■ **Mundo Oliva,** Av. Dr. Fleming 20. Delikatessen-Laden mit einer großen Auswahl feiner, unterschiedlich marinierter Oliven aus dem Fass, die *José* zum Probieren gratis anbietet. Dazu palmerische und Bio-Produkte, Pasten und Aufstriche, Käse und Wurst, ausgewählte Öle und Essige, Wein und Likör.

Outdoor

■ **Valle Verde,** Calle Calvo Sotelo 22, Tel. 922 463292, www.valleverde-lapalma.com. Bei Silvia bekommt man Top-Produkte im Outdoor-Segment: Teleskop-Wanderstöcke zum Kaufen oder Ausleihen, sturmtaugliche Regenschirme, Regenjacken, Sprays zum Imprägnieren, Schlafsäcke und Isomatten, Thermoflaschen, Taschenlampen und wasserdichte Salz- und Pfefferstreuer. Wanderschuhe werden auf einer Teststrecke erprobt, und selbstverständlich stellt *Silvia* auch Kontakte zu Wanderveranstaltern her.

Mode

■ **Árbol de Vida,** Calle Fernández Taño 1, www.outdoorcanarias.eu, So geschl. Hinter der Kirche verkauft *Irina* pfiffige Outdoor-Mode der Marken Patagonia und Blue Willi's, flauschig weiche Fleece-Pullis, Zipper-Hosen und Jacken aus recyceltem Plastik.

Nueva Vida – Luxus auf La Palma

„Manche kommen extra nach La Palma, um sich bei uns einzukleiden", so *Susanne*. Kein Wunder: Kaum hat man das „Neue Leben" betreten, wird man von einer Farborgie umfangen. Denn nicht nach Hose und Rock ist die Kleidung sortiert, sondern nach Tönen. Von Dunkelviolett über alle Schattierungen von Rot und Grün bis zu Beige und Weiß, von „stark" bis „pastell" sieht man Samt und Seide, Hanf, Leinen, Baumwolle, Strick und Leder. Die Schnitte sind fließend weich, dabei raffiniert, je nach Wunsch im „Diva-Look", im „Everyday Outfit" oder im „New-Hippie-Style". Das ausgewählte Kleid, so der Anspruch, soll auf die Persönlichkeit abgestimmt sein – und so lautet denn auch das Motto der Boutique: „Vorsicht, diese Kleider könnten ihr Leben verändern".

■ **Nueva Vida,** Calle Calvo Sotelo 4, www.lapalma-mode.com, Mo–Sa 10.30–13.30 Uhr, im Winter auch nachmittags 17.30–19.30 Uhr.

Kultur

Kunstausstellungen finden rings um die Plaza de España statt: in der Casa de Cultura und dem Casino, manchmal auch in der Casa Massieu in Argual. **Theaterstücke** werden in der Casa de Cultura aufgeführt, alle paar Wochen gibt es dort auch **Konzerte** einheimischer Ensembles.

Nightlife

Los Llanos gilt als *das* Nightlife-Zentrum La Palmas. Am Wochenende kommen Jugendliche aus allen Ecken der Insel hierher, um bis zum nächsten Morgen durchzuschwofen. Ab 22 Uhr füllen sich die Bars, ab Mitternacht auch die Diskotheken. In jeder Saison gibt es neue Szene-Treffs, doch stets zu den Top-Adressen gehören die Disco-Pubs im Multiplexkino Millennium (Calle Ramón Pol s/n).

Feste

■ **Februar:** Fiesta de Carnaval. Gala-Wahl der örtlichen Karnevalskönigin, Feuerwerk, burleske Umzüge und Tanzfeste bis zur „Beerdigung der Sardine": ein zweiwöchiger Ausnahmezustand mit viel Salsa, Samba und Merengue.

■ **2. Juli:** Fiesta de los Remedios. Alle zwei Jahre (ungerade Zahlen) feiert man die über das Aridane-Tal wachende „Barmherzige Jungfrau" mit Messen, Musik und viel Sport. Höhepunkt der dreiwöchigen Fiesta ist die Prozession am Tag der Schutzpatronin: Von prächtig geschmückten Karossen werden Ziegenkäse und Oliven, heiße Kartoffeln und Gofio-Bällchen in die Menge geworfen.

■ **15. August:** Fiesta de Nuestra Señora de las Angustias. Ein langer Pilgerzug begibt sich zu der Kapelle an der Straße nach Puerto de Tazacorte, wo im Jahr 1570 vierzig Jesuitenmönche von Seeräubern getötet wurden.

Bus

Der **Busbahnhof** liegt westlich des Stadtzentrums. Von dort starten Busse zu fast allen Orten der Insel (Fahrplan im Anhang): nach El Paso und Santa Cruz (Linie 300), Puerto de Tazacorte (Linie 207), Los Canarios (Linie 200), Puerto Naos (Linie 204) und Santo Domingo (Linie 100). Dreimal täglich gibt es eine Verbindung zum Strandort El Remo.

Während des Karnevals

Argual

An der Straße nach Tazacorte, zwei Kilometer westlich Los Llanos (LP-2, Km. 50), liegt das historische Argual mit einem oberen und einem unteren Ortsteil (Arriba/Abajo). Reizvoll ist vor allem **Argual Abajo,** das zur Linken einiger auffälliger Viaduktbögen liegt. Mit seinem großen, noch ungepflasterten Platz gäbe es eine gute Kulisse für einen Kolonialfilm ab. Ein wenig scheint es, als sei die Zeit kurz nach der Conquista stehen geblieben, als sich die reichen Plantagenbesitzer und Kaufleute hier niederließen. Ihre Namen – *Monteverde, Massieu, Van Dale* und *Sotomayor* – sind noch heute auf der Insel omnipräsent. Im Schatten hoher

Eukalyptusbäume stehen ihre teils verwitterten, teils restaurierten **Herrenhäuser** mit einem interessanten Innenleben.

Am auffälligsten ist die **Casona de Argual** von 1732 rechts am Platz. Ältere Palmeros kennen sie noch unter der Bezeichnung *Monteverde*, benannt nach dem Kölner Kaufmann *Jakob Groenenberg* (*monte* = Berg, *verde* = grün), der nach der Conquista auf die Insel kam und binnen weniger Jahre zum reichsten Zuckerbaron La Palmas aufstieg (⇨ Exkurs „Ein Kölner Zuckerbaron – Jakob Groenenberg anno 1509").

Ihm folgten weitere Kaufleute, die am gleichen Platz Häuser erbauten. In der **Casa Massieu** (Nr. 31) befindet sich heute eine Bildungseinrichtung der Inselregierung – ist sie geöffnet, kann man eintreten und den von Holzgalerien umspannten Innenhof inspizieren. Nebenan befindet sich **Artefuego,** wo aus Glas Kunstobjekte entstehen (Nr. 29, ⇨ Exkurs „Kunst aus Feuer").

Im **Palacio Sotomayor** (Nr. 35) hat die Bananen-Gesellschaft Morriña ihren Sitz; über die angrenzende Passage gelangt man zum benachbarten Kirchplatz mit der **Ermita de San Pedro** aus dem 16. Jahrhundert.

MEIN TIPP: Rastro

Am Sonntag ist die Plaza in Argual Abajo nicht wiederzuerkennen: Zum **Flohmarkt** (9–13 Uhr) trifft sich La Palmas alternative Szene. Unter Eukalyptus- und Lorbeerbäumen werden Neuigkeiten ausgetauscht, dazu verkauft man Secondhand-Kleidung, Kunsthandwerk und Antiquitäten.

◁ Altes Herrenhaus in Argual

Kunst aus Feuer

Auch so etwas gibt es auf La Palma! *Władysław Goźdz,* Meister der Glasmacherkunst aus dem dafür bekannten Riesengebirge, und *Dominic Kessler,* letzter Sprössling einer Glasmacherfamilie, laden in ihrer kleinen **Kunstglashütte Artefuego** auf der Plaza von Argual Abajo jeden Sonntag zu öffentlichen Vorführungen am Glasofen ein: Mit voller Lunge blasen sie in das geschmolzene, mit verschiedenen Farben versetzte Glas, dem sie dadurch die fantastischsten Formen verleihen. Leicht sieht es aus, ähnlich wie Seifenblasen pusten, doch vollzieht sich das Spektakel bei über 1000 °C und erfordert höchste Konzentration. Und weil ihre Werkstatt auf einer Feuerinsel, verschmelzen sie auch Vulkangestein in Kristall und lassen schwarz schillernde Objekte entstehen. Außerdem stellen sie farbenprächtige Schalen und Karaffen, Lampenschirme, Briefbeschwerer und Kugeln her – alles, was das Herz begehrt.

■ **Artefuego La Palma,** Plaza de Sotomayor 29, www.artefuego.com, So 10–14 Uhr, Fr–Mi 10–14 Uhr nur Verkauf, Do geschlossen.

Mundgeblasenes Glas aus Argual

Beliebter Sonntagstreff – der Flohmarkt in Argual

Praktische Tipps

Essen und Trinken

■ **El Rincón de Moraga**③, Llano de San Pedro 6, Tel. 922464564, www.rincon-moraga.com, Di–Sa 13–16 und 19–23 Uhr, So geschl., Mo nur abends. Am schattigen Dorfplatz von Argual, im Anbau der Casa Monteverde, gibt es modern-palmerische Küche in klassisch-stilvollem Ambiente. Standesgemäß teuer, an Winterabenden sehr zugig, deshalb bitte warm anziehen!

Einkaufen

■ **Kunsthandwerk:** Artefuego, ➪ Exkurs „Kunst aus Feuer".
■ **Flohmarkt:** ➪ oben: Rastro.

Ein Kölner Zuckerbaron – Jakob Groenenberg anno 1509

Man staunt nicht schlecht, wenn man in alten Stadturkunden liest, dass das Aridane-Tal, der fruchtbarste Landstrich La Palmas, vor knapp 500 Jahren Deutschen gehörte. Der erste hieß *Lukas Rem,* kam aus Augsburg und war von Beruf Kaufmann. Als Mitglied der Welser, einem der größten Handelshäuser seiner Zeit, stieg er 1509 ins blühende Zuckergeschäft ein. Doch schon kurze Zeit später stellte er ernüchtert fest, dass der Anbau des „weißen Goldes" viel Zeit und Geld in Anspruch nahm. Es galt für ständigen Sklavennachschub zu sorgen, auch verschlang der Betrieb der Zuckerraffinerie enorme Summen. Im gerade erst entdeckten Goldland Amerika winkte schnellerer Gewinn …

Neuer Besitzer der Zuckerplantagen wurde *Jakob Groenenberg* aus Köln. Er war von Anbeginn erfolgreich und verkaufte palmerischen Zucker gleich tonnenweise nach Flandern. In Antwerpen, das damals Teil des spanischen Reiches und wichtige Schaltstelle des internationalen Handels war, nannte man ihn ehrfürchtig „Heer van Canarien". Der mächtige *Groenenberg* zog es vor, unauffällig zu bleiben, denn mittlerweile war auch auf den Kanaren die Inquisition aktiv, alles Fremde war verdächtig. Pragmatisch wie er war, übersetzte er seinen Namen ins Spanische und hieß fortan nur noch *Monteverde.* Sein Erfolg lockte bald auch Kaufleute aus Antwerpen (spanisch: Amberes) auf die Insel; sie investierten in Grundbesitz und betätigten sich als Mäzene. So erklärt es sich, dass fast alle hiesigen Kunstwerke von Rang aus Flandern stammen. Sie wurden im Austausch gegen Zucker, später auch Wein, nach La Palma gebracht.

Ein kleiner Nachtrag: Dem Kaufmann *Groenenberg* hat die rasche Namensänderung nichts genutzt. Der Inquisition, der kirchlich-königlichen Geheimpolizei, missfiel es, dass ausgerechnet ein Ausländer reichster Mann der Insel war. Unter dem Vorwand, er sympathisiere mit der ketzerischen Lehre seines Landsmanns *Luther,* wurde *Groenenberg* alias *Monteverde* 1530 verhaftet und ein Teil seines Vermögens beschlagnahmt. Man warf ihn in den Kerker eines Sevillaner Klosters, wo er ein Jahr später eines jämmerlichen Todes starb. Erst 1545 war der Name rehabilitiert, und gegen die Zahlung einer beträchtlichen Geldsumme wurden *Monteverdes* Söhne sogar vom spanischen König geadelt.

Tazacorte

Durch ein kilometerlanges Gebiet von Bananenplantagen gelangt man von Los Llanos nach Tazacorte. Der 3500 Einwohner zählende Ort thront auf einem Ausläufer des Aridane-Tals, das in steilen Klippen zum Meer hin abfällt. Es lebt sich hier anders als in Santa Cruz oder Los Llanos – nirgends geht es auf La Palma südländischer zu als in Tazacorte und seinem Hafen. Dafür sorgen das stets warme Klima, die farbige Altstadt mit ihren engen Fußgängergassen, vielleicht auch die tolle Aussicht über die Bananenfelder aufs Meer. Wer will, kann in Tazacorte seinen Urlaub verbringen; es gibt mehrere Unterkünfte und Bars, dazu die besten Fischrestaurants der Insel im wenige Autominuten entfernten Puerto.

Rückblick

Tazacorte gilt als der älteste spanische Ort der Insel. In seinem geschützten Hafen ging am 29. September 1492 *Alonso Fernández de Lugo* mit 900 Mann an Land. Es war der Tag des heiligen Michael, des Erzengels und Drachentöters, dessen martialische Pose *Lugo* so gefiel, dass er die Insel kurzerhand nach ihm benannte. Offiziell trägt sie noch heute den Namen „San Miguel de La Palma".

„Tazacorte" heißt „Hof des Tazo" und erinnert an den letzten, von den Spaniern entthronten altkanarischen Herrscher dieses Gebiets. Sobald sich die Konquistadoren ihrer Gegner entledigt hatten, machten sie sich daran, Siedler ins Land zu holen und das fruchtbare Land wirtschaftlich zu nutzen. Auf Plantagen wurde das begehrte Zuckerrohr angebaut und zu „weißem Gold" weiterverarbeitet. Man verschiffte es nach Europa, wo es auf den Märkten mit großem Gewinn verkauft wurde. Nach dem Niedergang von Zucker kam Wein; und als auch dieser keine Abnehmer mehr fand, begann man mit dem Anbau von Bananen, der in der zweiten Hälfte des 20. Jahrhunderts für neuen wirtschaftlichen Aufschwung sorgte.

Sehenswertes

Avenida

Die in weitem Halbrund quer durchs Städtchen verlaufende **Avenida Constitución** teilt Tazacorte in zwei Hälften. Zur Landseite hin ist sie mit Bürgerhäusern bebaut, darüber drängen sich die malerischen Gassen der Oberstadt. Zur Küste hin ist die Avenida offen: Über grün wogende Bananenfelder der Unterstadt schaut man ins Blau von Himmel und Meer. Gern wird auf der Avenida flaniert, vor allem während der hier meist spektakulären Sonnenuntergänge.

Oberstadt

Volkstümlich geht es oberhalb der Straße zu. Da ist zum einen die **Plaza de España,** das Herz von Tazacorte. Blickfang ist der von Bougainvilleen umrankte und bunt gekachelte Laubengang, unter dem ältere *señores* gern ihre Siesta halten, um sich danach im *kiosko* ein Gläschen Wein zu genehmigen.

Neben der prachtvollen Pergola kann sich die Ortskirche kaum mehr entfalten. Die **Iglesia de San Miguel,** 1492 erbaut zu Ehren des heiligen Michael, hat im Laufe der Zeit mancherlei Umbau erlebt, gut getan hat ihr das nicht unbedingt. Erinnert wird in der Kirche an die „Märtyrer von Tazacorte": Das Schiff von 40 Jesuitenmönchen, die in Puerto de Tazacorte einen Zwischenstopp auf ihrer Fahrt nach Brasilien einlegten, wurde von französischen Seepiraten gekapert, alle Missionare kamen ums Leben. Doch im Kampf gegen die Kräfte des Bösen wird das Gute letztendlich siegen; dafür steht der Erzengel Michael, dessen Figur den Hauptaltar ziert.

Keine Stadt auf La Palma hat so viele begeisterte Dominospieler wie Tazacorte. Man sieht sie – nur wenige Schritte entfernt – an der **Plaza de Simón Guadalupe,** manchmal auch am **Stadtgarten,** der über im Gewirr verwinkelter Gassen (Calle Ángel/Morales Pérez) erreichbar ist.

Folgt man der Avenida südwärts und biegt in die Fußgängerstraße Nueva ein, gelangt man zur **Plaza El Morro** mit Rathaus und mehreren Lokalen. In ihrer Mitte schwingt Erzengel Michael, der Dorf- und Inselheilige, das Schwert gegen einen Drachen, umrauscht von Wasserfontänen. Ringsum verströmen mit bunten Mosaiken verzierte Mauern eine kleine Prise Exzentrik – unverkennbar ein Werk von *Luis Morera,* der auch die Plaza de la Glorieta in Las Manchas schuf.

> Blick von der Ober- auf die Unterstadt – mittendrin das Hotel Hacienda de Abajo

Unterstadt

Unterhalb der Avenida liegt inmitten weiter Bananenfelder das **Viertel der Zuckerbarone** mit alten Palästen und Landsitzen; erreichbar ist es über die gegenüber dem Kirchplatz abzweigende Gasse Pérez Galdós (Schild „Casco Histórico"). Biegt man nach wenigen Metern links ab zur parallel verlaufenden Calle Miguel Unamuno, kommt man zum herrschaftlichen Haus **Casa Mas-**

Tazacorte

sieu, das für wechselnde Ausstellungen genutzt wird (Calle Miguel Unamuno 9, unregelmäßig geöffnet). Ein Stück weiter bergab führt rechts ein Fußweg zur **Casa Monteverde** und zum **Waschplatz Los Lavaderos,** links gelangt man zum Bananenmuseum.

Einen Blick lohnt auch das Hotel **Hacienda de Abajo,** das „Gutshaus der Unterstadt" (⇨Kasten), das so originalgetreu wie möglich in vergangene Jahrhunderte zurückführen will.

Bananenmuseum

Das markante, ockerfarbene Haus ist jener Frucht gewidmet, der La Palma seinen Wohlstand verdankte. Man bekommt einen Einblick sowohl in die Aufzucht der Banane als auch in die traditionellen „Nebenkulturen" wie Bohnen, Kürbis und Süßkartoffeln. Die in den Plantagen beschäftigten Arbeiter durften in bestimmten Monaten des Jahres Gemüse für ihre Familie anpflanzen

– Lohnersatz in Form von Naturalien! Im Umkreis des Hauses entsteht ein Themen-Garten, in dem man die verschiedenen Lebensphasen der Banane nachvollziehen kann – vom jungen Strauch bis zur ausgewachsenen, früchteschweren Staude.

■ **Museo del Plátano,** Camino de San Antonio, Mo–Fr 10.30–13, 16.30–18, Sa 11–13.30 Uhr, Eintritt 2 €.

Mojo-Museum

Nebenan soll, sofern es die Finanzlage zulässt, ein Museum eröffnet werden, in dem sich gleichfalls alles um ein Lebensmittel dreht: Hier handelt es sich um *mojo*, jene Soße, die von keiner kanarischen Tafel wegzudenken ist und die in vielen Varianten zubereitet wird.

■ **Museo del Mojo,** Calle Miguel Unamuno s/n (El Charco).

Küstenweg

Die Calle Miguel Unamuno verlängert sich in eine mit Lavaplatten ausgelegte Piste, die durch Bananenplantagen in wenigen Minuten zu einer dramatischen Abbruchkante führt. Wie mit dem Beil abgeschlagen fallen die Klippen ab, tief unten kräuselt sich das Meer. Auf einer Steinbank kann man verschnaufen: Links kann man dem gepflasterten Weg (Paseo del Litoral) noch ein Stück längs der Küste folgen; rechts startet nach wenigen Metern ein abenteuerlicher Treppenweg zur **Playa Nueva** – ein Schild verkündet „auf eigene Gefahr". Tief unten sieht man den schwarzen Lavasand am Fuß der Klippen. Gern wird der Strand (der nicht mit der gleichnamigen Playa bei Puerto Naos zu verwechseln ist) von Surfern genutzt – ein herrlich wilder Flecken!

Hotel voller Kunst – Hacienda de Abajo

So etwas gibt es kein zweites Mal auf den Kanarischen Inseln: Ein Hotel voller Kunst, ein Garten voller tropischer Exoten und ein persönliches Ambiente, das dazu beiträgt, dass man sich rasch zuhause fühlt. Das **ehemalige Gutshaus,** um Anbauten in historisierendem Stil erweitert, steht inmitten von Bananenplantagen zwischen dem Städtchen Tazacorte und der Abbruchkante zum Meer.

Nachfahren der Adelsfamilien *Monteverde* und *Sotomayor,* die seit dem 16. Jahrhundert auf der Insel präsent sind, haben das Hotel mit Kunstschätzen eingerichtet. Mehr als **1000 Werke,** von chinesischen Tang-Statuen aus dem 7. Jahrhundert bis zu Gemälden sevillanischer Meister aus dem 19. Jahrhundert, füllen die öffentlichen und privaten Räume. Sie wirken alles andere als angestaubt: Begrüßt wird der Gast vom Gemälde der hl. Agathe, die statt eines Früchtetellers ein Tablett mit zwei abgeschnittenen Brüsten in Händen trägt. Und so geht es weiter: Porzellan aus Portugiesisch-Indien trifft auf lebensgroße, auf Seide gemalte Chinesen, Delfter Kacheln auf Kandelaber aus feinstem Murano-Glas, spätgotische Madonnen auf antike Buddha-Statuen.

Die 32 Zimmer machen keine Ausnahme. Sie bieten Hochbetten à la Prinzessin auf der Erbse, Sekretäre mit Intarsien, Kristalllüster und Gemälde vergangener Jahrhunderte. Besonders schön sind die Zimmer 17 bis 24 mit direktem Zugang zum Pool-Garten und einem Bad, in dem es statt einer Wanne einen Mini-Pool für zwei Personen gibt.

Das historische Ambiente setzt sich in allen Details fort – vom Porzellan Marke *Cartuja de Sevilla* über nostalgische Wasserhähne bis zu den in goldener Schnörkelschrift geschriebenen Zimmernummern. Selbst im „Badehaus" wird man von Alabasterfiguren antiker indischer Gottheiten begrüßt und schaut aus dem Jacuzzi auf üppige Bananenstauden ... Und die Stunden schlägt eine Glocke vom Türmchen der hauseigenen Kapelle.

■ **Hacienda de Abajo**③, Calle Miguel de Unamuno 11, Tel. 922406000, www.hotelhaciendadeabajo.com. Wegen der vielen Kunstwerke: Adults only!

Praktische Tipps

Info

■ **Touristeninformation:** Oficina de Información Turística, Calle Isidro Guadalupe/Ecke Fernández de la Guerra, Tel. 922480151, www.tazacorte.es, Mo–Fr 10–13.30 und 16–18, Sa 11–13.30 Uhr.

Unterkunft

■ **Isa I & II**②, Calle Progreso 14/Ecke Lomo Blanco, Tel. 922480052, www.apartamentosisa.com. Zweistöckiges Haus an der Südseite des Ortes mit Blick über Bananenplantagen aufs Meer. Der ältere Trakt (Isa I) verfügt über 12, der neuere (Isa II) über 16 freundlich ausgestattete Apartments und eine

Tazacorte

Dachterrasse mit Pool. Bars und Läden liegen ganz in der Nähe. Wer nicht mit Alltours oder anderen Veranstaltern anreist, kann auch individuell buchen – die Rezeption ist Mo–Fr 9–14 und 16.30–19 Uhr, Sa 9–14 Uhr besetzt.

■ **Ap. Atlantis**①-②, Calle Mariano Benlliure 14, Tel. 922406146, www.atlantis-lapalma.com. Beliebtes Haus im oberen Teil der Stadt mit 23 sehr geräumigen, mit hellen Holzmöbeln und Keramikfliesen freundlich eingerichteten Apartments (max. vier Pers.). Es gibt Sat-TV mit vielen deutschen Programmen, die Küche ist gut ausgestattet. Schön und warm sind vor allem die zum Poolgarten geöffneten Wohnungen. Das Haus steht unter der Leitung des engagierten Niederländers *Roel van der Meer*.

Etwas außerhalb

■ **Finca La Cruz**①, La Cruz 16, Tel. 922406016 oder 662048964, www.finca-lacruz.com. Außerhalb vermietet das Schweizer Physiotherapeuten-Paar *Christoph* und *Marja Engel* vier unterschiedlich große, nette Apartments inmitten einer Bananenplantage. Alle haben Terrasse, das größte verfügt gar über drei von Orangenbäumen eingerahmte Balkone (mit Blick sowohl aufs Meer als auch auf die Berge). Die Gäste teilen sich den Garten mit Liegen und Grill. Anfahrt: 700 Meter oberhalb des Ortsausgangs (Richtung Los Llanos, LP-2, Km. 51.8) in eine Asphaltpiste einbiegen, die nach 200 Metern am Haus endet.

Essen und Trinken

Mein Tipp: Carpe Diem②, Calle Nueva 16, Tel. 922 480235, Mi–So ab 17 Uhr, 1.5.–31.7. geschlossen. Kulinarisches Highlight: Die Karte ist klein, dafür sind die Portionen üppig, alles ist frisch und relativ günstig. Vorneweg gibt's gratis hausgemachtes Mandelbrot und Tomatencreme. Danach greift man zur „Variation von Olivenpenade, Auberginenkaviar und Avocado-Tartar" oder zu asiatischen Frischkroketten mit Orangen-Aioli. Vegetarier freuen sich über Gyros aus Seitan und Jogurt-Minz-Soße. Doch es gibt auch Palmerisches. „Die Kanarier haben gute Produkte, doch kommen diese oft lieblos auf den Tisch", so *Holger,* der Koch. Sein Gegenprogramm: Zutaten von der Insel und Rezepte mit Pfiff. Statt grob gehacktem Kaninchen bereitet er Lasagne mit in Rotwein gekochtem Kaninchen-Ragout zu; statt *pescado a la plancha* gibt es bei ihm Seebarschfilet mit Mandel-Mojo. Freundin *Tina* serviert persönlich und souverän.

■ **Marmota**①, Av. de la Constitución 1, So-Abend und Mo geschlossen. Das „Murmeltier" ist ein chilliges Terrassenlokal an der Hauptstraße – ideal für einen Cocktail oder eine Tapa zum Sonnenuntergang! Über Bananenfelder schaut man weit hinaus aufs Meer.

■ Für Snacks und Sandwiches bieten sich Lokale am Rathaus-Kreisel (Lomo Blanco) und rund um die Plaza de España an.

Einkaufen

■ **Vulkanschmuck:** Volcán Verde, Calle Ángel 4, Tel. 9224 80943, www.volcan-verde.com, Sa/So geschlossen. In einer Werkstatt oberhalb der Ortskirche können Besucher beobachten, wie Schmuck entsteht. In den Vitrinen sind Kreationen aus Silber, Lava und Olivin ausgestellt, u.a. Ringe, Ketten und Ohrstecker. Alle Artikel sind wahlweise poliert oder mattiert erhältlich.

Feste

■ **Ende September:** Fiesta de San Miguel. Auf der Plaza feiert man über zehn Tage lang zu Ehren des Schutzheiligen der Stadt. Den Höhepunkt bildet der Umzug von 20 tanzenden Pappgäulen *(caballos fuscos),* angeführt werden sie von einer Giraffe.

484lp gs

◁ Tief unten der Surferstrand Playa Nueva, im Hintergrund der Hafen von Puerto de Tazacorte

Puerto de Tazacorte

Kaum ein Ort der Insel liegt besser: Wo die „Schlucht der Ängste" (Barranco de las Angustias) in einem weiten Delta ins Meer mündet, ducken sich die Häuser von Puerto de Tazacorte unter den knapp 600 Meter hohen Steilwänden. Zwischen den Klippen erstreckt sich einer der wenigen Badestrände der Insel.

Promenade

Scherzhaft wird der Ort „Klein-Rimini" genannt, und tatsächlich kann man ihm ein gewisses mediterranes Flair nicht absprechen. Eine verkehrsberuhigte Promenade zieht sich fast um die gesamte Bucht, in ihrem Nordteil reihen sich Terrassenlokale aneinander. Selbst die ehemalige Fischerkapelle wurde in ein Restaurant verwandelt und heißt heute „Taberna del Puerto" („Hafentaverne"). Viele Häuser sind bunt gestrichen und mit Blumen geschmückt, stehen in scharfem Kontrast zu den Mietskasernen im Barranco.

Strand

Pechschwarz ist die 500 Meter lange **Playa del Puerto.** Sie wird durch Wellenbrecher vor Brandung geschützt – trotzdem sollte man nur bei grüner Beflaggung ins Wasser gehen. Im Sommer ist ein Baywatcher postiert. Duschen er-

Puerto de Tazacorte

lauben es, sich nach dem Bad das Salz von der Haut zu spülen.

Hafen

Am Südrand der Bucht befindet sich der Hafen, der durch zwei massige Molen vom offenen Meer abgetrennt ist. Spaß macht es, diese zu erklimmen und die weite Sicht über die Küste zu genießen. Im Schatten der Mauer haben *kioscos* geöffnet, Terrassenlokale mit Blick auf die im Hafenbecken dümpelnden Kutter und Jachten. Irgendwann sollen von hier Fähren nach El Hierro fahren, schon jetzt starten kleinere Schiffe zu Ausflügen aufs Meer.

Einer der schönsten Inselstrände an der Promenade von Puerto de Tazacorte – besonders schön zum Sonnenuntergang

Cueva Bonita – „schöne Höhle" mit gierigem Schlund

Der kanarische Künstler *César Manrique* nannte sie „die Sixtinische Kapelle der modernen Kunst". Wenn sich das Sonnenlicht auf der Wasseroberfläche spiegelt und das Gewölbe in prächtigen Farben erstrahlt, wirkt die Cueva Bonita, die „schöne Höhle", schlichtweg grandios. Wer möchte das nicht mal mit eigenen Augen sehen? Bei ruhiger See zählen Fahrten entlang der zerklüfteten Küste zu den Höhepunkten eines La-Palma-Urlaubs.

In früheren Zeiten, hört man, flüchteten Fischer oftmals vor Piraten in die Höhle. Während diese ihnen draußen vor dem Eingang auflauerten, konnten die Fischer durch einen geheimen Ausgang aus der Höhle entkommen.

Im Januar 1997 kamen mehrere Besucher von einem Ausflug zur Cueva Bonita nicht mehr zurück. Sie hatten bei stürmischer See an einer Bootsfahrt teilgenommen, die der Bürgermeister von Tijarafe später als „Wahnsinn" verurteilte. 2014 wiederholte sich Ähnliches, allerdings mit glimpflichem Ausgang: Zwei Spanier konnten aufgrund plötzlicher schwerer See die Höhle nicht verlassen. Ihr Boot kenterte in der Cueva Bonita, doch vermochten sich die Männer leicht verletzt auf einen Felsvorsprung zu retten. Der Kapitän eines Ausflugsschiffs vernahm ihre Hilferufe und alarmierte den Rettungsdienst: Ein Taucher-Trupp rettete die Verunglückten in einem waghalsigen, die ganze Nacht währenden Manöver …

Kirche im Tal

Folgt man der Straße von der Küste landeinwärts, gelangt man nach 1,6 Kilometern zur **Ermita Virgen de las Angustias,** der „Kapelle der Jungfrau der Ängste". Sie steht am Rand der Schlucht auf einem großen Festplatz und fällt durch ihre strahlend weiße Fassade ins Auge. Ein Blick ins Innere der meist geöffneten Kirche lohnt sich. Aus der Dunkelheit schält sich der vor Gold strotzende, in barocker Pracht schwelgende Hauptaltar heraus, dessen herrliche Madonnenfigur im 17. Jahrhundert von flämischen Künstlern geschaffen wurde.

Links vom Altarraum wird noch einmal an die „Märtyrer von Tazacorte" erinnert, jene 40 Missionare, die 1570 auf ihrem Weg in die Kolonien vor La Palmas Küste von Piraten getötet wurden. Was von ihnen übrig geblieben ist, wird in einem Reliquienschrein verwahrt (⇨ Tazacorte, Oberstadt).

Puerto de Tazacorte

Praktische Tipps

Unterkunft

■ **La Palma Oficina Turística,** Calle Trasera 5, Tel. 922480287, www.la-palma-tourismus.com. Das Büro dient als Rezeption mehrerer Unterkünfte. Über dem Büro befinden sich ein Apartment② und eine zweigeschossige Maisonette mit Terrasse③. Meerblick aus erster Strandlinie bietet das Ap. Piso Taberna③ über dem Lokal am Paseo, das mit Holzmöbeln und Mahagoniregalen eingerichtet ist.

■ **Ap. Luz y Mar**②, Calle Esplanada 6, Tel. 922 428502. Dreistöckiges Ferienhaus mit 14 Apartments, Dachterrasse und Pool, zu Fuß nur wenige Minuten vom Strand entfernt.

■ **Ap. Orión**②, Av. del Emigrante s/n, www.lapalma-apartamentos.com. Wer mindestens eine Woche bleiben möchte, kann sich mit den deutschen Besitzern von La Fuente in Santa Cruz (Tel. 922 415636) in Verbindung setzen. Vom Apartment Nr. 39 im 3. Stock hat man einen schönen Blick auf den Sonnenuntergang.

■ **Weitere Apartments** in Puerto de Tazacorte findet man auf der Website www.lapalma-apartamentos.com.

Essen und Trinken

Fleischesser sind in Puerto de Tazacorte fehl am Platz – an der Promenade wird Frisches aus dem Meer serviert. Ob das bestellte Gericht Beilagen beinhaltet oder ob diese extra bestellt (und bezahlt) werden müssen, sollte man erfragen.

■ **PlayaMont**③, Av. del Emigrante s/n, Tel. 922 480443, tgl. außer Do 12–16 und 18–23 Uhr, Mi nur mittags, im Juli geschlossen. Palmenbeschattetes Open-Air-Lokal am Südrand der Bucht, teilweise überdacht und seit Jahren sehr beliebt. Alle Zutaten sind frisch und so schonend zubereitet, dass sich der Eigengeschmack entfalten kann. Die Palette reicht vom *cocktail de gambas* mit knackig-fleischigen Garnelen bis zu üppig bemessenen Calamares-Portionen, vom zarten *pescado blanco* (weißer Fisch) oder dem dunklen und festen *pescado azul* (blauer Fisch) bis hin zum edlen rötlichen *alfonsiño*. Freundlicher Service unter dem wachsamen Auge von Señor *Pelayo*, der sein Handwerk auf Kreuzfahrtschiffen in der Karibik erlernte. Von dort, genauer aus Grenada, stammen auch die exotischen Kokospalmen im Garten.

■ **Taberna del Puerto**②, Plaza Castilla 1, Tel. 922406118, www.lapalma-restaurant.info, tgl. 12–22 Uhr. Ehemalige Kapelle direkt an der Promenade, von *Ursula* und *Alexandra* locker geführt. Bei großem Hunger greift man zur *parrillada de pescado y marisco*, einer Riesenplatte mit Papageienfisch, Geißbrasse und Miesmuscheln, teilweise mit Ziegenkäse und *mojo* überbacken und mit in Knoblauch gedünstetem Gemüse serviert. Süßschnäbel wählen als Nachtisch *moreno en camisa* („Mulatte im Hemd"), Rührteigpudding mit Nüssen, der mit Sahne lauwarm serviert wird. Auch wer nur auf ein Getränk vorbeikommt, ist willkommen. Sehr gut schmeckt der *Café Barraquito!*

■ **Teneguía**②, Paseo Marítimo, Tel. 922406136, tgl. 12– 23 Uhr. Statt der rustikalen Strandhütte führt *Ana* nun ein elegantes Lokal mit Edelholzmöbeln und Leinengardinen. Hier gibt es eine große Auswahl an Fisch und Meeresfrüchten, die frisch und in großzügiger Portion serviert werden: von Mini- bis zu Riesengarnelen, Tintenfisch in mehre-

Wandertipp

Wanderung 9 kann – die Kniegelenke schonend – auch unten in Puerto de Tazacorte gestartet werden. Der markierte Weg GR 130/131 startet rechts vom Restaurant Kiosco de Teneguía. Wenn man nicht auf gleichem Weg zurücklaufen will, steigt man oben am Mirador El Time in Bus 100.

ren Varianten, Napfschnecken und Muscheln, Thunfischsalat und -kroketten. Fragen Sie, welcher Fisch empfohlen wird! Günstiges Menü (Gratis-WLAN).
- **Montecarlo**②, Paseo Marítimo s/n, Tel. 922 480533, tgl. 13–23 Uhr. Letztes Lokal an der Promenade, ähnlich wie das Teneguía eingerichtet.
- **El Trébol**①-②, Plaza Castilla s/n, Tel. 922 406066, tgl. 13–22 Uhr. Einfaches Lokal mit Blick auf die Plaza. Man sitzt auf Plastikstühlen und genießt *pescado a la plancha*.
- **Casa del Mar**①-②, Av. del Emigrante 2, Tel. 922480184, tgl. 13–16 und 20–23 Uhr. Lokal der Fischerkooperative im ersten Stock eines Neubaus. Nicht gerade romantisch oder gemütlich, aber die Ware ist frisch und die Portionen sind üppig.

Einkaufen

- **Schmuck:** Arte Lava, Calle El Puerto 4, www.arte-lava.com. Gut verarbeiteter Schmuck aus Lava, Edelstein und Mineralien, dazu Geschenkartikel.

Aktivitäten

Bootsausflüge
Mehrmals täglich starten kleinere Schiffe zu Törns aufs Meer. Angesteuert wird meist die **Cueva Bonita** (⇨Exkurs) – in die Höhle hinein geht es nur bei Ebbe durch zwei Felstunnel. Bei längeren Touren wird – per Schlauchboot – auch die „Schmugglerbucht". angelaufen. Unterwegs gibt es einen Badestopp in einer einsamen Bucht sowie ein Tapas-Menü. Zur Wahl stehen zwei- bis vierstündige Cueva-Bonita-Trips. Auch etwas teurere **Sonnenuntergangstouren** (16 bzw. 18.30 Uhr) sind im Programm.

Whale-Watching-Touren dauern 2 Std.: Zunächst erhalten die Passagiere auf Deutsch Infos zu den Meeressäugern. Dann geht es im flachen, geräusch- und vibrationsarmen Offshore-Boot „Inia", in dem max. 12 Passagiere Platz finden, aufs offene Meer hinaus. Spritzwasserresistente Kleidung ist von Vorteil, auch sollte man wissen, dass man angeschnallt sitzen muss. Sollte sich kein Tier blicken lassen, gibt's das Geld zurück (⇨Exkurs). Es empfiehlt sich, die Fahrt nicht im Voraus zu buchen, sondern am Tag des geplanten Ausflugs zu prüfen, ob das Meer ruhig ist. Bei aufgewühlter See werden empfindliche, zur Seekrankheit neigende Personen den Trip nicht genießen!

- Infos und Tickets zu allen Touren erhält man direkt am Hafen. **Fancy 2,** Mobiltel. 609531376, www.fancy2.com/de. **Bussard/Inia I und II,** Mobiltel. 644161003, www.oceanexplorer.es.

Feste

- **16. Juli:** Fiesta del Carmen. Carmen, die Schutzheilige der Fischer, wird übers Meer gefahren, mit einer langen Bootsprozession im Schlepptau.

◁ Im Hafen von Puerto de Tazacorte

Sanftes Whale-Watching

Wissenschaftler der US-Stiftung Ocean Alive staunten nicht schlecht, als sie in kanarischen Gewässern an einem einzigen Tag gleich acht verschiedene Walarten sahen. Nur an wenigen Orten der Welt, berichteten sie, gäbe es eine ähnlich große Vielfalt. Im Meer vor La Palma werden u.a. der bis zu 15 Meter lange **Pottwal**, der dreimal kleinere **Grindwal** und der bis zu 7 Meter lange **Schnabelwal** gesichtet – dazu der „gestreifte", der „gepunktete" und der „gewöhnliche" **Delfin.**

Vidal Martín, Chef der „Gesellschaft zur Erforschung der kanarischen Meeressäuger", hat rund um die Kanaren mittlerweile 27 Arten (von weltweit 79) gesichtet: „Sie halten sich in den bis zu 4000 Meter tiefen Meerestälern zwischen den einzelnen Inseln auf", erklärt er. Obwohl Wale Nomaden sind, die auf der Suche nach Nahrung die Ozeane der Welt durchpflügen, sind viele in kanarischen Gewässern „sesshaft" geworden. Denn just hier, wo warmes Oberflächenwasser auf kalte Meeresströmungen stößt, werden die tiefer gelegenen, nährstoffreichen Atlantikschichten nach oben geschleust. Und mit dem Tiefenwasser kommen die großen Tintenfische, Lieblingsnahrung der Wale, an die Oberfläche, wo sie sich leichter jagen lassen: Ein Grindwal benötigt 50–60, ein ausgewachsener Pottwal 500–1000 Kilogramm Nahrung pro Tag!

Öfters tauchen die Tiere auf, um Luft zu holen, und pusten durch ihr Blasloch Wasserfontänen nach oben. Da sie neugierig sind, lassen sie sich auch mal „einfach so" blicken. Die kleineren springen über die Wellen und drehen Pirouetten, die größeren schlagen das Wasser mit der Fluke, ihrer Schwanzflosse. Manchmal stoßen sie dabei glucksende, stöhnende und seufzende Laute aus.

Längst hat die Tourismus-Branche die Wale entdeckt. Um die gröbsten Übergriffe zu verhindern, wurde ein **Gesetz zum „sanften Whale-Watching"** verabschiedet. Es verfügt, dass sich das Boot den Tieren maximal auf 60 Meter nähern darf, der Gebrauch von Lautsprechern und Sonden ist verboten. Auch müssen die Reisebegleiter einen „Walkurs" absolviert haben, in dem sie alles Wichtige über die Säuger lernen. Ihr Lernstoff wurde von *Vidal Martín* erarbeitet: „Es liegt mir sehr viel daran, die Tiere den Menschen nahe zu bringen, ihre Welt zu erklären. Denn nur, wenn wir sie kennenlernen und ihre Lebensräume erforschen, können wir die Wale wirksam schützen."

Trotz des Engagements verenden pro Jahr ca. 40 Wale an kanarischen Küsten. „Viele davon sterben eines natürlichen Todes", so *Vidal,* „z.B. an Infektionskrankheiten. Andere dagegen sterben durch den Einsatz von Sonaren, die Kriegsschiffe bei Hochsee-Übungen einsetzen. Es wird angenommen, dass die Tiere durch die Geräte so verwirrt werden, dass sie schlagartig auftauchen und dann an der „Taucherkrankheit", durch zu schnelle Druckentlastung beim Auftauchen, sterben. Wieder andere gehen ein, weil sie in den Schleppnetzen der riesigen Fischtrawler hängenbleiben, mit Fähren kollidieren oder an Plastiktüten ersticken, die sie für Nahrung halten."

Überblick | 171

Don Pedro | 201

El Jesús | 175

El Roque | 183

El Tablado | 202

La Punta | 173

La Zarza | 200

Llano Negro | 197

Las Tricias | 191

Mirador El Time | 172

Puntagorda | 184

Roque Faro | 203

San Antonio del Monte | 198

Santo Domingo (Garafía) | 193

Tijarafe | 177

Die abgelegene Region hat sich all ihre Schönheit bewahrt: üppig grüne Schluchten und wilde Buchten, Drachenbaumhaine, Busch- und Kiefernwald. In den Dörfern, die entlang der LP-1

6 Der Nordwesten

aufgereiht sind, geht der Alltag seinen bedächtigen, bäuerlichen Gang.

◁ Wie urzeitliche Geschöpfe – Drachenbäume bei El Roque

Nordwesten

DER NORDWESTEN – RAU UND ROMANTISCH

Die steil abfallenden Caldera-Hänge sind von tiefen Schluchten durchzogen, die sich in schmalen Felsmündungen ins Meer ergießen. Dank ausreichend Wasser „explodiert" vielerorts die Vegetation. Auf kleinen, dem Fels abgerungenen Terrassenfeldern werden Obst und Gemüse angebaut; die Häuser stehen in üppigen Gärten. Besonders schön präsentiert sich die Region Ende Januar, wenn die Hänge mit rosa blühenden Mandelbäumen gesprenkelt sind. Je weiter nördlich man fährt, desto einsamer und wilder wird es – bis nur noch das Rauschen der Kiefern zu hören ist. Versteckt im Wald, entdeckt man eine der wichtigsten archäologischen Fundstätten der Kanaren: Die spiralförmigen Felsgravuren der Ureinwohner sind so ausdrucksvoll, dass sie kanarische Künstler zu eigenen Werken inspirierten.

Überblick

Der nordwestliche Teil der Insel ist bisher touristisch kaum erschlossen. Je weiter man von der „Schlucht der Ängste" (Barranco de las Angustias) bei Los Llanos nordwärts fährt, desto einsamer wird es. Im Küstenraum liegen liebliche Gärten, weiter oben Mandelbaumterrassen und ausgedehnte Kiefernwälder. Ziegen durchstreifen die Weiden, fast immer begleitet vom palmerischen Hirtenhund. Es ist wohl kein Zufall, dass sich in dieser Region vor allem „Aussteiger"

NICHT VERPASSEN!

- **Mirador El Time:** spektakuläre Weit- und Tiefblicke | 172
- **Tijarafe:** historischer Ortskern mit „Teufelsmuseum" | 177
- **Porís de Candelaria:** versteckte „Schmugglerbucht" | 179
- **El Roque:** Aussichtsplatz mit Drachenbäumen | 183
- **Puntagorda:** Pueblo und Puerto, nettes Dorf und eine Badestelle an wilder Küste | 184
- **Santo Domingo:** Vom Kirchplatz schaut man in die tiefe Nachbarschlucht! | 193
- **La Zarza:** Geheimnisvolle Zeichen aus prähispanischer Zeit in einem verwunschenen Wald | 200

Diese Tipps erkennt man an der gelben Hinterlegung.

niedergelassen haben: Biobauern und Bienenzüchter, aber auch Maler und Musiker, die sich vom Zauber der Landschaft inspirieren lassen.

Hier wird sich jeder wohl fühlen, der **grandiose Naturlandschaften** und vom Tourismus fast unberührte Dörfer sucht; man muss freilich bereit sein, zum Strand lange Anfahrten in Kauf zu nehmen. An der zerklüfteten Steilküste gibt es nur wenige, dafür aber sehr spektakuläre Badeplätze – mehr ein Schauspiel fürs Auge als ein echter Schwimmgenuss. Umso besser kann man wandern, markierte Wege starten vor der Haustür. Die wichtigsten Orte des Nordwestens sind Tijarafe, Puntagorda und Santo Domingo, wo restaurierte Landhäuser, Apartments und Pensionen als Unterkunft bereitstehen.

Mirador El Time

Der Aussichtspunkt verdankt seinen Namen nicht etwa dem englischen Wort *time*, sondern dem altkanarisch-berberischen Begriff für „hoher Fels". Tatsächlich thront der Mirador auf einer 594 m hohen Klippe über dem **Barranco de las Angustias** („Schlucht der Ängste") und bietet einen weiten Blick übers Tal die Küste hinab. Er ist der erste Haltepunkt hinter den endlosen Serpentinen, die aus der Talsohle aufs Gebirgsplateau führen. Dabei markiert die tief eingeschnittene „Schlucht der Ängste" nicht nur eine geografische Grenze, sondern auch die Kluft zwischen dem verstädterten, modernen Aridane-Tal und dem ländlich-abgelegenen La Palma, zwischen dem sonnigen Süden und dem bald rauer werdenden Norden. Man sieht's den Gesichtern der Bauern an, dass hier oben ein anderer Lebensrhythmus herrscht: Sie sind bedächtiger, verbindlicher, aber auch verschwiegener.

Kurzinfo Nordwesten

- **Bank/Post:** in Tijarafe, Puntagorda und Santo Domingo.
- **Gesundheitszentrum:** Centro de Salud Tijarafe, Tel. 922490344; Puntagorda, Tel. 922493059; Santo Domingo, Tel. 922180970; in allen drei Orten gibt es auch eine Apotheke.
- **Taxi:** Puntagorda, Tel. 922493178; Santo Domingo, Tel. 922400103.
- **Bus:** Linie 100 verbindet die Orte entlang der Strecke Tazacorte – Tijarafe – Puntagorda – Santo Domingo. **Fahrplan im Anhang!**

▷ Gehörntes Verkehrshindernis:
Ziegenherde bei La Punta

La Punta

Wandertipp

Mit ⇨ **Wanderung 9** steigt man nach Tazacorte hinab; mit dem markierten Weg PR LP 1/GR 131.1 geht es steil hinauf zum Mirador/Torre El Time und weiter zum Roque de los Muchachos, dem höchsten Inselgipfel (15 km).

Essen und Trinken

■ **Mirador El Time**①, Carretera General LP-1, Tel. 922489083, tgl. ab 8 Uhr. Ein Café mit weitem Ausblick auf Puerto de Tazacorte und das Aridane-Tal. Man sitzt auf der Terrasse und lässt sich Mandelkokos- und Haselnusskuchen schmecken, dazu guten Kaffee *(mezcla especial de la casa)*, flott serviert von *José Manuel*. Nebenan gibt's einen Souvenirladen mit Keramik, Holzarbeiten und kulinarischen Mitbringseln.

Der sonnenverwöhnte Weiler La Punta (LP-1 Km. 92) gehört bereits zur Gemeinde Tijarafe und ist ein guter Standort für Finca-Urlaub. Die Häuser liegen unterhalb der Durchgangsstraße in einer Höhe von 300 bis 450 Metern und sind über eine Straße erreichbar, die an der Kooperative mit dem wohlklingenden Namen „Prosperidad" („Wohlstand") vorbeiführt. Im Ort gibt es einen Tante-Emma-Laden, in dem die Dorfbewohner morgens ihre Post abholen, und einen deutschen Bäcker, der Urlauber mit leckerem Vollkornbrot versorgt. In der Bar am Platz trifft sich vor allem die einheimische Männerwelt.

La Punta fällt über Bananenplantagen vier Kilometer zur Küste hin ab; an der ehemaligen Verpackungsanlage endet

die Straße jäh. Früher wurden von hier Bananen mit einer Seilbahn über mehrere Hundert Meter zur Hafenmole geschaukelt, heute schraubt sich ein spektakulärer, gut ausgebauter „Königsweg" entlang der Steilwand nach Puerto de Tazacorte hinunter (⇨ Wanderung 9).

Unterkunft

Landhäuser

■ **Casa La Esquinita**②, La Punta 9, Tel. 922490 206, buchbar über *Karin Pflieger* (⇨ „Praktische Reisetipps A–Z: Unterkunft"). Schmuckes, mit viel Naturstein und Holz verkleidetes Haus mit Blick über Bananen- und Papaya-Plantagen aufs Meer. Von dem gemütlichen Wohnraum mit offenem Dachstuhl gelangt man in den verglasten Flur, von dem die beiden Schlafzimmer und das Bad abgehen. Es gibt zwei Terrassen, eine davon unter einer schattigen Palme. Die nette Besitzerin, *Carmen Delia*, wohnt gleich nebenan und versorgt die Gäste mit frischem Obst und Gemüse. Anfahrt: An der Cooperativa Prosperidad zur Küste hinunter, nach 450 Metern in die dritte rechts abzweigende Straße einbiegen; nach gut 100 Metern abermals rechts, das Haus befindet sich 200 Meter weiter zur Linken.

■ **Casa El Tributo**②, Calle El Correo 6, buchbar über *Karin Pflieger* (s.o.). Knapp unterhalb von La Esquinita und gleichfalls ganz aus Vulkangestein gebaut. Auf 120 Quadratmetern drei Schlafzimmer, ein Wohnraum mit Essecke, Küche und Bad (max. sechs Pers.). Im großen, mit exotischen Bäumen bepflanzten Garten findet man einen Grillplatz und viele lauschige Winkel. Die nur halb so große, etwas tiefer liegende Casa La Carpintera (El Correo 8) kann auch angemietet werden: mit Wohn-Schlafraum, Küche, Bad und Terrasse für max. drei Personen.

■ **Weitere Häuser für Landtourismus:** oberhalb der Hauptstraße im Weiler Las Cabezadas (bei der Kapelle den Hang hinauf).

Essen und Trinken

■ **La Punta**①, Plaza de La Punta, Tel. 922490697, tgl. außer Do ab 11 Uhr. Gute Hausmannskost in der Dorfbar, entweder an der Theke oder an einem der blitzblanken Holztische. *Pedro* und *Ana Isabel* servieren *carne de cerdo* (Schweinefleisch), manchmal auch Paella und hausgemachten Nachtisch.

Einkaufen

Panadería Artesanal (Bäckerei), Carretera General. Knapp unterhalb der Straße, nahe der Dorfkapelle, verkaufen *Marion* und *Klaus* in ihrem hübschen Haus Vollkornbrot in verschiedensten Varianten – solange der Vorrat reicht –, außerdem Bioprodukte wie Honig, Marmelade und Eier sowie Seife aus Ziegenmilch!

MEIN TIPP:
Mitten in der Natur – Casa Nuria

Toll ist die Lage inmitten der Natur – weit und breit kein Haus, nur Waldhaine und Wiesen, dazu der stete Weitblick aufs Meer über terrassierte Hänge hinweg. Der sympathische Señor *José* hat das Natursteinhaus modern-rustikal eingerichtet: mit Holzfenstern, offenen Balkendecken und Terrakottaböden. Zum Haus gehören zwei Schlafzimmer, Salon, Küche und Bad sowie aussichtsreiche Terrassen. Schön ist auch der wilde Garten mit Kiefern und Mandelbäumen.

■ **Casa Nuria**②, Camino La Barbilla 4-B, Tel. 922460482, www.casanuria.com, buchbar über *Karin Pflieger*, ⇨ S. 308. Anfahrt: Hinter der Kirche an der LP-1 die Straße Recta del Casino hinauf, an der Erdpiste rechts.

El Jesús

Vier Kilometer nördlich von La Punta liegt der Weiler El Jesús. Die Ortsdurchfahrt wirkt etwas blass, doch umso schöner sind die oberhalb gelegenen Hänge: weiße Mandelbaumtupfer auf saftigem Grund, mit Lavamauern gestützte Felder und weiter oben lichter Kiefernwald, dazwischen alte Gehöfte, die für Landurlaub hergerichtet wurden. Naturliebhabern sei ein Abstecher zum Aussichtspunkt Torre del Time empfohlen (nicht zu verwechseln mit dem Mirador El Time): Unmittelbar nördlich der Bushaltestelle (Km. 88) geht es auf einer kurvenreichen Straße, dem Camino El Pinar, ins Bergland hinauf. Nach 4,7 Kilometern folgt die Wegkreuzung Cruz del Llano, wo sich zwei Heiligenschreine gegenüberstehen. Zum Aussichtsturm kommt man über die rechts abzweigende Piste (⇨ Wanderung 10).

Unterkunft

Landhäuser

■ Am Camino El Pinar finden sich rechter Hand mehrere Landhäuser (Nr. 24, 40 und 62, bis aufs erste buchbar über *Karin Pflieger* (⇨ „Praktische Reisetipps A–Z: Unterkunft").

Casa Nuria bei El Jesus – allein in weiter Landschaft

Gestoppter Exodus – Licht am Horizont

„Es fehlte hier an allem", sagt *Juan*, „an guten Straßen, an Schulen und Ärzten, vor allem aber an Arbeit." Jetzt aber scheint es ein Licht am Ende des Tunnels zu geben: „Seit die EU diese gottverlassene Gegend entdeckt hat, geht es aufwärts." *Juan* arbeitet heute im Laden der Kooperative von San Antonio, seine Frau lässt sich zur Verwalterin von Landhäusern ausbilden. Er ist froh, dass sie mit ihren Schafen und Ziegen im Norden ausgeharrt haben und nicht nach Los Llanos oder gar nach Übersee fortgezogen sind.

Keine Familie im hohen Norden, der die Worte „Exodus" und „Emigration" nicht geläufig wären. Die winzigen, den Steilflanken abgerungenen Felder waren schwer zu bestellen, und der kümmerliche Ertrag musste auf halsbrecherischen Pisten in die Stadt gebracht werden. Kein Wunder, dass die Großväter ihr Glück in Kuba, die Väter ihres in Venezuela suchten. Zurück blieben nur die Frauen, die bald den Beinamen „Venezuela-Witwen" trugen. In den vergangenen Jahren hat sich die Lage verbessert: Mit EU-Geldern wurden alte Häuser restauriert, Pisten asphaltiert und die Landwirtschaft unterstützt. Nun hofft man, dass mehr Urlauber den spröden Reiz dieser urtümlichen Region entdecken …

Gut 500 Meter bergauf kommt man zur hübschen, mit Kamin und zwei Schlafzimmern ausgestatteten **Casa Serradero**②. Fast am Ende der Straße, in 1000 Metern Höhe und nahe der Waldgrenze, befindet sich **Ricardos Pajero**②: ein restauriertes Steinhäuschen mit Wohnküche und Schlafzimmer sowie einem winzigen Innenhof mit Grillplatz (zwei Pers.). Señor *Ricardo* lebt gleich nebenan und trinkt mit den Gästen gern ein Glas hausgemachten *vino de tea*.

■ **Casa Tía Rosario**②, El Jesús 18, buchbar über *Karin Pflieger* (s.o.). Zum Wohlfühlen: schönes Haus mit Garten am Hang.

MEIN TIPP: Casa Rosabel②, Camino La Justa 14, Tel. 922 491053, www.8gh com. *Rosabel,* Betreiberin eines Bioladens in Santa Cruz, vermietet auf Wochenbasis zwei restaurierte Natursteinhäuser in einem Obstbaumhain. Beide sind gemütlich eingerichtet, mit Pergola-Terrasse, komfortabler Küche mit altem Rauchabzug, Wohn-Schlafraum mit Kamin, Sat-TV, Musikanlage und Gratis-WLAN. Das Wasser der Bäder entspringt einer Quelle. Mit hervorragenden, hauseigenen Teleskopen lässt sich La Palmas sternenklarer Nachthimmel beobachten – der einstige Hausherr *Göran* war Astrophysiker im Observatorium am Roque de los Muchachos. Anfahrt: An der LP-1 gegenüber Haus Nr. 11 rechts in die Straße einbiegen, am Waschplatz vorbei immer geradeaus und vor Haus Nr. 12 rechts.

Tijarafe

Wandertipp

Mit ⇨**Wanderung 10** geht es über grüne Fluren hinauf zum Aussichtspunkt Torre del Time (nicht zu verwechseln mit dem Mirador El Time, s.o.).

Tijarafe, das langgestreckte, hoch über dem Meer thronende Bauerndorf, wurde erst vor wenigen Jahren von Urlaubern „entdeckt". Kontakt zu den Einheimischen stellt sich leicht her, schnell wird man ins Dorfleben integriert. Dazu findet man alles, was man braucht, entlang der Durchgangsstraße: Banken, Läden und Bars. Oberhalb liegt der Ortskern mit Kirche und Rathaus, unterhalb befinden sich Gesundheitszentrum, Schule und Polizei. Schönes ist auch an der 4 Kilometer entfernten Küste zu entdecken: Am Fuß des Steilhangs versteckt sich eine „Piratenbucht".

Essen und Trinken

MEIN TIPP: Cervecería Isla Verde②, Plaza El Jesús 41/Camino El Salón (LP-1 nahe Km. 88.5), Mi–Mo 12–23 Uhr. Eines der besten und stimmungsvollsten Lokale im Nordwesten! Die Resto-Bar, auffällig ockerfarben gestrichen, befindet sich gleich neben der Bushaltestelle und öffnet sich mit Terrassen zum Meer. *Jolanta* aus Polen und *Gino* aus Belgien bieten kleine und große Tapas-Variationen, u.a. Lasagne mit Spinat, Fleisch und Pilzen, Bratwürstchen und „polnische Täubchen" (Kohlrouladen mit Champignons), dazu hausgemachte Waffeln „nach belgischer Art". Das Besondere aber ist das helle und dunkle Bier aus La Palmas erster hauseigener Brauerei. Die Biere tragen so schöne Namen wie „Pícara" („die Freche") und „Danza del Diablo" („Teufelstanz"). Im Hintergrund erklingt Buena Vista Social Club oder *Paolo Conte* – besonders schön zum Sonnenuntergang!

Ortskern

Über die neu angelegte „Paradestraße" geht es zum Dorfplatz hinauf. Die um 1700 fertiggestellte **Iglesia Virgen de la Candelaria** geht auf eine Kapelle von 1515 zurück. Im Kircheninneren lohnt sich ein Blick auf den barocken Hauptaltar. Dort steht eine anmutige, einen Meter große Marienskulptur mit Jesuskind, die laut Legende „das Licht in die Gemeinde bringt".

Schöne Beispiele für volkstümliche Architektur findet man in der Calle 18 de Julio. Die **Casa del Maestro,** das „Haus des Lehrers", wurde in ein kleines Ethnografisches Museum verwandelt (Mo–Fr 16–19 Uhr), das vor allem dem **„Teufelsfest"** (⇨Exkurs) gewidmet ist: Masken, Figuren und Fotografien veranschaulichen das schaurige Spektakel.

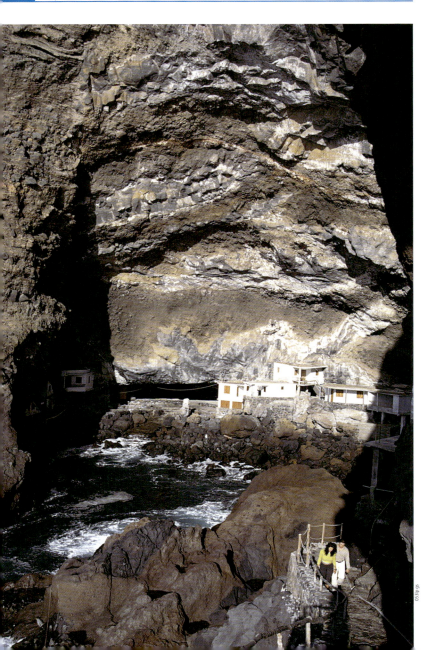

Badebuchten

Zur romantisch gelegenen „Schmugglerbucht" **Porís de Candelaria** führt eine asphaltierte, aber beängstigend schmale und abschüssige, vier Kilometer lange Piste (⇨Wanderung 11). Das Piratenversteck präsentiert sich als riesiger, vom Meer ausgewaschener Felsüberhang, unter dem sich inzwischen einige Ferienhäuschen ducken. Über Stufen steigt man zur kleinen Badestelle hinab.

Eine spektakuläre Badestelle ist auch die **Playa de la Veta,** ein 100 Meter langer Sandstrand am Fuß einer Steilwand. Leider hat es die Anfahrt über eine extrem steile, schmale Straße in sich – bei Gegenverkehr hilft nur beten! Anfahrt: Am nördlichen Ortsausgang, 300 Meter hinter „Moby Dick", folgt man der Calle Tierras Viejas (die sogleich links einknickt) abwärts und ignoriert alle Abzweigungen, bis man nach 1,6 Kilometern zu einem Wassertank gelangt. Hier hält man sich rechts und biegt nach wiederum 1,6 Kilometern links in die berüchtigte Steilstraße ab, die nach knapp drei Kilometern an einem Parkplateau endet. Von hier führt ein Weg in einen 30 Meter langen Tunnel (Lichtschalter, Achtung: herabhängende Felsen!), dann längs eines Geländers zum Strand hinab. Ist die See zum Baden zu aufgewühlt, erkundet man die Küste: In nördlicher Richtung befinden sich eine Bootsanlegestelle und ein zweiter Strand.

Wein und Höhlen

Gut drei Kilometer nördlich von Tijarafe liegt, direkt an der Hauptstraße, die moderne **Weinkooperative** Bodegas Noroeste de La Palma. Winzer aus der Gegend liefern hier ihre Trauben ab, auf dass Profis aus ihnen guten Wein Marke *Vega Norte* keltern. Spezialität der Region ist *vino de tea,* dem die Lagerung im Fass aus harzreichem Kiefernholz seinen herben Geschmack verleiht. Man kann ihn bei einer Gratis-Probe testen! Angeschlossen ist ein Mini-Laden, in dem Kulinaria der Region verkauft werden; nebenan befindet sich das (meist geschlossene) Honighaus Casa de Miel.

An der Bodega zweigt eine schmale Straße ab, die in 3,2 Kilometern zur bizarren Siedlung **Bellido** führt. Ins rötliche Gestein sind so viele Höhlen gekerbt, dass der gesamte Berg wie ein durchlöcherter Käse anmutet. Die Stollen sind mit Eisen- oder Holztüren verbarrikadiert, die vorgelagerten Terrassen wüst und leer – freilich nur werktags. Denn kommt man am Wochenende hierher, kann man eine rauschende Fiesta erleben. So manche palmerische Familie hat ihre eigene Höhle, in der sie den auf den umliegenden Hängen gewonnenen Wein lagert und natürlich auch einmal wöchentlich kostet.

◁ Grandiose „Schmugglerbucht":
Porís de Candelaria

Mirador de Garome und Hoya del Lance

Im Weiler Tinizara bei Km. 80.3 – an der Straße ist ein kleiner Picknickplatz – befindet sich ein **Aussichtspunkt** über der tief eingeschnittenen, gleichnamigen Schlucht. Auf seiner unteren Terrasse, erreichbar über ein paar Stufen, ist der Ausblick noch schöner!

Schräg gegenüber zweigt eine zur **Hoya del Lance** ausgeschilderte Piste ab. Sie führt in gut zwei Kilometern zu einem **Picknickplatz** mitten im Wald – mit Grillstellen, Kinderspielplatz und Blockhütten. Ein kleines **Info-Zentrum** zeigt ausgestopfte Vögel, ein botanischer Lehrpfad (nur auf Spanisch) führt durch den Wald.

Pista del Cabildo

300 Meter hinter der Gemeindegrenze Tijarafe – Puntagorda (Km. 79.3) zweigt rechts die asphaltierte Pista del Cabildo (Camino Traviesa LP-111) ab, die in elf Kilometern durch eine malerische, von Mandelbaum- und Weinterrassen geprägte Landschaft nach Briestas führt.

Picknickplatz Hoya del Lance

Praktische Tipps

Unterkunft

Landhäuser

■ **Casa Las Tierras Viejas**②, Calle Acceso Amiranda, Antiguo Camino Real 51, Tel. 922490335, Landhaus, buchbar über *Karin Pflieger* (⇨ „Praktische Reisetipps A–Z: Unterkunft"). Alle Räume mit offenem Dachgestühl, Terrakottaboden und massiven Holzmöbeln. Im Erdgeschoss befinden sich Wohnzimmer, Schlafraum, Küche und Bad; über eine steile Treppe gelangt man ins Obergeschoss, wo sich ein weiteres Schlafzimmer samt Veranda befindet. Aus dem Gemüsegarten hinterm Haus darf man sich bedienen, die Besitzerin *Ana María* bringt zusätzlich frisches Obst. Und auch einen Pool gibt es! Anfahrt: Am nördlichen Ortsausgang (Km. 85.2), 300 Meter hinter dem aufgebockten Moby-Dick-

Wandertipp

Mit ⇨ **Wanderung 11** geht es zur „Schmugglerbucht". Die Gemeinde hat weitere Wege markiert: Nördlich des Ortes startet an der Ermita de Tinizara der drei Kilometer kurze Camino zur (geschlossenen) Herberge Refugio de Tinizara an der Kreuzung zweier weiterer Wege (PR LP 12.1 und PR LP 10).

Schiff, links auf schmaler Straße hinab, vor dem Haus der Besitzerin (Nr. 28) rechts einbiegen, hinter der Casa Limones rechts in den steingepflasterten Fahrweg einschwenken und kurz darauf abermals rechts.

■ **Casa Dulce**②, Lomo de la Fuente 7, Tel. 922 490226, Landhaus, buchbar über *Karin Pflieger* (s.o.). Señora *Dulce,* die Tankwartin von Tijarafe, vermietet ein kleines, kuscheliges Haus neben dem ihren. Zum Dorfplatz sind es auf steiler Straße 500 Meter. Die 65 Quadratmeter große Casita besteht aus einem Wohnzimmer mit offenem Gebälk, einem Schlafraum und einer gemütlichen Wohnküche, von der man Zugang hat zur windgeschützten Terrasse (max. drei Personen).

■ **Casa El Topo**②, buchbar über *Karin Pflieger* (s.o.). Ein Haus für Genießer: 40 Quadratmeter groß und hoch oben über Tijarafe, eingerahmt von Orangen-, Mandel- und Feigenbäumen. Mit Kamin! Der Besitzer Señor *Gabriel* ist Mitinhaber eines Segelschiffs und nimmt Gäste gern mit auf große Fahrt.

Essen und Trinken

■ **Bodegón San Antonio**①, Carretera General 6, Tel. 922490136, tgl. 6–23 Uhr. Rustikale Bodega mit langer Bar und Insel-Postern. Geboten werden gute Tropfen aus La Palma, in Flaschen abgefüllt

oder vom Fass, dazu appetitliche Tapas, die man sich in der Vitrine aussuchen kann.

Mein Tipp: **La Muralla**②, Ctra. General (Aguatavar), LP-1, Km. 83, Tel. 922695371, www.restaurantlamuralla.com, tgl. außer Mo 13–20 Uhr. Das Restaurant am nördlichen Ortsausgang „schwebt" auf Stelzen über dem Abgrund und ist so konzipiert, dass man aus jedem Winkel über den Steilhang hinweg auf Meer und Himmel schaut. Die minimalistische Architektur aus Holz, Beton und Glas unterstreicht das luftige Ambiente und lenkt nicht ab von der grandiosen Weite. Am schönsten sitzt man auf dem Balkon open air. Auch die Küche von Señor *Misael* kann sich sehen lassen: Auf eine deftige Suppe oder einen Salat folgt bevorzugt frisches Fleisch: Schweinefilet, auf Wunsch süßsauer, mit Champignon- oder Pfeffersoße, lecker auch *nido del pollo:* ein „Nest" aus gerösteten Kartoffelspänen, in dem pikante Hähnchenstreifen mit Austernpilzen lagern. Gut sind die hausgemachten Desserts wie Gofio-Creme oder Feigeneis. Es lohnt sich, nach den Tagesgerichten *(platos del día)* zu fragen, auch ein relativ preiswertes Menü wird serviert.

■ **Kiosco El Diablo**①, Carretera General, tgl. außer So ab 11 Uhr. „Nos vemos en el infierno!" („Wir sehen uns in der Hölle!"): Mit diesem flotten Spruch wirbt der Pavillon an der Durchgangsstraße. Und es ist kein Wunder, dass er zum zentralen Dorftreff aufgerückt ist, hat man hier doch einen tollen Weitblick aufs Meer. Wer Hunger hat, erhält allerlei Deftiges aus der Fritteuse.

Einkaufen

Bioprodukte und Naturkosmetik: Vida Sana, Carretera General 5, Tel. 619840150, Sa-Nachmittag und So geschl. *Lisa* verkauft alles, was ein „gesundes Leben" ermöglicht: frische Vollkornbrötchen, Garafía-Honig und Maulbeerwein, Wein von der Bodega El Tendal in Bellido, Naturkosmetik, aber auch Seidentücher, Lederwaren und Schmuck.

Tijarafe: alte Dorfstraße

El Roque

Der Vorort von Puntagorda ist für seinen **Drago** (Drachenbaum) berühmt. Bereits von der Straße aus (Km. 78.1) ist er sichtbar: Windschief beugt er sich einer Schlucht entgegen, und damit er nicht – wie dereinst sein Zwillingsbruder – vom Sturm entwurzelt wird, hat man ihn mit einem Mäuerchen gestützt. Ein Treppenweg führt zu einem **Aussichtsplatz** im Schatten des Drachenbaums. Von hier schaut man auf Hänge, die mit Mandel- und Orangenbäumen bepflanzt sind, auf Bauerngehöfte aus Naturstein und das am Horizont aufblitzende Meer.

Unterkunft

■ Wer diesen wunderbar idyllischen Blick länger genießen möchte, kann sich in der **Casa Toña** einquartieren, einem Holzhäuschen an der kleinen Kreuzung unterhalb der Straße. Vermietet wird es von *Antonia,* der Besitzerin des Restaurants Virgen del Pino in Puntagorda (Tel. 922493228).

Alle Jahre wieder – Teufel los in Tijarafe

Die fast zweiwöchige **Fiesta del Diablo** von Tijarafe beginnt Ende August noch vergleichsweise „harmlos" mit Wettangeln in der Schmugglerbucht, einem Konzert vor der Dorfkirche, Umzügen und Sportwettkämpfen. Doch dies ist nur das Vorspiel zu einem wilden Spektakel, bei dem es, wie man hört, sogar schon Tote und Verletzte gegeben hat: Ein „wahrhaftiger" Teufel wird auf das Volk losgelassen und tanzt auf riesigen Stelzen Feuer spuckend über den Dorfplatz – wo er hintritt, bringt er Zerstörung. Freilich wird auch bei diesem Fest schließlich das Gute triumphieren: Zu Mariä Lichtmess, am 8. September, bietet Maria – an diesem Tag geboren – dem Teufel die Stirn und „erleuchtet" die Welt. In einer großen Prozession wird ihre Skulptur durch die Straßen getragen; eine theatralische Bibelinszenierung und ein gigantisches Feuerwerk beschließen das Fest. Mehr über Tijarafes Teufel erfährt man in der **Casa del Maestro** (s.o.).

Puntagorda

Von Puntagorda ist es nicht weit zum kühlen Norden – im Winter kommt es hier schon mal zu ein paar Regenschauern. Die Natur dankt's mit grünen Fluren und Feldern. Rund um den Ort wachsen Mandeln und Apfelsinen, doch die Erträge sind gering, gut leben können von der Landwirtschaft nur Wenige. In den vergangenen 20 Jahren sind viele Palmeros in andere Regionen der Insel abgewandert und haben ihre Häuser an Ausländer verkauft. Gegenwärtig liegt die Einwohnerzahl bei etwa 2000. Beim Blick ins Telefonbuch staunt man nicht schlecht – etwa jeder dritte aufgeführte Name klingt deutsch.

Pino und El Pinar

Das in eine anmutige Hügellandschaft eingepasste Puntagorda liegt unterhalb der LP-1; die wichtigsten Ortsteile sind die „ungleichen Brüder" Pino und El Pinar. Pino war lange Zeit ein Hort des Franquismus, El Pinar dagegen eine Bastion der Linken. Noch heute wirken die beiden Ortsteile grundverschieden; daran ändert auch der breite, von Mandelbäumen gesäumte Boulevard nichts, der vom Rathaus nach Norden ausgreift und für „Verständigung" sorgen soll.

Die meisten Besucher bevorzugen **Pino,** das sich rund um das Rathaus und die moderne Kirche San Mauro erstreckt. Im Restaurant Pino de la Virgen treffen sich viele Einheimische, gegenüber gibt es eine hübsche Pension – ein sehr guter Ort, um Urlaub zu machen.

Unterhalb von Pino liegt die Streusiedlung **Fagundo,** auch dort können Landhäuser angemietet werden.

In **El Pinar** vermisst man einen gewachsenen Ortskern. Entlang der Hauptstraße stehen moderne, oft wenig attraktive Bauten; die schöneren Häuser, oft Zweitwohnsitz wohlhabender Ausländer, liegen abseits in den ruhigen Seitengassen.

Aussichtspunkt

Nahe dem Ortskern von Pino liegt der **Mirador de Miraflores,** ein Aussichtspunkt mit Blick auf grüne Felder und Mandelterrassen. Anfahrt: 200 Meter hinter dem Restaurant El Pino rechts einbiegen, dann 300 Meter bergauf.

Kapelle

Alte Chroniken belegen, dass die **Ermita de San Mauro** bereits kurz nach der Conquista errichtet wurde, dem heiligen Maurus zum Dank für seinen Erfolg bei der Unterwerfung der heidnischen Ureinwohner. Der heutige, von einer Kiefer beschattete und kürzlich renovierte Bau stammt von 1811. Der Ort belebt sich in der dritten Augustwoche, wenn im Rahmen eines Festes die Skulptur des Heiligen aus der neuen in die alte Dorfkirche getragen wird.

Anfahrt: 50 Meter hinter dem Restaurant Pino der Straße in Richtung *cementerio* (Friedhof) folgen und nach knapp zwei Kilometern vor Friedhof und gro-

> Unterhalb des Orts – die Ermita de San Mauro

ßem Staubecken rechts einbiegen. 100 Meter weiter hält man sich wieder rechts und erreicht nach 300 Meter auf Piste die Kapelle (nur sporadisch geöffnet).

Hafen

Die Bezeichnung „Puerto" („Hafen") weckt falsche Erwartungen: Nur kleine Fischerboote werden hier ins Wasser gelassen, darüber „hängen" ein paar improvisierte Höhlen-Sommerhäuschen. Es gibt unterhalb der Klippen einen Badeplatz, an dem man – nur zur Sommerzeit, bei absolut ruhiger See – in die Fluten steigen kann. Man sollte äußerste Vorsicht walten lassen – jedes Jahr ertrinken hier Urlauber!

Anfahrt (ausgeschildert „Puerto"): Von der Ermita de San Mauro (s.o.) geht es auf der kurvenreichen Straße weiter bergab. An der Gabelung nach gut 3 km halten wir uns rechts. Vorbei an einem Heiligenschrein mit fantastischem Küstenblick gelangt man zu einem Wendekreisplateau; von dort geht es noch ca. zehn Minuten zu Fuß über 400 (!) Stufen zum **Puerto** hinab.

Weiterfahrt ab Puntagorda

Nördlich von Puntagorda bieten sich zwei Möglichkeiten: Rechts geht es mit der LP-1 über waldreiche Schluchten, vorbei am gottverlassenen Weiler **Hoya Grande** und dem Abzweig der LP-4 zum

Schöne Pension zwischen „Meer und Berg": Mar y Monte

Roque de los Muchachos zur Streusiedlung **Llano Negro** (⇨ „Rund um Llano Negro"). Fast noch reizvoller ist die Nebenstraße LP-114 via **Las Tricias** nach **Santo Domingo.** Bei beiden Varianten besteht die Möglichkeit, auf einer schmalen, steil angelegten Landstraße voller Mandelbäume zum Weiler El Castillo vorzustoßen: Hier locken zwei schöne Ausflugslokale (⇨ Las Tricias).

Praktische Tipps

Unterkunft

In Pino

Mein Tipp: Pensión Mar y Monte②, Pino de la Virgen 7, Tel. 922493067, www.la-palma-marymonte.de. Eine Pension, wie man sie sich schöner kaum denken kann: ins Dorfleben eingebunden, ein guter Ausgangspunkt für Wandertouren und ideal, um andere Leute kennenzulernen. Man merkt dem Haus an, dass es von einem Stadtplaner konzipiert wurde: Hier stimmen Architektur, Komfort und Funktionalität. Die fünf Zimmer sind mit viel Holz behaglich eingerichtet. Es gibt Korbsessel mit Tischchen, ein Waschbecken und Heizung und Betten mit Latex-Matratzen! Begehrt ist vor allem das Bullaugen-Zimmer, in dem man durch ein großes, rundes Fenster das Dorftreiben beobachten kann. Die Gäste teilen sich zwei blitzblanke Bäder, einen Wintergarten und eine gemütliche Küche. Dort wird auch das im Preis enthaltene Frühstück serviert. Es ist so üppig, dass es fast für den ganzen Tag reicht: selbstgebackenes Brot, hausgemachte Konfitüre, Wurst und köstlicher Ziegenkäse vom Nachbarn, dazu ein Kaffee, der in einer gigantischen WMF-Maschine aus den 1950er Jahren zubereitet wird – ursprünglich stand sie in einer Hamburger Konditorei! Zum Haus gehört ein großer, überdachter Patio und eine noch größere Dachterrasse sowie ein Garten mit Liegestühlen. Tipps zum Wandern bekommt man bei den Pensionsbesitzern *Axel* und *Stephan*. Ist in der Pension kein Bett mehr frei, bitte nachfragen im Lokal gegenüber: *Antonia* vermittelt Landhäuser!

In El Pinar

Das Schweizer Paar *Elisabeth* und *Erich Elmer,* seit 1986 im Ortsteil El Pinar ansässig, vermittelt romantische und ruhig gelegene, dabei zugleich preiswerte und komfortable **Ferienhäuser.** Sie sind umgeben von Wiesen und Bäumen und haben freien Blick auf den Atlantik. Nachfolgend eine kleine Beschreibung, weitere Infos im Internet unter www.lapalmaferien.com.

■ **Casa Naranjo**③, Camino del Hondito 9, Tel. 922 493383. Die Casa Naranjo, eines der schönsten Häuser im Nordwesten, thront am Rande eines Seitentals unterhalb von El Pinar und ist durch einen wunderbaren Garten mit Kiwi- und Orangenbäumen vom Haus seiner Schweizer Besitzer getrennt. Es verfügt über eine bestens ausgestattete Wohnküche, ein Schlafzimmer mit offenem Dachstuhl und ein weiteres Wohnschlafzimmer mit Platz für eine dritte Person. Doppeltes Mauerwerk und Fußbodenheizung sorgen in den Wintermonaten für wohlige Wärme; von allen Räumen und auch von der windgeschützten Terrasse aus blickt man aufs Meer hinab. Von der „Hauptstraße", dem Camino del Pinar, links abbiegen in den Camino del Hondito, das Haus befindet sich 400 Meter weiter zur Linken.

■ **Molino Viejo**②, buchbar über *Karin Pflieger* (⇨ „Praktische Reisetipps A–Z: Unterkunft"). Rustikales Natursteinhaus in einem Garten unterhalb des Dorfzentrums – Holzböden und ein Kamin sorgen für Behaglichkeit (Gratis-WLAN und Sat-TV). Der Clou ist die Küche in einer rundum verglasten ehemaligen Bodega nebenan – selbst bei Regen können Sie hier grillen! Bei Sonnenschein erfrischt man sich im Außen-Pool. Und wenn Sie sich das Frühstück nicht selbst zubereiten wollen, können Sie es bei „Pino del Virgen" bestellen, denn das Haus gehört *Antonia,* der Restaurantbesitzerin.

■ **Casa Palmera**②, Tel. 922493383. Mitten im Ort und doch abgelegen – am Rand einer Schlucht: Das efeuumrankte rustikale Häuschen besticht mit handgearbeiteten Kienholzmöbeln und modernem Komfort (Marmorheizung!). Toll ist der Garten, wo man auf Terrassen unter Palmen und Drachenbäumen sitzen und den Blick aufs Meer genießen kann.

■ **Casa Erel**②, Camino del Hondito 13, Tel. 922 493383. Unterhalb ihres Hauses vermietet Familie *Elmer* eine weitere Casa: eingeschossig und in kanarischem Stil, auf einer Hangterrasse über einem Orangenhain. Es besteht aus einem Studio für zwei Personen sowie einem geräumigen Apartment für zwei bis drei Personen. Beide Einheiten sind mit großen Terrassen ausgestattet und haben Meerblick. Geheizt wird mit Schweden-Öfchen, trockenes Holz ist ausreichend vorhanden. Anfahrt wie Casa Naranjo.

Markthalle im Wald

Die Markthalle im Kiefernhain belebt sich am Wochenende, wenn hier der *mercadillo* stattfindet, der **Bauernmarkt.** Er ist zugleich großer Treff, Nachrichten- und Kontaktbörse. Es gibt Obst und Gemüse direkt vom Bauern, Käse und Süßigkeiten, Wein und frisch gepressten Zuckerrohrsaft.

Einmal mehr wird augenfällig, wie viele ökologisch gesinnte deutsche Residenten die Insel bereichern: Unter dem Namen *Palma Pur* vermarktet *Manfred Heinrichs* Likör aus Kaktusfrüchten und Guaven, Bananen und Orangen. Imker *Stephan Braun,* der seit Jahren gegen das Bienensterben kämpft, bietet den Blütenhonig *La Palma Miel. Jana Wenske* stellt mit Kräutern Bio-Kosmetik her, Gleiches tut ihr Mitbewerber unter dem Namen „Palmarom". *Antje Dieckmann* erschafft aus Drachenbaumsamen schönen Schmuck, *Helga Lutz* design formstrenge Ledertaschen ...

■ **Mercadillo,** Aerea Recreativa de El Fayal, Sa 15–19 und So 11–15 Uhr.

Camping

■ **Centro de Naturaleza La Rosa**①, Camino Real Barranquito Hondo 4 (LP-1, Km. 76), Tel. 922 493451, Mobiltel. 649906264, www.airelibrelapalma.org. Nutzbar auch im Winter, regulär geöffnet aber nur im Sommer: Einer der wenigen Campingplätze der Insel, in 1000 Metern Höhe, tagsüber sonnig, abends kühl. Betrieben wird er vom Umweltverein Aire Libre. Wer kein Zelt dabei hat, kann eines ausleihen. Für 30 Personen ist Platz; zusätzlich gibt es 18 Betten in drei *cabañas* (Campinghütten) mit Kochmöglichkeit, Essraum, Solarduschen und Toiletten. Das Camp liegt nördlich von Puntagorda rechts der Hauptstraße (ausgeschildert).

Essen und Trinken

In Pino

■ **Pino de la Virgen**①, Calle Pino de la Virgen 6, Tel. 922493228, tgl. 8–23 Uhr. Beliebtes kanarisches Lokal, von *Antonia* und ihren vier Geschwistern mit Schwung geleitet. Einheimische und Besucher fühlen sich gleichermaßen wohl im begrünten Innenhof, im Kaminraum und auf der überdachten Terrasse. Lokale Folkloregruppen treffen sich hier, aber auch der ein oder andere Besucher greift spontan zur Gitarre. Passend zum Ambiente zeigt sich die Küche: *queso asado* (gebratener Ziegenkäse mit grüner Mojo-Soße) und *conejo en salsa* (mariniertes Kaninchen), als Dessert *tarta de la casa* (Mandeltorte) oder *bizcocho con almendro y nata* (Mandelsahnecreme). Zum Schluss ein hausgemachter Obstlikör, und als Mitbringsel vielleicht eine Packung *almendrados,* leckere Mandelmakronen!

In El Pinar

■ **Jardín de los Naranjos**②, Cuatro Caminos 33, Mobiltel. 619571125, www.jardindelosnaranjos.com, Di–Fr 18–23, Sa–So 13–23 Uhr. Eine Bereicherung der örtlichen Gastro-Szene: Señora *Dácil* serviert typisch Palmerisches wie Kürbiscremesup-

pe und Kaninchen in Tomaten-Zwiebelsoße, aber auch „Importe" wie Gemüse-Couscous und Tagliatelle mit Garnelen. Wer etwas Besonderes probieren will, greift zu „Tigermuscheln": pikant gefüllt mit Kräutern und Muschelfleisch, dann paniert und überbacken. Alles Gemüse kommt aus *Dácils* Garten, die Eier stammen von ihren frei laufenden Hühnern und die Molkereiprodukte von befreundeten Bauern. Mit leinengedeckten Tischen und Blumenarrangements gibt sich das Lokal fein, das Ambiente bleibt freundlich-familiär. Am Wochenende empfiehlt es sich zu reservieren.

Einkaufen

Bioladen

■ **La Calabaza,** Camino del Pinar 52, Tel. 922 493473, Mo–Fr 9–14 und 17–19, Sa 9–15 Uhr. Der bestens sortierte Bioladen (*calabaza* = Kürbis) wurde in einem Fin-de-Siècle-Haus im Ortsteil El Pinar eingerichtet. Gemüse und Obst kommen von der Bio-Finca der Besitzerin *Gabi*, außerdem gibt es u.a. Brot, Ziegenjoghurt, Honig aus Garafía, Salz-Mischungen aus Fuencaliente, Bio-Käse und getrocknete Bananen aus Puntagorda. Wenn man Glück hat, ist *Silvia* im Laden, eine Ernährungs- und Gesundheitsberaterin, die ihr Wissen gern weitergibt.

Lederwaren

■ **La Palmerita,** Calle Pino de la Virgen 7, Tel. 922 493108, www.lapalmerita.com, unregelmäßig geöffnet. *Helga Lutz* bietet in ihrem Atelier (1. Stock) Artikel, die auf La Palma hergestellt wurden: archaische Keramik, Radierungen, Holzschnitzereien, Kleidung aus pflanzengefärbten Stoffen, maßgeschneiderte Lederhosen, Rucksäcke, Gürtel und Sandalen.

Feste

■ **Ende Januar/Anfang Februar:** Fiesta del Almendro (⇨Exkurs).

Selbst im abgelegenen Puntagorda muss man auf Bio-Kost nicht verzichten

Loblied auf eine Frucht – das Fest der Mandelblüte

Die Fiesta del Almendro en Flor ist für die Palmeros eines der wichtigsten Ereignisse des Jahres. Die ganze Insel kommt für zwei Tage nach El Pinar, um alte Freunde wiederzusehen und von den gerösteten Mandeln des Vorjahres zu naschen. Zwei volle Tage herrscht Ausnahmezustand: Wein darf in Strömen fließen, und es wird getanzt bis zum Morgengrauen. Das genaue Datum des Festes wird stets erst wenige Wochen zuvor, abhängig vom Stand der Mandelblüte, festgelegt. Wer dabei sein will, sollte sich das letzte Wochenende im Januar vormerken, doch vielleicht fällt das Fest auch auf das erste oder zweite Wochenende im Februar. Aber noch aus einem anderen Grund lohnt es sich zu kommen: Die besten Folkloregruppen des gesamten Archipels geben sich in Puntagorda zum Mandelblütenfest ein Stelldichein.

Las Tricias

Es ist noch nicht lange her, da war das Dorf durch den gewaltigen **Barranco de Izcagua** fast vollständig von der Außenwelt abgeschnitten. Man brauchte schon einen triftigen Grund, um sich der Holperpiste anzuvertrauen, die nach jedem Unwetter abzurutschen drohte. Durch die Asphaltstraße ist Las Tricias an die Zivilisation herangerückt, und es ist nur eine Frage der Zeit, bis immer mehr Urlauber diesen idyllischen Flecken entdecken werden.

Auf grünen Terrassen stehen alte, aus Vulkangestein errichtete Gehöfte, die Fenster sind zum Meer hin ausgerichtet. Etwas zu groß geraten ist die Kirche, die nur zur Sonntagsmesse geöffnet wird. Gegenüber befindet sich ein winziger Spar-Laden, der den Männern des Dorfs zugleich als Bar dient – hier verbringen sie ihre Tage bei einem Gläschen Wein und beim Kartenspiel (Mi geschl.).

Praktische Tipps

Unterkunft

■ **Casa Cruz de las Tricias**②, Cruz del Llanito, Tel. 922400078, auch buchbar über *Karin Pflieger* (⇨ „Praktische Reisetipps A–Z: Unterkunft"). 600 Meter nördlich vom Ortskern liegt das nostalgische Herrenhaus am Schnittpunkt alter Königswege. Vier Personen können hier gut wohnen: Die beiden Schlafzimmer mit Dielenboden sind einfach, aber behaglich; es gibt einen Wohn- und Essraum mit verspieltem Mosaikboden, eine verglaste Veranda, eine Küche mit originalem Rauchabzug und ein geräumiges Bad (mit Waschmaschine). Von der Terrasse mit Palme und Drachenbaum genießt man den Sonnenuntergang überm Meer – und vielleicht kommt auch ein Hirte mit seinen Ziegen vorbei ... *Moncho,* der Besitzer, lebt mit seinen Schwestern und Dutzenden von Katzen und Hunden nebenan.

■ **Casa Los Cardones**②, La Pelada s/n, buchbar über Isla Bonita (www.islabonita.es). Knapp zwei Kilometer vom Ortskern entfernt: ein direkt oberhalb der Straße nach Santo Domingo gelegenes Haus für drei bis vier Personen mit schönem Obstgarten.

■ **Casa Maria Presentación**②, El Castillo s/n, buchbar über *Karin Pflieger* (s.o.). Für Gäste, die motorisiert sind und die totale Einsamkeit lieben: In reizvoller Landschaft liegt das kleine, für zwei bis drei Personen eingerichtete Haus mit Dachterrasse und herrlichem Blick über Mandel- und Kiefernbäu-

---

Wandertipp

Die Gegend um Puntagorda ist reich an Mandelbaumterrassen und Weinbergen. Auf dem **Cabildo-Weg GR 130** wandert man via Las Tricias nach Santo Domingo (und fährt von dort mit Bus zurück). Wer nur das schönste Teilstück laufen will, klinkt sich in Las Tricias ein und verbindet die Tour mit einem Abstecher zu den **Buracas-Höhlen** (⇨Wanderung 13). Vom Campingplatz nördlich Puntagorda schraubt sich der **Camino de la Rosa** (PR LP 11) durch Kiefernwälder zum Roque de los Muchachos hinauf; eine Variante führt zum Waldgasthof Las Briestas (⇨Wanderung 12).

Wer die Schönheit der Umgebung im Rahmen einer einstündigen Runde kennen lernen will, folgt von der Markthalle in El Fayal aus dem **Naturlehrpfad** *(sendero autoguiado A La Vera del Gran Barranco de Izcagua).*

Wandertipp

Die Felszeichnungen im **Barranco de Buracas,** noch vor gar nicht langer Zeit Zufluchtsort junger Aussteiger, zählen zu den beliebtesten Ausflugszielen der Region (⇨Wanderung 13). Schön und problemlos ist auch die Wanderung auf dem rot markierten Cabildo-Weg GR 130 durch eine malerische Landschaft nach Santo Domingo; zurück kommt man mit dem öffentlichen Bus. Mit Hilfe der Cabildo-Wanderkarte lassen sich viele weitere Touren konstruieren: z.B. eine Bergtour als Zusammenschnitt der Bausteine SL VG 55 (hinauf zur Traviesa), PR LP 10 („La Traviesa"), PR LP 11 („Camino de la Rosa") und GR 130 (zurück zum Ausgangspunkt). Ein Faltblatt aller Wege sollte in den Unterkünften der Region erhältlich sein, siehe auch www.senderosdelaapalma.com.

me aufs Meer. Anfahrt: drei Kilometer nordöstlich von Las Tricias auf der zum Weiler El Castillo bzw. zum Restaurant Azul ausgeschilderten Asphaltstraße hangaufwärts.

Essen und Trinken

Im einsam-romantischen **Weiler El Castillo,** drei Kilometer nordöstlich Las Tricias (achten Sie an der LP-114, Km. 3.9, Las Tricias – Santo Domingo, auf die Ausschilderung!) haben zwei ausgefallene Lokale nebeneinander am Wochenende geöffnet:
■ **Azul**②, Plaza del Castillo 13, Tel. 922400660, www.restaurante-azul-lapalma.com, Sa/So 13–22 Uhr. Auch unter *Inas* Leitung eine gute Adresse. Vorneweg gibt's hausgemachte Patés und mediterrane Antipasti, danach Kaninchen, Ente und Lamm sowie Veggie-Gerichte. Köstlich zum Abschluss „Roberts österreichischer Apfelstrudel" und die hausgemachte Schoko-Torte. Wer sich nicht entscheiden kann, wählt das viergängige Menü. Holztüren dienen als Tische und an kühlen Tagen flackert ein Kamin.
Mein Tipp: **Tasca El Castillo**②, El Castillo 13, Tel. 922400036, www.tascaelcastillo.com, Do, Fr, So 14–22 Uhr (Sa vorerst nur für größere Gruppen nach Voranmeldung). Wunderbar ist die Stimmung bei *Dorit* und *Eo* gleich nebenan: Von der Gartenterrasse blickt man über grüne Steilhänge aufs Meer, besonders schön ist es zum Sonnenuntergang! Und auch bei kühlen Temperaturen kommt man gern in die Tasca. Dann nimmt man im kaminbefeuerten „Wohnzimmer" Platz und studiert, während man aufs leckere Essen wartet, die witzigen Bilder an der Wand: Der Karikaturist *Ernst Kahl,* ein Freund der Familie, hat die „beleidigte Leberwurst" und den „Hasenrücken in Rotwein" wörtlich genommen. Programmatisch steht auf einem nostalgischen Foto: „Wer sich nicht wehrt, endet am Herd!" Und dann wird das feine Essen serviert: Vollkorn-Bruschettas und -Crêpes, Tagliatelle und Gnocchi, Fleischspieße, Hühnerbrustfilet und wunderbare Soßen! Dazu Inselwein und Obstliköre.

Einkaufen

■ **Kunsthandwerk:** Centro Artesanal La Tahona, LP-114, unregelmäßig geöffnet. In einer historischen Mühle am Kirchplatz verkaufen Kunsthandwerker der Region, was sie hergestellt haben: far-

▷ Auch so kann ein Briefkasten aussehen – oberhalb von Las Tricias

Santo Domingo (Garafía)

benfrohen Schmuck aus Papier, Wolle und Garn, Originelles aus Leder, Lavaschmuck, Stick- und Webarbeiten und vieles mehr.

Feste

■ **15./16. Juli** und **Ende August:** Fiesta de Judas. Das Fest zu Ehren *Carmens* beginnt mit einem großen „Judas-Spektakel". Da man glaubt, der Apostel sei schuld an allen bösen Dingen, die im vorangegangenen Jahr geschehen sind, macht man ihm einen (kurzen) Prozess: Nachdem er sein Testament verlesen hat, wird er auf dem Kirchplatz verbrannt. Derart „gereinigt" können sich die Bewohner auf die eigentliche Fiesta vorbereiten. In der zweiten Augusthälfte findet sie statt.

Santo Domingo ist die Hauptstadt der Gemeinde Garafía und liegt auf einem Plateau hoch über der vom Meer zernagten Steilküste. Im Sommer pfeift der Wind über die Hänge, im Winter türmen sich die von atlantischen Tiefausläufern herangetragenen Wolken zu dichten Bänken auf. Den Besucher umgibt eine herbe, melancholische Landschaft, die ihren Reiz aus den verschiedensten Grünschattierungen gewinnt.

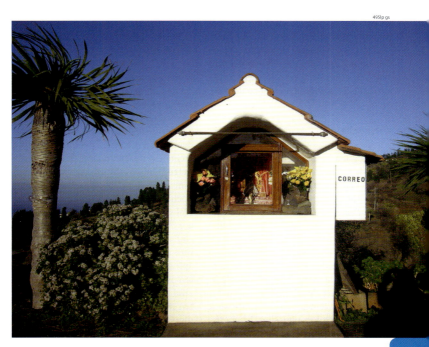

Wären da nicht die Palmen und Drachenbäume, fühlte man sich nach Irland oder ins nordspanische Galicien versetzt.

Die Bevölkerungszahl hat sich in den letzten 50 Jahren mehr als halbiert, doch ein Ende der Landflucht ist in Sicht. Der **Turismo Rural** wurde als neue Erwerbsquelle entdeckt – er soll helfen, die junge Generation im Ort zu halten. Vor allem Frauen werden beim Streben nach Selbstständigkeit unterstützt.

EU-Gelder wurden auch für die Verschönerung des Kirchplatzes genutzt, der wie ein prächtiger Balkon über dem Meer hängt. Kopfsteingepflasterte Gassen führen hangaufwärts zu restaurierten Landhäusern, die darauf warten, von Ruhe suchenden, naturverbundenen Urlaubern entdeckt zu werden. Allerdings hat die Gemeindeverwaltung auch ganz andere Pläne in der Schublade: Im Weiler Don Pedro möchte sie einen *complejo bioclimático* bauen, ein Kurhotel mit 600 Betten. In Zeiten der Krise ist an eine Realisierung freilich nicht zu denken.

Ortskirche

Die strahlend weiße **Iglesia Nuestra Señora de la Luz** ist der Blickfang der zentralen Plaza. Um 1550 als schlichte Kapelle erbaut, wurde sie im 17. Jahrhundert zu einer großen zweischiffigen Kirche erweitert. Eine uralte Holztür führt in das düstere Innere. Der Altar ist in rötliches Licht getaucht; es fällt durch ein bleiverglastes Fenster und lässt die verehrte Figur der Virgen de la Luz (Mariä Lichtmess) hervortreten. Über dem Altar wölbt sich fein gearbeitetes Tafelwerk im Mudejar-Stil in typischer, geometrischer Verschränkung. Sehenswert ist auch ein etwas angegrautes Gemälde im rechten Seitenschiff, das die wundersame Rettung eines Schiffes aus Seenot darstellt: Dem Tod geweihte Männer in peitschender Gischt klammern sich an zerborstene Planken.

Museum

Das ockerfarben getünchte Herrenhaus am Ortseingang ist die **Casa de Cultura**. Unregelmäßig geöffnet ist das Ethnografische Museum, in dem die Geschichte des Dorfs von der prähispanischen Zeit bis zur Gegenwart veranschaulicht wird.

■ **Centro de Interpretación Etnográfico**, Calle Díaz y Suárez s/n, meist Mo–Fr 10–13 Uhr.

El Calvario

Einen Kilometer südlich von Santo Domingo, an der LP-114 nach Las Tricias, zweigt rechts eine Asphaltpiste zum *cementerio* (Friedhof) ab. Am hinteren Ende der Friedhofsmauer, direkt hinter dem Schild „carretera peligrosa", beginnt rechts ein unscheinbarer Pfad, der zum **Petroglyphenfeld** El Calvario hinabführt, einem prähispanischen Kultplatz hoch über dem Meer – und wieder einmal staunt man über das sichere Gespür der Altkanarier für spektakuläre Orte. Auf aufgelassenen Feldern stehen mehrere rundliche Steine, in die beidseitig Spiralmuster geritzt sind. Am auffälligsten ist ein rötlicher „Seelenstein" mit zwei Augenlöchern und einem gebohrten Mundloch, durch das – so glaubten die Ureinwohner – die Seele ein- und ausfliegt.

El Puertito

Vom Friedhof windet sich die Asphaltpiste noch zwei Kilometer durch eine rau-herbe Landschaft zu einem Parkplateau mit Mirador hinab, wo sich ein herrlicher Blick auf die Steilküste und mehrere vorgelagerte Felseilande bietet. Ab hier geht es nur noch zu Fuß weiter: Über einen Serpentinenweg gelangt man

Santo Domingo de Garafía – Ort der Verbannten

Die Hauptstadt der Gemeinde Garafía muss sich zur Zeit mit der Änderung ihres Namens abfinden. Noch vor gar nicht langer Zeit war der prähispanische Name der Gemeinde zugleich der Name des Ortes oder doch zumindest in diesen integriert: Man sprach von „Garafía" oder auch von „Santo Domingo de Garafía". Vielen Bewohnern gefällt es nicht, dass ihr geliebter Ort nun „Santo Domingo" heißen und so seiner altkanarischen Wurzeln beraubt werden soll. Warum beharren die Menschen hier so stark auf der Anbindung an Vergangenes?

Es hat etwas mit ihrer Herkunft zu tun. Denn nach der Conquista haben im „wilden" Nordwesten mehr Ureinwohner überlebt als in anderen Teilen der Insel. Weil kaum einer der neuen spanischen Herren darauf erpicht war, in dieser unwirtlichen Gegend eine Existenz zu gründen, durften die Altkanarier bleiben. Sie wurden als Schafhirten und Holzfäller geduldet. Zu ihnen gesellte sich eine Handvoll portugiesischer, von der Iberischen Halbinsel vertriebener Juden. Aufgrund der Isolation blieben die berberischen Züge in den Gesichtern vieler Einwohner bis heute erhalten, und auch den „garafianischen Schäferhund" gibt es noch: Ihm allein vertraut der Hirte seine Herde an.

Bis vor Kurzem war die Gemeinde vom Rest der Insel weitgehend abgeschnitten. Nach Santa Cruz führte nur eine Holperpiste, die Verbindung mit Los Llanos bestand über Caminos Reales, gut ausgebaute Fußwege. Manchmal wurden Waren auch verschifft – doch von der winzigen Mole aus gelang das nur bei absolut ruhiger See. Heute hat sich für die Bewohner vieles verändert, gut ausgebaute Straßen führen nach Los Llanos und die Nordküste entlang. Dennoch bleibt das Gefühl der Abgeschiedenheit erhalten. Muss ein altes Mütterchen zum Arzt nach Santa Cruz, sagt sie noch immer: „Ich fahre nach La Palma" – als handelte es sich um eine andere Insel, ganz weit fort ...

Santo Domingo (Garafía)

> ### Wandertipp
>
> Überquert man den Kirchplatz nordwärts und hält sich dann rechts, steht man sogleich vor einem tief eingeschnittenen Barranco mit Drachenbäumen, verwitterten Steinhäusern und Höhlen. Hier startet ein schöner Wanderweg entlang der Steilküste nach **El Palmar** (⇨ Wanderung 16).

mann, die Ketten aus Drachenbaumsamen herstellt, vermietet eine kleine *casita* neben ihrem Haus. Am Wanderweg nach El Palmar, versteckt in einer Schlucht, nur wenige Gehminuten vom Ortszentrum.

■ Weitere Landunterkünfte vermietet Isla Bonita im vier Kilometer entfernten Ortsteil La Piedra (Casa La Piedra, Casa La Herbilla) sowie oberhalb von El Palmar (Casa El Jaral).

Santo Domingo: auf dem Weg zum Puertito

in gut zehn Minuten zum Puertito hinunter, einer **Anlegestelle** mit einer Handvoll Fischerbuden und aufgebockten Booten, die freilich nur bei ruhiger See zu Wasser gelassen werden.

Praktische Tipps

Unterkunft

Landhäuser

■ **Lomo de la Cruz**②, Tel. 922254249, buchbar über *Karin Pflieger* (⇨ „Praktische Reisetipps A–Z: Unterkunft"). Kleines, nur 50 Quadratmeter großes Landhaus oberhalb des Dorfs für zwei bis drei Personen. Direkt am Haus starten markierte Wege.

■ **Casa El Barranquito**②, Calle Ramón y Caja s/n, buchbar über Isla Bonita (www.islabonita.es). Ein uriges Steinhäuschen knapp oberhalb des Dorfplatzes, ideal für zwei Personen. Der ehemalige Viehstall wurde zur Küche ausgebaut, vom Schlafzimmer schaut man in den Barranco de la Luz.

■ **Casa Drago**①, Barranco de la Luz 3, Tel. 922 400407, www.artesania-drago.de. *Antje Dieck-*

Essen und Trinken

■ **Bar Plaza** ①, Plaza de Baltazar Martín, Tel. 922 400015, tgl. außer Di 11–15 Uhr. Bar in einem alten Herrenhaus am zentralen Platz. Einheimische treffen sich am liebsten an der Theke, die Touristen sitzen meist draußen. Gut schmeckt *queso de cabra* (Ziegenkäse), den es auch *ahumado* (geräuchert) gibt. Preiswertes *Menú del día!*

Feste

■ **5. Januar:** Misterio/Los Reyes Magos. Auf dem Kirchplatz wird die Bibelgeschichte von den Heiligen Drei Königen als Mysterienspiel in Szene gesetzt.

Rund um Llano Negro

Eine kurvenreiche Straße schlängelt sich von Santo Domingo hinauf ins Gebirge. Nach 8,7 Kilometern kommt man zu einer wichtigen Kreuzung, die auf vielen Karten nach dem nahe gelegenen Weiler Llano Negro benannt ist. Rechts geht es zum Observatorium bzw. über den Waldgasthof Briestas nach Puntagorda, links über San Antonio del Monte zum Archäologischen Park La Zarza und nach Roque Faro.

Essen und Trinken

■ **Kiosco Briestas**①, LP-1 (Briestas), Tel. 922 434373, tgl. außer Di 11–19 Uhr. Den Waldgasthof Briestas auf halber Strecke zwischen Llano Negro und Puntagorda gibt es schon seit über 25 Jahren. Im großen Speisesaal mit seinen Baumstümpfen, den herabhängenden Farnen und dem Vogelgezwitscher spürt man die Nähe zum Wald. Herrlich warm sitzt es sich nahe dem Kamin. Holzbänke sorgen dafür, dass man den Nachbarn am Tisch näherkommt. Spezialität des Hauses ist *caldo de trigo* (Weizensuppe), doch die anderen Eintöpfe sind nicht minder deftig. *Coromoto* und *Toño* servieren auch Fleisch aus der Region, am liebsten pikante Ziege und Kaninchen, dazu passend den harzigen *vino de tea* vom Fass.

■ **El Bailadero**①, LP-1 (Hoya Grande), Tel. 92240 0257, tgl. außer Mo 13–21 Uhr (Küche bis 17 Uhr). Und noch ein gutes Lokal in dieser abgeschiedenen Ecke! Der Name „Bailadero" („Tanzboden") erinnert an das, was früher hier geschah – heute bietet Señor *Mauro* deftiges Schweine- und Ziegenfleisch, gegrillten Ziegenkäse und Eintopf, am Wochenende auch den seltenen *potaje de jaramagos*, der aus einem farnartigen Waldkraut zubereitet wird. Für eine kleine Erfrischung bieten sich frisch gemixte Obstsäfte an.

San Antonio del Monte

Seinen klangvollen Namen erhielt der Weiler San Antonio del Monte von eingewanderten portugiesischen Juden. Sie ehrten damit den Schutzheiligen ihrer Heimat, den Patron aller Tiere. Seit Jahrhunderten leben die Bewohner von **Schafzucht.** Die Hirten kennen jeden Stock und Stein, wie es heißt, können sie ihre Tiere an der Art des Glockengebimmels unterscheiden. Mit ihrem *zurrón*, einem Ledersack für den Proviant, und dem Stab, den sie *garrote* nennen, durchstreifen sie die Insel auf der Suche nach Weidegründen.

Unterkunft

■ **Albergue de San Antonio del Monte**①, buchbar über die Cooperativa Andén Verde, Los Guanches s/n (Santo Domingo), Tel. 922400444. Die mit EU-Geldern restaurierte Herberge liegt in 1100 Metern Höhe und verfügt über 48 Plätze in Schlafsälen. Vorerst können sich hier leider nur Gruppen einquartieren.

Essen und Trinken

■ **La Mata**①, La Mata, Tel. 922400074, Di–So 11–19 Uhr. Im weiter östlich gelegenen, gleichnamigen Weiler befindet sich dieses Ausflugslokal aus Uraltzeiten. Es füllt sich nur am Wochenende, wenn die Einheimischen „einfallen". Ist's warm, sitzt man im Garten; ist's kühl, muss man sich auch drinnen warm anziehen. Gut schmecken Weizensuppe *(potaje de trigo)* und Fleisch vom Grill, dazu ein Gläschen *vino de la tea*.

Einkaufen

■ **GASAM,** Carretera General LP-1 (von Llano Negro ostwärts Richtung Barlovento, Abfahrt San Antonio, dann erstes Haus rechts), Mo–Mi 9–14 Uhr, Fr–So 10–18 Uhr. Der in San Antonio hergestellte Ziegenkäse gilt als der beste der Insel; in diesem blitzblanken Laden gibt es ihn geräuchert, frisch und gereift, außerdem appetitliches Fleisch, Gemüse und Obst. Alle Produkte stammen von Bauern und Viehzüchtern der Region, die sich zu einer Kooperative zusammengeschlossen haben, den Ganaderos Artesanos de San Antonio del Monte.

Feste

■ **Um den 13. Juni:** Fiesta de San Antonio del Monte. Auch das **Dorffest** hat mit Tieren zu tun: Auf dem weitläufigen Platz rings um die Kapelle (vom GASAM-Laden der Stichstraße einen Kilometer folgen) findet alljährlich zu Ehren des Schutzheiligen ein grandioser **Viehmarkt** statt. Fast alle Bauern der Insel treffen mit ihren Ziegen, Schafen und Kühen ein, die zum Abschluss prämiert werden. Es wird gefeilscht und getauscht, gezecht und geschmaust – der Geruch von gegrilltem Fleisch, Räucherkäse und harzigem Wein durchdringt die Luft. Dazu Schießbuden, Glücksräder und schräge Musik mit Waschbrett und Akkordeon.

◳ Auf dem alljährlichen Viehmarkt in San Antonio del Monte – verkauft wird alles, was vier Beine hat

La Zarza

Märchen-Trip in die Vergangenheit: 700 Meter östlich des Abzweigs San Antonio del Monte kann ein **Archäologischer Park** mit Felsinschriften aus prähispanischer Zeit besichtigt werden. Im Besucherzentrum am Eingang erhält man Einblick in altkanarische Alltagskultur, danach geht es auf einem romantischen, 2,5 Kilometer langen Pfad zur **Fuente de la Zarza** (Dornbuschquelle). In die dahinter liegende Basaltwand haben Ureinwohner Spiralen und Schlangenlinien geritzt, die als der unendliche Kreislauf der Natur gedeutet werden: Geburt, Tod und neues Leben.

Fünf Gehminuten entfernt, in einer Nachbarschlucht, entdeckt man die noch interessanteren **Felszeichnungen von La Zarcita**. Außer den bekannten geometrischen Mustern kann man hier auch abstrahierte Figurendarstellungen bewundern. Man braucht nicht viel Fantasie, um in einer voluminösen Gestalt die klassische „Urmutter" zu erkennen; eine andere Zeichnung zeigt das Profil eines bärtigen Mannes. Ein kleiner, in Fels geschlagener Altar mag als Opferplatz gedient haben.

■ **Parque Cultural La Zarza,** La Mata s/n, Tel. 922695005, www.garafia.es/lazarzaylazarcita, Di–So 11–17 Uhr (15. Juni bis 31. Oktober 11–19 Uhr), ca. 2 €, Kinder die Hälfte.

Wandertipp

Am Besucherzentrum kann man sich in einen markierten, als Runde angelegten Naturlehrpfad einklinken, der durch Erika- und Lorbeerwald über San Antonio führt (*sendero autoguiado*, ca. 7 km, Höhenunterschied 130 m).

> Auch La Palmas Kunsthandwerker lassen sich von der Spirale inspirieren

Botschaften der Benahoritas

Auf allen Kanarischen Inseln haben die Ureinwohner **geheimnisvolle Felsbilder** hinterlassen. Auf Fuerteventura sind es fußähnliche Abdrücke, auf Gran Canaria farbige Friese aus Recht- und Dreiecken, auf El Hierro buchstabenähnliche Zeichen. Immer befinden sie sich an Orten, die durch ihre besondere Lage beeindrucken: in einer imposanten Höhle, auf einem Gipfel oder auf einer Klippe über dem Meer.

Besonders viele Bilder wurden auf La Palma entdeckt, u.a. in ⇨Belmaco und bei El Paso (⇨Wanderung 3), bei ⇨Santo Domingo und den Buracas-Höhlen (⇨Wanderung 13). Die spektakulärsten Fundorte befinden sich im hohen Norden, versteckt im Regenwald. Mit spitzem Stein haben die Ureinwohner Spiralen und Mäander verschiedener Größe – bis zu einem Meter Durchmesser – in den Fels geschlagen. Ähnliche Felsbilder aus dem 2. bis 1. Jahrtausend v. Chr. wurden vor einigen Jahren im Hohen Atlas und in der Sahara entdeckt – ein weiterer Beleg für die berberische Herkunft der Benahoritas.

Don Pedro

Liebhaber von Geisterdörfern fahren von La Zarza noch 200 Meter weiter in Richtung Barlovento und biegen dann links ab. Eine kurvenreiche, fünf Kilometer lange Straße endet am Dorfplatz von Don Pedro. Das angrenzende Schulgebäude wirkt verwaist, ein paar Hunde und Katzen streichen umher, Menschen zeigen sich selten. Man genießt einen schönen Blick auf die Nordküste – und wer Lust bekommt zu wandern, folgt dem weiß markierten, vom Platz über Stufen hinabführenden Weg. Bauern nutzten ihn früher, um in knapp zwei

---

Unschwer lässt sich in den **Wellenlinien** die abstrahierte Darstellung von Wasser, dem Lebenselixier schlechthin, erkennen – die nahe Quelle lässt grüßen! Die **Spirale** wird als Zeichen der vergehenden und sich erneuernden Natur gedeutet, aber auch als Zeichen des Zweifels. In Fels geritzt, erscheint sie als Beschwörungsformel, auf den Tod möge neues Leben folgen. Einige Zeichen sind so angeordnet, dass sie nur zur Tag- und Nachtgleiche im Herbst und Frühling von Sonnenlicht erfasst werden: ein Kalender, der sich genauer Beobachtung von Sonne, Mond und Sternen verdankt. Er „sagte" den Benahoritas, wann was zu säen und zu ernten, wann Schlacht- und Opferzeit war.

Bis heute wirkt der Zauber der Spirale fort: Die kanarische Unabhängigkeitsbewegung hat sie in ihrem Logo; der kanarische Bildhauer *Martín Chirino* avancierte mit seinen in Bronze gegossenen Spiralen zum Star der spanischen Kunstszene. Sein Credo: „Alles wiederholt sich und doch ist die Spirale offen ..."

El Tablado

Ganz im Abseits, doch so wildromantisch schön, dass der lange Abstecher lohnt, liegt das Dörfchen El Tablado. An einem Forsthaus mit Picknickplatz achte man auf das abzweigende Sträßlein. Über sieben Kilometer schraubt es sich zur Küste hinunter und überwindet dabei einen Höhenunterschied von fast 1000 Metern. Unten angekommen, sieht man kleine Häuser, die sich auf Kuppen Stunden zum Nachbarweiler El Tablado zu laufen (⇨ Wandertipp).

Wandertipp zur Küste

Ziel einer kleinen Tour (hin und zurück 1:30 Std.) ist die Nachbarbucht **La Fajana**. In El Tablado achte man auf die Ausschilderung „Mirador El Topo": Eine Betonpiste geht in einen steingepflasterten Weg über, auf dem man in den Talgrund hinabsteigt. Von dort geht man einige Meter in Richtung Küste, dann über eine Erdpiste zu einer schmalen Asphaltstraße und auf dieser nach La Fajana, einem weitgehend verlassenen Dorf mit Bootsanlegestelle und kleiner Bucht, in der man aber nur bei absolut ruhiger See baden kann.

△ Spiralen in einem verwunschenen Wald

aneinander drängen; ringsum wachsen Drachen- und Orangenbäume. Eine Handvoll älterer Leute hält die Stellung, die Jugend ist längst fortgezogen. Zwar wurde mit dem Aufkommen des Turismo Rural vieles restauriert, das Leben aber ist nicht zurückgekehrt.

Man kann das Auto vor dem Lokal El Moral (meist geschl.) abstellen und dem Wegweiser zum **Mirador El Fagundo** folgen – hier bietet sich ein toller Tiefblick in den gleichnamigen Barranco. Anschließend steigt man auf einem steil angelegten Treppenweg ins Dorf hinab. Links geht es zum Kirchplatz, geradeaus – vorbei an schönen Drachenbäumen und dem Dorfladen – in Richung Barranco-Mündung an der Küste. Nach rechts erreicht man den **Mirador El Topo** mit Blick auf den Küstenflecken La Fajana (⇨ Wandertipp).

Roque Faro

Mit seinen knapp 150 Seelen präsentiert sich Roque Faro als Vorposten der Zivilisation im rauen, meist wolkenverhüllten Norden. Vielleicht hat man ihm auch deshalb den Beinamen „Faro" verliehen: ein „Leuchtfeuer" inmitten düsterer Waldeinsamkeit. In der Dorfpension findet man Nachtquartier – wer länger bleiben will, bucht eines der Landhäuschen unterhalb der Straße. Im traditionsreichen **Lokal Los Reyes** kann man sich für die Weiterreise mit einem Glas *vino de tea*, deftigem Eintopf und Ziegenfleisch stärken (Tel. 922400484, Mo geschlossen).

Weiterfahrt nach Barlovento

Gut einen Kilometer östlich von Roque Faro gelangt man zu einer Gabelung: Auf beiden Straßen gelangt man nach Barlovento (⇨ Kap. „Der Nordosten"). Die untere Straße ist besser ausgebaut, führt oberhalb der Küste entlang und erlaubt schöne Abstecher, z.B. nach **Franceses,** wo neuerdings Übernachtungen möglich sind (⇨ „Barlovento, Weiterfahrt entlang der Nordküste"). Im Kunsthandwerkszentrum werden traditionelle Stickereien angeboten, angefertigt von den Frauen des Dorfs (Lomo de las Tierras 42, Di geschl.). Lohnenswert sind auch die Abfahrt nach **Gallegos** und ein Stopp am **Mirador La Tosca.**

Nur bei schönem Wetter sollte man die höher gelegene und nur vier Meter breite, durch mehrere Tunnel führende Straße benutzen: eine abenteuerliche Fahrt durch faszinierende Landschaft mit dichtem **Lorbeerwald** und dramatisch eingeschnittenen **Barrancos.**

Überblick | 208

Caldera de Taburiente | 208

Cumbre | 210

El Pilar | 220

Die Höhenstraße
   entlang der Caldera | 215

La Cumbrecita | 213

Los Brecitos | 214

Observatorium Roque
   de los Muchachos | 216

Ein „Krater von entsetzlicher Tiefe" und die „Schlucht der Todesängste", eine futuristische Sternwarte auf über 2000 Metern Höhe und üppige Kiefernwälder mit Picknickplätzen – La Palmas Herzstück sollte sich niemand entgehen lassen!

7 Das Zentrum

◁ Das Gebimmel von Ziegenglocken begleitet Wanderer, im Hintergrund die Caldera-Wand bei El Paso

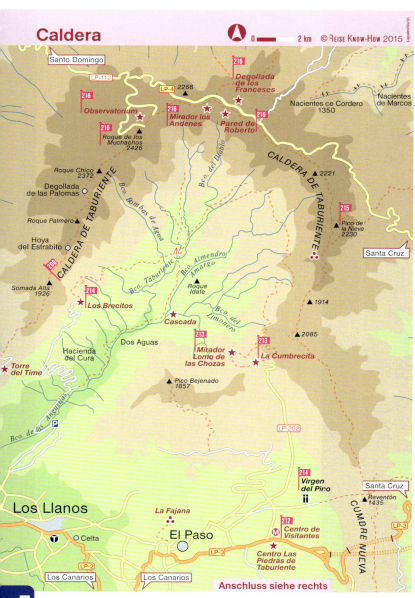

DAS ZENTRUM – CALDERA UND CUMBRE

In der Mitte der Insel liegt die Caldera, ein erloschener Zentralvulkan, der einstürzte und einen Riesenkrater von beeindruckender Schönheit hinterließ: Schroffe Basaltwände, mit Kiefern gespickt, fallen stellenweise wie mit dem Beil abgeschlagen fast 2000 Meter senkrecht in die Tiefe. Oben am Kraterkranz ragen La Palmas höchste Gipfel auf, so der Roque de los Muchachos (2426 Meter) und seine Nachbarn Pico de la Cruz (2351 Meter) und Pico de la Nieve (2230 Meter). In der glasklaren Luft über den Wolken wurde eine der bedeutendsten Sternwarten der Welt eingerichtet – extra für sie hat man die kurvenreiche LP-4 erbaut: eine Traumstraße mit Panoramablicken in alle Himmelsrichtungen! Gen Südwesten öffnet sich die Caldera

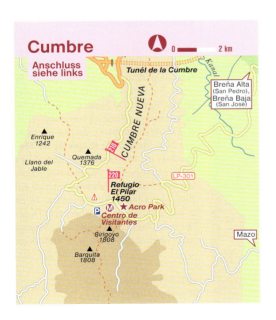

Überblick

mit der „Schlucht der Ängste" (Barranco de las Angustias) zum Meer hin. Nach Süden geht der Kraterrand in das geologisch jüngere „Inselrückgrat" der Cumbres über.

Die Caldera ist als Nationalpark geschützt und durch Wanderwege erschlossen. Unterkunft bietet sich nur auf Campingplätzen und in den längs der Fernwanderwege eingerichteten Hütten. Der nächstgelegene Ort ist El Paso mit dem Besucherzentrum des Nationalparks und weiteren Unterkünften.

„Eine Landschaft im gewaltigen Aufruhr, weiteste Blicke, tiefste Stürze und wildeste Felsen" – so schwärmte schon der Reiseschriftsteller *Gerhard Nebel* vor über 60 Jahren. Ganz gleich, von welcher Seite man sich dem Inselzentrum nähert: Die windgepeitschten Hochsteppen, die von Wolken umspülten Grate und zerklüfteten Schlünde sind überwältigend. Fast alles blieb hier so erhalten, wie es die Natur erschuf. Es gibt kaum Dörfer, nicht einmal Viehweiden und Ackerflächen. Der menschliche Eingriff beschränkt sich auf das Anlegen von Wanderwegen, Straßen und einigen wenigen Picknickplätzen.

Caldera de Taburiente

Mitten auf der Insel klafft der **riesige Kessel** der Caldera de Taburiente, der als Nationalpark unter Naturschutz steht. Er misst neun Kilometer im Durchmesser und ist bis zu 2000 Meter tief; sein 28 Kilometer langer Rand ist von einem Dutzend Gipfeln gespickt, dessen höchster mit 2426 Metern der **Roque de los Muchachos** ist. Entstanden ist die Caldera nach gigantischen Vulkanausbrüchen: Vor zwei Millionen Jahren erhob sich ein 2500 Meter hoher Zentralvulkan. Doch er war instabil, durchlöchert von Hohlräumen, aus denen einst das Magma nach oben geschossen war. Gewaltige

▷ Blick in den „kochenden Kessel" der Caldera de Taburiente

NICHT VERPASSEN!

- **La Cumbrecita:** Vom „Gipfelchen" schaut man in gähnende Abgründe | 213
- **Los Brecitos:** Hier startet der spektakuläre Wanderweg in die Caldera | 214
- **Höhenstraße LP-4:** hinauf über die Wolken | 215
- **Blick in den Nachthimmel La Palmas:** Schon mit bloßem Auge ein Erlebnis | 218
- **El Pilar:** Picknick im Kiefernwald | 220

Diese Tipps erkennt man an der gelben Hinterlegung.

Überblick

Bewegungen im Erdinnern sorgten vor ca. 1,2 Millionen Jahren dafür, dass er in sich zusammenstürzte und seine Trümmer Richtung Südwesten ins Meer katapultierte. Doch damit war das Spiel noch nicht zu Ende. Vor etwa einer Million Jahren führten neue Ausbrüche an just dieser Stelle zum Aufbau eines noch höheren Vulkans (ca. 3500 Meter). Dessen Westflanke stürzte vor 500.000 Jahre ein, wobei sich eine riesige Trümmerlawine ins Meer ergoss. Seitdem sind die Kräfte der Erosion aktiv: Im Berginneren entspringende Quellen, Regengüsse und das anbrandende Meer schwemmten das noch verbliebene Schuttmaterial weg, sodass sich schließlich der amphitheaterähnliche Riesenkessel der Caldera herausbildete.

Den einzigen Durchbruch im Kesselrund bildet der tief eingeschnittene **Barranco de las Angustias**, die „Schlucht der Ängste". Über sie wurde die Trümmerlawine „entsorgt", und noch heute fließt der in der Caldera entspringende Bach durch sie ins Meer, wobei er kleinere Felsbrocken mit sich führt. Der Kraft des Wassers konnte nur widerstandsfähiger Basalt trotzen. Wie steingewordene Ausrufezeichen stehen Felsnadeln im Caldera-Grund, am berühmtesten ist der von den Ureinwohnern als Heiligtum verehrte **Roque Idafe**.

Camping

■ **Camping Caldera de Taburiente,** Playa de Taburiente. Auf der Campingfläche mitten in der Caldera kann man im Sommer und an Feiertagen zwei, sonst bis zu sechs Tage kostenlos übernachten. Sanitäre Anlagen stehen bereit (aber kein Toilettenpapier!). Die schriftliche Erlaubnis erhält man per Internet: www.reservasparquesnacionales.es > Caldera de Taburiente > Camping im Nationalpark (Achtung: rechtzeitig reservieren!). Da es in der Caldera keine Verpflegungsmöglichkeiten gibt, muss Proviant mitgebracht werden. Der Platz für max. 100 Personen ist nur zu Fuß erreichbar.

Cumbre

Vom Rand der Caldera zieht sich der 1200 bis 1950 Meter hohe **Gebirgszug** der Cumbre in fast gerader Linie südwärts. Oft liegt er in Wolken, die von Nordost heranwehen, um auf der Westseite gleich einem gigantischen „Wasserfall" in die Tiefe zu gleiten. Unterschieden wird zwischen der **Cumbre Nueva** und der **Cumbre Vieja**. Der wallartige Kamm der Cumbre Nueva („Neuer Höhenrücken") ist vermutlich der Rest eines Riesenvulkans, dessen größter Teil im Meer versank. Er ist mit dichtem Busch- und Kiefernwald bedeckt und geht südlich des Picknickplatzes El Pilar in die Cumbre Vieja („Alter Höhenrücken") über. Ihrem Namen zum Trotz ist sie geologisch jüngeren Datums, die über 100 Vulkane und Krater sind noch nicht von Wasser und Wind zerfurcht.

Die letzten Ausbrüche fanden 1949 statt, als die Vulkane Birigoyo, Hoyo Negro und San Juan schwarze Lava spuckten. Bei Los Canarios bricht die Cumbre Vieja jäh ab; über San Antonio und Teneguía (1971), die beiden jüngsten Vulkane, fällt die Insel zum Meer hin terrassenförmig ab.

▷ Stillleben am Rand der Cumbre

Überblick

Wandern

Das Zentrum der Insel ist ein echtes Paradies für Wanderer: Auf markierten Wegen kann man in den Kessel hinabsteigen oder am oberen Rand der Caldera entlang gehen, längs der Wetterscheide der Cumbre spazieren oder ausgedehnte Waldtouren unternehmen. Einmal abgesehen von Los Brecitos (⇨Wanderung 2) sind alle Tourenstartpunkte bequem mit dem Auto erreichbar, so beispielsweise der beliebte Aussichtspunkt La Cumbrecita (⇨Wanderung 1), der Picknickplatz El Pilar (⇨Wanderungen 6 und 7) und das Observatorium am Roque de los Muchachos (⇨Wanderungen 14 und 15).

Naturschutz

Der Nationalpark wurde 1954 geschaffen und 1981 auf insgesamt 4690 Hektar vergrößert. Für Besucher unzugänglich sind die *zonas de reservas*, in denen sich Flora und Fauna geschützt entfalten können – so das in dichtem Kiefernwald gelegene Gebiet um den „heiligen" Roque Idafe. Andere Parkbereiche gelten als *zonas de uso restringido* (Gebiete mit beschränktem Zugang): In ihnen darf man sich bewegen, aber nur zu Fuß und auf den angelegten, markierten Wegen. Das **Übernachten** ist mit der entsprechenden Erlaubnis nur auf den ausgeschriebenen Campingplätzen möglich. Pflanzen, Tiere und Steine dürfen nicht

„La Palma zerbricht"

Geologen des Londoner University College sagen La Palma eine düstere Zukunft voraus. Eines Tages, so die auch über BBC verbreitete These, werde die Insel in zwei Teile auseinanderbrechen. Dabei würden Abermillionen Tonnen Fels ins Wasser stürzen und La Palma werde für immer untergehen – ein Atlantis auf dem Meeresgrund. Doch damit nicht genug: Eine durch den Gesteinsrutsch ausgelöste Flutwelle werde mit rasanter Geschwindigkeit auch die übrigen Kanareninseln erfassen und bis zur Ostküste Nordamerikas fortschnellen – selbst dort würde noch ein 20 Kilometer breiter Landgürtel überflutet.

Die Wissenschaftler begründen ihr Horror-Szenario mit dem Hinweis auf die geologische Struktur La Palmas: Der relativ kleine unterseeische Sockel könne das Gewicht der 2426 Meter hohen Insel auf Dauer nicht tragen. Tektonische Verschiebungen im Meeresboden, aber auch Vulkanausbrüche der Cumbre Vieja könnten eines Tages den Zusammenbruch auslösen.

Spanische Geologen werfen indes ihren britischen Kollegen Panikmache vor. Der Vulkanologe *Juan Carlos Carracedo* von der Universität La Laguna kommentiert: „Eines Tages mag La Palma tatsächlich auseinanderbrechen und versinken, doch haben wir es hier mit geologischen Prozessen zu tun, die sich nicht in hundert oder tausend, sondern in Millionen von Jahren abspielen."

gesammelt, eigener Müll muss mitgenommen werden.

Besucherzentrum des Nationalparks

Ein verschachtelter Betonbau drei Kilometer östlich von El Paso beherbergt das Besucherzentrum des Nationalparks. Maßstabsgetreue Reliefbilder, Touchscreens und Multimedia-Anwendungen machen mit der Flora und Fauna sowie der geologischen Entstehung der Caldera vertraut (alle Erläuterungen auch auf Deutsch). Zugleich wird man über das aktuelle Wetter informiert – wichtig für die Caldera-Wanderungen! Auch erhält man hier die Zufahrtserlaubnis zum Aussichtspunkt ⇨La Cumbrecita.

■ **Centro de Visitantes Parque Nacional,** LP-3, Km. 23.9, Tel. 922497277, www.reservasparquesnacionales.es (⇨Caldera de Taburiente; für die Cumbrecita-Reservierung klicken Sie sich weiter zu „reserva de plaza de aparcamiento"), tgl. 9–18 Uhr, Eintritt frei.

Centro Las Piedras de Taburiente

Gegenüber dem Caldera-Besucherzentrum widmet man sich den „Steinen von Taburiente". Das Kulturzentrum ist mit Bildern des Inselkünstlers *Luis Morera* ausgemalt, die ein idealisiertes Bild von La Palma zeigen: Kinder spielen vor Drachenbäumen; Eidechsen verwandeln sich in Frauenkörper und überall wuchert exotische Vegetation ... In einem

Raum werden Kunsthandwerkstraditionen vorgestellt, in einem zweiten die Erzeugnisse zum Kauf angeboten. Es gibt eine Tapas-Bar und eine „Sala de Actos", in der die Besitzer *Marianela* und *Cristóbal* Kultur-Events organisieren.

■ **Centro Las Piedras de Taburiente,** LP-3, Tel. 922485056, Mo–Sa 9–18 Uhr.

Bus

An der Carretera General LP-2 halten Busse am Besucherzentrum wie auch am Abzweig nach El Pilar. Vom Besucherzentrum nach La Cumbrecita (6,7 km) benötigt man zu Fuß 1:45 Std., ebenso lange für die Strecke vom Abzweig El Pilar zum gleichnamigen Picknickplatz (6,8 km). Für beide Strecken gilt: Trampen ist fast immer erfolgreich.

La Cumbrecita

Der meistbesuchte **Aussichtspunkt** La Palmas ist die Passhöhe La Cumbrecita (1287 Meter). Sie liegt am Südrand der Caldera und ist über eine ausgeschilderte Straße erreichbar, die am Besucherzentrum abzweigt und in vielen Windungen durch Kiefernwald hinaufführt.

Von La Cumbrecita bietet sich ein grandioser Blick in die Caldera: Wie Zinnen einer Festung ragen die Gipfel des Kraterrunds auf, über 1500 Meter stürzen zerklüftete Steilwände in die Tiefe. Nach winterlichem Regen sind sie von Wasserfällen überzogen, die den Fels aufleuchten lassen.

Großartig ist auch der Ausblick vom benachbarten, auf einem Felsplateau eingerichteten **Mirador Lomo de las Chozas.** Dieser ist über zwei Wege erreichbar: 15 Minuten braucht man auf der westlich des Parkplatzes abzweigenden Piste; etwas länger, aber dafür schöner ist die Tour, die am Wachhäuschen des Nationalparks startet und um mehrere Felsnasen der Caldera herumführt (⇨ Wanderung 1).

Am Aussichtspunkt La Cumbrecita starten **weitere markierte Touren,** z.B. auf den Bejenado und zum hoch über Los Llanos thronenden Mirador de La Cancelita (von der Umweltbehörde zurzeit gesperrt).

Multitalent Morera

Seine fantastisch-farbenfrohen Mosaiken und Skulpturen feiern die Schönheit der Inselnatur, seine Gemälde erinnern an ein mythisches La Palma. Ob die Plazoleta de la Gloria in ⇨ Las Manchas oder der „Garten der Lüste" in ⇨ Los Llanos, das Restaurant Chipi-Chipi in ⇨ Velhoco oder „Las Piedras de Taburiente" – *Luis Moreras* Werke sind sofort erkennbar. Und auch musikalisch ist der Künstler aktiv. 1974 gründete er die legendäre Gruppe Taburiente, die kanarische mit karibischen Rhythmen mischt und einen Schuss Protestlied einwebt. Und noch heute kämpft *Morera* lautstark gegen Golfplätze und Großhotels. „La Palma ist ein Juwel", weiß er, „das noch die Chance hat, davonzukommen ..."

Auf der Rückfahrt zum Besucherzentrum sind zwei Abstecher möglich. Beim Schild „Valencia" geht es rechts hinauf in die Wanderregion um den **Bejenado** (1857 Meter). Links geht es wenig später zur **Ermita Virgen del Pino.** Die kleine „Kapelle der Jungfrau von der Kiefer" steht im Schatten eines knorrigen, über 800 Jahre alten Baumes – er ist mittlerweile als „Denkmal" geschützt! Weit reicht von hier der Blick über grüne Fluren zum Meer. Wanderer rüsten sich hier für den schweißtreibenden Aufstieg auf die Cumbre (⇨Wanderung 5), weniger Aktive nutzen das schöne Plätzchen für ein Picknick. Just an der Kiefer, heißt es, sei die Madonna kurz nach der Conquista einem zweifelnden Ureinwohner erschienen, um ihn von der Kraft des Christentums zu überzeugen. Flugs wurde Maria ein Kirchlein gebaut, an dem noch heute alle drei Jahre, jeweils Ende August, das zweitgrößte Inselfest gefeiert wird (⇨Kap. „Der Südwesten: El Paso").

■ Die **Zufahrtserlaubnis** zur Cumbrecita beantragt man im Besucherzentrum (s.o.).
Mein Tipp: Nach 16 Uhr ist die Zufahrt frei – so umgeht man alle bürokratischen Hürden!

Los Brecitos

Eine schmale, zwölf Kilometer lange Asphaltstraße führt von Los Llanos zum **Aussichtspunkt** Los Brecitos, wo sich ein imposanter Ausblick in die Caldera bietet: ringsum steile Felswände und auf dem Kesselgrund Kiefernwald, aus dem monolithartig Felsnadeln aufragen. Am Aussichtspunkt startet die Caldera-Tour zur Campingzone Playa de Taburiente (s.o.) – wer am Ziel übernachten will, benötigt eine im Besucherzentrum des Nationalparks ausgestellte Genehmigung. Wer sich die Anfahrt sparen will, nimmt ein Jeep-Taxi (⇨Wanderung 2).

Die Höhenstraße entlang der Caldera

Ein weiterer interessanter Zugang zur Caldera bietet sich über die nördliche Höhenstraße (LP-1032/LP-4), die Santa Cruz mit Santo Domingo verbindet. Die „Traumstraße" La Palmas ist breit und bestens asphaltiert, sie schraubt sich in vielen Serpentinen zum Dach der Insel empor. Die Straße wurde 1985 eigens angelegt, um den damals größten **Parabolspiegel** der Welt auf den Roque de los Muchachos zu bringen – nicht die winzigste Erschütterung sollte das millionenschwere Instrument in Gefahr bringen.

Zunächst führt die Straße durch stillen, oft wolkenverhangenen Kiefernwald. Etwa bei Km. 24 zweigt eine anfangs asphaltierte, dann aber extrem holprige Piste zum zwei Kilometer entfernten **Pico de la Nieve** (Schneegipfel) ab, mit weitem Blick in die Caldera hinunter. Bald darauf lichtet sich der Wald und macht Heide- und Ginsterbüschen Platz. Im späten Frühjahr sind die Hänge in ein gelbes Farbenmeer getaucht, und es duftet nach Honig. Nun jagt schon bald eine wunderbare Aussicht die nächste.

◠ Momentaufnahme am Wegesrand

◁ Felsen wie Zinnen am Rand der Caldera

Observatorium Roque de los Muchachos

Ein Halt lohnt vor allem an der **Degollada de los Franceses** (Km. 32) und am **Mirador de los Andenes** (Km. 33). Beide Aussichtspunkte sind durch einen Pfad verbunden, der an der **Pared de Roberto** vorbeiführt, einem durch Verwitterung freigelegten, vulkanischen Gang, der immer wieder berauschende Ausblicke in den Kessel gewährt. Man braucht für diese „Schnuppertour" nur eine knappe Stunde; danach geht es in noch einmal zehn Minuten auf der Straße zum Ausgangspunkt zurück (⇨ Wanderung 14).

Faszinierend ist auch der Blick vom höchsten Punkt der Insel, dem 2426 Meter hohen **Roque de los Muchachos,** zu dem eine knapp vier Kilometer lange Stichstraße durchs Gelände der Sternwarte hinaufführt. Das Auto kann auf einem Parkplatz abgestellt werden. Vom Wachhäuschen des Nationalparks führt ein kurzer, steingepflasterter Weg an „Los Muchachos", den drei „Gesellen" des Gipfels, vorbei zu einem ausgesetzten Mirador: Oft sieht man Wolken, die wie eine weiß brodelnde Suppe in alle „Ritzen" der Caldera drängen, während über ihr der Himmel strahlend blau leuchtet (⇨ Wanderung 15).

Wer sich auf über 2000 Metern dem höchsten Punkt der Insel, dem Roque de los Muchachos, nähert, reibt sich die Augen: Inmitten einer wild-herben, mit Krüppelsträuchern bewachsenen Hochebene sieht man weiße Kuppeln und Stahltürme, dazwischen bienenstock-

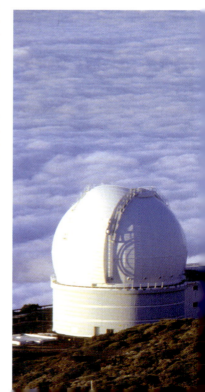

▷ Die Sternwarten auf dem Roque de los Muchachos – ein europäisches Großprojekt

artige Antennenkästen und einen Landeplatz für Hubschrauber. Tafeln in englischer Sprache warnen davor, das Gelände zu betreten – Futurismus pur, ein Szenario wie aus einem Science-Fiction-Film.

1985 haben sich sieben europäische Länder zusammengetan, um die Bewegungen der Himmelskörper und die Struktur des Universums zu erforschen. Zu den wichtigsten Beobachtungsgeräten gehört das 2009 installierte Grancan, das **Gran Telescopio de Canarias:** Seine Außenhaut hat eine silberne Oberfläche, damit das Licht reflektiert werde und sich die sensiblen Messgeräte im Innenraum nicht erwärmen. Das Teleskop selbst besteht aus 36 sechsseitigen Spiegeln, die in Wabentechnik angeordnet einen Großspiegel von zehn Metern Durchmesser abgeben. *Pedro Alvárez,* der zuständige Leiter, versichert, es sei zehn Milliarden Mal empfindlicher als das menschliche Auge! Mit seiner Hilfe sollen schwach leuchtende Planeten beobachtet werden, die Aufschluss geben können über die Entstehung der Sterne.

Relativ neu ist auch das **Swedish Solar Telescope.** Es hat nur einen Durchmesser von einem Meter und ist dennoch

La Palma – erstes Starlight Reservat der Welt

Beim **Blick in den Nachthimmel** La Palmas geriet der Astrophysiker *Herbert Anton Kellner* ins Schwärmen: „Der Anblick des Nachthimmels mit bloßem Auge war ebenso spektakulär wie der Blick durch das Teleskop, z.B. auf das Streifensystem des Jupiter und die Monde in seinem Reigen, die Ringe des Saturn, oder die abnehmende Sichel unseres eigenen, guten alten Mondes. Ein fantastisches Schauspiel bot fast jeden Abend der aufgehende Orion, Gürtelsterne vertikal, während sich gegenüber im Westen Leier, Schwan und Adler verabschiedeten. Danach, wenn sich der große Wagen bereits hochgedreht hatte, stieg Orion schon wieder ab – darunter hier in Europa nie gesehene und mir unbekannte südliche Sternbilder wie Lepus, Hase, nahe Sirius … Nicht zu vergessen die blendend helle Venus an diesem Morgenhimmel!"

Profi- und Hobby-Astronomen kommen einzig auf die Insel, um die Sterne zu sehen. Denn nur wenige Orte auf der Welt gibt es, die einen so **sauberen und klaren Nachthimmel** bieten. „Schuld" daran ist der Passat, der im Norden und Osten auf einer Höhe von 1500 bis 1900 Metern für eine dichte und stabile Wolkendecke sorgt. Wie ein Riegel hindert diese die unteren, wärmeren und turbulenten Luftschichten am Aufsteigen. Über der Wolkendecke weht meist starker Nord- bzw. Nordwestwind, der jedes erhitzte Lüftchen, das ein Flirren auslösen könnte, wegpustet. Das Resultat ist eine absolut saubere Luft, die gestochen scharfe Bilder ermöglicht. Für Klarheit sorgt zusätzlich das 1999 verabschiedete „Gesetz gegen Lichtverschmutzung", das künstliche Beleuchtung, elektromagnetische Strahlung (z.B. von Radiowellen), Ansiedlungen oberhalb von 1500 Metern Höhe sowie Überflüge verbietet.

So präsentiert sich La Palmas Nachthimmel pechschwarz, weder flirrende Skylines noch beleuchtete Autobahnen stören die „Sternengu-

◁ An vielen Orten auf der Insel sind „Wegweiser zum Himmel" aufgestellt

cker". Nun kämpfen kanarische Astronomen für ein zweites Gesetz: Es soll das „allgemeine Recht auf das Licht der Sterne" sichern. Schon immer, so betonen sie, habe das Sternenlicht Menschen als Quelle der Inspiration gedient; durch hell erleuchtete Städte und Landschaften sei es „unsichtbar" geworden ...

Aufgrund der guten Bedingungen wurde La Palma 2012 von der **UNESCO** zum ersten **Starlight Reservat** der Welt erklärt. Viele Möglichkeiten gibt es, den Himmel zu betrachten – mit bloßem Auge an allen dunklen Orten, optimal z.B. von der zum Roque de los Muchachos führenden Höhenstraße LP-4, vom Picknickplatz El Pilar oder vom Dorf Puntagorda (nicht vergessen, die Autoscheinwerfer auszuschalten!). An mehreren Stellen hat die Inselregierung *miradores astronómicos* aufgestellt, auf denen vermerkt ist, wann sich welcher Planet von eben dieser Stelle am besten beobachten lässt (z.B. am Restaurant La Muralla nördlich Tijarafe).

Wer im Smartphone die **App „Star Walk"** installiert hat, kann sich La Palmas Nachthimmel zeigen lassen: Eingebaute Sensoren ermitteln Ihre Blickrichtung und erläutern die Sterne über Ihnen! La Palmas Sternenhimmel kann man auch durch **Teleskope** betrachten. Folgende Unterkünfte bieten dies an: **Casa Rosabel** (⇨ El Jesús), **Casa Naranjos** (⇨ Las Indias), Hotel **Sol La Palma** (⇨ Puerto Naos) und die **Princess-Hotels** (⇨ Las Indias).

Nach vorheriger Anmeldung bei einem der **privaten Astro-Unternehmen** fährt man im Mietwagen zu einem Aussichtspunkt, wo ein Führer die gesichteten Sterne auf Englisch erläutert (ca. 1:30 Std., www.astrolapalma.com). Genüsslich geht es zu beim **astronomischen Dinner** in der Casa del Volcán in ⇨ Los Canarios mit englischsprachigem Begleitvortrag. Und natürlich gibt es die Möglichkeit, das **Observatorium** auf dem höchsten Inselgipfel zu besuchen.

leistungsstark, macht messerscharfe Aufnahmen von der Sonne. Deren Oberfläche ist mit aus Gasblasen gebildeten Granulen bedeckt – jedes Granul hat einen Durchmesser von 1000 Kilometern. Schwarze Sonnenflecken werden von diesem Teleskop ebenso erfasst wie solare Gasfontänen und Eruptionen, die die Sonne ins All stößt. Letztere haben für uns praktische Bedeutung: Denn sind diese so stark, dass sie den Schutzmantel der Erde durchdringen, werden Satelliten beschädigt und die Elektrizität gestört. Drei Tage brauchen die Gasfontänen, bis sie die Erde erreichen – ausreichend Zeit, um Notmaßnahmen zu treffen. Allerdings kann nicht mit Sicherheit vorhergesagt werden, ob der Schutzmantel der Erde auch wirklich durchbrochen wird.

Bei einer Führung durch die Sternwarte kann man sich über die Arbeit der Astronomen informieren. Für die Anfahrt braucht man ab Los Llanos bzw. Santa Cruz 1:30 Std.

■ **Observatorio del Roque de los Muchachos,** Di, Fr, Sa 9.30 und 11.30 Uhr; Reservierung unter www.iac.es, „Roque de los Muchachos", Infos über visitasorm@iac.es, Zutritt 9 €, Kinder unter 12 Jahren nicht zugelassen. Unter www.gtc.iac.es/multimedia/webcams.php kann man das Grancan innen und außen sehen!

El Pilar

🌿 Folgt man der Straße vom Besucherzentrum in El Paso 2,8 Kilometer in Richtung Santa Cruz, zweigt rechts eine schmale Straße in den Gebirgszug der **Cumbre Nueva** ab. Durch Wald und Lavafelder führt sie zum 1450 Meter hoch gelegenen **Freizeit- und Picknickplatz** El Pilar. Holzbänke laden zur Rast ein, für Kinder gibt es einen Abenteuerspielplatz. In einer ausgewiesenen **Campingzone** darf gezeltet werden (maximal 300 Personen). Die Erlaubnis holt man sich bei der Umweltbehörde von La Palma (⇨Kurzinfo Santa Cruz). An warmen Wochenenden scheint hier halb La Palma versammelt zu sein, von der Großmutter bis zum Urenkel finden sich ganze Großfamilien zur Fiesta ein. Werktags dagegen ist nicht viel los, nur eine Handvoll Besucher startet zu Touren entlang der Cumbre (⇨Wanderungen 6 und 7). Einige zieht es auch nordwärts über die Cumbre Nueva (Wetterscheide) zur Ermita Virgen del Pino oder übers Aschefeld Llano del Jable nach El Paso (⇨Wanderung 5).

Über **Wandermöglichkeiten in der Cumbre** informiert ein Besucherzentrum. Schautafeln und Multimedia-Installationen erläutern geologische und biologische Besonderheiten auf der „Route der Vulkane". Man erfährt, dass La Palma vor ca. zwei Millionen Jahren über den Meeresspiegel hinauswuchs und die Cumbre Vieja aus jüngerer, schnell fließender Lava besteht. Ausgestellt werden Steine, die „vom Innern der Erde" erzählen, dazu Bilder der „fliegenden Reliquie", einer Taubenart, die nur auf den Atlantikinseln überlebt hat. Ein Raum ist den Schäfern gewidmet, die seit der Besiedlung der Insel mit ihren Herden über die Höhenzüge wanderten. Seit das Gebiet unter Naturschutz gestellt ist, dürfen hier keine Tiere mehr weiden, würden sie doch keine Rücksicht nehmen auf seltene, vom Aussterben bedrohte Pflanzen.

◁ Kleine Rast in der Cumbre

Picknick im Wald

Palmeros mögen es gesellig. Am Wochenende treffen sich Familien und Freunde gern an einem der Picknickplätze. „Hacemos un asadero" lautet die Zauberformel – „Auf zum Grillen!". Jeder bringt etwas mit, sodass an Fleisch, Runzelkartoffeln und Mojo, Wein und Bier kein Mangel ist. Die Plätze bieten rustikales Ambiente mit Tischen und Bänken, Kinderspielplatz, Grill- und Wasserstellen. Manchmal wird sogar Holz bereitgestellt.

Gesellt man sich mit seinem Picknickkorb dazu, kann es passieren, dass man aufgefordert wird, ein Stück Fleisch oder ein Glas süffigen Roten zu probieren. Und nicht selten greift jemand zur Gitarre und stimmt Folk-Songs an, die inbrünstig mitgesungen werden. Möchte man lieber allein sein, sollte man werktags kommen, dann liegen die Picknickplätze im Dornröschenschlaf.

Der meistbesuchte Platz ist **El Pilar** mitten im Kiefernwald, weitere Plätze befinden sich an der **Laguna de Barlovento** (S. 65), an der **Montaña de la Breña** (S. 88), in **Hoya del Lance** (S. 180), **El Fayal** bei Puntagorda und an der Straße nach **La Cumbrecita** (S. 214).

Ein 1,5 Kilometer langer, mit Schaupulten ausgestatteter **Naturlehrpfad** *(sendero autoguiado)*, startet hinter dem Haus und führt erst durch Kiefernwald, dann den Berg Montaña de la Venta hinauf und über eine Ebene zum Ausgangspunkt zurück. Pilzfreunde folgen dem *sendero micológico* und erfahren, wo Reizker, Erd- und Rötelritterling wachsen.

■ **Centro de Visitantes,** Tel. 922423100, geöffnet tgl. 9–16 Uhr.

Klettergarten

400 Meter weiter östlich, an der Straße nach Breña Alta, befindet sich der **Acro Park**. Dieser private Klettergarten bietet auf 12.000 Quadratmetern Hänge- und Tibetbrücken sowie „Lianen", an denen man sich – gegen einen saftigen Eintrittspreis – von Baum zu Baum schwingen kann.

■ **Acro Park,** LP-301, Km. 7, www.acropark.es, Mi–So 10–18 Uhr, 3 Std. 18/6,50 €.

Praktische Tipps | 224

1. Spaziergang um La Cumbrecita | 228
2. Runde von Los Brecitos zum Barranco de las Angustias | 230
3. Von El Paso nach La Fajana | 234
4. Runde von El Paso über Llano del Jable | 235
5. Runde von der Ermita über den Picknickplatz El Pilar | 239
6. Runde von El Pilar zum Pico Birigoyo | 242
7. Von El Pilar nach Los Canarios | 244
8. Von Los Canarios zum Vulkan Martín | 247
9. Abstieg nach Puerto de Tazacorte | 249
10. Von El Jesús zum Torre del Time | 251
11. Von Tijarafe zum Porís de Candelaria | 254
12. Von Puntagorda zum Gasthof Briestas | 256
13. Von Las Tricias zu den Cuevas de Buracas | 258
14. Von der Degollada de los Franceses zum Roque de los Muchachos | 259
15. Vom Roque de los Muchachos zur Somada Alta | 263
16. Von Santo Domingo nach El Palmar | 265
17. Von Los Tiles in den Barranco del Agua | 266
18. Von Los Tiles zum Mirador Espigón Atravesado | 267
19. Zu den Wasserfällen Marcos y Cordero | 268
20. Runde von Santa Cruz nach Las Nieves | 271

8 Wandern auf La Palma

◁ Blick auf Felsdome – bei Wanderung 1

DIE 20 SCHÖNSTEN WANDERUNGEN

Erholen könnt ihr euch woanders: So hieß es in einem Zeitungsbericht über La Palma. Nur zum Relaxen ist die Kanareninsel viel zu schade, warten doch im Inselinneren grandiose Landschaften darauf, entdeckt zu werden. Die Palette reicht von dschungelhaftem Lorbeerwald bis zu Vulkankegeln und -kratern, von subtropisch grünen Tälern bis zu alpinem Hochgebirge. Landschaftlicher Höhepunkt ist der riesige, von einem Bach durchflossene Erosionskrater Caldera de Taburiente, heute Nationalpark.

> Gut ausgeschildert

Praktische Tipps

Wegenetz

Wanderer können sich freuen: La Palma hat ein die ganze Insel überspannendes Netz von Wanderwegen (Karte kostenlos erhältlich bei der Touristeninformation, auch einsehbar unter www.senderosdelapalma.com). An allen kritischen Punkten sind **Wegweiser** aufgestellt, **farbige Markierungen** erleichtern die Orientierung. Drei Arten von Wanderwegen werden unterschieden (jeweils zwei Großbuchstaben plus Zahl):

GR (Gran Recorrido): große Wanderrouten, auf denen man länger als einen Tag unterwegs ist (rot). Der **GR 130** zieht sich rund um die Insel knapp oberhalb der Küste; er überwindet keine großen Höhenunterschiede, führt aber über etliche Straßenkilometer (160 Kilometer, sechs Tage à sieben bis acht Stunden Gehzeit). Der **GR 131** verbindet die Vulkan- mit der Gipfelroute: Er startet in Puerto de Tazacorte im Westen und folgt dem Höhenzug rings um den Erosionskrater Caldera de Taburiente, biegt dann südwärts ein und verläuft längs des Inselrückgrats bis zur Südspitze (87 Kilometer, drei Tage à acht Stunden Gehzeit).

PR (Pequeño Recorrido): kleine Wanderrouten, die man an einem Tag schaffen kann (gelb). Eingerichtet wurden 19 Haupt- und 23 Nebenrouten.

SL (Sendero Local): lokale Wanderrouten, die weniger als zehn Kilometer lang sind (grün). Sie verbinden die übergeordneten Wanderwege miteinander oder bieten die Möglichkeit, einen kleinen Spaziergang zu unternehmen.

Beste Wanderzeit

Auf La Palma kann das ganze Jahr über gewandert werden. Doch die beste Zeit ist das **Frühjahr,** wenn die Pflanzen in voller Blüte stehen und das Wetter meist stabil ist. Die Tage sind länger als im Winter, sodass man sich nicht sputen muss, um rechtzeitig vor Anbruch der Dunkelheit „zu Hause" zu sein. Wer im Sommer wandert, sollte in den heißen Mittagsstunden eine Siesta unter einem schattigen Baum einlegen und den Rückweg auf die kühleren Nachmittagsstunden verschieben.

Im Winter, wenn die meisten Urlauber nach La Palma kommen, ist das Wetter am launischsten. Da gibt es schon mal stürmische und verregnete Tage, in der Gipfelregion kann es sogar schneien. Ein Blick auf die Wetterkarte verrät, welche Region man sich für den folgenden Tag vornehmen sollte. Als Faustregel gilt: Kommt der Wind von Nordost, wandert man auf der Westseite, steht er mal auf Süd oder West, kann man frei von Passatwolken die Ostseite erkunden.

Ausgangspunkte

Mehrere der 20 vorgestellten Wanderungen starten unmittelbar in den Urlaubsorten: so Touren 3, 4 und 5 in El Paso, Tour 8 in Los Canarios und Tour 12 in Puntagorda. Oft sind freilich längere Anfahrtswege nötig, um zum Startpunkt einer Tour zu kommen. Wo es einen **Busanschluss** gibt, wurde dies angegeben (Fahrplan im Anhang); manchmal

aber, so bei sämtlichen Caldera-Touren, ist die **Anfahrt per Mietauto oder Taxi** unerlässlich.

Die Organisation der langen Vulkanroute (Wanderung 7) ist schwierig, am besten funktioniert sie mittels „Car-Sharing": An einem Tag wird das erste Grüppchen zum Ausgangspunkt gefahren und am Ziel zum verabredeten Zeitpunkt abgeholt, am folgenden Tag werden die Rollen getauscht. Oder man bestellt sich ein **Taxi Verde** (⇨Kasten).

Gehzeiten

Die bei den folgenden Tourenbeschreibungen angegebenen Zeiten verstehen sich als reine Gehzeiten – ohne Rast und Fotopause und mit nur wenig Gepäck! Bedenken Sie bitte, dass jeder Wanderer sein eigenes persönliches Lauftempo entwickelt, die Zeitangabe im Buch dient deshalb nur zur Orientierung!

Taxi Verde

An Zwischenzielen bzw. möglichen Endpunkten von Touren verweisen **Schilder** auf das Taxi Verde, das „Grüne Taxi" (manchmal sogar mit Telefonzelle). Erreicht wird stets der nächste Taxifahrer, der die Wanderer zu einem Festpreis abholt.

◸ Der Picknickplatz El Pilar ist Ausgangspunkt von Wandertouren 6 und 7

Ausrüstung

Wichtig sind feste, gut eingelaufene Schuhe mit griffiger Sohle und über den Knöchel reichendem Schaft, außerdem eine strapazierfähige Hose, im Winter auch ein warmer Pullover und Regenschutz. In den Rucksack gehören Wasser und Proviant, sofern es unterwegs keine Einkehrmöglichkeit gibt, natürlich auch eine Sonnencreme mit hohem Lichtschutzfaktor. Für Wanderung 19 ist eine Taschenlampe erforderlich. Hat man etwas vergessen, kann man beim **Outdoor-Spezialisten Villa Verde** alles an Ausrüstung bekommen. Wanderstöcke und Babytragtaschen sind ausleihbar (⇨Santa Cruz und ⇨Los Llanos, „Einkaufen").

Karten

In Informationsbüros bekommt man die Karte „Red de Senderos de La Palma" mit einem Überblick über das offiziell markierte Wegenetz. Die beste deutsche Karte zum Wandern bietet freytag & berndt (Maßstab 1:30.000).

Gefahren

Fast jedes Jahr kommt es auf La Palma zu Unfällen, weil Urlauber die Ausmaße der Caldera unterschätzen. Bleiben Sie bitte stets auf den beschriebenen bzw. ausgeschilderten Pfaden! Die steilwandigen Schluchten erweisen sich abseits der Wege als tückisch, unter einer Vertrauen erweckenden Pflanzendecke kann sich beispielsweise **bröckeliges Terrain** verbergen. Ein plötzlicher Wetterumschwung ist im Hochgebirge nicht selten. Nach starkem Regen drohen **Erdrutsch und Steinschlag,** Bäche können sich in reißende Wildwasser verwandeln. Planen Sie die Wanderung immer so, dass Sie noch vor Einbruch der Dunkelheit in die Ortschaft bzw. zum Auto oder zur Bushaltestelle zurückkehren. Es ist ratsam, Bekannte über die vorgesehene Route und die voraussichtliche Dauer der Wanderung zu informieren.

Organisierte Touren

Anbieter von Wanderurlaub sind die bekannten großen Reiseveranstalter, aber auch kleine, aufs Wandern spezialisierte Unternehmen. Achten Sie stets darauf, dass die Wandergruppen klein sind, ansonsten beginnt unterwegs die Qual des ewigen Wartens oder Hinterherlaufens.

- **Natour Trekking,** Tel. 922433001, www.natour.travel.
- **Ekalis,** Tel. 922444517, www.ekalis.com.
- **Graja-Tours,** Tel. 922107536, www.wandern-auf-la-palma.de.

Im Notfall

In einer Notsituation ist die Zentrale für alle Notfälle unter **Tel. 112** zu erreichen (auch auf Deutsch). Das Rote Kreuz hat die Telefonnummer 922461000, die Berg- und Seerettung verständigt man unter Tel. 922411024.

Wanderung 1: Panoramaweg am Kraterrand

Spaziergang um La Cumbrecita

- **Charakter:** Eine bequeme Tour auf markiertem, gut ausgebautem Weg. Man läuft am Rand der Caldera entlang, mit eindrucksvollem Blick in den bewaldeten, tiefen Kessel.
- **Ausgangs- und Endpunkt:** Passhöhe La Cumbrecita
- **Länge:** 3 km
- **Dauer:** 1 Std.
- **Höhenunterschied:** je 50 m im An- und Abstieg
- **Anfahrt:** Die Anfahrt ist nur möglich via Besucherzentrum, 3 km östlich von El Paso (Buslinie 300 Santa Cruz – Los Llanos). Die LP-302 endet nach 6,7 km an einem Parkplatz mit Info-Stand. Wichtig: Zur Anmeldeprozedur (!) siehe Ausführungen im Kapitel "Das Zentrum: La Cumbrecita".
- **Hinweis:** An der ersten Weggabelung (ausgeschildert: "Zona de Acampada") können Wanderer, sofern sie erfahren, absolut trittsicher und schwindelfrei sind, auf dem schmalen, in die Steilwand geschlagenen Pfad zur Campingzone auf dem Grund der Caldera (auch Zielpunkt von Wanderung 2) hinabsteigen. Über den Zustand des Weges, der die Nummer PR LP 13.1 trägt, gibt das Info-Häuschen Auskunft.

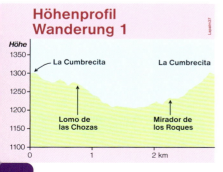

Der Weg startet am Informationshäuschen am Parkplatz des Aussichtspunktes **La Cumbrecita** (1287 m). Wir folgen ihm in nördlicher Richtung, schwenken an der Gabelung nach ca. 100 Metern links ein und durchqueren lichten Kiefernwald. An der Gabelung fünf Minuten später folgen wir dem nach links ausgeschilderten Weg in Richtung Mirador Los Roques. Wenig später ist eine Kreuzung erreicht: Unterhalb des Weges weist ein Schild zum Lomo de las Chozas, dem nächsten Etappenziel; rechts geht es zur Ermita del Pino und einer *zona de acampada*. Zuvor aber lohnt ein kurzer Abstecher zum **Mirador de los Roques** mit einem prachtvollen Blick in die Caldera (15 Min.).

Wir kehren zur Kreuzung zurück und halten uns rechts. Der Weg quert zwei Seitenschluchten auf kleinen Brücken und mündet schließlich in eine Erdpiste, in die wir rechts einbiegen. Sie geleitet

uns zum **Mirador Lomo de las Chozas,** einen gesicherten, hoch über der Caldera „schwebenden" Aussichtsbalkon (45 Min.). Besonders von der unteren, über Treppen erreichbaren Plattform ist der Ausblick einfach fantastisch. Nach gebührendem Aufenthalt geht es zur Piste zurück. Vorbei an Lehrtafeln zu Geologie und Flora erreichen wir **La Cumbrecita,** den Start- und Endpunkt der Tour (1 Std.).

◿ Aussichtsbalkon Lomo de las Chozas

Wanderung 2: Klassische Tour ins Herz der Caldera

Runde von Los Brecitos zum Barranco de las Angustias

■ **Charakter:** Auf gut ausgebautem, leichtem Weg mit federndem Nadelpolster (PR LP 13, gelb markiert) geht es durch Kiefernwald zum Grund der Caldera hinab, wo ein Gebirgsbach Erfrischung bietet – unterwegs genießt man grandiose Ausblicke ins Kraterrund. Der Rückweg – gleichfalls hervorragend ausgeschildert – führt durch die spektakuläre Klamm des Barranco de las Angustias („Schlucht der Ängste"). An einigen Stellen ist Trittsicherheit erforderlich, evtl. muss der Bach gequert werden. Vor oder nach Regen ist der Abstieg durch den Barranco lebensgefährlich! Deshalb bitte im Info-Häuschen am Weg die Wettervorhersage erfragen!
■ **Ausgangspunkt:** Los Brecitos
■ **Zwischenziel:** Zeltplatz und Service-Zentrum in der Caldera (Zona de Acampada/Centro de Servicios Playa de Taburiente)
■ **Endpunkt:** Parkplatz La Viña im Barranco de las Angustias
■ **Länge:** 14 km
■ **Dauer:** 6 Std.
■ **Höhenunterschied:** 1000 m Abstieg, 200 m im Anstieg
■ **Einkehr:** Mit schriftlicher Erlaubnis der Nationalparkverwaltung kann man auf dem Zeltplatz im Caldera-Grund kostenlos übernachten (⇨ „Besucherzentrum des Nationalparks" im Kapitel „Das Zentrum").
■ **Anfahrt:** In Los Llanos auf der Calle Dr. Fleming in Richtung Norden, an ihrem Ende erst rechts, dann links, vorbei am Friedhof und über eine Kreuzung (ausgeschildert „La Caldera", ⇨ Stadtplan S. 144). Am Ende der Straße hält man sich rechts und erreicht nach 4 km den Parkplatz im Barranco de las Angustias. Von hier kommt man mit dem Jeep-Taxi zum Startpunkt der Tour (tgl. 9–12 Uhr, ab 10 € p.P. (abhängig von Personenzahl), www.taxiscaldera taburiente.com).
■ **Hinweis:** Konditionsstarke können sich das Taxi sparen, indem sie ab Parkplatz auf dem gelben PR LP 13 in 2:15 Std. nach Los Brecitos laufen.

▽ Rio de la Caldera

Der Weg ab **Los Brecitos** ist ausgeschildert und mit Geländer gesichert (gelber Weg PR LP 13; „Zona de acampada"). Er führt am Fuße der Caldera-Steilwand entlang, passiert lichten Kiefernwald und durchquert Seitentäler auf hölzernen Brücken. Am **Mirador del Lomo del Tagasaste** genießt man erstmals einen Blick in den weiten Kessel, aus dem der verwitterte Roque Idafe aufragt (40 Min.). Nach Passieren einer Höhle und weiterer Schluchteinschnitte gelangt man zu einer Tafel der Nationalparkdirektion, wo man den links zur Cascada Fondada abzweigenden Weg ignoriert und rechts weitergeht. Kurz darauf ist die **Playa de Taburiente** erreicht (1:45 Std.). Der gleichnamige Wildbach ist eingerahmt von Weidengebüsch und in viele Seitenarme verzweigt. Besonders schön präsentiert er sich gut 500 Meter flussabwärts, wo es sich in kleinen „Wan-

nen" wunderbar baden lässt: ein romantisches Idyll inmitten zerklüfteter Felslandschaft.

Die **Zona de Acampada** (Campingfläche) und das **Centro de Servicios** (Info-Stelle des Nationalparks mit sanitären Anlagen) befinden sich an der Ostseite des Flüsschens. Wer die Nacht nicht hier verbringen will, tritt nach einer Picknickpause den Rückweg über den Barranco de las Angustias („Schlucht der Ängste") an. Dieser ist zwar in allen Partien gut ausgeschildert, stellt aber doch erhebliche Anforderungen an die Trittsicherheit. Der Pfad verläuft anfangs oberhalb des Bachs, passiert den Aussichtspunkt **Somada del Palo** und schlängelt sich dann zur Wegstelle **Cuesta del Reventón** hinab. An der folgenden Gabelung ignorieren wir den schwierigen, mit „Atajo" (Abkürzung) gekennzeichneten Pfad und halten uns rechts, beide Wege führen wenig später wieder zusammen. Wir passieren eine als **Cruce de Barrancos** markierte Stelle, den Zusammenfluss zweier Bäche (3:15 Std.).

Abstecher: Durch den ostwärts abzweigenden, geröllübersäten Barranco del Limonero, der seinen Namen einer dunkelgelben Verfärbung verdankt, gelangt man zum spektakulärsten Punkt der Caldera, der **Cascada Colorada.** Der „bunte Wasserfall" ergießt sich über eine knallrote Steinwand in die Tiefe – ein herrlicher Anblick (hin und zurück 25 Min.).

Zurück zum Hauptweg: Vom Zusammenfluss der Barrancos geht es weiter talabwärts. Ein Kreuz erinnert an das Unwetter von 2001, als an dieser Stelle Sturzwasser zwei Touristen in den Tod riss. Wenig später gelangen wir zu der als **Dos Aguas** („Zwei Gewässer") markierten Stelle, wo eine von rechts kommende Seitenschlucht in den Barranco del Almendro Amargo mündet – hier beginnt offiziell der Barranco de las Angustias. Der Weg führt uns erst an der rechten Flanke der Schlucht abwärts, mündet dann aber in sie ein, wo wir mal an ihrer rechten, mal an ihrer linken Seite weiterlaufen.

Kurz nachdem wir unter einem Wasserrohr hindurchgeschritten sind, biegt links ein Pfad ab, der um einen Engpass des Barranco herumführt. Ein paar Minuten später führt er in die Schlucht zurück, die wir schon 50 Meter weiter vor einem großen, rötlichen Felsbrocken noch einmal nach links verlassen. Wenig später steigen wir erneut ins Barranco-Bett hinab, um ein paar Minuten später auf einem steingepflasterten, ausgeschilderten Weg auf die rechte Seite der Schlucht emporzusteigen.

Der Weg führt oberhalb eines zweiten Wasserstollens vorbei und passiert ein Steinhaus, das nach der hiesigen Anhöhe **Morro de la Era** benannt ist. Danach geht es wieder ins Bachbett hinab, ein weiteres Ausweichmanöver nach links ist fünf Minuten später angesagt (Schild: „Barranco de las Angustias"). Wir durchqueren in der Folge noch einige Male das Bachbett und gelangen schließlich auf eine Straße, der wir nach links zum **Parkplatz** in der „Schlucht der Ängste" folgen (6 Std.).

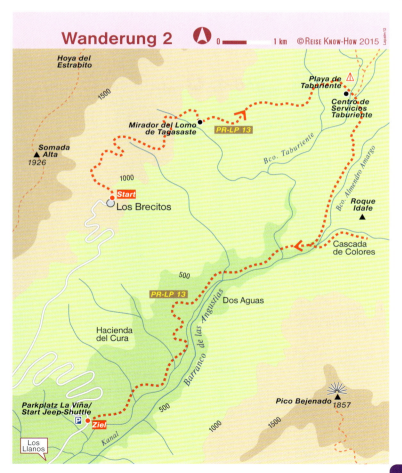

Wanderung 3: Prähispanische Felszeichnungen

Von El Paso nach La Fajana

■ **Charakter:** Spaziergang durch eine bäuerliche Kulturlandschaft zu geheimnisvollen, altkanarischen Felsgravuren (⇨ Kap. „Land und Leute: Altkanarische Kultur").

■ **Ausgangs- und Endpunkt:** Plaza (mit Bushaltestelle) im Ortszentrum von El Paso (⇨ Stadtplan S. 136).
■ **Länge:** 3 km (hin und zurück)
■ **Dauer:** 1 Std.
■ **Höhenunterschied:** 50 m im An- und Abstieg
■ **Einkehr:** Bars und Restaurants in El Paso
■ **Anfahrt:** Startpunkt ist die Plaza im Ortszentrum von El Paso (Buslinie 300 Santa Cruz – Los Llanos); am Supermarkt San Martín gute Parkmöglichkeit.

Wanderung 4: Wiesen, Pferdekoppeln, Aschefelder

Runde von El Paso über Llano del Jable

- **Ausgangs- und Endpunkt:** El Paso
- **Charakter:** Die abwechslungsreiche Tour führt über Mandelbaumfelder, dann durch Kiefernwald hinauf in eine schwarze Lavawüste. Eine insgesamt leichte Wanderung auf Pisten und Wegen, doch aufgrund des langen Anstiegs etwas beschwerlich.
- **Länge:** ca. 12 km
- **Dauer:** 4:15 Std.
- **Höhenunterschied:** je 600 m im Auf- und Abstieg
- **Anfahrt:** Die Tour startet, wo der Camino de la Era von der Hauptstraße LP-3 abzweigt: 800 m östlich des an der zentralen Ortskreuzung von El Paso gelegenen Supermarkts (⇨Stadtplan S. 136, Buslinie 300 Santa Cruz – Los Llanos).
- **Hinweis:** Diese Tour ist im ersten Teil weitgehend identisch mit dem grün markierten Cabildo-Weg SL EP 100/101, im zweiten Teil mit dem gelben PR LP 14.

Von der **Plaza** folgt man der Avenida Islas Canarias in nördlicher Richtung und biegt links in die Calle Juan Pérez Capote ein. Etwa nach 400 Metern, an den letzten Häusern von El Paso, endet der Asphalt. Es geht geradeaus weiter auf einem breiten und von Mauern eingefassten, teilweise schottrigen Weg in den Barranco de Tenisque. Dieser führt in knapp zehn Minuten zu einem **Haus mit Palme** (Wegweiser) oberhalb des Barranco-Grunds. Vor dem Haus geht es rechts hinauf; von den Stufen am Eingang sind es genau 50 Meter bis zu einer Weggabelung, an der man links einbiegt. Nach weiteren 150 Metern steht man vor der durch Gitter geschützten Felswand von **La Fajana**, die übersät ist mit spiralförmigen Bildern (30 Min.).

Wer Lust hat, eine weitere Fundstelle in Augenschein zu nehmen, geht zum Haus mit Palme zurück und folgt dem Barranco-Grund links aufwärts. Nach fünf Minuten quert man ein Wasserrohr und geht dann noch gut 50 Meter weiter bis zu einer Absperrung. Schautafeln geben Erklärungen zu den hoch oben an der Felswand eingekerbten Zeichen. Sie mögen, so erfährt man, zur Markierung von Hirtenwegen und der Begrenzung von Weidegründen gedient haben, vielleicht aber verweisen sie auch auf magisch-religiöse Praktiken, die Regen herbeibeschwören sollten. Wer nicht auf gleichem Weg zurückgehen will, folgt der steil angelegten Treppe zum sehenswerten Friedhof von El Paso hinauf. Anschließend geht es rechts auf der Straße Juan Pérez Capote zur Plaza am Start zurück (1 Std.).

Gegenüber vom Megacentro Martínez (⇨Anfahrt) biegen wir in die Straße **Camino de la Era** ein und lassen die wenig attraktiven Häuser rasch hinter uns. Nach 1,2 Kilometern (ca. 15 Min.) schwenken wir hinter einem vergitterten Gebäude (ehem. Schule, Haus Nr. 29) links ein, um nach 100 Metern abermals links in die Calle Cuesta de la Juliana abzubiegen. Mauern aus Vulkangestein säumen die Straße, dahinter erstrecken sich romantische, durch Steinmauern abgeteilte Fluren mit Mandelbäumen;

Pferde grasen auf Koppeln – Landleben par excellence! Nach 1,3 Kilometern gabelt sich die Straße, und der Asphalt endet (40 Min.). Wir halten uns rechts, folgen dem grün markierten SL EP 101 „Llanos del Jable/Refugio del Pilar/El Paso" und gehen an der Zufahrt zu einem Steinhaus vorbei. Wo der Kiefernwald beginnt, schwenkt der Weg nach links, und es beginnt ein schweißtreibender, gut einstündiger Aufstieg. Von links mündet eine Piste in unseren Weg, der sich 50 Meter weiter gabelt: Wir wandern geradeaus aufwärts und halten uns nach weiteren 5 Minuten an der Kreuzung links.

Nach insgesamt zwei Stunden erreichen wir **Llano del Jable:** wörtlich übersetzt „Sandebene", in Wirklichkeit eine bizarre Aschewüste am Fuße des Pico Birigoyo. Wir folgen der Piste in die Welt der schwarzen Lava und folgen an einem **Markierungspfosten** dem ausgeschilderten Weg nach El Paso. Er führt uns im Uhrzeigersinn um den vor uns liegenden bewaldeten Hügel herum (Montaña de Enrique), eine Schranke hindert wenig später Jeeps an der Weiterfahrt (2:30 Std.). Wir passieren die Schranke, lassen eine Minute später den zu einem Haus führenden Rechtsabzweig unbeachtet und folgen dem Fahrweg in eine Mulde mit Obstbäumen hinab. Dort halten wir uns rechts und folgen einem breiten, bergab führenden Weg, der sich nach zehn Minuten kurzzeitig verengt. Kurz darauf überqueren wir eine erste Kreuzung, an der zweiten, zwei Minuten später, gehen wir halblinks auf dem nun gelb markierten Weg abwärts (2:45 Std.).

Die gelbe Markierung (= Cabildo-Weg PR LP 14) bleibt für uns fortan richtungsweisend, unser Weg ist jetzt identisch mit dem Abstieg von Wanderung 5. Nach drei Minuten stößt unser Weg auf eine Piste. Wir folgen ihr nach rechts, um schon nach wenigen Schritten abermals in den gelb markierten Weg (links) einzuschwenken. Eine Minute danach biegen wir ein weiteres Mal in die Piste ein, die sich kurze Zeit später in eine schmale Asphaltstraße verwandelt. Diese verlassen wir nach 30 Metern auf einem rechts abzweigenden, von Seitenmäuerchen flankierten Weg. Nach gut fünf Minuten überqueren wir die Straße, und es geht etwas steiler bergab. Nach weiteren zehn Minuten mündet der Weg in die Straße, der wir geradeaus – vorbei an einer weiträumig umzäunten Waldvilla – folgen. Nach 600 Metern auf Asphalt erscheint ein von der Naturschutzbehörde aufgestelltes Schild („Entra Usted en un espacio protegido"), an dem links, halblinks und geradeaus Pisten weiterführen. Wir folgen der mittleren, mit Mandelbäumen gesäumten Piste bergab, ignorieren zwei Abzweigungen nach links und stoßen nach 500 Metern auf die schmale Calle Las Moraditas; sie bringt uns nach 600 Metern an vereinzelten Häusern und Gehöften vorbei zur **Carretera General LP-3** (3:30 Std.).

Wir kreuzen die Straße und folgen der Calle El Pilar, um nach gut 500 Metern rechts in die Calle Ugranfir einzubiegen. Wir ignorieren eine links abzweigende

◁ Entlang einer Mandelbaumallee – Abstieg nach El Paso

Straße und biegen nach 400 Metern links in die alte Dorfstraße Calle La Rosa ein, die von restaurierten Gehöften gesäumt ist. Wir ignorieren alle Abzweigungen und erblicken nach gut 15 Minuten (1,1 km) zur Rechten die Pension La Tienda am „Großen Kreuz" (Cruz Grande), das eine wichtige Station auf dem Prozessionsweg markiert. Hier halten wir uns links, gehen auf der Calle General Mola 300 Meter hinab und biegen links in die Calle Ismael González y González ein. Nach 300 Metern schwenken wir erneut nach links, nach weiteren 100 Metern nach rechts: Wir befinden uns nun auf der Calle Fátima A, die nach 200 Metern am Startpunkt der Tour in die Hauptstraße im **Zentrum von El Paso** einmündet (4:15 Std.).

◠ Auch bei Mountainbikern beliebt: die Aschewüste von El Jable

▷ Die „Kiefernjungfrau" (Kapelle bei El Paso) – Startpunkt von Tour 5

Wanderung 5: Pilgerpfad zur Wetterscheide

Runde von der Ermita über den Picknickplatz El Pilar

■ **Charakter:** Über einen Königsweg geht es steil hinauf zum Kamm der Cumbre Nueva. Danach bummelt man auf staubiger, aber „aussichtsreicher" Forstpiste zum Picknickplatz El Pilar und läuft über jungvulkanische Hänge zurück nach El Paso. Aufgrund der Länge eine etwas mühsame Tour; in den Aschefeldern von Llano del Jable kurzzeitig weglos, Orientierungssinn ist erforderlich.

■ **Ausgangs- und Endpunkt:** Kapelle Virgen del Pino bei El Paso

■ **Länge:** ca. 16 km
■ **Dauer:** 6 Std.
■ **Höhenunterschied:** ca. 750 m im An- und Abstieg
■ **Anfahrt:** Startpunkt ist die Ermita Virgen del Pino bei El Paso. Am Besucherzentrum an der Straße Santa Cruz – Los Llanos LP-3 (bis hier mit Buslinie 300 bzw. 301) biegt man in die nach La Cumbrecita ausgeschilderte Straße ein. An der Gabelung nach 900 m hält man sich rechts und folgt der Straße 1,2 km bis zur Kapelle (dort Parkplatz).
■ **Hinweis:** Diese Tour ist im ersten Teil identisch mit dem gelb markierten Cabildo-Weg PR LP 1, auf dem Pass mit dem roten GR 131 und ab El Pilar mit dem gelben PR LP 14. Wer die Tour abkürzen will, bittet am Picknickplatz El Pilar einfach einen der dort parkenden Autofahrer um einen Lift nach El Paso.

Hinter der **Ermita Virgen del Pino,** einer schmucken Kapelle im Schatten einer mächtigen Kiefer, steht eine Informationstafel des Nationalparks, an der unser Weg startet (PR LP 1, gelb). Parallel zu einer Mauer steigt er durch Kiefernwald an. An einer Gabelung geht es geradeaus, der steingepflasterte Camino schraubt sich in steilen Kehren zum Bergkamm empor.

Am 1430 Meter hohen **Reventón-Pass** angelangt (1 Std.), hält man sich rechts und folgt der mit „Refugio El Pilar" ausgeschilderten Forstpiste südwärts (GR 131, rot). Sie führt stets am Kamm entlang und ist kaum befahren. Zeitweise schwappen Passatwolken über die Cumbre, und man spaziert durch Nebel. Nach ca. 30 Minuten passiert man die Funkmasten des Cumbrera (1435 m) und ignoriert an einem kleinen Parkplatz einen Linksabzweig zur Fuente (die Quelle ist über einen steilen, zehnminütigen Pfad erreichbar). Wir bleiben weiter auf der gemütlichen Piste. Nach mäßigem Auf und Ab wird schließlich die von Las Breñas nach El Paso heraufführende Straße LP-301 erreicht, der man nach rechts zum **Picknickplatz El Pilar** folgt (3:30 Std.).

Zur Linken liegt das Besucherzentrum, wo die Vulkanroute startet (⇨Wanderung 6/7), wir aber folgen der Straße weitere knapp 50 Meter und dann dem gelb-weiß markierten Weg PR LP 14, der rechts über die Campingfläche führt. Nach 15 Minuten stößt er zum Rand der Aschewüste Llano del Jable vor, nach weiteren 5 Minuten quert er die Straße. Nach wieder 5 Minuten gelangen wir zu einer Sandpiste, die uns links in wenigen Minuten zu einem **Markierungspfosten** am Fuß der kahlen Montaña Quemada bringt. Geradeaus geht es auf dem grünen SL EP 101 nach Tacande (⇨Wanderung 4), wir aber halten uns rechts und folgen der Ausschilderung nach El Paso (PR LP 14). Wenige Minuten später verlassen wir die Lavaebene und betreten Kiefernwald, nun immer der gelben Markierung folgend, mal auf Fahrweg, mal auf schmalerem Pfad, der die Kehren des Fahrwegs abkürzt. Für die Dauer von 45 Minuten ist unser Weg identisch mit Wanderung 4, über Pfade und Pisten erreichen wir die **Carretera General LP-3** (5:15 Std., dort gibt es auch eine Bushaltestelle). Wer zum Auto an der Ermita zurückkehren muss, hält sich an der LP-3 rechts und erreicht nach 400 Metern das Besucherzentrum. Der Weg von dort zur **Ermita** ist bereits von der Anfahrt her vertraut.

Wanderung 6: Erloschener Feuerberg

Runde von El Pilar zum Pico Birigoyo

■ **Charakter:** Die Tour eignet sich nur für trittsichere Wanderer, die über guten Orientierungssinn verfügen: Erst geht es durch Kiefernwald, dann weglos über gerölllige Aschehänge steil zum aussichtsreichen Gipfel eines Vulkans hinauf. Über Lavagrus muss man auch wieder hinabwedeln. Wanderstöcke sind empfehlenswert! Vorsicht auch auf der Kammhöhe bei Sturm!
■ **Ausgangs- und Endpunkt:** Picknickplatz El Pilar
■ **Länge:** 5,5 km
■ **Dauer:** 2:30 Std.
■ **Höhenunterschied:** 420 m im An- und Abstieg

■ **Anfahrt:** Der Startpunkt der Tour, der Picknickplatz El Pilar, liegt am höchsten Punkt der Passstraße LP-301 zwischen den Cumbres und ist nur mit dem Auto erreichbar. Von El Paso kommend am Besucherzentrum vorbei und 3 km dahinter, also noch vor dem Tunnel, rechts in die Straße nach El Pilar einbiegen.

Hinter dem Besucherzentrum von El Pilar folgt man dem Weg GR 131 durch lichten Kiefernwald bergauf. Sieben Minuten später lässt man einen links abzweigenden Weg unbeachtet und geht stattdessen scharf rechts weiter bergan. Nach weiteren vier Minuten bietet der **Mirador de Birigoyo,** ein halbrund gemauerter Aussichtspunkt, einen weiten Blick auf El Paso und die Caldera-Wand.

Der Wald beginnt sich zu lichten, und unser Weg führt entlang der aschebedeckten Westflanke des Birigoyo. Er mündet in eine Schotterpiste (35 Min.), der man links hinauf in Richtung Los Canarios folgt. Nach 15 Minuten ist eine markante **Gabelung** (50 Min.) erreicht: Rechts geht es mit dem GR 131 auf der „Ruta de los Volcanes" nach Los Canarios (⇨ Wanderung 7), wir aber halten uns links. Drei Minuten später, an einer

> Pause vor dem Aufstieg auf den Pico Birigoyo

breiten Schneise, geht es auf einem links abzweigenden, mit Steinmännchen ausgewiesenen Pfad steil im Zickzack den Hang hinauf (es wurde hier ein Schild „Prohibido el paso" aufgestellt, doch nach unserer Erfahrung wird das Weitergehen nicht geahndet. Die Inselregierung, die diesen Weg einst angelegt hatte, möchte alle Urlauber auf die „Vulkanroute, GR 131" lenken). Oben auf dem **Pico de Barquita** erholt man sich in einer windgeschützten Ruine von den Strapazen des Aufstiegs und genießt den Ausblick in den Krater (1:10 Std.).

Anschließend geht es auf einem Pfad weiter, nun entgegen dem Uhrzeigersinn am Kamm des Vulkans entlang. Zur Rechten ergeben sich schöne Ausblicke über die sanft gewellte Berglandschaft, vor uns erhebt sich der kahle, rötlich schimmernde Pico Birigoyo. Nach gut fünf Minuten, an einer Einsattelung mit Steinmännchen, gabelt sich die Spur. Wir gehen geradeaus und ersteigen die vor uns aufragende Wand des Pico Birigoyo. Am Kamm angelangt, folgen wir einem Pfad entgegen dem Uhrzeigersinn am Kraterrand entlang. Wir genießen herrliche Ausblicke und erreichen schließlich den **Gipfel des Pico Birigoyo** (1808 m, 1:45 Std.).

Von der Vermessungssäule am Gipfel folgt man einem Pfad über Geröll den Hang hinab – immer in Richtung Nordost bis hin zu dichtem Kiefernwald und einer breiten, nordwärts ausgerichteten Forstschneise. Auf dieser geht es weiter hinab, bis hinter einem bedeckten Wasserspeicher ein gelb markierter Weg die Schneise quert. Auf diesem geht es links in wenigen Minuten zu der vom Hinweg bekannten Schutzhütte am Rastplatz **El Pilar** zurückführt (2:30 Std.).

Wanderung 7: Spektakuläre Vulkanroute

Von El Pilar nach Los Canarios

■ **Charakter:** Ein Klassiker unter den La-Palma-Touren. Durch eine bizarre Vulkanlandschaft mit über 100 Kratern und Kegeln, großartigen Weitblicken und immerzu neuen Eindrücken geht es über den Inselkamm zur Südspitze. Die Tagestour verläuft auf ausgebautem Weg, Lava und Piste – gut markiert, aber aufgrund der Länge anstrengend und nur bei beständigem Wetter zu empfehlen. Bei unklarer Wetterlage drohen Starkwind sowie schnell aufziehende Wolken, die die Sicht erheblich einschränken können. In jedem Fall viel Wasser und ausreichend Proviant, Windjacke und Kopfbedeckung nicht vergessen!
■ **Ausgangspunkt:** Picknickplatz El Pilar
■ **Endpunkt:** Los Canarios
■ **Länge:** 18 km
■ **Dauer:** 6:15 Std.
■ **Höhenunterschied:** 530 im Anstieg, 1250 m im Abstieg
■ **Anfahrt:** wie Wanderung 6; vom Endpunkt Los Canarios zurück nach Los Llanos bzw. Santa Cruz mit Buslinie 200. Ideal ist es, sich zum Startpunkt bringen und vom Endpunkt abholen zu lassen. Oder man fährt mit dem Auto zum Start und lässt sich vom Endpunkt mit dem Taxi nach El Pilar zurückbefördern (30–35 €). Billiger wird's, wenn man vom Endpunkt mit dem Bus nach Los Llanos fährt und dort ein Taxi nimmt.

■ **Hinweis:** Diese Tour ist identisch mit der dritten Etappe des rot markierten Wegs GR 131.

Die ersten 45 Minuten ab dem **Picknickplatz El Pilar** sind mit Wanderung 6 identisch: Vorbei am **Mirador de Birigoyo** gelangt man zur **Piste**, schwenkt links ein und folgt ihr nach links einen Kilometer bis zu einer **Gabelung.** Links zweigt Wanderung 6 ab, wir aber folgen der „Ruta de los Volcanes/Los Canarios".

Bald führt der Weg in engen Kehren zu einer Kreuzung hinauf, an der es geradeaus weitergeht – Steinmäuerchen erleichtern auch im weiteren Verlauf die Orientierung. Wir überqueren eine über eine Vulkanspalte gespannte Holzbrücke und steigen stärker bergan zu einem Kamm, der einen ersten Blick auf die Ostseite der Insel gewährt – bei klarer Sicht sehen wir am Horizont den Zuckerhut des Teide auf Teneriffa. Kurz darauf wird der links abzweigende grüne Weg (SL VM 125) ignoriert, mit dem man zum Picknickplatz El Pilar zurücklaufen könnte.

Weiter geht es geradeaus bergan zum **Mirador Hoyo Negro** – eine „Schwarze Grube", die zuletzt 1949 beim Vulkanausbruch des San Juan glühende Lava spie (Info-Tafel). Links einschwenkend, wird bald die nächste „Grube" sichtbar – der Weg führt an ihrem rechten Rand entlang und verzweigt sich am Fuß der Montaña del Fraile. Wir folgen dem Hauptweg nach rechts, der sich vorübergehend absenkt und einen weiten Bogen um den Krater des Duraznero schlägt, bevor er uns durch ein Tal steil zum zweiten Gipfel der Doppelspitze, den **Deseada II** geleitet. Seine Vermessungssäule (1937 m) ist der höchste Punkt der Cumbre Vieja und der Tour. Am **Mirador de las Deseadas** (mit Info-Schild) hat man eine grandiose Sicht nach allen Seiten und erkennt deutlich den weite-

ren Verlauf der Tour mit dem rötlichen Volcán Martín als nächstem Etappenziel.

Es geht weiter gen Süden auf zwei sanft gerundete Kuppen zu. Nach 20-minütigem Abstieg quert der gelb markierte LP 15 (Jedey – Tigalate) unseren roten GR 131, der danach vorübergehend wieder ansteigt. Ein tellerflacher, lang gezogener Krater wird gequert. Danach geht es in südlicher Richtung geradeaus zwei Kilometer bergab, bevor ein kurzer Anstieg zum **Mirador de Montaña Cabrita** folgt. Von hier steuern wir den rot leuchtenden **Volcán Martín** an, gehen rechts an seinem Krater vorbei.

Im Folgeabschnitt werden alle rechts abzweigenden Pfade und Trittspuren ignoriert – sie münden in die Forstpiste nach Los Canarios, über die früher die „Vulkanroute" verlief. In weiten Kehren senkt sich unser Lavaweg in südlicher Richtung hinab und führt in Kiefernwald. Ein markanter Linksschwenk – 30 Minuten nach dem Volcán Martín – wird mit Seitenmäuerchen und Wegweisern deutlich angezeigt. An den beiden folgenden Gabelungen halten wir uns jeweils rechts, an der dritten, deutlich angezeigten, heißt es aber links halten!

An der folgenden Kreuzung halten wir uns geradeaus und laufen an der Ostseite des Feuerbergs (**Fuego**) entlang. Einen Kilometer weiter queren wir eine Piste, 800 Meter weiter noch eine. Nach ein paar Minuten erreichen wir eine markante Kreuzung, an der sich die beiden Fernwanderwege GR 131 und GR 130 schneiden. Auch hier geht es geradeaus weiter. Noch eine Fahrspur wird gekreuzt, bevor unser Weg in eine Forstpiste einmündet. Wir schwenken links in sie ein und laufen sogleich oberhalb eines Fußballplatzes entlang. An einem monumentalen Felsbrocken halten wir uns links und erreichen – bereits mit Blick auf Los Canarios – eine Straße. Wir folgen ihr nach links, verlassen sie aber sogleich nach rechts auf einem Weg, der uns an der Dorfkirche vorbei zur Hauptstraße von **Los Canarios** bringt.

Wanderung 8: Durch Kiefernwald auf die Cumbre Vieja

Von Los Canarios zum Vulkan Martín

■ **Charakter:** Die problemlose, aber aufgrund des Höhenunterschieds anstrengende Tour führt auf Pisten durch Kiefernwald und später auf Wegen durch Lavafelder. Ziel ist der Vulkan Martín, der sich zuletzt 1646 aus dem Schoß der Erde erhob und den Inselsüden mit seinem glühenden Strom überzog. Zurück geht es auf dem rot markierten GR 131, der „Vulkanroute" von Tour 7.
■ **Ausgangs- und Endpunkt:** Kirche in Los Canarios
■ **Länge:** 19 km (hin und zurück)
■ **Dauer:** 5:45 Std.
■ **Höhenunterschied:** 900 m im An- und Abstieg
■ **Einkehr:** Nahe dem Fußballplatz wurden eine Camping- und Picknickzone eingerichtet.
■ **Anfahrt:** Startpunkt ist die Dorfkirche von Los Canarios, erreichbar ab Los Llanos und Santa Cruz mit Buslinie 200.

◁ Am Kraterrand des Hoyo Negro

Von der Dorfkirche in **Los Canarios** geht man 70 Meter nach rechts und biegt links in das Asphaltsträßchen ein. Bereits nach 100 Metern verlässt man es auf einer links abzweigenden (inzwischen asphaltierten) Forstpiste, die am Rand eines Kiefernwalds aufwärts führt. Nach zwei Minuten biegen wir rechts in den GR 131 ein und kürzen so eine lange Pistenkurve ab. Wo der Weg wieder in die Piste mündet, folgen wir ihr aufwärts, verlassen sie aber schon nach 200 Metern nach rechts (ausgeschildert GR 131 Refugio El Pilar). Nach ein paar Minuten schwenken wir links in den zur „Pino Santo Domingo" ausgeschilderten Weg ein. Nach 200 Metern ist eine stattliche **Kiefer** erreicht (20 Min.) – der Heiligenschrein in ihrem ausgehöhlten Stamm ist an jedem zweiten Augustsonntag Ziel einer Wallfahrt.

Rechts vom Baum verläuft unser Weg an einer Steinmauer entlang, bevor er wieder in die Piste einmündet. Wir folgen ihr nach links, passieren ein Betonhaus und halten uns an der nächsten Gabelung in Richtung „MUP Fuencaliente/Llano de los Cestos". Eine Tafel zeigt an, dass wir uns im Naturschutzgebiet Cumbre Vieja befinden (30 Min.). Wir gehen im Uhrzeigersinn am Berg Montaña de los Arroboles vorbei und ignorieren eine rechts abzweigende Piste. Wenig später genießen wir einen ersten Ausblick aufs Meer.

Nach 500 Metern folgt man der Ausschilderung links in Richtung „El Paso, Los Faros, El Tíon" (1 Std.), an der Gabelung nach weiteren 1,8 Kilometern rechts in Richtung „El Paso". Nach 500 Metern erreicht man erneut eine große **Verzweigung** (1:45 Std.): Rechts heißt es „Pista sin salida", links – zwischen Bäumen versteckt – „El Tíon, Los Faros, El Paso". Wir entscheiden uns für keine der beiden Pisten, sondern steigen zwischen ihnen auf dem mit „Ruta de los volcanes" ausgeschilderten Weg hinauf.

Wir überqueren eine Kreuzung (links geht's zur Quelle Fuente del Tíon) und sehen rechts den Berg Pelada und vor uns den rötlich schimmernden Volcán Martín. An der nächsten Gabelung halten wir uns links und ignorieren wenig später einen von rechts einmündenden Pfad. Hinauf geht's zur Passhöhe am Westhang des Vulkans. Es folgt die nun schon vertraute Sequenz Sattel-Mulde-Tal-Sattel und zum Abschluss – über seine Nordflanke – die Ersteigung des 1492 Meter hohen **Volcán Martín,** von dem sich eine fantastische Aussicht über den Inselsüden bietet (3 Std.).

Zurück geht es auf dem rot markierten GR 131, der „Vulkanroute" (⇨ Wanderung 7), nach **Los Canarios** – nun bergab und etwas schneller.

Wanderung 9: Entlang einer Klippe zum Meer

Abstieg nach Puerto de Tazacorte

■ **Charakter:** Leichte Tour erst auf Piste, dann auf einem „Paradeweg", der sich im Zickzack durch die Steilwand des Barranco windet. Man genießt einen herrlichen Ausblick aufs Meer – wer allerdings schwindelanfällig ist, könnte Probleme haben. Zum Schluss erfrischt man sich in den Fluten oder stärkt sich mit Fisch in einem der Lokale.
■ **Ausgangspunkt:** Mirador El Time
■ **Endpunkt:** Puerto de Tazacorte
■ **Länge:** 3 km
■ **Dauer:** 1:10 Std.
■ **Höhenunterschied:** ca. 550 m im Abstieg
■ **Einkehr:** Am Mirador und in Puerto de Tazacorte
■ **Anfahrt:** Startpunkt ist der Mirador El Time an der Straße Los Llanos – Santo Domingo (Buslinie 100). Vom Endpunkt Puerto de Tazacorte kommt man mit Linie 207 nach Los Llanos.
■ **Hinweis:** Diese Tour ist identisch mit der ersten Etappe des rot markierten GR 131 (Ruta de la Crestería). Man kann die Tour natürlich auch – knieschonend – in umkehrter Richtung laufen. Start: rechts vom Restaurant Kiosco de Teneguía (⇨ Wandertipp Puerto de Tazacorte).

Vom **Mirador El Time** folgt man einer schmalen, steilen Straße (GR 131) abwärts. Nach ca. zehn Minuten geht sie in einen Weg über, der zu einer Bananenplantage führt: Man geht rechts um sie herum und sieht an ihrem Nordrand eine Straße, zu der man absteigt. Dort hält man sich links und geht an von üppigem Grün eingefassten Villen vorbei. An der folgenden Plantage gabelt sich die Straße: Wir halten uns links und gelangen nach knapp 200 Metern zu einer ehemaligen **Bananenverpackungsstation,** wo die Straße endet. Rechts geht es auf einem Weg weiter, der sogleich einen ers-

◁ Wolken ziehen über jungvulkanischen Hängen auf

ten tollen Ausblick auf die Küste bietet. Wie mit der Axt abgehauen stürzt die **Felswand** lotrecht in die Tiefe – weit unten liegen die Häuser von Puerto de Tazacorte. Wenig später präsentiert sich unser Camino als klassischer Königsweg: tragtierbreit, steingepflastert und mit Seitenmäuerchen gestützt, schraubt er sich in unzähligen Kehren in die Tiefe. In **Puerto de Tazacorte** angekommen, führt er zwischen Restaurants zur Promenade.

Wanderung 9:
Das Anfangsstück verläuft auf einer Piste

Wanderung 10: Durch Mandelhaine zum Wachturm

Von El Jesús zum Torre del Time

■ **Charakter:** Durch verwilderte Fluren und kleine Weiler geht es auf Piste oder steil angelegtem Königsweg in die Bergwelt hinauf. Der grandiose Ausblick vom Feuerwachturm Torre del Time entschädigt für die Mühen des Aufstiegs: Der Blick reicht von der „Schlucht der Ängste" (Barranco de las Angustias) über die Caldera bis zum Aridane-Tal. Besonders schön ist die Wanderung Ende Januar, wenn die Mandelbäume blühen!
■ **Ausgangs- und Endpunkt:** El Jesús bei Tijarafe (LP-1, Km. 88.2)
■ **Länge:** 10 km (hin und zurück)
■ **Dauer:** 5 Std.

■ **Höhenunterschied:** 550 m im An- und Abstieg
■ **Anfahrt:** Startpunkt ist das Bushäuschen im Weiler El Jesús, einem Vorort von Tijarafe (Buslinie 100).
■ **Hinweis:** Alternativ zur hier beschriebenen Tour gibt es eine Cabildo-Variante (PR LP 10 La Traviesa).

Zwischen dem Bushäuschen von **El Jesús** und einem in den Fels eingelassenen Altar (Km. 88.2) folgen wir einer Betonpiste (Camino Lomo de la Pestana) hinauf. Sie führt an einigen Häusern vorbei und mündet nach wenigen Minuten in eine Straße, in die wir rechts einbiegen. Nach 1,1 Kilometern auf Asphalt passieren wir ein Steinhaus mit vergitterter Tür. 100 Meter weiter, gegenüber Haus Nr. 2, zweigt links neben einem Bündel von Wasserrohren ein Trampelpfad ab, der nach 50 Metern in einen steingepflasterten Königsweg übergeht.

Von Seitenmauern flankiert führt er an verwitterten Steinhäusern vorbei steil bergauf. Nach zehn Minuten stößt er auf die Straße, der wir gut 50 Meter nach rechts folgen, um alsdann links in einen betonierten Fahrweg einzubiegen (Hinweisschild: „Casas").

Nach 300 Metern passieren wir Haus Nr. 52, die **Casa El Pinar** (45 Min.), wo der Beton wieder dem alten Steinbelag weicht. An der Gabelung, eine Minute später, geht es geradeaus auf einem steingepflasterten Weg weiter. Dieser stößt nach weiteren zwei Minuten auf eine Asphaltstraße. (Achtung: Kurz vor Einmündung in die Straße geht der Cabildo-Weg zum Torre del Time rechts ab!) Wir aber folgen der Straße 30 Meter rechts hinauf, um nun in den als „La Traviesa/PR LP 10 Llano de la Cruz –

Der Weg kreuzt noch mehrfach die Forstpiste, beim fünften Mal biegen wir rechts in sie ein und folgen 50 Meter weiter an der Gabelung dem alten Hinweisschild zum „Time". Durch Kiefernwald geht es nun höhehaltend auf der breiten Forstpiste weiter, alle Links- und Rechtsabzweige werden ignoriert. Schließlich ist der Feuerwachturm **Torre del Time** (2:30 Std.) erreicht – zwar ist der Aufstieg gesperrt, doch bieten sich auf der Plattform vor dem Turm und etwas unterhalb beim Startplatz der Gleitschirmflieger grandiose Ausblicke!

Rückweg 1: Zur Abwechslung lässt man sich geruhsam auf der Richtung El Jesús ausgeschilderten Piste hinabtreiben. Nach einer Stunde gemächlichen Abstiegs gelangt man zur Gabelung **Cruz del Llano** (3:30 Std.) mit zwei dekorierten Heiligenschreinen. Auf der steilen, geradeaus weisenden Asphaltstraße (SL TJ 71) geht es 400 Meter hinab, dann biegt man links ein, um nach 50 Metern wieder rechts einzuschwenken. 600 Meter weiter (50 Meter vor dem Abzweig „Casas") verlässt man die breite Asphaltstraße, um auf dem vom Hinweg bekannten Camino nach **El Jesús** hinunterzulaufen (5 Std.).

Rückweg 2: Alternativ kann man vom Torre del Time auf dem rot markierten Cabildo-Weg GR 131 in einer Stunde zum Mirador El Time absteigen (auf der Karte gestrichelt) und von dort mit Bus nach El Jesús zurückfahren.

Briestas" ausgeschilderten Weg einzuschwenken. Nach drei Minuten achte man auf einen Durchbruch in der Natursteinmauer. Hier geht man über Stufen rechts hinauf, quert die Straße (Schild „Nr. 60") und steigt – vorübergehend auf Beton – weiter bergan. Nach zehn Minuten quert der Weg eine Forstpiste; steil und steinig geht es nun in lichten **Kiefernwald** hinein.

◁ Zwischen Bushäuschen und Schrein startet der Weg

Wanderung 11: Zur Schmugglerbucht

Von Tijarafe zum Porís de Candelaria

■ **Charakter:** Erst geht es durch den herrlich wilden Barranco de Jorado hinab, der mit seinen immergrünen, durchlöcherten Felswänden unter Naturschutz steht. An der Küste angekommen, lockt unter einem gigantischen Felsüberhang eine tief eingeschnittene Bucht. Dies ist ein grandioser Flecken für ein Picknick und – bei ruhiger See – auch für eine Badepause. Zurück geht es über verwilderte Fluren und Felsbänder nach Tijarafe zurück. In vielen Kehren schraubt sich der Weg zur Küste hinab und in ebenso vielen wieder hinauf – da es unterwegs kaum Schatten gibt, sollten Sie vormittags starten und den schweißtreibenden Aufstieg auf den späten Nachmittag verlegen. Ausreichend Wasser, Kopfbedeckung und Badekleidung nicht vergessen!

■ **Ausgangs- und Endpunkt:** Tijarafe
■ **Länge:** 10 km (hin und zurück)
■ **Dauer:** 4:30 Std.
■ **Höhenunterschied:** 850 m im Ab- und Anstieg

■ **Anfahrt:** Mit Buslinie 100 kommt man von Los Llanos nach Tijarafe.
■ **Hinweis:** Mit der monotonen Betonpiste Calle La Molina kann man auf direktem Weg – in schier endlosen Spitzkehren – zur Bucht hinabsteigen.

Im Zentrum von **Tijarafe,** am Supermarkt San Antonio, startet die steile Betonpiste La Molina (⇨Hinweis), wir aber folgen der LP-1 zehn Minuten südwärts, wo rechts der Straße der rot markierte Wanderweg GR 130 startet (man könnte die Tour gleich hier beginnen). Als schöner *camino real* führt er an grünen, wildromantischen Flanken bis zum Grund des **Barranco de Jorado** hinab, wo er Richtung Küste einschwenkt. Wenn wir zu einem markanten Wasserrohr kommen, halten wir uns links, laufen erst ein Stück an ihm entlang, dann unter ihm hindurch. Der Weg schwenkt ein paar Meter zurück in einen Seiten-Barranco, wo rechts – durch Steinmännchen angezeigt – der Aufstieg beginnt.

Auf einem Grat angekommen, bietet sich ein toller Blick, dann geht es weiter hinauf, ca. 10 Minuten bis zum Rand der Schlucht. Hier stoßen wir auf eine Betonpiste, auf der es ein längeres Stück hinabgeht – fortan ist unser Weg gelb markiert als PR LP 12.2. Erst vor ein paar neuen Häusern verlassen wir den Beton auf einem links abzweigenden, nach unten weisenden Pfad. Wenig später quert er ein Sträßlein und führt weiter bergab, um bald darauf in eine Straße zu münden. Wir folgen ihr nach rechts, um an der zweiten Rechtskurve nach links auf einen Betonweg überzuwechseln, der später zur Asphaltpiste wird. Auf ihr lassen wir uns bis zu einer Bananenplantagenbegrenzung hinabtreiben.

Hier verlassen wir den Asphalt auf einem Weg nach rechts unten, etwas später zeigt ein Schild (PR LP 12.2) die Fortsetzung des Wegs an: erst nach links, dann nach rechts auf einer Betonpiste. Die Piste führt uns zurück an den Rand der Schlucht, wo wir mit einem kehrenreichen Weg in die **Mündung des Barranco de Jorado** hinabsteigen (2 Std.). An der Kiesbucht haben sich Palmeros improvisierte Wochenendhütten gebaut – südlich sieht man in der Klippe einen der beiden Eingänge zur Cueva Bonita.

Anschließend gehen wir im Barrancogrund hinauf, um links von der Betonruine eines Tiefbrunnens den gelben Markierungen – über Treppe und Weg – 30 Minuten steil empor zu einer Betonpiste zu folgen (Calle La Molina, ⇨Hinweis). Wir folgen ihr nach links („Cueva de la Candelaria/Tijarafe") bis zu ihrem Ende: Rechts zweigt der PR LP 12.2 ab, den wir uns für den Rückweg vormerken. Denn vorerst geht es links auf einem befestigten Klippenpfad zur Bucht **Porís de Candelaria** hinab (2:45 Std.). Dies ist einer der spektakulärsten Flecken auf La Palma: Unter einem gigantischen Felsüberhang ducken sich Hütten, wie durch ein Nadelöhr schäumt das Meer in die Bucht.

Rückweg: Nach Verlassen der Bucht biegen wir links in den PR LP 12.2 ein, der 40 Minuten in vielen Kehren steil aufwärts führt, dann nach rechts auf einen Bergrücken einschwenkt. Nach weiteren 20 Minuten verlässt er ihn nach links, quert 15 Minuten später eine Piste und nach wieder fünf Minuten einen weiteren Fahrweg, um schließlich in einen Betonweg einzumünden. Fünf Minuten danach, wo dieser in eine Querstraße mündet, geht es auf dem rot-weißen Weg GR 130 geradeaus auf einem Treppenweg weiter hinauf. Wenig später stoßen wir auf einen Querweg, der uns rechts zu einer Straße führt. Auf dieser gelangen wir zur LP-1 – das Zentrum von Tijarafe liegt zur Rechten (4:30 Std.).

In der Schmugglerbucht

Wanderung 12: Stilles Mittelgebirge

Von Puntagorda zum Gasthof Briestas

- **Charakter:** Gemütliche Tour längs bewaldeter, tief eingeschnittener Schluchten; im Februar blühen viele Mandelbäume, auf Weinterrassen gedeiht herber Rotwein. Der als „Camino Traviesa" ausgeschilderte Weg kreuzt mehrfach die asphaltierte Pista del Cabildo (LP-10), verläuft aber vorwiegend auf breiten, bequemen Wegen.
- **Ausgangspunkt:** Camino de la Rosa bei Puntagorda
- **Endpunkt:** Kiosco Briestas
- **Länge:** 8 km
- **Dauer:** 3 Std.
- **Höhenunterschied:** 500 m im Anstieg, 100 m im Abstieg
- **Einkehr:** Im Centro de la Naturaleza de la Rosa kann man zelten oder in Holzhütten übernachten. Der Gasthof in Briestas ist in der Regel dienstags geschlossen.
- **Anfahrt:** Startpunkt ist der gut 1 km nördlich von Puntagorda (Km. 76) abzweigende Camino de la Rosa (Buslinie 100 Los Llanos – Santo Domingo). Autos können an der Straße in Ausbuchtungen parken. Im Gasthof am Ziel der Wanderung sollte man Touristen fragen, ob man mit ihnen in Richtung Puntagorda zurückfahren kann; ansonsten muss man ein Taxi rufen oder den gleichen Weg zurücklaufen – kein Busanschluss!
- **Hinweis:** Der vorgestellte Weg ist identisch mit dem gelb markierten PR LP 11 La Traviesa (später PR LP 10).

Am **Holzschild** „Camino de la Rosa" verlassen wir die Straße und folgen einer Piste zum Haus Nr. 4 (Centro de la Naturaleza de la Rosa). Wir lassen es rechts liegen und steigen auf einem mit Steinen gepflasterten Weg bergauf (PR LP 11 Camino de la Rosa/Traviesa – Roque de los Muchachos). Drei Minuten später, wenn

Wanderung 12

abermals das Holzschild „Camino de la Rosa" erscheint, mündet der Weg (⇨Hinweis) wieder in die Piste.

Wir halten uns rechts, ignorieren den breiten, rechts abzweigenden Weg, um nur ein paar Meter weiter in einen schmaleren, steingepflasterten Camino rechts einzuschwenken. Dieser steil aufwärts führende Weg war bei meiner letzten Tour kaum wiederzuerkennen: von Baggern aufgerissen und stark verbreitert – angeblich eine Feuerschneise. Erst oberhalb des neuen Wasserreservoirs blieben die Wege unversehrt, und die Wanderung wird zum Vergnügen.

Verlaufen kann man sich nicht: Man folge stets dem gelb markierten Camino

◁ Immerzu geht es durch lichten Kiefernwald

de La Rosa (PR LP 11) und schwenke an der zentralen Weggabelung links ein auf den gleichfalls gelben Camino „La Traviesa" (PR LP 10). Nach insgesamt 2:15 Stunden wird der Barranco Izcagua auf einer Brücke überquert, ein Schild markiert die Gemeindegrenze. Wir passieren eine von Weinfeldern gesäumte Hausgruppe (2:35 Std.) – hier besteht die Möglichkeit, auf dem grün markierten SL PG 60 zum Startpunkt zurückzulaufen (ab hier weitere 2:30 Std.).

Wir aber bleiben auf der Piste, auf der wir nach 1,5 Kilometern **Briestas** erreichen (unterwegs könnten zwei weite Kehren auf dem links abzweigenden, gelben PR LP 10 abgekürzt werden). Im Gasthof Briestas erwarten uns Kaminfeuer und ein heißer *potaje de trigo* (Weizeneintopf).

Wanderung 13: Drachenbäume und Felshöhlen

Von Las Tricias zu den Cuevas de Buracas

- **Charakter:** Über weite Strecken leichte Wanderung durch eine wild-paradiesische Schlucht mit stetem Blick aufs Meer. Am Ziel erwarten den Wanderer Drachenbäume und altkanarische Wohnhöhlen (Bild S. 5).
- **Ausgangs- und Endpunkt:** Las Tricias (Buslinie 200)
- **Länge:** 6 km (hin und zurück)
- **Dauer:** 2:30 Std.
- **Markierung:** Weitgehend rot markiert als GR 130 (Variante Buracas) und RT (= Ruta Tradicional) La Traviesa.
- **Höhenunterschied:** 300 m im An- und Abstieg
- **Einkehr:** Bio-Café Finca Aloe, Buracas 59, Tel. 922696135, 12–17 Uhr

- **Anfahrt:** Startpunkt ist die Dorfkirche von Las Tricias (Buslinie 100); nahe der Kirche ist es möglich, das Auto zu parken.

Unmittelbar vor dem **Kirchplatz von Las Tricias** (von Süden kommend) zweigt eine Betonpiste ab. Nach knapp 50 Metern verlassen wir sie auf einem links abzweigenden Pfad, der einen Seiten-Barranco quert und auf dem angrenzenden Bergrücken eine Betonpiste schräg nach unten kreuzt. Ein paar Schritte weiter schwenkt er rechts ein und führt uns, vorbei an blumengesäumten Häuschen, abwärts zu einer Wegekreuzung. Hier biegen wir rechts ein (dieser Weg ist der GR 130, aber nur kurzzeitig!) und laufen an der Casa Rural Cruz del Llanito (kein Namensschild) vorbei in wenigen Metern bis zur **LP-114.**

Wir laufen auf der Straße insgesamt 500 Meter hinab. Wenn sie sich verengt, verlassen wir sie nach 50 Metern auf dem breiten, steingepflasterten *camino real* (Wegweiser!), der an einem Haus mit Holzbalkon vorbei hinabführt. Kurz darauf ignorieren wir erst einen Rechts-, dann einen Linksabzweig und gehen mit dem Wegweiser „Traviesa" geradeaus weiter. Nach gut 200 Metern mündet der Weg an einem Haus in die Straße, die wir 50 Meter weiter nach rechts verlassen. Wenig später stoßen wir wieder auf die Straße und bummeln auf ihr knapp 100 Meter hinab. Wo die Straße eine Rechtskurve beschreibt, biegen wir links auf einem Weg ab. An dieser Stelle trennt sich unser Weg vom rechts abzweigenden GR-130 und führt uns über einen Bergrücken abwärts, vorbei an einem runden Dreschplatz zur Straße. Auf ihr lassen wir uns hinabtreiben und genießen den Blick auf eine restaurierte Windmühle. Nach 15 Min. auf Asphalt gabelt sich die Straße vor einem Wassertank. Hier schwenken wir halbrechts ein und steigen zu weiter unten stehenden Drachenbäumen hinab. An der folgenden Gabelung halten wir uns links und am nächsten Abzweig rechts, wo wir sogleich auf das **Café Finca Aloe** stoßen.

Danach folgt man dem Weg Richtung Santo Domingo und sieht drei Minuten später zur Rechten die bekannteste der **Cuevas de Buracas** (1 Std.): Unter einer weit geöffneten Höhlenwand entdeckt man von den Altkanariern in den Fels geritzte Spiralen und Kreise.

Von der Höhle geht es ein Stück zurück zum Bergrücken, wo wir links in den roten **GR-130** einschwenken. Steingepflastert zieht er nach oben und eröffnet weite Blicke in die Buracas-Schlucht. Kurz darauf ignorieren wir einen von links einmündenden Weg und passieren herrliche **Drachenbäume.** Wenig später quert unser Weg eine Erdpiste, 80 Meter weiter ein Asphaltsträßchen. Hier stoßen wir auf die schönsten Drachenbäume mit üppigen, weit ausladenden Kronen. 200 Meter weiter mündet er in die uns vom Hinweg bereits bekannte Straße, auf der wir nach **Las Tricias** zurücklaufen (2:30 Std.).

Wanderung 14: Alpintrip zur Sternwarte

Von der Degollada de los Franceses zum Roque de los Muchachos

■ **Charakter:** Die Welt aus der Vogelperspektive: Vom oberen Caldera-Rand schaut man in die Abgründe des Kessels, in dem zuweilen eine „Wolkensuppe" brodelt, ringsum gezinnte und gezackte Felsen und Grate! Leichte Tour auf gut ausgebautem Weg; nur an einigen, wenigen Stellen ist Schwindelfreiheit erforderlich.
■ **Ausgangs- und Endpunkt:** Aussichtspunkt Degollada de los Franceses
■ **Länge:** ca. 6 km (hin und zurück)
■ **Dauer:** 2:45 Std.
■ **Höhenunterschied:** ca. 250 m im An- und Abstieg
■ **Anfahrt:** Auf der Höhenstraße, die Santa Cruz mit Hoya Grande im Nordwesten verbindet, verkehren keine öffentlichen Busse, man ist deshalb auf ein Mietauto angewiesen. Der Startpunkt der Tour, die Degollada de los Franceses an der LP-4, befindet sich bei Km. 32.6, wo man das Auto in einer Ausbuchtung parken kann.
■ **Hinweis:** Die hier vorgestellte Tour ist identisch mit einem Abschnitt des rot markierten GR 131. Rasche Wetterumschwünge sind in dieser Region an der Tagesordnung, darum empfiehlt es sich, Pullover und Regenschutz mitzunehmen.

Vom geländergesicherten Aussichtspunkt **Degollada de los Franceses** folgt man dem ausgeschilderten Weg (GR 131) in Richtung Roque de los Muchachos. Nach starkem Regen können die ersten Meter auf der rötlichen, bröckeligen Lava etwas ausgewaschen sein, doch in der

La Pared de Roberto – die geheimnisvolle Wand

Älteren Palmeros gilt die „Wand des Roberto" als unheimlich, beharrlich weigern sie sich, durch sie hindurchzugehen. Die schmale Felswand in der Nähe des Roque de los Muchachos mit ihrer türähnlichen Öffnung sei vom Teufel persönlich errichtet worden, erzählen sie, um die Liebe zweier Menschen zu zerstören. Die Legende berichtet, dass *Roberto,* ein schöner, kraftvoller Mann aus Mazo, täglich quer über die Insel nach Tijarafe geeilt sei – und dies nur, um seine Geliebte zu sehen! Dass zwei Menschen einander so zugetan waren, brachte den Teufel in Rage. Also beschloss er, *Roberto* ein Hindernis in den Weg zu legen.

Als dieser wieder einmal über die Insel hastete, türmte sich nahe dem Roque de los Muchachos plötzlich eine schier unüberwindbare Wand vor ihm auf. Mit aller Kraft stemmte er sich gegen sie – bis sie schließlich zerbrach. Doch war er von der Anstrengung so erschöpft, dass

er sich nicht halten konnte und taumelnd in den Talkessel stürzte. Die junge Frau, die schon voller Unruhe war, lief ihm entgegen – auf einem Felsvorsprung nahe dem Roque de los Muchachos sah sie ihn liegen. Kurzentschlossen sprang sie in die Tiefe – und fand neben *Roberto* den Tod. Der Teufel aber rieb sich zufrieden die Hände: wieder zwei Menschen weniger, die noch an die Liebe geglaubt hatten ...

Regel stellt der Weg kein Problem dar. Nach fünf Minuten passiert man die **Pared de Roberto**, die „Wand des Roberto": eine äußerst schmale, in der Mitte aufgerissene Felswand, die wie eine für den Wanderer geöffnete Tür anmutet. Nur 50 Meter weiter lohnt ein Abstecher auf einem links absteigenden Pfad zu einem ockerfarbenen, gleichfalls mit bizarren Felsblöcken gespickten Plateau – atemberaubend ist von dort der Blick in den bewaldeten, von erstarrten Lavaströmen durchzogenen Kessel. Nach der nächsten Wegbiegung springt bereits das Ziel der Wanderung ins Auge: das Observatorium; von dieser Stelle aus sind drei der Sternwarten sichtbar.

Nach relativ kurzem Abstieg geht es bald wieder leicht aufwärts: Man passiert erneut eine grandiose Felswand und erreicht den Caldera-Kamm mit einer **Gabelung** (40 Min.): Wer nur Lust auf eine Kurzwanderung hat, geht rechts auf den **Mirador de los Andenes** zu, steigt kurz davor über einen Pfad zur Höhenstraße hinab und folgt dieser 900 Meter nach rechts zum Ausgangspunkt an der Degollada de los Franceses. Die Hauptroute aber setzt sich an der besagten Gabelung links fort, wo nach 50 Metern ein Richtungsschild auf den Roque de los Muchachos verweist.

Der Weg orientiert sich am Kammverlauf, zur Rechten befinden sich das von Briten betriebene **Isaac-Newton-Teleskop** und, etwas weiter oben, das kleinere **Jacob-Kapteyn-Teleskop.** Wir ig-

◁ Rote Hänge und eine zerbrochene Wand

norieren den Fahrweg zum Observatorium und halten uns links, kommen vorbei an dem von Schweden installierten **Sonnenbeobachtungsturm Royac** und staunen über die beiden **Magic-Teleskope**, mit 17 Metern Durchmesser die größten ihrer Art – mit Hilfe von Gammastrahlen analysieren sie die kosmische Strahlung.

Kurzzeitig geht es zu einer Einsattelung hinab, vorbei am **Nordischen Optischen Teleskop** (NOT). Der Weg bleibt am Rande der Caldera, nähert sich dann der Straße und mündet schließlich in den Parkplatz auf dem 2426 Meter hohen **Roque de los Muchachos** (1:30 Std.). Von der Informationsstelle des Nationalparks führt ein kurzer, steingepflasterter Weg zu einem Aussichtspunkt, wo sich ein letzter grandioser Ausblick in den Kessel bietet.

Der **Rückweg** ist identisch mit dem Hinweg. Am Mirador de los Andenes lässt sich, wie bereits erwähnt, die Wanderung abkürzen, indem man frühzeitig zur Höhenstraße hinabsteigt und rechts auf Asphalt zur Degollada de los Franceses zurückläuft.

Variante Rückweg: Wer nicht auf gleichem Weg zurückgehen will, geht mit Wanderung 15 südwestwärts weiter zum Aussichtsgipfel Somada Alta. Der bestens ausgeschilderte Weg GR 131 setzt sich über den Torre del Time (hier Anschluss an Wanderung 10) und den Mirador del Time (hier Anschluss an Wanderung 9) bis Puerto de Tazacorte fort (Dauer: 6 Std.).

Wanderung 15: Windgepeitschte Höhensteppe

Vom Roque de los Muchachos zur Somada Alta

■ **Charakter:** Hier fühlt man sich fast wie auf einem anderen Stern: Grandios einsam ist die Gegend, die Hänge sind mit Geröll bedeckt. Von mehreren natürlichen Aussichtspunkten schaut man auf zerrissene Schluchten und Gerölllawinen. Am kieferngespickten Zielpunkt, wenn man über der „Schlucht der Ängste" schwebt, wird die Aussicht noch einmal getoppt! Leichte Bergtour auf einem gut ausgebauten Weg am Westkamm der Caldera, allerdings mit beträchtlichem Höhenunterschied.

■ **Ausgangs- und Endpunkt:** Roque de los Muchachos
■ **Länge:** 10 km (hin und zurück)
■ **Dauer:** 5 Std.
■ **Höhenunterschied:** 600 m im An- und Abstieg
■ **Anfahrt:** Startpunkt der Tour ist der Parkplatz auf dem Gipfelplateau des Roque de los Muchachos, erreichbar über eine 3,8 km lange Stichstraße, die bei Hoya Grande von der Höhenstraße LP-4 abzweigt (kein Busanschluss).
■ **Hinweis:** Die Tour ist identisch mit einem Abschnitt des rot markierten GR 131.

Vom **Info-Häuschen** am Parkplatz des Roque de los Muchachos gehen wir mit dem roten GR 131 Richtung „Torre del Time" auf der Straße hinab, vorbei an zwei futuristischen **Observatorien.** Nach 800 Metern zweigt an einer Informationstafel zur Linken eine zum Torre del Time ausgeschilderte Piste ab, die wir sogleich nach rechts auf einem von Seitenmäuerchen flankierten Weg verlassen (10 Min.). Nach drei Minuten passieren wir eine umzäunte Sendestation und gelangen zu einer unscheinbaren Gabelung, an der wir uns rechts halten. Der Weg führt fortan über ginsterbewachsene Hänge. Über eine Reihe von Passhöhen geht es in Südwestrichtung am Rand der Caldera entlang. Erstes markantes Etappenziel ist der 2306 Meter hohe **Roque Palmero** (1 Std.), den wir rechts umgehen. In der Folge bieten sich zur Linken herrliche Blicke in die Caldera, z.B. vom natürlichen Aussichtspunkt **Pinos Gachos.**

Weiter führt der Weg längs des Felskamms bergab, majestätische Kiefern wechseln sich ab mit bizarr geformten Felsen. Am Aussichtsplatz **Hoya del Estrabito** (2 Std.) ist der tiefste Punkt des Weges erreicht. In der Folge geht es etwas bergauf, nun wieder durch lichten Kiefernwald. Kurz vor einer Linkskurve verlassen wir den Weg und folgen Steinmännchen links hinauf zum 1926 Meter hohen Aussichtsgipfel **Somada Alta** (2:15 Std.): Gen Osten stürzen Felswände senkrecht in die Caldera, gen Westen

Höhenprofil Wanderung 15

- Roque de los Muchachos
- Roque Palmero
- Pinos Gachos
- Degollada de las Palomas
- Somada Alta

0 1 2 3 4 5 6 7 8 9 km

Wanderung 15

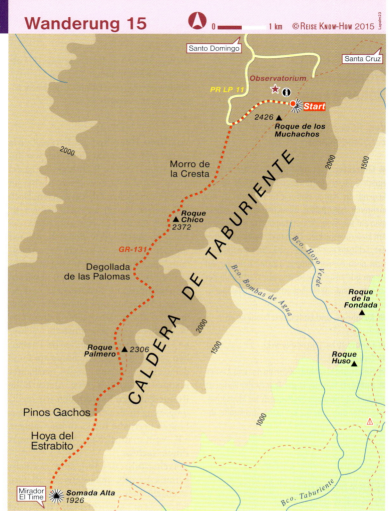

erstreckt sich ein Kiefernteppich bis hin zum Meer. Im Südwesten liegt, 3,5 Kilometer entfernt, der Torre del Time, Time, über den man in drei Stunden zum Mirador del Time an der LP-1 (⇨ Wanderung 9) weiterlaufen könnte.

Der **Rückweg** zum Roque de los Muchachos erfolgt auf der vom Hinweg bekannten Route, die nun über weite Strecken bergauf geht und zeitraubender ist. **Variante:** Wer etwas mehr Zeit mitbringt, kann von Somada Alta in drei Stunden über den Torre del Time (⇨ Wanderung 10) zum Mirador del Time an der Straße LP-1 (⇨ Wanderung 9) weiterlaufen.

Wanderung 16: Ausflug in ein Geisterdorf

Von Santo Domingo nach El Palmar

- **Charakter:** Eine Tour fernab vom Tourismus durch herbe Landschaft mit stetem Blick aufs Meer.
- **Ausgangs- und Endpunkt:** Santo Domingo
- **Länge:** 6 km (hin und zurück)
- **Dauer:** 2:30 Std.
- **Höhenunterschied:** 200 m im An- und Abstieg
- **Anfahrt:** Startpunkt ist der Dorfplatz von Santo Domingo (Bus 100 ab Los Llanos bzw. Santa Cruz).
- **Hinweis:** Die hier vorgestellte Tour ist identisch mit dem rot markierten GR 130. Auf ihm kann man über Don Pedro nach El Tablado (Herberge) und Franceses (Bed & Breakfast) weiterwandern (5:30 Std., zurück mit Taxi Verde). Bis El Tablado führt auch der Themenwanderweg (*sendero autoguiado*, 9 km, Höhenunterschied 450 m); zwischen El Palmar und Don Pedro liegt der Windpark Juan Adalid, der die Kraft des Passats für die Gewinnung von Energie nutzt.

Auf dem **Dorfplatz** geht man zwischen Kirche (links) und Kneipen (rechts) nordwärts und schwenkt rechts ein zum Barranco, wo eine Straße beginnt. Man verlässt sie nach 50 Metern (unterbrochene Leitplanke links) auf dem rot markierten Weg GR 130. Dieser schraubt sich zum Talgrund hinab, um auf der gegenüberliegenden Seite steil anzusteigen. Am Rand wachsen **Drachenbäume,** das weiche Felsgestein ist von **Höhlen** durchlöchert.

Oben schwenkt der Weg nach rechts und mündet nach 150 Metern in eine Piste, der wir nach rechts folgen, um sie nach wenigen Metern nach links zu verlassen. Vorbei an alten Bauernhäuschen und Drachenbäumen zieht der Weg durch die wild-herbe Landschaft. Nach 1,5 Kilometern mündet er in eine Piste, in die wir links einschwenken, und in ein kleines, mit Agaven und Opuntien bestandenes Seitental. Beim nächsten Gehöft biegen wir rechts in den aufwärts weisenden Weg ein, laufen an einem Zaun entlang und erreichen **El Palmar** (1:15 Std.). Zurück geht es auf dem gleichen Weg.

Wanderung 17: Durch die Wasserschlucht

Von Los Tiles in den Barranco del Agua

- **Charakter:** Die Tour ist kurz, aber eindrucksvoll: Sie führt in eine enge Klamm mit hoch aufschießenden, farnüberwuchterten Felswänden und einem Wasserfall. Wegen des geröligen Untergrunds ist Trittsicherheit nötig.
- **Ausgangs- und Endpunkt:** Besucherzentrum im Lorbeerwald Los Tiles bei Los Sauces
- **Länge:** 2 km (hin und zurück)
- **Dauer:** 1 Std.
- **Höhenunterschied:** 50 m im An- und Abstieg
- **Einkehr:** Restaurant in Los Tiles
- **Anfahrt:** 1 km südlich von Los Sauces (Haltestelle Buslinie 100) einbiegen in Richtung Los Tiles, dann 3 km zum Parkplatz am Ende der Straße.
- **Hinweis:** Wegen der Feuchtigkeit in der Schlucht Regenjacke nicht vergessen! Pro Person wird eine „Eintrittsgebühr" erhoben.

Vom Parkplatz am **Besucherzentrum** (Centro de Visitantes) geht man auf der Straße zurück, passiert die Zufahrt zum Restaurant und biegt ein paar Schritte weiter, vor der scharfen Linkskurve, rechts ab in einen schmalen, zwischen Wasserkanal und abstürzendem Hang entlangführenden Pfad. Nach 100 Metern schwenkt er vor einem Wasserspeicher links ein und führt über mehrere Stufen ins **Schluchtenbett** hinab, in dem man sich rechts talaufwärts hält. Die feuchtnassen, von Efeu und Farn überwachsenen Steilwände stehen so dicht beieinander, dass kaum ein Lichtstrahl nach unten dringt – über Stock und Stein tastet man sich im Barranco-Bett voran. Nach 15 Minuten kann eine drei Meter hohe Steilstufe rechts umgangen werden, doch nach weiteren zehn Minuten muss man passen: An einer schier unüberwindlichen **Felswand** kämen nur beste Kletterer weiter voran. Durchs „grüne Verlies" kehrt man auf gleichem Weg nach **Los Tiles** zurück.

> Los Tiles – immergrüner Lorbeerwald

Wanderung 18: Lorbeerwald und Dschungelblick

Von Los Tiles zum Mirador Espigón Atravesado

■ **Charakter:** Leichte Tour auf Forstpiste und gut ausgebautem Weg. Man kommt durch dschungelhaften Lorbeerwald, passiert einen engen Canyon und genießt am Ende einen fantastischen, sonnendurchflirrten Ausguck in die „Wasserschlucht". Unterwegs informieren Tafeln über typische Pflanzen des Lorbeerwalds.

■ **Ausgangs- und Endpunkt:** Besucherzentrum im Lorbeerwald Los Tiles
■ **Länge:** ca. 4 km (hin und zurück)
■ **Dauer:** 1:45 Std.
■ **Höhenunterschied:** 250 m im Auf- und Abstieg
■ **Einkehr:** Casa Demetrio in Los Tiles
■ **Anfahrt:** wie Wanderung 17
■ **Hinweis:** Die Tour ist identisch mit dem gelben PR LP 6; am Info-Häuschen (tgl. 9–17 Uhr) ist eine „Eintrittsgebühr" zu zahlen.

Geht man vom Parkplatz des **Besucherzentrums Los Tiles** 500 Meter auf der Straße zurück, zweigt gleich rechts hinter dem Info-Häuschen eine Erdpiste ab (PR LP 6). Auf ihr durchquert man einen kurzen Tunnel (keine Taschenlampe erforderlich) und findet sich sogleich inmitten üppiger Vegetation wieder. Es geht behutsam bergauf, rechts der Forstpiste gurgelt der Agua-Bach. Vorbei an einer Wettermessstation und einem Pumpenhaus gelangt man zu einer Gabelung (45 Min.), an der zwei Pfade abzweigen: Wir wählen den scharf links hinaufführenden, im weiteren Verlauf geländegesicherten Treppenweg, der an einem Kamm entlang in wenigen Minuten zu einem Aussichtspunkt mit Wettermessstation führt. Er trägt den Namen **Mirador Espigón Atravesado** („Schräger Bergkegel"). Von hier genießt man einen atemberaubenden Blick in den Barranco del Agua hinunter, bevor man auf gleichem Weg zum Ausgangspunkt **Los Tiles** zurückkehrt.

Wanderung 19: Tunnelabenteuer

Zu den Wasserfällen Marcos y Cordero

● **Charakter:** Für diese Tour muss man mit Taschenlampe und Regenschutz ausgerüstet sein, denn es werden 13 teilweise enge, stockfinstere Tunnel durchquert. Sie wurden in die Steilflanke des Barranco del Agua geschlagen, um die Bewohner von Los Sauces mit Quellwasser zu versorgen. Unterwegs eröffnen sich atemberaubende Ausblicke, kurze Passagen erfordern Schwindelfreiheit. Der Höhepunkt kommt zuletzt: In schäumenden Kaskaden ergießt sich Quellwasser aus dem Berg in die Tiefe. Der Weg ist gelb markiert als PR LP 6.

● **Ausgangspunkt/Endpunkt:** Besucherzentrum Casa del Monte bei Las Lomadas (nahe Los Sauces)
● **Länge:** 7 km (hin und zurück)
● **Dauer:** 3 Std.
● **Höhenunterschied:** 70 m im An- und Abstieg
● **Anfahrt:** Nur mit dem Jeep möglich: Von Santa Cruz kommend, die Hauptstraße LP-1 am Ortsschild Las Lomadas verlassen und links in die nach „Marcos y Cordero" ausgeschilderte Straße einbiegen. An der Gabelung nach 500 m dem links abzweigenden Asphaltsträßchen folgen, das nach 2 km in eine Erdpiste übergeht. Diese wird auf den restlichen 10 km zunehmend holprig und ist nach Regenfällen verschlammt.

● **Hinweis:** Beliebt ist es, mit Mietwagen nach Los Tiles zu fahren. Taxis (VW-Busse mit acht Sitzplätzen, p.P. 15 €) bringen Wanderer von dort nach Casa del Monte, wo Tour 19 startet – allerdings nur in ei-

▷ Marcos y Cordero: Erfrischung am Ziel

nem engen Zeitfenster (9–9.30 Uhr!). Der Vorteil der Taxi-Variante: Man kann mit der ⇨ Variante nach Los Tiles zurückwandern (weitere 3 bis 3:30 Std.) und braucht keine Strecke doppelt zu laufen. Das Taxi bestellt man z.B. unter Tel. 922451775 oder Mobiltel. 649945481und fragt nach „furgoneta taxi a Marcos y Cordero". Im Besucherzentrum von Los Tiles ist man gern behilflich. Die Tour ist als Naturlehrpfad markiert – unterwegs erläutern Hinweistafeln Flora und Fauna.

Startpunkt der Wanderung ist die **Casa del Monte,** ein kleines (meist geschlossenes) Besucherzentrum mit Parkmöglichkeit, zwölf Kilometer südwestlich des Weilers Las Lomadas. 30 Meter vor dem Haus kündigt ein mehrsprachiges Schild den Beginn der Tour an. Ein breiter Weg (PR LP 6) führt in den Wald hinein, anfangs am Wasserkanal entlang und bald mit tollem Blick in den Barranco del Agua. Nach zehn Minuten ist der erste in den Fels geschlagene **Tunnel (T 1)** erreicht. Die Taschenlampe angeknipst und hinein in die Finsternis! Stellenweise muss der Kopf eingezogen werden, denn die Decke ist niedrig. Nach kurzer Zeit tritt man ins Freie und genießt den breiten, üppig grünen Weg, bevor man in einen zweiten Tunnel **(T 2)** abtaucht: kürzer als der erste, aber nicht minder dunkel. Anschließend folgt eine etwas ausgesetzte Wegpassage: Wer nicht schwindelfrei ist, weicht auf die Kanalmauer aus.

Der dritte Tunnel **(T 3)** ist 200 Meter lang und damit der längste der Tour. Man tappt durch Pfützen, und es besteht die Gefahr, sich an vorspringenden Felsen zu verletzen. Kaum hat die Dunkelheit ein Ende, folgt der relativ kurze vierte Tunnel **(T 4).** Der nächste Tunnel **(T 5)** ist etwas eng und lang, doch bringen Öffnungen in der Decke Licht in die Finsternis. Die folgenden vier Stollen **(T 6–9)** sind wieder kurz und unproblematisch.

An einem **Wasserspeicher** (55 Min.) folgt man dem zwischen Becken und Kanal verlaufenden Weg und genießt wenig später den ersten Ausblick auf die Marcos-Quellen. Weiter geht es längs des Wasserkanals, bevor man wiederum zwei Tunnel **(T 10, 11)** durchquert. Vor dem zwölften Tunnel **(T 12)** überrascht eine Ansammlung von Plastiktüten: kein hingeworfener Müll, sondern „Regenschutz", den Wanderer für ihre Nachfolger zurückgelassen haben. Man sollte sich präparieren, denn gleich tropft es von der Stollendecke, und aus der Felswand sprühen einige „Duschen".

Unmittelbar hinter dem Tunnel steht man vor den **Marcos-Quellen** (1:15 Std., 1360 m), die in einem imposanten Wasserfall aus der Felswand treten. Danach verlässt der Weg vorübergehend den Wasserkanal und steigt steil an. Nach Passieren eines letzten Tunnels **(T 13)** sind die **Cordero-Quellen** erreicht (1:35 Std.). Wir befinden uns jetzt auf einer Höhe von 1420 Metern. Mit ohrenbetäubendem Lärm rauschen die Kaskaden aus dem Fels, vielfarbig glitzern Wassertropfen im Sonnenlicht. Es lohnt sich, eine Picknickpause einzulegen, bevor man auf gleichem Weg zum Ausgangspunkt zurückwandert.

Variante: Nur nach vorhergehender Trockenphase empfiehlt sich für trittsichere Wanderer der Rückweg (ab Corderos-Quelle) auf dem gelb markierten PR LP 6 nach Los Tiles (3 Std.): ideal für alle, die dort ihr Auto abgestellt und sich mit dem Taxi zur Casa del Monte haben kutschieren lassen – insgesamt 15 Kilometer, 6:30 Std. (⇨ Hinweis).

Von der Quelle läuft man an der rechten Flanke der Schlucht bis zum Bachbett, umgeht eine Steilstufe und wechselt auf die linke Seite. Über eine Holzbrücke wechselt man erneut auf die andere Barranco-Seite, folgt dem Treppenweg und erreicht wenig später den Aussichtspunkt Espigón Atravesado. Anschließend geht es hoch über dem Barranco del Agua, dann hinab zu einer zweiten Holzbrücke und über einen Treppenweg zur Forstpiste, die uns – zuletzt durch einen kurzen Tunnel – zur Straße führt: Das Besucherzentrum Los Tiles liegt 500 Meter zur Linken.

Wanderung 20: Mandelbaumweg über der Hauptstadt

Runde von Santa Cruz nach Las Nieves

■ **Charakter:** Mit dieser Tour kommt man aus der Stadt schnell hinaus ins Grüne. Sie führt durch die „Schlucht der Schmerzensreichen", dann hoch über einem Tal und vorbei an Wassermühlen zu La Palmas wichtigster Wallfahrtskirche. Der Weg ist durchgehend markiert und problemlos, aufgrund des zu bewältigenden Höhenunterschieds aber etwas anstrengend. Fragen Sie bitte vor der Wanderung bei der Touristeninfo nach, ob der Weg gut begehbar ist. Denn bei Drucklegung (Juni 2015) musste man im Stadtbereich Mülldhalden passieren, auch Hundezwinger mit aggressiven Tieren sorgen für Anspannung!

■ **Ausgangs- und Endpunkt:** Plaza de España in Santa Cruz

■ **Länge:** ca. 7 km

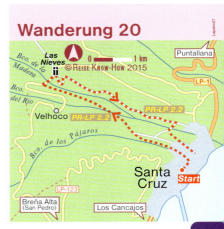

Wanderung 20

- **Dauer:** 2:30 Std.
- **Höhenunterschied:** 400 m im An- und Abstieg
- **Einkehr:** Grill-Lokal Las Nieves am Ziel der Tour
- **Anfahrt:** Gute Busverbindungen von allen größeren Inselorten
- **Hinweis:** *Thomas* und *Ruprecht*, die Besitzer des Apartmenthauses La Fuente, haben diesen Weg nicht nur aufgezeichnet, sondern auch mit einer weißen „8" markiert, sodass ein Verlaufen nahezu unmöglich ist.

Von der **Plaza de España** läuft man zur Avenida del Puente und folgt ihr links gut einen Kilometer steil zum Fußballstadion hinauf. Man geht an ihm geradeaus vorbei und gelangt durch die Unterführung ins dahinter liegende Tal. An seinem Grund angekommen (hier taucht zum ersten Mal das Markierungszeichen, die liegende „8", auf), biegt rechts an einem Elektrohäuschen unser schmaler, kopfsteingepflasterter Weg ab (markiert „PR LP 2.2"). Entlang der Solar-Straßenlampen führt er im Zickzack die Steilwand hinauf. Bei den Häusern am rechten Bergrücken angekommen, folgt man dem Markierungszeichen bis zur Hauptstraße. Wir folgen dieser ein paar Meter bergauf, wo ein Pfeil nach links auf einen Weg weist, der an Gärten vorbei erneut auf die Hauptstraße stößt. Wir queren diese nach rechts und gehen sogleich am Restaurant Los Almendros vorbei aufwärts. Nach 100 Metern verlassen wir den Asphalt auf dem rechts abzweigenden Weg „PR LP 2.2 Ruta de los Molinos", der breit und kopfsteingepflastert rings ums Tal führt – in der Ferne erkennt man bereits das Ziel, die kleine Wallfahrtskirche. Der Weg geleitet uns zu einer ehemaligen **Wassermühle**, heute eine urige Landunterkunft.

Unten im Tal angekommen, quert man den Kreisverkehr und folgt der Straße die letzten Meter bis zur **Kapelle Las Nieves**. Nach einer Stippvisite bei der „Schneejungfrau" geht es zurück: Gegenüber der Kirche am Pfarrhaus startet der als „LP 2.2" markierte Weg, der in das Tal unterhalb des Kreisverkehrs geleitet und uns von dort in die Stadt zurückführt.

> Auf dem „Mandelbaumweg" hoch über dem Restaurant Los Almendros

- Anreise | 276
- Autofahren | 279
- Barrierefreies Reisen | 281
- Camping | 282
- Diplomatische Vertretungen | 282
- Einkaufen und Mitbringsel | 283
- Ein- und Ausreisebestimmungen | 285
- Essen und Trinken | 287
- Geldfragen | 291
- Informationen | 292
- Internet | 293
- Kinder | 295
- Kleidung | 296
- Medizinische Versorgung | 296
- Museen und Besucherzentren | 297
- Nachtleben | 298
- Notfälle | 298
- Öffnungszeiten | 299
- Post | 299
- Rauchen | 299
- Sicherheit | 299
- Sport und Erholung | 300
- Telefonieren | 305
- Unterkunft | 306
- Verkehrsmittel | 309

9 Praktische Reisetipps von A bis Z

Rast unterwegs

Anreise

Mit dem Flugzeug

Die meisten kommen im Flieger. Seit 1987 gibt es auf La Palma einen Flughafen, der von vielen größeren Städten Deutschlands sowie von Wien und Linz, Zürich und Basel, Amsterdam und Brüssel angeflogen wird. Die meisten Flüge bieten TuiFly (www.tuifly.com), Air-Berlin (www.airberlin.com) und Condor (www.condor.com). Wer bereit ist, auf dem spanischen Festland umzusteigen, findet günstige Flüge auch bei Iberia (www.iberia.com/de).

Kleines „Flug-Know-how"

Wichtig!

Bei den meisten Flügen muss man **60 bis 90 Minuten** vor dem Abflug am Schalter der Airline eingecheckt haben. Späteres Erscheinen kann die Verweigerung der Beförderung nach sich ziehen. Einige Fluggesellschaften bieten für frühe Abflüge die Möglichkeit, bereits am Vorabend einzuchecken. Sitzplatzreservierungen bei Buchung sind möglich, aber oft mit Zusatzkosten verknüpft. Größere Beinfreiheit bieten die Sitzplätze am Notausgang (meist kostenpflichtig), in der ersten Reihe werden sie an Touristen mit Kindern vergeben. Im vorderen Teil des Flugzeugs bis etwa zu den Tragflächen spürt man die Bewegungen der Maschine weniger: Reisende mit Flugangst fühlen sich dort sicherer.

Bei Billigtickets, die ein festes Datum beinhalten, gibt es keine Änderungsmöglichkeit bezüglich des Flugtermins. Wenn man den Flug verpasst, hat man Pech gehabt. Nur noch selten sind die Mitarbeiter der entsprechenden Airline bereit, Sie aus Kulanz auf die nächste freie Maschine umzubuchen. Anders ist es mit normalen Tickets: Hier kann der Flugtermin (sofern Plätze frei sind) innerhalb der Geltungsdauer verschoben werden, wofür freilich Gebühren anfallen. Geht ein **Ticket** verloren, das schon rückbestätigt wurde, hat man gute Chancen, einen Ersatz dafür zu erhalten. Einige Airlines kassieren dafür aber noch einmal 50 bis 100 Euro und bei manchen läuft gar nichts mehr. Gut ist es, deutlich lesbare Fotokopien des Tickets zu machen und bei einer Vertrauensperson zu hinterlegen. Das hilft bei einer Neuausstellung des Tickets.

Das Gepäck

Gepäck darf man in der Economy-Class gratis bis zu 20 Kilogramm pro Person einchecken, nur bei Billigfliegern ist die Freigepäckgrenze niedriger und kostenpflichtig. Zusätzlich kann jeder Fluggast ein Handgepäck von 3–8 Kilogramm mit den Höchstmaßen 55x45x25 Zentimetern mit an Bord nehmen. Übersteigt das Gepäck die Freigewichtsgrenze, ist die Airline nicht verpflichtet, es auf dem gleichen Flug zu befördern, und man trägt die Mehrkosten für die Versendung als Frachtgut oder die Zulassung als Übergepäck. Als solches werden meist 5–9 Euro pro Kilo berechnet. Beim Kauf des Tickets sollte man sich über die Bestimmungen der Airline informieren. Aus Sicherheitsgründen sind Taschenmesser, Nagelfeilen, Scheren und Ähnliches im aufzugebenden Gepäck zu verstauen. Findet man sie bei der Sicherheitskontrolle im Handgepäck, werden sie weggeworfen. Darüber hinaus haben

Kinder unter zwei Jahren ohne Sitzplatzanspruch fliegen meist für 10 % des Erwachsenenpreises, Kinder von 2 bis 11 Jahren erhalten je nach Airline unterschiedliche Ermäßigung.

Der reguläre Hin- und Rückflug kostet je nach Saison, Abflughafen und Gesellschaft zwischen 300 und 700 Euro, am günstigsten ist es fast immer außerhalb oder am Ende der Schulferien. Sind alle Direktflüge ausgebucht, kann man immer noch versuchen, La Palma via Gran Canaria oder Teneriffa anzusteuern. Gran Canaria ist günstiger, weil man vom dortigen Flughafen direkt weiterfliegen kann. Dagegen muss man auf Teneriffa vom internationalen Südflughafen Reina Sofía einen 90-minütigen

leicht entzündliche Gase (in Sprühdosen, Campinggas) und entflammbare Stoffe (in Benzinfeuerzeugen, Feuerzeugfüllung) nichts im Passagiergepäck zu suchen.

Flüssigkeiten sowie wachs- und gelartige Stoffe (wie Kosmetik- und Toilettenartikel, Sprays, Shampoos, Cremes, Zahnpasta, Suppen) dürfen nur mit an Bord genommen werden, sofern sie die Höchstmenge von 100 Milliliter nicht überschreiten und in einem durchsichtigen, wiederverschließbaren Plastikbeutel verpackt sind (den Beutel vorher kaufen, Fassungsvermögen max. ein Liter). Von den Einschränkungen ausgenommen sind Babynahrung und verschreibungspflichtige Medikamente sowie alle Flüssigkeiten/Getränke/Gels, die nach der Fluggastkontrolle z.B. in Travel-Value-Shops erworben wurden (Weitere Infos: www.auswaertiges-amt.de).

Sondergepäck (sperrige Gepäckstücke) muss bei der Fluggesellschaft bis zu vier Wochen im Voraus angemeldet werden. Die Beförderung von Tauch- und Golfgepäck, Fahrrädern und Surfbrettern ist fast immer mit Zusatzkosten verknüpft. Für die sichere Verpackung hat man selber zu sorgen. Das Personal am Check-in-Schalter erwartet, dass der Fahrradlenker parallel zum Rahmen steht und die Pedalen nach innen gedreht oder abmontiert sind; die Luft ist aus den Reifen herauszulassen. Wer Kratzer am kostbaren Drahtesel vermeiden will, holt sich im Fahrradladen einen speziellen Karton (meist gratis). Noch vor Reiseantritt sollte man in Erfahrung bringen, ob der Veranstalter bereit ist, das sperrige Gepäck im Transferfahrzeug zu befördern. In der Vergangenheit kam es vor, dass „aus sicherheitstechnischen Gründen" der Transport verweigert wurde und sich der Gast selber um die Beförderung von Fahrrad und Surfbrett zu kümmern hatte. Sollte statt des gebuchten Bustransfers ein Taxitransfer zum Urlaubsort nötig sein, muss der Reisende die dafür entstehenden Kosten tragen!

Rückbestätigung

Die Bestätigung des Rückfluges ist bei einigen Airlines immer noch obligatorisch. Als Fluggast sichert man sich damit gegen kurzfristig auferlegte Änderungen der Abflugzeit ab. Ruft man nicht an, kann es passieren, dass die Buchung im Computer der Airline gestrichen wird. Bei Billigtickets ist dann der Anspruch auf Beförderung verwirkt, ansonsten verfällt das Ticket erst mit Überschreiten der Gültigkeitsdauer. Steht die Rufnummer zur Rückbestätigung nicht auf dem Flugticket, sollte man sie sich bei Mitarbeitern der Airline am Flughafen oder im Hotel geben lassen.

Bus- bzw. Taxitransfer auf sich nehmen, bevor es vom regionalen Nordflughafen Los Rodeos weitergeht nach La Palma.

Buchen

Buchen kann man Nur-Flüge ebenso wie Pauschalarrangements in fast allen Reisebüros und natürlich auch im **Internet.** Im E-Mail-Newsletter, den man bei einigen Ferienfliegern kostenlos anfordern kann, machen diese auf Sonderaktionen aufmerksam.

Restplätze

Restplätze zu ermäßigtem Preis bieten ab etwa 14 Tage vor Abflug auch die auf das Last-Minute-Geschäft spezialisierten Agenturen an. Dazu gehören:

- www.ltur.com
- www.de.lastminute.com
- www.5vorflug.de
- www.restplatzboerse.at
- www.fluege.de
- www.billig-flieger-vergleich.de
- www.swoodoo.de
- www.megaflieger.de
- www.edreams.de
- www.skyscanner.es

Ankunft

Der **Flughafen von La Palma** liegt im Osten der Insel, acht Kilometer südlich der Hauptstadt Santa Cruz. Pauschalreisende werden von der örtlichen Reiseleitung in Empfang genommen und zu ihren Bussen geleitet, brauchen sich fortan um (fast) nichts mehr zu kümmern. Wer auf eigene Faust unterwegs ist, findet in der Ankunftshalle ein Touristeninfo und mehrere **Autovermietungen**; vor dem Hallenausgang warten **Linienbus** und **Taxi** (www.taxilapalma.com, www.shuttlelapalma.com). Busse der Linie 500 fahren in einer Viertelstunde nach Santa Cruz und der Linie 301 in 45 Minuten nach Los Llanos im Inselwesten (ein Busfahrplan findet sich im Anhang, die Preise für Bus- und Taxifahrten sind unter „Geldfragen" aufgeführt). Am Flughafen ist ein **Geldautomat** vorhanden.

Mit Auto und Schiff

Wer nicht fliegen will oder darf oder sein eigenes Fahrzeug dabei haben möchte, kann La Palma auch über Land (hohe Mautgebühren!) und per Schiff erreichen. Einmal wöchentlich startet eine **Autofähre** der spanischen Gesellschaft Acciona/Trasmediterránea in Cádiz (südspanische Atlantikküste), zwei Tage später erreicht sie Teneriffa. Von dort geht es weiter nach Santa Cruz de la Palma. Aktuelle **Abfahrtszeiten** und **Preise** findet man im Internet unter www.trasmediterranea.es, die Ticketreservierung erfolgt über DER-Reisebüros.

▷ Es muss ja kein Cabriolet sein ...

Autofahren

Wer die Schönheit der Landschaft entdecken will, mietet sich am besten ein Auto oder ein Motorrad – und sei es nur, um zu den Startpunkten der Wanderrouten zu kommen, die oft mit dem Bus nicht erreichbar sind. Dank EU-Subventionen befinden sich die Straßen La Palmas in gutem Zustand, doch so schnell, wie man vermuten könnte, kommt man nicht voran. Die Straßen sind kurvenreich, nach starkem Regen ist in der Bergregion mit Steinschlag zu rechnen. Eine Besonderheit sind La Palmas zwei Tunnel *(túnel de la cumbre),* die das Inselrückgrat queren: Von Ost nach West führt der alte Tunnel (1 km), nur für die Strecke von West nach Ost zugelassen ist der neue Tunnel (3 km).

Hinweis: Die **schönsten Touren** sind im Vorspann dieses Buches unter „Routenvorschläge" beschrieben. Wer auf den Hauptstraßen bleibt, ist mit der **Karte** gut bedient, die in der Touristeninformation kostenlos ausgegeben wird.

Mietfahrzeug

Viele Pauschalurlauber buchen einen Wagen bereits in Deutschland, meist direkt über den Reiseveranstalter. Fahrzeuge können aber problemlos auch auf La Palma gemietet werden, und zwar überall dort, wo es Geschäftsleute und Touristen gibt: auf der Ostseite am Flughafen und in Santa Cruz, in Los Cancajos, Breña Baja, Mazo und Barlovento; auf der Westseite in El Paso, Los Llanos und Tazacorte.

Wer auf La Palma ein Auto mieten will, muss mindestens **21 Jahre** alt und schon ein Jahr im Besitz eines Führerscheins sein. Als Beleg muss man Ausweis und **nationalen Führerschein** vorlegen. Bevor man den Vertrag unterschreibt, sollte man beim Fahrzeug die Lenkung, Bremse und Kupplung überprüfen sowie nachschauen, ob Seitenspiegel und Scheibenwischer in Ordnung sind und ob sich ein Ersatzreifen sowie zwei Warndreiecke im Gepäckraum befinden.

Ein **Preisvergleich** zwischen den örtlichen Anbietern lohnt. Viele Firmen locken mit einem soliden Grundpreis, überraschen den Kunden dann jedoch mit hohen Versicherungskosten. Faustregel: Für einen Kleinwagen (Seat Marbella, Opel Corsa) sollte man nie mehr als **30–35 Euro pro Tag** inklusive Steuer und Versicherung zahlen. Preiswerter wird es bei einer Miete ab drei Tagen oder auf Wochenbasis. Zu den günstigsten (einheimischen) Anbietern zählt die Firma CICAR mit der Hauptfiliale am Flughafen. Abgesehen von der Weihnachtszeit sind Fahrzeuge stets in ausreichender Zahl vorhanden, schlimmstenfalls fehlt der gewünschte Wagentyp und man bekommt für den gleichen Preis einen besseren.

■ **CICAR,** Reservierung Tel. 928822900, www.cicar.com.

Benzin

Der Preis für Superbenzin liegt **unter 1,20 Euro pro Liter.** Tankstellen öffnen zwischen 7 und 9 Uhr und schließen meist gegen 20 Uhr; an Sonn- und Feiertagen bleiben sie bis auf wenige Ausnahmen (rund um Santa Cruz und El Paso, bei Puntagorda und Barlovento) geschlossen. Keine Selbstbedienung!

Verkehrsregeln

In Spanien werden Verkehrsverstöße mit hohen **Geldstrafen** geahndet; wer zuviel Alkohol im Blut hat, muss gar mit dem Entzug des Führerscheins rechnen. Hier die wichtigsten Vorschriften:

■ **Alkoholgrenze:** 0,5 Promille (im Blut).
■ **Anschnallpflicht:** innerhalb und außerhalb geschlossener Ortschaften; für Kinder unter drei Jahren sind Kindersitze vorgeschrieben; Kinder über drei Jahren sollten, sofern sie keine 1,50 m groß sind, auf einer Rückhaltevorrichtung sitzen.
■ **Höchstgeschwindigkeit:** innerhalb geschlossener Ortschaften 50 km/h, auf Landstraßen 90 km/h, auf Straßen mit mehr als einer Fahrbahn in jeder Richtung 100 km/h.
■ **Park- bzw. absolutes Halteverbot:** gelbe, durchgezogene Linie am Bordstein.
■ **Gebührenpflichtiges Parken (Automat):** blaue Markierung am Bordstein.
■ **Überholverbot:** 100 m vor Kuppen und an Stellen, die nicht mind. 200 m zu überblicken sind.
■ **Telefonieren:** nur mit Freisprechanlage.
■ **Abschleppen:** privat nicht erlaubt, nur von Unternehmen mit Lizenz *(Grúa)*.
■ **Tanken:** Handy, Autoradio und Motor müssen ausgestellt sein.
■ **Warndreieck/Westenpflicht:** Im Falle von Panne oder Unfall sind vor und hinter dem Fahrzeug

Warndreiecke aufzustellen; der Fahrer verlässt das Fahrzeug mit reflektierender gelber oder orangener Warnweste (liegt meist im Handschuhfach).

Kreisverkehr

Viele Unfälle sind falschem Verhalten im Kreisverkehr geschuldet, insbesondere dem direkten Ausscheren von der inneren Spur auf die Ausfahrt. Bitte zweierlei beachten: Erstens haben alle Fahrer, die sich innerhalb des Kreises bewegen, grundsätzlich **Vorfahrt** gegenüber denen außerhalb des Kreises. Dazu kommt, dass Autos auf der äußeren Spur des Kreises Vorrang gegenüber denen auf der inneren Spur genießen. Nur von der äußeren Spur aus (und bei Betätigung des Blinkers) ist die Ausfahrt aus dem Kreisverkehr gestattet!

Unfall

Nach einem Unfall ist die Verleihfirma umgehend zu verständigen. Wurde eine Person verletzt, sollte unbedingt die Polizei über die **Notrufnummer 112** angerufen werden (⇨ „Notfälle"). Dieselbe Nummer gilt für Arzt und Feuerwehr. Anrufe werden auch auf Deutsch beantwortet. Es empfiehlt sich in jedem Fall, die KFZ-Nummern der Beteiligten sowie deren Namen, Anschrift und Versicherung aufzuschreiben. Rat in Notsituationen geben Automobilclubs wie z.B. der ADAC, ÖAMTC oder TCS für Mitglieder stets kostenlos.

- **ADAC,** Tel. 0049-89-222222, www.adac.de.
- **ÖAMTC,** Tel. 0043-1-71199-0, www.oeamtc.at.
- **TCS,** Tel. 0041-58-8272220, www.tcs.ch.

Barrierefreies Reisen

Erste Wahl ist die kleine Anlage für Betreutes Wohnen **Las Alas in Tajuya/El Paso** (www.lasalas.de). Außerdem haben sich mehrere „normale" Hotels auf Personen mit Handicap eingestellt haben: Das Hotel **Taburiente Playa** in Los Cancajos bietet fünf behindertenfreundliche Zimmer, für Rollstuhlfahrer ist gleichwohl eine Begleitperson nötig. Noch besser eingerichtet ist das Aparthotel **Las Olas,** weil alle Räumlichkeiten der Anlage, u.a. der Pool-Garten, über Rampen erreichbar sind; vier Zimmer sind behindertengerecht. Das **Einkaufszentrum Centro Cancajos** mit Läden und Lokalen, Toiletten und Strandzugang ist gleichfalls rollstuhlgerecht gestaltet.

Auch aufs **Wandern** brauchen Behinderte auf La Palma nicht zu verzichten. Mehrere weitgehend Höhe haltende Wege wurden präpariert, fünf „Joëlettes" (Sänften auf Rädern) stehen hierfür zur Verfügung (⇨www.senderosdelapalma.com, „Wege").

Camping

Der Schweizer *Hannes Keller* bietet alternativen, kinderfreundlichen Urlaub auf dem privaten Campingplatz bei **La Laguna** (ausführliche Info ⇨ „Rund um Todoque").

Umweltschützer leiten das *Centro de Naturaleza La Rosa* in **Puntagorda** – im Winter kann es dort zuweilen kühl werden. Dies gilt noch stärker für den öffentlichen Campingplatz **Laguna de Barlovento** im feuchten Nordosten. Wanderwege führen zu den Plätzen in der **Caldera** und auf die Cumbre bei **El Pilar,** doch ist das Übernachten hier offiziell nur mit schriftlicher Erlaubnis der Behörde gestattet. Diese erhält man gegen Vorlage einer Ausweiskopie sowie eines Papiers mit den Namen und Ausweisnummern aller Begleitpersonen.

Für die Caldera reserviert man am besten via Website (spätestens eine Woche im Voraus): www.reservasparquesnacionales.es > Caldera de Taburiente (⇨ auch Centro de Visitantes Parque Nacional, Besucherzentrum bei El Paso im Kap. „Das Zentrum: Caldera und Cumbre, Überblick").

Wer die Anlage El Pilar benutzen möchte, wendet sich ans Medio Ambiente, die Umweltbehörde in Santa Cruz (⇨„Hauptstadt und Umgebung, Kurzinfo"). Diese ist auch zuständig für die Campingfläche oberhalb von **Los Canarios.** Man kann den Antrag per Mail stellen (zu Herbergen ⇨„Unterkunft").

Diplomatische Vertretungen

In den **Konsulaten** auf den Kanarischen Inseln bekommt man Hilfe in unangenehmen Lebenslagen. So wird beim **Verlust des Passes** ein Ersatz-Reiseausweis ausgestellt; ist das **Geld weg,** werden Kontakte mit Freunden vermittelt oder es wird – natürlich gegen Rückzahlungsverpflichtung – ein Überbrückungsgeld gezahlt. Auch hilft man z.B. im Falle einer Festnahme, bei der Suche nach einem Übersetzer oder Anwalt. Im Sterbefall benachrichtigt das Konsulat die Hinterbliebenen und ist bei der Erledigung der Formalitäten vor Ort behilflich.

■ **Deutsches Honorarkonsulat,** Av. Marítima 66, Santa Cruz de la Palma. Tel. 922420689, Mo–Do 10–13 Uhr.

■ **Deutsches Konsulat,** Calle Albareda 3, 2. Stock, 35007 Las Palmas (Gran Canaria), Tel. 928491880, www.las-palmas.diplo.de, Mo–Fr 9–12 Uhr (zuständig für alle Inseln).

■ **Österreichisches Honorarkonsulat,** Calle Costa y Grijalba 33, Santa Cruz de Tenerife (Teneriffa), Tel. 922023370, info@consuladoaustriatenerife.com, Mo, Mi, Do 15.30–18.30 Uhr (zuständig für die Westprovinz).

■ **Schweizer Botschaft,** Calle Núñez de Balboa 35, 28001 Madrid, Tel. 914363960, www.eda.admin.ch/madrid, Mo–Fr 9–13 Uhr.

Einkaufen und Mitbringsel

Auf La Palma braucht man auf (fast) nichts zu verzichten. Die beiden größten Städte Santa Cruz und Los Llanos haben bestens sortierte **Supermärkte** und auch mehrere Gemeindeorte sind mit erstaunlich großen *supermercados* bestückt. Starke Konkurrenz machen ihnen die Bauernmärkte (Exkurs), die am Wochenende viel Frisches bieten. Die **Preise** haben sich den deutschen angenähert, nur Tabak, Spirituosen und Parfüm sind deutlich billiger.

Die schönsten Märkte

An jedem Vormittag (außer sonntags) herrscht reges Treiben in den **Markthallen** *(mercados)* von Santa Cruz und Los Llanos. Doch noch beliebter sind die **Bauern- und Wochenmärkte** *(mercadillos)*, auf denen Bauern und Bäcker, Winzer, Schapsbrenner und Imker, Kunsthandwerker und Künstler all das verkaufen, was sie hergestellt haben. Vielfach kann vor dem Kauf gratis probiert werden, damit man weiß, wofür man sein Geld ausgibt. Da gibt es **Obst** und **Gemüse**, **Ziegenkäse** von zart bis knochenhart, selbstgebrannten **Schnaps** und **Weinbrand.** Oft ist auch Palmapur vertreten, eine Brennerei, die exotische **Liköre** produziert. Süßschnäbel werden sich für hausgemachte **Marmelade** begeistern. Die Palette reicht von Papayacreme über Tomatenpüree bis zum Gelee der Kaktusfrucht, dazu Maulbeer-, Guayabo- und Quittenkonfitüre. Von den Wiesen um Santo Domingo stammt **Blütenhonig,** aus Puntagorda **Mandelmus** *(bienmesabe,* wörtlich „es schmeckt mir gut"). Wer des spanischen Weißbrots überdrüssig ist, findet ein großes Sortiment an **Vollkornprodukten.**

Kunsthandwerk, z.B. Stickereien, Silber- und Vulkanschmuck, Glas, Keramik- und Lederarbeiten, dürfen nicht fehlen. Spaß macht auch ein Besuch des **Flohmarkts** auf der Plaza von Argual (bei Los Llanos). Er heißt nicht *mercadillo,* sondern *rastro:* Lebensmittel sind hier tabu, dafür gibt's umso mehr Trödelkram und Kuriosa.

Freitag
- **El Paso,** Plaza del Mercado (unterhalb der Touristeninfo), 15–19 Uhr.

Samstag
- **Mazo,** 15–19 Uhr.
- **San Pedro,** Parque los Álamos, neben dem Tabakmuseum (Breña Alta), 10–14 Uhr.
- **Puntagorda** (El Fayal), 15–19 Uhr.
- **El Paso,** Plaza del Mercado (unterhalb der Touristeninfo), 9–14 Uhr.
- **Puntallana,** Plaza de San Juan, 10–14 Uhr jeden 1. und 3. Sa des Monats.

Sonntag
- **Mazo,** 9–13 Uhr.
- **Puntagorda** (El Fayal), 11–14 Uhr.
- **Argual Abajo** (bei Los Llanos), großer Flohmarkt, 9–14 Uhr.
- **Los Llanos,** Calle Dr. Fleming, kleiner Lebensmittelmarkt, 6–14 Uhr.
- **Hafen Santa Cruz,** Flohmarkt, 9–14 Uhr jeden 1. und 3. So des Monats.

284 Einkaufen und Mitbringsel

Wer etwas **typisch Palmerisches** sucht, greift zu Kunsthandwerk. Es ist nicht gerade günstig, aber sehr aufwendig hergestellt, z.B. Stickereien und Seidenprodukte, Flecht- und Lederarbeiten, dazu archaische Keramik. Raucher freuen sich über handgerollte Zigarren *(puros palmeros)*, Feinschmecker über Inselwein und -likör, exotische Marmeladen und Mojo-Soßen, Salzblüte, Honig, luftgetrocknete Bananen, Quitten-Paste und andere Süßigkeiten.

Hinweis: Aufgrund der steuerlichen Sonderstellung der Kanaren ist der Duty Free Shop auf dem **Flughafen** nicht günstiger als ein normaler Supermarkt. Wer in letzter Minute ein Mitbringsel kaufen will, findet nach dem Einchecken den Laden Hecho en La Palma („Auf La Palma hergestellt").

Ein- und Ausreisebestimmungen

Dokumente

Bürger aus Deutschland, Österreich und der Schweiz benötigen zur Einreise einen gültigen **Personalausweis** oder Reisepass. Auch Kinder brauchen einen eigenen Ausweis (ab 10 Jahren mit Lichtbild und eigenhändig unterschrieben).

Wer auf La Palma ein Auto mieten möchte, darf seinen **Führerschein** nicht vergessen. Das Mindestalter für das Mieten eines Autos beträgt 21 Jahre. Wer mit dem eigenen Fahrzeug unterwegs ist, benötigt die grüne Versicherungskarte.

Tiere

Es ist keine so gute Idee, Tiere mit nach La Palma zu nehmen – in fast allen Unterkünften und Restaurants sind sie unerwünscht. Wer dennoch auf seinen Vierbeiner nicht verzichten kann, benötigt einen **EU-Heimtierausweis,** in dem Name, Alter, Rasse und Geschlecht des Tieres sowie die Kennzeichnungsnummer vermerkt sind. Der Arzt hat im Pass die gültige Tollwutimpfung zu bescheinigen. Sowohl Hund als auch Katze müssen mit einer Tätowierung oder einem unter die Haut injizierten Mikrochip identifizierbar sein. Vergessen Tierhalter die nötigen Vorbereitungen, werden die Vierbeiner auf Kosten des Halters zurückgeschickt oder für die Dauer von mindestens vier Monaten in amtlicher Quarantäne untergebracht.

◁ Sonntäglicher Flohmarkt – in Argual

Tipps zur Reisevorbereitung

- Prüfen Sie, ob Ihre **Personaldokumente noch gültig** sind!
- Fertigen Sie **Kopien** von Personalausweis und Führerschein an.
- Denken Sie an **Krankenversicherungsschutz!**
- Notieren Sie **Konto-, Kredit- und EC-Kartennummern** sowie die **Telefonnummern** Ihrer Bank und Kreditkartenbüros, damit Sie bei Verlust oder Diebstahl sofort eine Sperrung veranlassen können!

Artenschutz

Exemplare von Tier- und Pflanzenarten, die vom Aussterben bedroht sind, dürfen nicht ein- und ausgeführt werden. Auch für Deutschland und Spanien ist das Washingtoner Artenschutzabkommen verbindlich. Die „Fibel zum Artenschutz" verschickt das Referat Öffentlichkeitsarbeit im Bundesumweltministerium auf Anfrage kostenlos.

Zoll

Aufgrund der steuerlichen Sonderstellung gelten auf den Kanarischen Inseln bis auf Weiteres die bekannten **Mengenbeschränkungen:** 200 Zigaretten oder 100 Zigarillos oder 50 Zigarren oder 250 g Tabak, 1 Liter Spirituosen (Alkoholgehalt über 22 Vol.-%) oder 2 Liter Wein bzw. Spirituosen unter 22 Vol.-%, 50 Gramm Parfum oder 0,25 Liter Eau de Toilette. Vor der Abfahrt sollte man sich bei der Reiseleitung erkundigen, ob diese Angaben noch gültig sind. Weitere Infos gibt es im Internet unter www.zoll.de bzw. www.bmf.gv.at und www.ezv.admin.ch.

Für die Schweiz

Bei der **Rückeinreise** in die Schweiz sollte man folgende Freimengen beachten:

- **Tabakwaren:** 200 Zigaretten, 50 Zigarren oder 250 g Schnitttabak und 200 Stück Zigarettenpapier.
- **Alkoholische Getränke:** 2 l bis 15 Vol.-% und 1 l über 15 Vol.-%.
- **Nahrungsmittel:** 3,5 kg Fleisch, 1 l/kg Rahm/Butter, 5 l Milch, 20 kg Käse/Quark, 20 kg Gemüse, 20 kg Früchte, 20 kg Getreide, 2,5 kg Kartoffelerzeugnisse, 4 l/kg Öle/Fette/Margarine, 3 l Apfel-, Birnen- und Traubensaft.
- **Sonstiges:** neu angeschaffte Waren für den Privatgebrauch bis zu einem Gesamtwert von 300 SFr.

▷ Cocktails im Carpe Diem – in Tazacorte

Essen und Trinken

Keine Haute Cuisine, eher deftig-kräftige Hausmannskost – das ist es, was Besucher auf La Palma erwartet. Da dreht sich viel um **Fisch und Fleisch,** kräftig gewürzt und am liebsten *a la brasa,* d.h. vom Grill. Als Beilage reicht man **Kartoffeln,** gern auch **Gofio,** eines der wenigen kulinarischen Überbleibsel der Ureinwohner: ein Mehl aus geröstetem Getreide, das mit Brühe vermischt einen nährstoffreichen Brei ergibt.

Typische Speisen

Beim Reisen um die Insel gibt es eine ganze Reihe von Lokalen, die ihren ursprünglichen Charakter bis heute bewahrt haben. Vor allem in den Bergdörfern macht es Spaß einiges auszuprobieren. Fast immer gut schmeckt das in einer Wein-Kräuter-Soße marinierte **Zicklein** *(cabrito),* zur Jagdzeit im Herbst auch **Kaninchen** *(conejo).* Wer zum Fleisch keine Pommes frites essen möchte, bestellt *papas arrugadas con mojo:* **Kartöffelchen mit Salzkruste,** die in eine scharfe **Mojo-Soße** getunkt wer-

den. Mal wird sie in grüner, mal in roter Farbe serviert; grün verrät die Zutat Koriander, rot die Beigabe von Chili – beide natürlich mit einer gehörigen Portion Knoblauch!

Wer im kühlen Norden unterwegs ist, mag auch Lust auf einen deftigen **Eintopf** bekommen. Wie wäre es z.B. mit dem aus sieben verschiedenen Gemüsesorten bestehenden *puchero* oder *rancho*? Kürbis sorgt für die Sämigkeit, Paprika für den pikanten Geschmack.

Frischen **Fisch** gibt es in den Küstenorten, in einigen Lokalen kann man sich „seinen" Fisch direkt in der Vitrine aussuchen. Besonders häufig werden rund um die Insel Seehecht, Sardine und Thunfisch gefangen. Daneben gibt es zarten Kalamar *(calamar)*, den man aber nicht mit den kleinen, dünnhäutigen Tintenfischen *(chipirones)* oder der fleischigen Krake *(pulpo)* verwechseln sollte. Wer eine Fischsuppe probieren möchte, bestellt *caldo de pescado*: oft ist sie mit Muscheln angereichert und fast immer mit Safran gewürzt.

Typische **Nachspeisen** sind *bienmesabe* („Es schmeckt mir gut", Mandelmus), *queso de almendras* (Mandelkuchen) und *rapaduras* (zuckerhutförmiges Gebäck aus Gofio, Mehl aus geröstetem Getreide, mit Zimt und Anis).

MEIN TIPP: Inselkäse

Hervorragend ist der **queso palmero**, der aus der Rohmilch einer einheimischen Ziegenart hergestellt wird. Mit einem Laib bis zu 15 Kilogramm ist er Spaniens schwerster, ausgezeichnet ist er mit der begehrten geschützten Herkunftsbezeichnung: *denominación de origen queso palmero*. Wie zu prähispanischer Zeit weiden die Tiere bis zu einer Höhe von 2000 Metern und ernähren sich von einheimischen Pflanzen. Da gibt es zarten **Frischkäse** *(queso tierno)*, **Halbgereiften** *(semicurado)* und **Reifen** *(curado)*. Eine Delikatesse ist auch der **Räucherkäse** *(ahumado)*, der – je nachdem, womit das Feuer angefacht wurde – nach Mandel, Kiefer oder Trockenkaktus schmeckt (www.quesopalmero.es).

Palmerische Pilze

Die Wälder sind voll von **Pfifferlingen, Speiseschwammerln** und **Steinpilzen** ... Doch auf der Restaurant-Speisekarte stehen meist nur Zucht-Champignons und Austernpilze, bestenfalls noch Wurzeltrüffel *(nacidas)*. Geht es nach dem Willen der Inselregierung, soll sich das ändern: In Workshops lernen Einheimische, gute von giftigen Pilzen zu unterscheiden, begleitend wurde ein dickes Bestimmungsbuch publiziert (auch auf Deutsch: „Las setas/Die Pilze en La Palma" von *Rose Marie Dähncke*).

Fisch an der Küste

Nahe am Meer sitzen, wo Möwen kreisen und sich die Wellen brechen? Und dazu gegrillter Fisch und ein Gläschen Wein? Dann sind die folgenden Orte genau richtig: besonders urig **El Remo** (⇨ Puerto Naos, Badebuchten in der Umgebung) und **Playa Zamora** (⇨ Los Canarios, Strände), eine Spur feiner **La Fajana** und **Puerto de Tazacorte**!

Internationale Küche

In der Hauptstadt Santa Cruz und vor allem in Los Llanos wächst mit jedem Jahr die Zahl der Restaurants, die mehr bieten wollen als „nur" traditionelle Kost. Es sieht so aus, als würde La Palma aus seinem kulinarischen Dornröschenschlaf erwachen und neugierig werden auf Fremdes. *Cocina canaria creativa* ist angesagt – Klassiker der einheimischen Küche, abgespeckt und fantasievoll variiert. Außerdem gibt es Italiener, Chinesen, Mexikaner und Teutonen ...

Preiskategorien

Um den Lesern eine Vorstellung zu vermitteln, wie teuer die in diesem Buch vorgestellten Restaurants sind, wurden sie in drei Preisklassen unterteilt. Die Preise gelten für ein **Hauptgericht mit Nachspeise und Getränk.**
- **untere Preisklasse** bis 15 Euro
- **mittlere Preisklasse** 15–25 Euro
- **obere Preisklasse** ab 25 Euro

Essenszeiten

Das Mittagessen *(almuerzo)* beginnt nicht vor 13 Uhr, das Abendessen *(cena)* nicht vor 20 Uhr. Nur in den Ferienstädten Puerto Naos und Los Cancajos, wo Palmeros in der Minderheit sind, werden die Öffnungszeiten den Bedürfnissen der Touristen angepasst. Dort gibt es oft schon ab 18 Uhr Abendessen, einige Restaurants sind von 12 bis 24 Uhr durchgehend geöffnet. Kleine Strandbars schließen oft schon bei Einbruch der Dunkelheit.

Wein

Auf Lavafeldern, durch ein ganzjährig mildes Klima begünstigt, reift **guter Inselwein.** Mehr als ein Dutzend Bodegas gibt es, in denen man verschiedene Tropfen kosten kann, darunter süßen Malvasier, der vor 400 Jahren schon *Shakespeare* begeisterte. Nicht jedermanns Sache ist **vino de tea** aus dem Nordwesten der Insel, ein in Kiefernfässern gelagerter, herb-harziger Wein. An der Straße aufgestellte Schilder informieren über das jeweilige Anbaugebiet und verweisen auf kleinere Bodegas, die man besuchen kann.

Nur Taucher (!) können die **unterseeische Bodega** der Kellerei Tendal sehen, die ihre Flaschen im 15 Meter tiefen, küstennahen Sandboden lagert. Durch die Wellenbewegung, den hohen Wasserdruck und die spezifische Beleuchtung gewinnt der Tropfen ein eigentümlich „geröstetes" Aroma; er schmeckt vollmundiger und weniger säuerlich.

Tipp: Achten Sie beim Weinkauf stets darauf, dass auf dem Etikett das staatliche Gütesiegel *denominación de orígen* erscheint; nur dann können Sie sicher sein, keinen gepanschten Wein zu erstehen.

Bier und Mineralwasser

Neuerdings wird auch helles und dunkles Bier auf der Insel hergestellt. Probieren kann man es in der Brauerei Isla Verde (⇨El Jesús). La Palmas **Quellwasser** verleiht ihm seine besondere Note. Natürlich kann man das Mineralwasser auch pur trinken: Es heißt schlicht *Aguas de La Palma* und wird mit und ohne Kohlensäure in Halb- bis Achtliterflaschen angeboten.

Gastronomisches Glossar

Vor allem in abgelegenen Berg- und Küstendörfern gibt es nach wie vor keine mehrsprachigen **Speisekarten.** In der kleinen Sprachhilfe im Anhang findet sich ein „Wörterbuch" mit allen wichtigen gastronomischen Begriffen, die einem auf Speisekarten begegnen.

Frische Meeresfrüchte – in Puerto de Tazacorte

Geldfragen

Mit der **Girocard** kann man im Euro-Land Spanien gebührenfrei bezahlen. Das Geld wird unmittelbar vom Konto abgebucht. Zieht man mit dieser Karte Geld am Bankautomaten, wird eine Gebühr von 1 % fällig. Ähnlich ist der Einsatz der **Kreditkarte** (meist VISA bzw. MasterCard), mit dem Unterschied, dass das Geld später vom Konto abgebucht wird. Bei der Barabhebung am Automaten wird aber eine saftige Gebühr kassiert (2–4 % vom Umsatz)!

Egal ob Girocard oder Kreditkarte: Geht sie verloren, können deutsche Benutzer sie **unter Tel. 0049-116116 sperren lassen.** Österreicher und Schweizer müssen bei ihrer Bank die für sie gültige Sperrnummer erfragen.

Trinkgeld

In Restaurants sind 5–10 % Trinkgeld üblich, freilich nur, wenn die Bedienung den Gast wirklich zufriedengestellt hat. Zimmermädchen und Rezeption erwarten 3 Euro wöchentlich, weitere Gelder gehen an Reiseführer sowie Privatbus- und Taxifahrer.

Richtwerte für Preise

Unterkunft
- Einfache Pension, DZ pro Tag: ab 25 €
- Apartment pro Tag: ab 30 €
- Hotel, DZ pro Tag: ab 40 €
- Landhaus pro Woche: ab 285 €

Strand und Sport
- Liegestuhl/Sonnenschirm pro Tag: je 3 €
- Geführte Tageswanderung: 30–40 €
- Tennisplatz pro Stunde: 9–12 €

Verkehrsmittel
- Linienbus Santa Cruz – Los Llanos: 6 €
- Taxi Flughafen – Santa Cruz: 13 €
- Taxi Flughafen – Los Cancajos: 8 €
- Taxi Flughafen – Los Llanos: 42 €
- Taxi Flughafen – Puerto Naos: 50 €
- Mietauto pro Tag: ab 30 €
- Fahrradmiete pro Tag: ab 12 €
- Super-Benzin, 1 Liter unter 1,20 €

Im Lokal
- Drei-Gang-Tagesmenü: 8–14 €
- Fischplatte vom Grill: 8–12 €
- Kaninchen: 6–8 €
- Tortilla: 4 €
- Bier, 0,3 Liter: 2,20 €
- Glas Wein, 0,2 Liter: 2,20 €
- Kaffee mit Milch: 1,50 €
- Frisch gepresster Orangensaft: 2,50 €

Im Supermarkt
- Brötchen: 0,30 €
- Milch, 1 Liter: 0,80 €
- Wurst, 100 g: ab 0,90 €
- Käse, 100 g: ab 0,85 €
- Apfelsinen, 1 kg: 1,25 €
- Flasche Bier: 0,65 €
- Wasserkanister, 5 Liter: 1,10 €
- Zigaretten, 200 Stück: 14–18 €

La Palma preiswert

Eine fundierte Einführung in Natur und Geschichte der Insel erhält man gratis in den **Besucherzentren des Nationalparks** bei El Paso und in El Pilar (⇨Kap. „Caldera und Cumbre"); auch das **Besucherzentrum des Lorbeerreservats** verlangt vorerst kein Eintrittsgeld (⇨Los Tiles).

La Palmas kulturelles Erbe lernt man kostenlos kennen in der **Casa Luján** (⇨Puntallana), in der **Casa del Maestro** (⇨Tijarafe) und im **Centro de Interpretación Etnográfico** (⇨Santo Domingo). In den übrigen Museen zahlen Kinder im Alter von drei bis zwölf Jahren meist nur die Hälfte; Rabatt erhalten oft auch Studenten und Personen ab 60 bzw. 65 Jahren (Ausweis nicht vergessen!)

Bodegas spendieren in der Regel einen **Gratis-Tropfen**, um potenzielle Käufer von der Qualität der Inselweine zu überzeugen (⇨Los Canarios). Gleiches gilt für die Ziegen- und Schafskäsehändler. Man achte an der Straße auf das Schild „venta de queso"!

Auch manch ein Stand auf den Wochenmärkten bietet vor dem Kauf eine **Gratis-Degustation**. Hier kann man sich mit vielen Inselköstlichkeiten eindecken, um diese anschließend bei einem Picknick zu verputzen (⇨Exkurs „Die schönsten Märkte").

Kein Loch ins Portemonnaie reißt im Restaurant das dreigängige **menú del día,** das meist auch ein Getränk einschließt.

Das Schönste an La Palma ist ohnehin gratis: Weder am Strand noch am Naturschwimmbecken wird eine Kurtaxe erhoben. Wälder und Vulkane, wilde Küsten und Aussichtsgipfel erkundet man am besten im Rahmen einer Wanderung (⇨Kapitel „Wandern auf La Palma"). Übrigens übernachtet man auf den **Campingflächen des Nationalparks gratis,** so in der Caldera und in El Pilar!

Informationen

Aktuelles **Informationsmaterial** kann unter Tel. 06123-99134 angefordert werden. Auskünfte werden unter dieser Nummer nicht erteilt. Dafür sind allein die Büros des Spanischen Fremdenverkehrsamts (www.spain.info) zuständig.

Fremdenverkehrsämter

- **Spanisches Fremdenverkehrsamt,** Lietzenburgerstr. 99, 10707 Berlin, Tel. 030-8826543, www.spain.info/de_DE, berlin@tourspain.es.
- **Spanisches Fremdenverkehrsamt,** Myliusstraße 14, 60323 Frankfurt, Tel. 069-725038, frankfurt@tourspain.es.
- **Spanisches Fremdenverkehrsamt,** Postfach 151940, 80051 München, Tel. 089-5307460, munich@tourspain.es.
- **Spanisches Fremdenverkehrsamt,** Walfischgasse 8 Nr. 14, 1010 Wien 1, Tel. 01-512958011, www.spain.info/de_AT, viena@tourspain.es.
- **Spanisches Fremdenverkehrsamt,** Seefeldstr. 19, 8008 Zürich, Tel. 044-2536050, www.spain.info/de_CH, zurich@tourspain.es.

Touristeninformation

Auf **La Palma** erhält man viele gute Tipps und Broschüren bei der spanischen Touristeninformation in Santa Cruz, auf dem Flughafen, in Los Cancajos, El Paso und Los Llanos.

Magazine und Broschüren

Infos bietet das zweimal jährlich erscheinende, in Hotels und Läden ausliegende deutschsprachige Magazin **„La Palma para ti!"** Attraktiv aufgemacht ist auch das gleichfalls gratis verteilte, vierteljährlich erscheinende Magazin **„Disfruta La Palma"**, das zum Genießen der Insel animieren will.

Führendes Anzeigenblatt der Insel ist das spanisch-deutsche **L'Ocasión.** Es erscheint alle zwei Wochen, liegt in Geschäften und Tankstellen aus und kann gratis mitgenommen werden. Veröffentlicht werden private Kleinanzeigen, Kultur- und Einkaufsangebote (⇨ „Internet, Medien").

Internet

La Palma ist im Web oft vertreten und ständig kommen neue Seiten hinzu. Doch was da veröffentlicht wird, ist meist nichts als Werbung – der bekannte Mix aus Vermittlung von Unterkunft und Mietauto, bei der der Website-Betreiber fleißig mitkassiert.

Heute gibt es in vielen Landhäusern und Hotels **Gratis-WLAN,** Internet-Terminals sind meist gebührenpflichtig (⇨ „Apps, WiFi Finder"). Nichts kostet der Internet-Zugang in den öffentlichen Bibliotheken und Kulturhäusern der Gemeindeorte *(biblioteca pública/casa de cultura).*

Allgemeines

- **www.visitlapalma.es:** Die Inselregierung hat auf ihrer Seite interessante Infos zu Kultur, Gastronomie und Kunsthandwerk, Freizeitaktivitäten und Sternbeobachtung zusammengetragen. Auch gibt es Hinweise auf Unterkünfte, dazu Videos und eine Fotogalerie.
- **www.turismodecanarias.com** (> La Palma): Die von der Kanarenregierung publizierte Seite eröffnet mit einem schönen Reliefbild von La Palma, danach folgt ein virtueller Inselrundgang in 360°-Panoramen.
- **www.panoramio.com:** Nach Eingabe des Ziels „La Palma" werden Tausende von Inselbildern präsentiert, ortsgenau mit der Google-Karte verlinkt.
- **www.dasbesteklimaderwelt.com:** Das aktuelle und das Wetter der nächsten zwei Tage sowie viele Infos rund um „das beste Klima der Welt".

E-nano (span. Zwerg) – das „Maskottchen" von Santa Cruz

Aktiv

- **www.senderosdelapalma.com:** Toller Service für Wanderer: Hier werden alle von der Inselregierung markierten Wege vorgestellt, unter „Google Earth" können sie sogar virtuell „abgelaufen" werden. Zugleich enthält diese Seite wichtige Tipps für Unterbringung in Herbergen. „La Palma in 3-D" zeigt schöne Landschaftsaufnahmen und -filme.

Medien

- **www.la-palma24.info:** Deutschsprachiges Internet-Magazin mit News, Videos und Fotos von der Insel.
- **www.la-palma-aktuell.de:** Wer wissen will, was sich auf der Insel jüngst zugetragen hat, schaut in den satirisch-vergnüglichen Nachrichtenüberblick, zusammengestellt von *Mathias Siebold*.
- **www.disfrutaLaPalma.com:** Online-Version der Gratis-Zeitschrift „La Palma Genießen" – schön zum Blättern!
- **www.lapalma-parati.com:** Die aktuelle Version der deutschsprachigen Zeitschrift „La Palma para ti!" ist teilweise einsehbar. Dazu gibt es lesenswerte Artikel vergangener Nummern. Hier werden die Inhalte nicht von Werbung erschlagen.
- **www.d-ocasion.net:** Anzeigenblatt mit ein paar wenigen Nachrichten zu La Palma.
- **www.noticias7.eu:** Das deutschsprachige Magazin berichtet über alle Kanaren, natürlich auch über La Palma.
- **www.elapuron.com/www.eltime.es:** News und Blogs aus La Palma, von Palmeros verfasst – auf Spanisch.

Essen und Trinken

- **www.larutadelbuenyantar.com:** Präsentation ausgewählter palmerischer Restaurants – Texte aber nur auf Spanisch.

Verkehr

- **www.transporteslapalma.com:** Busverbindungen auf La Palma.
- **www.fredolsen.es:** Übersicht über alle Verbindungen der Reederei Olsen auf dem kanarischen Archipel mit genauem Fahrplan und Preisen.
- **www.trasmediterranea.es:** Unter „Routes & Services" findet man die wichtigsten Fährverbindungen der Gesellschaft Trasmediterranea.
- **www.navieraarmas.com:** Innerkanarische Fährverbindungen des Unternehmens Armas.
- **www.bintercanarias.com:** Interinsulare Flüge mit der kanarischen Fluglinie.
- **www.canaryfly.es:** Auch mit Canary Fly kommt man zu den „großen" Nachbarinseln.

Apps

- **Taburiente:** Von der Inselregierung publizierte App zum Nationalpark (iPhone, Android, gratis).
- **Star Walk:** Lassen Sie sich La Palmas Nachthimmel erklären! Eingebaute Sensoren ermitteln Ihre Blickrichtung und erläutern die Sterne über Ihnen (iPhone, gratis)!
- **WiFi Finder:** Diese App zeigt Ihnen die nächsten Gratis-WLAN-Spots an (Android, gratis).

Hinweis

Weitere Online-Adressen werden unter „Anreise" und „Unterkunft" genannt. **Sportlich Aktive** finden Anlauf- und Web-Adressen in der „Aktiv"-Rubrik der jeweiligen Ortschaften: **Wanderer** und **Radler** in Los Cancajos, Los Llanos und Puerto Naos, **Taucher** z.B. in Los Cancajos, Los Canarios und Puerto Naos.

Kinder

Die Palmeros sind sehr kinderfreundlich – wenn gar ein Blondschopf auftaucht, sind sie nicht mehr zu halten. So gut aufgehoben, bedarf das Kind keiner Animation, verlangt nicht nach Vergnügungsparks und künstlicher Erlebniswelt.

Kinder, die eine besondere Vorliebe fürs Wasser haben, kommen auf La Palma nur in Puerto Naos und Los Cancajos auf ihre Kosten. Dort können sie Gleichaltrige kennenlernen, im Sand herumtoben und im Meer planschen. Vieles spricht für die Buchung einer Pauschalunterkunft, in der ein Pool zusätzliche Bademöglichkeit bietet und sich Kinder am morgendlichen Frühstücksbüfett nach Lust und Laune bedienen können.

Ist man mit dem Auto unterwegs, lohnen Stopps an den **Abenteuerspielplätzen** von Hoya del Lance (⇨Tijarafe) und an der Lagune von Barlovento (⇨Barlovento). Der schönste Spielplatz befindet sich in El Pilar, nahebei ist ein **Hochseilgarten** (⇨„Das Zentrum: Caldera und Cumbre"). Großen Spaß macht bei ruhiger See eine **Bootstour** ab Puerto de Tazacorte. Ein uriger Zoo, der **Maroparque,** befindet sich in Buenavista de Arriba.

Unter den Museen lohnt vor allem das **Inselmuseum** in Santa Cruz einen Besuch – mit vielen ausgestopften Meerestieren. Spaß macht Kindern auch das **Ethnografische Museum** in der Casa Luján mit seinen lebensgroßen Puppen (⇨Puntallana).

Für ein Eis ist immer Zeit – in Los Llanos

Kleidung

In den Wintermonaten kann es auf der „grünen" Insel La Palma ein paar feuchte und auch kühle Tage geben. Für die Ausflüge ins Bergland und in den Nordosten empfiehlt sich die Mitnahme warmer Kleidung, auch Pullover und Anorak, Regenschutz und festes Schuhwerk sind gefragt. Wer im Sommer wandern will, sollte eine schützende Kopfbedeckung dabei haben.

Gesundheitstipps

■ Setzen Sie sich nicht zu lange der **Sonne** aus, tragen Sie möglichst Sonnenbrille und Kopfbedeckung und verwenden Sie ein Präparat mit ausreichendem Lichtschutzfaktor (je nach Hauttyp Faktor 30 und höher)!

■ Muten Sie Ihrem Körper an heißen Tagen **keine eiskalten Getränke** zu!

■ Das **Leitungswasser** auf La Palma ist von vergleichsweise guter Qualität, dennoch sollte man lieber Wasser aus Flaschen oder Fünf-Liter-Kanistern trinken!

■ Achten Sie bei **Durchfallerkrankungen** auf eine ausreichende Flüssigkeitszufuhr! Abgepackte Glukose-Elektrolyt-Mischungen sind im Handel erhältlich und gehören in jede Reiseapotheke.

Medizinische Versorgung

Gesetzlich krankenversicherte Patienten der EU-Länder und der Schweiz können sich im Krankheitsfall gegen Vorlage der Europäischen Versicherungskarte **EHIC** (European Health Insurance Card) **kostenfrei** im Gesundheitszentrum *(centro de salud)* oder im Krankenhaus *(hospital)* behandeln lassen. Die Versicherungskarte bekommt man von seiner Krankenkasse, die Anschriften des Krankenhauses und Rufnummern der Gesundheitszentren finden sich im Kurzinfo-Kasten der jeweiligen Region.

Sucht man direkt einen Arzt auf, zahlt man diesem in der Regel die vor Ort erbrachten Leistungen und erhält von der Krankenkasse jene Summe zurück, die beim entsprechenden Arztbesuch im Heimatland angefallen wäre. Zur **Erstattung der Kosten** benötigt man ausführliche Quittungen mit Namen des Arztes und des Patienten, Datum, Art, Umfang und Kosten der Behandlung. Um der Gefahr entgegenzuwirken, dass die Krankenkasse nicht alle entstandenen Kosten übernimmt, empfiehlt sich der zusätzliche Abschluss einer **privaten Auslandskrankenversicherung** (Kosten 5–15 Euro pro Jahr). Hier freilich sollte man auf Leistungsunterschiede achten:

■ **Reisedauer:** Bei einigen Versicherern wird von einer maximalen Reisedauer von einem oder zwei Monaten ausgegangen. Bleibt man länger, wird die Versicherung erheblich teurer.

■ **Selbstbeteiligung:** Einige fordern z.B. bei Zahnbehandlungen eine Selbstbeteiligung, andere zahlen 100 %.

- **Chronische Krankheiten:** Wird aufgrund einer Krankheit, die schon vor Antritt der Reise bestand, eine Behandlung fällig, wird diese nur von wenigen Versicherungen gedeckt.
- **Altersgrenze:** Die Kosten sind nach Alter gestaffelt. Die Altersgrenzen sind je nach Versicherer unterschiedlich.
- **Rücktransport:** Dieser wird meist nur auf ärztliches Anraten (und von gesetzlichen Krankenkassen gar nicht) übernommen. Für die Rücküberführung im Todesfall zahlen private Versicherer unterschiedlich hohe Beträge.

Apotheken

Apotheken *(farmacias)* sind durch ein grünes Kreuz auf weißem Grund gekennzeichnet und öffnen zu den normalen Geschäftszeiten. Der Kauf von Medikamenten lohnt sich; sie sind durchweg preiswerter als in Deutschland. Viele sind auch ohne Rezept (allerdings oft unter anderem Namen) erhältlich. Feiertags- und Nachtdienst *(farmacia de guardia)* sind an der Eingangstür der Apotheken angezeigt.

Museen und Besucherzentren

Die wichtigsten Museen La Palmas, das **Inselmuseum** und das **Schifffahrtsmuseum,** befinden sich in der Hauptstadt Santa Cruz. Daneben gibt es auf der Insel Museen über Volkskunde und Archäologie, oft verknüpft mit Verkaufsstellen, in denen die Einwohner des Dorfes ihre Erzeugnisse anbieten. Ein großes **Archäologisches Museum** wurde in Los Llanos eröffnet, **ethnografische Museen** befinden sich in Puntallana und Los Sauces sowie in Breña Baja, Mazo, Tijarafe und Santo Domingo; dazu kommt ein **Weinmuseum** in Las Manchas sowie ein **Bananen- und Mojo-Museum** in Tazacorte.

✉ Für die ganz Kleinen: Schühchen mit Spiralen-Logo (inspiriert von den Felszeichnungen der Ureinwohner)

Im **Besucherzentrum** des Nationalparks (Centro de Visitantes Parque Nacional) erhält man eine multimediale Einführung in Geologie, Flora und Fauna. Gegenüber lohnt das **Centro Las Piedras de Taburiente** einen Blick. Ein weiteres Besucherzentrum befindet sich in Los Tilos, einem Biosphärenreservat der UNESCO. Gleichfalls sehenswert sind die Petroglyphen bei El Paso sowie die Felsbilder in den **Archäologischen Parks** von Belmaco und La Zarza.

Nachtleben

Wer auch nach Mitternacht gern noch etwas erleben möchte (wenigstens am Wochenende), lebt am besten in **Los Llanos,** der „heimlichen Hauptstadt" La Palmas. Wenn man auf der Insel überhaupt von Nachtleben sprechen kann, spielt es sich hier ab. Es gibt ein paar Discos. In der Hauptstadt Santa Cruz gehen die Bewohner nur während des Karnevals und im Sommer nachts auf die Straße; dann öffnen zahlreiche Bars und Terrassencafés.

Notfälle

Auch auf den Kanarischen Inseln wurde der Notruf **112** eingeführt: eine **Zentrale für alle Notfälle** – Polizei, Arzt und Feuerwehr. Anrufe werden auch auf Deutsch beantwortet, der Anschluss ist rund um die Uhr besetzt.

Für Diebstahlsanzeigen ist die **Guardia Civil** zuständig.

Guardia Civil

- **Santa Cruz:** Tel. 922425360.
- **El Paso:** Tel. 922497448.
- **Los Llanos:** Tel. 922460990.
- **Los Sauces:** Tel. 922450131.
- **Tijarafe:** Tel. 922491144.

Weitere wichtige Rufnummern

- **Berg- und Seerettung:** 922411024.
- **Rotes Kreuz** *(Cruz Roja):* 922461000.
- **Deutsche Rettungsflugwacht** Stuttgart: 0049-711-701070.
- **Sperrung der Kreditkarte oder Maestro-(EC-)Karte:** ⇨ „Geldfragen".

Öffnungszeiten

- **Banken:** Mo–Fr 9–14, Sa 9–13 Uhr.
- **Post:** Mo–Fr 9–14, Sa 9–13 Uhr.
- **Behörden/Fundbüro:** Mo–Fr 9–14 Uhr.
- **Geschäfte:** Supermärkte 9–20 Uhr, kleinere Läden meist Mo–Fr 9–13 und 17–20 Uhr, Sa 9–13 Uhr; in Touristengebieten sind Geschäfte oft auch Sonntagvormittag geöffnet.
- **Kirchen:** meist nur während der Messe.

Im Hochsommer öffnen viele Geschäfte nur vormittags, Banken bleiben samstags geschlossen und auch für Museen gelten eingeschränkte Öffnungszeiten.

Post

Briefmarken *(sellos)* bekommt man beim Postamt *(correos)* und in Tabakläden *(estancos)*. Kaufen Sie Marken an der Hotelrezeption, so sollten Sie sich vergewissern, dass diese von keinem privaten Postanbieter stammen. Wirft man nämlich solcherart frankierte Briefe in die staatlichen, gelben Priefkästen, so werden sie nicht befördert! Die „Laufzeit" beträgt meist fünf bis acht Tage, während der Weihnachtsferien zwei bis acht Wochen.

Man kann bei der Post auch Briefe erhalten. **Postlagernde Sendungen** (Zusatz: *Lista de correos*, Nachname in Druckbuchstaben) werden bei der Post vier Wochen aufbewahrt. Beim Abholen den Ausweis nicht vergessen!

◁ Sauberkeit am Strand von Los Cancajos: Raucher verwenden Gratis-Aschenbecher

Rauchen

In Spanien werden Nichtraucher sehr umfassend geschützt: Weder in öffentlichen Gebäuden noch am Arbeitsplatz darf geraucht werden. Auch in den Innenräumen von Restaurants und Bars ist Rauchen tabu.

Sicherheit

Das Wegreißen von Taschen und Kameras, Uhren und Halsketten kennt man auf dieser Insel nur aus dem Fernsehen, doch vom Risiko des **Diebstahls** bleibt auch das Ferienziel La Palma nicht mehr verschont. Für Wertsachen und Dokumente, die in der Unterkunft verloren gehen, übernehmen Hotels bekanntermaßen keine Haftung, daher empfiehlt es sich, diese im **Safe** – gegen Quittung und Gebühr – zu deponieren.

Wer den Mietwagen unterwegs abstellt, sollte keine Gegenstände sichtbar im Auto liegen lassen. Auch am **Strand** ist Vorsicht geboten. Es kann nicht ausgeschlossen werden, dass sich Langfinger unter die Badegäste mischen und genau registrieren, wann sich bestimmte Touristen ins Meer stürzen und ihre Gegenstände unbewacht zurücklassen. Am besten trifft man eine Übereinkunft mit den Strandnachbarn und löst einander bei der Bewachung der Privatsachen ab.

Wird man trotz aller Vorsichtsmaßnahmen Opfer eines Diebstahls, so muss, um spätere Ansprüche bei der Versicherung geltend machen zu können, ein **Polizeiprotokoll** angefertigt werden. Wer nicht Spanisch spricht, lässt sich, bevor die Meldung *(denuncia)* bei der Polizeistelle erfolgt, beim Konsulat ein zweisprachiges Formblatt (Schadensmeldung) ausstellen. Wurde der Personalausweis gestohlen, so wird ein Ersatzausweis erst dann vom örtlichen Konsul ausgestellt, wenn diesem die Anzeige- und Verlustbestätigung der örtlichen Polizeibehörde (Guardia Civil, ⇨ „Notfälle") vorliegen, dazu zwei Passfotos und möglichst auch eine Kopie des gestohlenen Ausweises.

Sport und Erholung

La Palma ist eine Wanderinsel – eine Auswahl der 20 schönsten Touren wird im Kapitel „Wanderungen" vorgestellt. Doch man kann sich auch auf andere Art sportlich betätigen und dabei die Insel kennenlernen: zum Beispiel durch Radfahren und Reiten, Paragliding oder Tauchen.

Radfahren

Radfahrer kommen in immer größerer Zahl – doch was sie auf dieser Insel erwartet, ist kein Zuckerschlecken. Zwar ist das Straßennetz gut ausgebaut (450

▷ Bike-Tour im Osten der Insel – am Mirador de la Concepción

geteerte Kilometer), doch die **Steigungen** auf der „steilsten Insel der Welt" sind enorm: gute Kondition ist unerlässlich, um das stete Auf und Ab in den Schluchten zu bewältigen.

Geeignete Strecken

Radwege gibt es bislang keine; in öffentlichen Bussen wird der Drahtesel nicht, in Taxis nur gegen Aufpreis mitgenommen. Palmerische Autofahrer gelten als nicht sehr rücksichtsvoll, d.h. vielbefahrene Strecken wie Santa Cruz – Los Llanos und Santa Cruz – Mazo können für Radler anstrengend und gefährlich sein. Schöner sind **einsame Nebenstraßen** wie die Nordroute Barlovento – Santo Domingo oder die Asphaltpiste Puntagorda – Briestas. „Konditionsbolzen" wählen die Höhenstraße von Santa Cruz zum Roque de los Muchachos, die mit den härtesten Etappen der Tour de France mithalten kann: auf 40 Kilometern wird in unzähligen Kurven ein Höhenunterschied von knapp 2500 Metern bewältigt – flache Abschnitte zum Atemholen gibt es nicht!

Tabu sind Wege in der Caldera und in den Cumbres (z.B. Vulkanroute), auch die Benutzung der Wanderwege in Naturschutzgebieten ist verboten.

Geführte Touren

Auf La Palma kann man in den **Bike-Stationen** von Puerto Naos und Los Llanos (⇨„Südwesten") bestens gewartete **Räder mieten;** in allen Stationen besteht auch die Möglichkeit, sich geführten

Touren anzuschließen: Per Bus wird man in die Berge gefahren und erspart sich so eine schweißtreibende Anfahrt.

Natürlich kann man an diesen Touren auch teilnehmen, wenn man ein **eigenes Fahrrad** dabei hat (⇨ „Anreise") – der Ausflug wird dann billiger. Das eigene Rad sollte über eine bergtaugliche Gangschaltung und breite Bereifung verfügen, ein Mountainbike ist besser als ein Renn- oder Tourenrad. Unverzichtbar sind Ersatzteile wie Schlauch, Mantel, Flick- und Werkzeug, Radhandschuhe und für die feuchten Passatwolken der Regenschutz. Pflicht sind Sturzhelm und Kleidung mit Reflektoren.

Mein Tipp: Unter www.mountainbike-magazin.de (Stichwort „La-Palma-Umrundung") finden Sie Trail-Books, GPS-Daten, Höhenprofile und Fotos zur Umrundung der Insel!

Baden

Ein Badeparadies ist La Palma nicht, ausgedehnte **Strände** mit schwarzem Lavasand gibt es nur in Puerto Naos und Los Cancajos. Attraktive, aber kleine Badebuchten entdeckt man im Südwesten, **Naturschwimmbecken** bietet der Nordosten. **FKK** wird bisher nur an der Playa de las Monjas, einem Strand zwei Kilometer südlich von Puerto Naos, toleriert (⇨ Kapitel „Land und Leute: Schwarze Strände und wilde Küsten").

Gefahren

Ob mit oder ohne Hüllen: Grundsätzlich sollte man beim Baden auf La Palma vorsichtig sein und nie zu weit hinausschwimmen! Bei gefährlicher See werden an den Touristenstränden **Flaggen** gehisst. Bei Grün darf man ins Meer gehen, bei Gelb wird zu Vorsicht gemahnt, und bei Rot heißt es: Baden verboten!

Nur wenige Urlauber wissen um die Risiken gefährlicher **Unterströmung** *(corriente de fondo)*. An manch einem Küstenabschnitt ist der Sog so stark, dass man aufs offene Meer gezogen wird und nur schwer zum Ufer zurückkommt. Ein Tipp von Palmeros: Wird man vom Sog erfasst, so empfehlen sie, ihm 100 bis 200 Meter nachzugeben und – sobald er an Stärke verliert – seitlich aus ihm hinauszuschwimmen, um an anderer Stelle das Ufer zu erreichen.

◁ Selbst Duschen fehlen nicht am Strand von Puerto de Tazacorte

Nicht unterschätzen sollte man auch die von **Quallen** ausgehende Gefahr. Besonders tückisch sind die Geschwader der Portugiesischen Galeere, die im Winter wiederholt den Küsten zutreiben. Ihre Tentakel, die bis zu 15 Meter lang werden können, verursachen auf der Haut schon bei flüchtigen Berührungen Schmerzen, bei längerem Kontakt auch Verbrennungen und Lähmungen. In solchen Fällen empfiehlt es sich, umgehend einen Arzt aufzusuchen. Erste Hilfe: Die an der Haut haftenden Nesselkapseln mit Meerwasser abwaschen oder mit Sand bedecken und diesen dann vorsichtig abheben.

> **Warnung**
> Wer sich allein ins Unterwasser-Abenteuer stürzt, sollte sich zuvor nach den Strömungsverhältnissen erkundigen. Schon manch ein Taucher wurde aufs Meer hinausgetragen und kam nur unter größten Schwierigkeiten zurück.

Wassersport

Tauchen

Dank des klaren, hellen Wassers und der **spektakulären Unterwasserlandschaft** findet das Tauchen auch auf La Palma immer mehr Freunde. Die schönsten Reviere liegen im Süden und Südosten sowie – dank des Meeresreservats – im Südwesten. Die unter Wasser erkalteten Lavaströme bieten hier eine bizarre Landschaft aus Grotten, Domen und Schluchten. Bei La Salina wachsen schon in 15 Metern Tiefe schwarze Korallen, hier und bei Malpique tummeln sich Wrackbarsche, Trompetenfische und Barrakudas. Sehr beliebt sind auch die beiden Tauchplätze am Fels Las Cabras; der erste führt zum „Korallenturm", am zweiten kann man manchmal Meeresschildkröten beobachten.

Es gibt auf La Palma deutschsprachige **Tauchschulen** in Los Cancajos (⇨ „Südosten") und Puerto Naos (⇨ „Südwesten"). Voraussetzung für die Teilnahme an geführten Tauchgängen und Kursen ist in der Regel ein ärztliches Attest, das nicht älter als zwei Jahre sein darf. Die Tauchschulen verleihen Schnorchel, Maske und Flossen, auf Wunsch auch komplette Ausrüstung mit Anzug, Lampe und Pressluftflasche.

Bootstouren

Bei ruhiger See starten in Puerto de Tazacorte (⇨ „Südwesten") Bootsausflüge entlang der Küste oder zum Whale-Watching aufs offene Meer.

Surfen und Segeln

Surfer können der Insel La Palma nicht viel abgewinnen. Die einzigen halbwegs akzeptablen Surfspots befinden sich an der Playa del Puertito nahe der Inselsüdspitze sowie nördlich von Puerto Naos an der Playa Nueva bzw. in Puerto de Tazacorte. Segelausfahrten und mehrtägige Törns bieten *Silke Janitschke* und *Patrick Bertrand*: **Club Deportivo Sami Kay,** Camino El Linar 180, Mazo, Tel. 922440 970, www.la-palma-sailing.com.

Sport-Events

- **Bike Marathon La Palma** (März, www.bikelapalma.com): Bei diesem internationalen Event geht es je nach Kondition 40 oder 80 km über Stock und Stein.
- **Transvulcania** (Mai, www.transvulcania.com): Eine der härtesten Rennstrecken der Welt von Meereshöhe an der Inselsüdspitze bis zum 2426 m hohen Roque de los Muchachos, dann hinab nach Puerto de Tazacorte und wieder hinauf nach Los Llanos. Beim Ultramarathon werden auf 83 km sage und schreibe 8525 Höhenmeter überwunden. Weniger anspruchsvoll ist der 26 km lange Mediamarathon.
- **Diversnight** (Nov.): In unregelmäßigen Abständen findet die „Nacht der Taucher" statt. Dann steigen Hunderte von Tauchern aus aller Welt an Dutzenden von Spots in das von Sternen erleuchtete Wasser.

Tennis und Reiten

Nur in wenigen Ferienanlagen gibt es die Möglichkeit **Tennis** zu spielen: auf der Ostseite z.B. in Los Cancajos (Taburiente Playa) und Barlovento (La Palma Romántica), auf der Westseite z.B. in Puerto Naos (Sol) und Los Llanos (La Palma Jardín). Gleich sechs Plätze (Quarzsand) bietet das Hotel La Palma Princess bei Los Canarios.

Kleinere **Reitställe** findet man bisher nur in El Paso (⇨ „Südwesten"). Immerhin ist es dort möglich, **Reitunterricht** zu nehmen oder sich an einem organisierten Ausritt zu beteiligen.

> Puerto Naos – schwarzer Strand und exotische Palmen

Paragliding

Auch **Drachen- und Gleitschirmfliegen** ist „in", immer mehr Leute drängt es, La Palma von oben zu erleben. Gestartet wird an der 250 Meter hohen „Kante" hinter Puerto Naos, gelandet wird nach 10 bis 15 Minuten am Strand. Könner treibt es weiter hinauf; sie starten meist am Pico Birigoyo (1808 m), auf dem Reventón (1435 m) oder dem Hoya Grande (1387 m). Doch auch wer über gar keine Vorkenntnisse verfügt, darf sich vom Kitzel des Abenteuers packen lassen: An der Seite eines Experten geht es beim **Tandemflug** im Gleitschirm hinab. Infos bekommt man bei *Javier* im Palmaclub (⇨ Puerto Naos)

Telefonieren

Die **Vorwahl** für La Palma von Deutschland, Österreich und der Schweiz lautet 0034 für Spanien, dann folgt die neunstellige Nummer des Anschlussinhabers. Bei Gesprächen von Spanien ins Ausland wählt man 0049 für Deutschland, 0043 für Österreich und 0041 für die Schweiz, dann die Ortsvorwahl ohne Anfangsnull und die Rufnummer des Teilnehmers.

Die nationale **Fernsprechauskunft** ist unter der Nummer 11818, die internationale unter 11825 zu erreichen. Von **Telefonzellen** kann man internationale Ferngespräche führen, entweder mit Münzen oder mit Telefonkarten, die in Zeitungs-, manchmal auch in Tabakläden erhältlich sind.

Mobiltelefon

Wegen eventuell hoher Gebühren sollte man bei seinem Anbieter nachfragen oder auf dessen Website nachschauen, welcher der Roaming-Partner günstig ist, und diesen per **manueller Netzauswahl** voreinstellen. Nicht zu vergessen sind die **passiven Kosten,** wenn man von zu Hause angerufen wird (Mailbox abstellen!). Der Anrufer zahlt nur die Gebühr ins heimische Mobilnetz, die

teure Rufweiterleitung ins Ausland zahlt der Empfänger. Besorgt man sich allerdings eine Prepaid-Karte (*tarjeta prepago*, z.B. von Movistar oder Orange) und tauscht diese gegen die deutsche SIM-Karte (Handy muss lock-frei sein), zahlt man nichts für ankommende Anrufe. Nachteil: Freunde im Heimatland kennen die Rufnummer nicht, müssen erst informiert werden ... Günstig ist es auch, sich von vornherein auf **SMS** zu beschränken, der Empfang ist dabei in der Regel kostenfrei.

Achtung: In Schluchten hat man oft keinen Handy-Empfang!

Wichtige Telefonnummern

Unter dem Stichpunkt „Notfälle" stehen wichtige Notrufnummern. Die Telefonnummern für Krankenhaus und Gesundheitszentren finden sich im Kurzinfo-Kasten der jeweiligen Region, die Adressen deutschsprachiger Fachärzte unter „Medizinische Versorgung". Wurde man bestohlen, wendet man sich an die Guardia Civil (⇨ „Notfälle").

▷ Auch feudal kann man wohnen – Hacienda de Abajo in Tazacorte

Unterkunft

Pauschalurlaub

Viele Urlauber wohnen in den wegen ihrer Sandstrände beliebten Ferienorten Puerto Naos und Los Cancajos sowie im Hotel La Palma Princess in Los Canarios. Da sich die Reiseveranstalter verpflichten, in großen Hotels eine bestimmte Zahl von Betten dauerhaft anzumieten, erhalten sie gute Konditionen – oft unter Listenpreis. Ein Teil des Gewinns wird an den Kunden in Form günstiger Angebote weitergegeben.

Individualurlaub

Eine Fülle schöner Unterkünfte gibt es abseits der Touristenzentren, teils an der Küste, teils höher gelegen. Das Angebot reicht von Campingplätzen (⇨ „Camping") über Pensionen und einfache Hotels bis zu Apartments, Ferienwohnungen und attraktiven Landhäusern. In den Ortsbeschreibungen werden viele Unterkünfte detailliert vorgestellt.

Zu **Unterkünften für „Sternengucker"** siehe den Exkurs „La Palma – erstes Starlight Reservat der Welt" auf S. 218.

Von Ort zu Ort

Urlaub von Ort zu Ort – zu günstigen Preisen – ist auf La Palma immer noch machbar. Als Stützpunkte sind zu empfehlen: **Santa Cruz – Los Canarios – Todoque – El Paso – Los Llanos – Tazacorte – Puntagorda – Franceses – San Andrés.** Übrigens gibt es auch eine Rei-

he von Pensionen, etwa in Puntagorda, die so schön sind, dass man dort den gesamten Urlaub verbringen möchte!

Herbergen und Schutzhütten

Entlang des **„Großen Wanderwegs"** **GR 130** (⇨ „Wandern auf La Palma, Wegenetz") wurden mehrere Herbergen (albergues) eingerichtet: alle mit Schlafsaal (10–40 Plätze) und Gemeinschaftsbad, manche auch mit Küche. Ihre Eröffnung wurde nun schon mehrmals verschoben. Ein Pächter ist gefunden, nun muss er die Herbergen noch in Betrieb nehmen.

Auch mehrere Schutzhütten (refugios) längs des quer über die Insel gespannten **GR 131** gibt es, doch auch sie warten darauf, dass man sie den Wanderern zugänglich macht. Den aktuellen Stand der Dinge erfahren Sie unter www.senderosdelapalma.com. Bis die Herbergen und Schutzhütten öffnen, heißt es: draußen schlafen ... (⇨ „Camping").

Reservierung

La Palma ist zwar das ganze Jahr über gut besucht, Schwierigkeiten bei der Unterkunftssuche gibt es jedoch im Großen und Ganzen nur in den **Weihnachts- und Osterferien.** Dann sind Hotels, Apartments und Pensionen meist gut belegt und es kann nicht schaden sich wenigstens für die ersten beiden Nächte ein Dach über dem Kopf zu sichern: entweder per Mail oder per Telefon (die Vorwahl für Spanien ist 0034, danach folgt die Nummer der gewünschten Unterkunft).

Unterkunft

Preiskategorien

Um den Lesern eine Vorstellung zu vermitteln, wie teuer die in diesem Buch vorgestellten Unterkünfte sind, wurden die Landhäuser und Hotels, Pensionen und Apartments in vier Preisklassen unterteilt. Die Preise gelten jeweils für ein **Doppelzimmer ohne Frühstück.** Für ein Einzelzimmer zahlt man in der Regel 70 % des Preises für ein Doppelzimmer.

- **untere Preisklasse** ①: bis 45 €
- **mittlere Preisklasse** ②: 45–90 €
- **obere Preisklasse** ③: 90–140 €
- **Luxusklasse** ④: über 140 €

Urlaub im Landhaus

In den vergangenen Jahren wurden in den Berggemeinden über 150 Landhäuser in **traditionell kanarischem Stil** restauriert und zu attraktiven Urlaubsunterkünften umgestaltet. Viele liegen wunderbar ruhig in unzerstörter Natur, „abseits der Zivilisation", einige sind eingebettet in die Dorfstruktur. Da die meisten Casas Rurales fernab des öffentlichen Busnetzes liegen, empfiehlt es sich, ein Auto zu mieten. Nur selten leben die Besitzer mit im Haus – in der Regel haben Gäste die Finca ganz für sich allein. Einige Häuser sind ideal für nur zwei Personen, in anderen können auch Familien mit Kindern oder kleine Gruppen Quartier finden. Oft liegen die Häuser so nah beieinander, dass sich die Möglichkeit eines Gemeinschaftsurlaubs für mehrere Gruppen oder Familien bietet.

Angaben zur Lage der Häuser finden sich in den einzelnen Ortskapiteln, zusätzliche Infos erhält man über die Buchungszentralen bzw. übers Internet. Die meisten Häuser werden **wochenweise vermietet,** der Preis für zwei Personen liegt je nach Anbieter **zwischen 300 und 720 Euro** pro Woche.

Agenturen

Unter den Agenturen, die Landhäuser vermitteln, hat sich dank günstiger Preise (ab 55 €) und guter Beratung *Karin Pflieger* einen Namen gemacht. Sie vermietet Ferienhäuser im Auftrag der einheimischen Eigentümer. Zur Hauptsaison sollte man schon mehrere Monate im Voraus buchen.

- **Karin Pflieger,** Lohkoppelweg 26, D-22529 Hamburg, Tel. 040-5604483, www.turismorural.de.

Weitere Häuser sind buchbar z.B. über:
- **www.islabonita.es**
- **www.lascasascanarias.com**
- **www.la-palma-urlaub.de**
- **www.lapalma.de**

> La Palma hat schöne Bushäuschen – hier in El Paso

Verkehrsmittel

Bus

Busse *(guaguas)* sind auf La Palma preiswert. Bezahlt wird beim Busfahrer, Rabatt beim Umsteigen gibt es nicht. Doch spart man 20 % mit den *bonobus* (Mehrfachfahrkarte), erhältlich im Bus: Für 1 Euro Pfand bekommt man eine übertragbare, aufladbare **Chipkarte** (Mindestaufladung 10 Euro). Man kann damit fahren, bis das Guthaben aufgebraucht ist. Gepäck, ausgenommen Fahrräder, wird kostenlos befördert.

Bushaltestellen sind erkennbar an der Aufschrift „Bus" auf dem Asphalt; immer öfter sieht man auch hübsche Bushäuschen. In Orten liegen Bushaltestellen wenige Hundert Meter auseinander, auf dem Land halten Busfahrer auch auf ein Zeichen des Fahrgasts. Nach der nächsten Bushaltestelle erkundigt man sich mit „Dónde está la próxima parada de guaguas?"

Die wichtigsten Verbindungen

- **Nordrunde** *(circunvalación norte)*: Santa Cruz – Barlovento – Los Llanos.
- **Südrunde** *(circunvalación sur)*: Santa Cruz – Los Canarios – Los Llanos.
- **Querverbindung** *(por cumbre)*: Santa Cruz – El Paso – Los Llanos.

Fahrplan

Was per Bus machbar ist, lässt sich mit Hilfe des Fahrplans, der **im Anhang** abgedruckt ist, planen. Details können sich ändern, darum empfiehlt es sich, die Angaben vor Ort zu überprüfen. Mit etwas Glück erhält man bei der Touristeninformation in Santa Cruz oder am Flughafen

einen Ausdruck mit den letzten Änderungen (Busfahrplan = *horario de guaguas*). Vielleicht stehen sie auch in der neuesten Ausgabe der in Geschäften kostenlos verteilten Inselzeitschriften. Auf den Hauptstrecken fahren Busse meist im Zweistunden- bis Halbstundentakt, Sa/So werden die Linien drastisch zusammengekürzt.

Achtung: Die ausgehändigten bzw. ausgehängten Fahrpläne geben nur die **Abfahrtszeiten am Start** an. Will man unterwegs zusteigen, muss man die Ankunft des Busses schätzen. Es empfiehlt sich, möglichst früh an der Haltestelle zu sein, denn wenn der Busfahrer unterwegs selten halten muss, braust er ohne zu warten ans Ziel.

Taxi

In allen Ortschaften gibt es Taxi-Haltestellen *(parada de taxi)*, wo man anrufen kann. Die Rufnummern für die Taxistände der einzelnen Gemeinden sind in den Kurzinfo-Kästen der Region angegeben. Nach 23 Uhr ist es schwer, ein Taxi zu bekommen!

Der Fahrpreis wird mit dem **Taxameter** berechnet, zum festgelegten Grundpreis wird die Zahl der Kilometer mit einem bestimmten Eurobetrag multipliziert und addiert (plus Flughafen-, Nacht- und Gepäckzuschlag). Bei längeren Fahrten sollte man sich schon vor Antritt der Fahrt auf einen **Festpreis** einigen. Preisbeispiele sind unter „Geldfragen" aufgeführt.

Taxifahrer bieten auch **Inselausflüge** und den Transport von Mountainbikes und Wanderausrüstung an (Tarife unter www.taxilapalma.com). Für Wanderer wurde das sogenannte **Taxi Verde** eingerichtet (⇨ Kapitel „Wandern auf La Palma").

Verbindungen zu den Nachbarinseln

Der kanarische Schiffs- und Flugverkehr ist ausgerichtet auf Teneriffa und Gran Canaria. Was den Verkehr der kleinen Inseln untereinander angeht, sieht die Situation nicht sehr gut aus. So kommt man nach Gomera nur mit Umsteigen in Teneriffa – ärgerlich und zeitraubend!

Fähre/Flug

Mit Olsen fährt man täglich von Santa Cruz de la Palma nach **Los Cristianos (Teneriffa)**, von dort weiter nach **Gomera** und **El Hierro**. Mehrmals wöchentlich geht es mit Armas, einmal wöchentlich mit Acciona/Trasmediterranea via Santa Cruz de Tenerife nach Las Palmas auf **Gran Canaria**. Kaum teurer sind die interinsularen Flüge von Binter bzw. Canary Fly.

- www.fredolsen.es
- www.trasmediterranea.es
- www.navieraarmas.com
- www.bintercanarias.com
- www.canaryfly.es

◁ Ein Ständchen auf dem Schiff

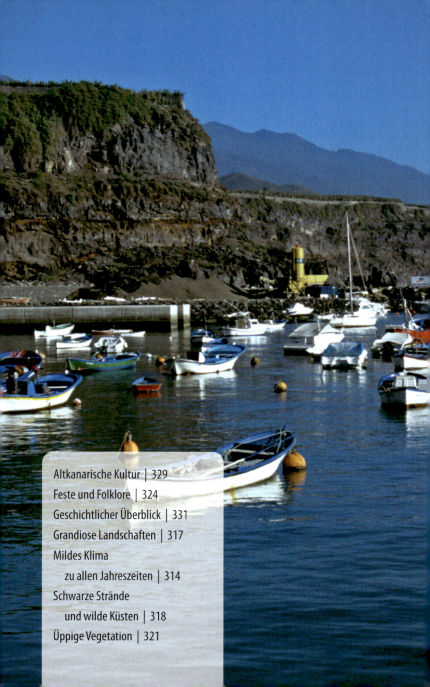

Altkanarische Kultur | 329
Feste und Folklore | 324
Geschichtlicher Überblick | 331
Grandiose Landschaften | 317
Mildes Klima
　　zu allen Jahreszeiten | 314
Schwarze Strände
　　und wilde Küsten | 318
Üppige Vegetation | 321

10 Land und Leute

Ein beschaulicher Hafen zum Entspannen – Puerto de Tazacorte

Mildes Klima zu allen Jahreszeiten

Auf La Palma kann man sich wohl fühlen: Hier ist es das ganze Jahr über mild. Die Temperaturen an der Küste schwanken **zwischen 18 und 22 °C im Winter** und zwischen 22 und 28 °C im Sommer. Unter 10 °C sinkt die Temperatur auch während der Nachtstunden nie. Dagegen kann es in höheren Lagen schon etwas kühler werden – „alle 100 Meter ein Grad", lautet die Regel. An einigen wenigen Wintertagen kann sich die Schneegrenze gar an die 1000-Meter-Marke herantasten, doch meist ist es nur der Roque de los Muchachos (2426 m), der sich mit seinen Nachbarbergen weiß einkleidet.

Die Wettermacher

Für das einzigartige Klima sorgen Meeresströmungen und die feuchten atlantischen Winde. Der **Kanarenstrom** – so wird der auf der Höhe der Azoren abdriftende Ausläufer des Golfstroms genannt – dämpft die subtropischen Temperaturen. Für leichte Abkühlung sorgt auch der **Nordostpassat,** der im Spanischen *viento alisio* („elysischer Wind") heißt: Bei seinem Lauf über den Atlantik lädt er sich mit Feuchtigkeit auf und trägt sie in Form dichter Wolken heran. Sobald diese auf das Bergmassiv stoßen, stauen sie sich zu dichten Bänken, die im Tagesverlauf von den Bäumen „gekämmt" werden. Der Grundstein für die üppige Vegetation ist gelegt ...

Wetterscheide

Allerdings kommen die Wolken nicht überall hin. Schaut man sich das Inselprofil an, erkennt man eine deutliche Zweiteilung: Der **Gebirgszug der Cumbre** schlägt um den sich im Zentrum auftuenden Kessel einen Halbkreis und erstreckt sich dann geradlinig von Norden nach Süden, teilt so die Insel in eine deutlich unterschiedene Ost- und Westseite. Herrscht Nordostwind – und das ist fast immer der Fall –, werden die feuchten, vom Atlantik kommenden Luftmassen gegen die Cumbre gedrückt. Die **Wolken** stauen sich auf der Ostseite auf einer Länge von fast 40 Kilometern, sorgen dort für ständigen Wassernachschub und vielfältige Vegetation. Zwar schaffen es die Wolken, sich mühsam über den Bergkamm zu schieben, aber dann schwindet ihre Kraft – auf der son-

Mildes Klima zu allen Jahreszeiten

Klima

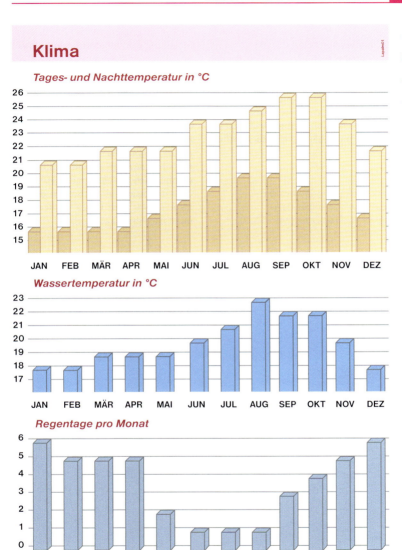

Tages- und Nachttemperatur in °C

Wassertemperatur in °C

Regentage pro Monat

Die genannten Daten sind Durchschnittswerte, die sich auf Puerto Naos und den Südwesten La Palmas beziehen. Die Temperaturen im Osten liegen durchschnittlich 1-2°C niedriger, auch regnet es dort in den Wintermonaten häufiger.

nenerwärmten Westseite lösen sie sich in Sekundenschnelle auf.

Gelingt es während der Wintermonate einem atlantischen Tiefausläufer, den Passat zu verdrängen, ist die Überraschung groß: Dann kann es geschehen, dass es auf der Westseite bewölkt ist und auf der Ostseite sonnig. Doch das geschieht nicht häufig, ein Blick auf die Niederschlagsmengen mag das belegen: So kommt das Bergdorf Barlovento auf 900, die östliche Küstenstadt Santa Cruz auf 500, Los Llanos im Westen dagegen nur auf 280 Millimeter Regen pro Jahr.

Unangenehmer als Regen ist für viele der **calima.** Weht der Wind von Ost oder Südost, beleben sich bei vielen Palmeros die Vorurteile gegen alles, was aus Afrika kommt. Die von der nahen **Sahara** herangewehten feinen Sandkörner spannen sich wie eine graue Käseglocke über die Insel und erschweren das Atmen – doch zum Glück ist der Spuk meist nach drei Tagen vorbei.

▽ Von der Ostseite schwappen über den Cumbres-Kamm Wolkenbänke kaskadenkartig auf die Westseite

Grandiose Landschaften

Wo kann man durch den Dschungel eines Lorbeerwalds streifen und noch am gleichen Tag über einen pechschwarzen Lavahang „wedeln"? Wo durch alpine Höhensteppen wandern und sich wenig später am warmen Strand aalen? Entfernungen sind auf La Palma kein Problem, hier kann man in kurzer Zeit die unterschiedlichsten Landschaften erleben.

Im **Zentrum** der vor gut zwei Millionen Jahren aus dem Meeresboden emporgeschleuderten Vulkaninsel liegt die Caldera de Taburiente, ein Erosionskrater von neun Kilometern Durchmesser, dessen Flanken sich bis zu 2426 Meter aufschwingen. Seinem Innern entspringen Dutzende von Quellen, die für eine üppige Vegetation sorgen: Auf dem Grund des Kessels wachsen Schilfrohr, Lorbeer- und Kastanienbäume, an den steilen Hängen junge Kiefern. Von der Nordseite der Caldera senken sich tiefe Schluchten zur Küste hinab, von Gebirgsbächen in jahrtausendelanger Arbeit ins Gestein geschnitten. Zwischen den Schluchten, *barrancos* genannt, blieben breite Bergrücken stehen.

Im **Norden** triumphiert die Farbe Grün: Dichter Lorbeerwald bedeckt die Hänge, vereinzelt sieht man die von den Ureinwohnern als heilig verehrten Drachenbäume. Nach **Süden** zweigt von der Caldera ein zweigeteilter, fast geradlinig verlaufender und von Kiefern bedeckter Gebirgszug ab. Älteren Datums ist ihrem Namen zum Trotz die Cumbre Nueva. Sie ist niedriger als die sich anschließende Cumbre Vieja, die mit über 100 Vulkankegeln und -kratern gespickt ist. Allein in den letzten 500 Jahren erlebte sie neun große Eruptionen. Zuletzt wälzten sich 1971 Lavaströme ins Meer und hinterließen *malpaís,* „schlechtes Land" – nur wenige Zentimeter unter der Oberfläche ist die Erde so heiß, dass man auf ihr Spiegeleier braten könnte.

Beiderseits der Cumbres senken sich rampenartig weite Hänge zur Küste: Feuchter und regenreicher ist der **Osten,** der mit seinen Wiesen, Feldern und Fluren als „Garten La Palmas" gilt. Trocken und sonnig ist der **Westen,** wo man vor

303lp gs

Schwarze Strände und wilde Küsten

allem Bananenplantagen sieht. Weiter nördlich, abgetrennt durch den Barranco de las Angustias, beleben den steilen Gebirgsflanken abgerungene Terrassenfelder das Bild.

◸ Exotisches Flair am Strand von Puerto Naos

▷ Playa Chica und Playa Zamora im Südwesten

Wie eine uneinnehmbare Festung erhebt sich La Palma aus den Fluten des Atlantiks, ist ringsum von **Steilküsten** eingerahmt. Eine Badeinsel ist sie nicht, aber Strände gibt es auch hier – nicht weiß wie auf Gran Canaria oder Fuerteventura, sondern schwarzsandig, kieselig und steinig. In den Ferienzentren wurde der Sand künstlich aufgeschüttet, so in Puerto Naos und Los Cancajos. Wildromantisch geht es in mehreren abgelegenen Buchten und Naturschwimmbecken zu, die über abenteuerliche Pisten zu erreichen sind (die genaue Beschreibung der Anfahrt findet sich beim jeweiligen

Schwarze Strände und wilde Küsten

Ortskapitel, allgemeine Infos s. „Praktische Reisetipps A–Z: Sport und Erholung/Baden").

Nordostküste

Mit der **Playa de los Nogales** verfügt der Nordosten nur über einen spektakulär wilden und 400 Meter langen Strand am Fuß steiler Klippen. Leider ist hier das Baden aufgrund starker Strömung gefährlich. Sicherer ins Wasser geht man in zwei herrlichen **Naturschwimmbecken** – die Brandung hat sie im Lauf von Jahrmillionen in den Fels gekerbt: Am Fuße einer Steilküste nahe Barlovento liegen die Bassins von **La Fajana,** sehr schön ist auch das Naturbecken **Charco Azul** bei San Andrés.

Südostküste

Das große Ferienzentrum der Ostseite ist **Los Cancajos,** wo es sich dank Wellenbrechern an den insgesamt 400 Meter langen Stränden auch bei stärkerer Brandung gut baden lässt. Wer es ursprünglicher liebt, wählt kleine Buchten unterhalb der Küstenstraße LP-132. Beliebte Ausflugsziele sind die **Playa del Pozo** (aber nur bei Ebbe) und die **Playa de Salemeras.** Weitere Kiesstrände liegen südlich von Tiguerorte.

Südküste

Nördlich des Leuchtturms von El Faro entdeckt man die feinsandige **Playa Chica** und die romantische, klippenumrahmte **Playa Zamora** – die wohl schönsten Strände der Insel, erreichbar über eine Stichstraße, die von der Straße El Faro – Las Indias abzweigt. Wer nur Erfrischung braucht, begnügt sich mit der **Playa del Faro,** dem Strand direkt am Leuchtturm, oder geht zur benachbarten **Playa Nueva** (Playa Echentive).

Südwestküste

Puerto Naos ist der größte und meistbesuchte Strand der Insel, der sich dank niedrigen Wellengangs vor allem im Sommer sehr gut zum Baden eignet. Er verfügt über Liegestühle und Duschen, ist 600 Meter lang, schwarzsandig und

Üppige Vegetation

mit Lavakieseln durchsetzt. Eine gute Alternative ist der etwas südlich gelegene Lavastrand **Charco Verde** mit seinen Bambusschirmen. Anhänger der Freikörperkultur sieht man (ausgerechnet) am „Strand der Nonnen" (**Playa de las Monjas**). An vielen kleinen Buchten befinden sich Snackbars, oft auch heruntergekommene Hütten. Sehr weit und mit schwarzem Sand aufgeschüttet ist der Hauptstrand von **Puerto de Tazacorte.**

Nordwestküste

Im Nordwesten gibt es mehrere versteckt gelegene Strände und bei Puntagorda auch ein winziges Felsschwimmbecken. Doch am meisten lohnt sich ein Besuch der „Schmugglerbucht" von Tijarafe (**Porís de Candelaria**): ein riesiger, vom Meer ausgewaschener Felsüberhang, unter dem sich einzelne Häuser ducken. Über Stufen steigt man zur kleinen Badestelle hinab. Gleichfalls spektakulär ist die etwas weiter nördlich gelegene **Playa de la Veta,** die gleichfalls nur über eine schmale Steilstraße erreichbar ist.

„Die Pflanzenwelt der Kanaren", so der Botaniker *Günther Kunkel,* „ist heute noch genauso faszinierend wie während der Entdeckungsjahre." Generationen von Naturforschern haben sich mit ihr beschäftigt und immer wieder ihre Einzigartigkeit herausgestellt.

Einzigartige Pflanzenwelt

Die Besonderheit der kanarischen Flora verdankt sich ihrer Isolation. Weit ab vom Festland war der Archipel eine Art „Naturlaboratorium". Nur so ist zu erklären, dass fast **1300 Arten endemisch** sind, das heißt nur hier, nirgends sonst auf der Welt, vorkommen. In Millionen von Jahren entwickelten sie sich auf dem

◁ Legendärer Drachenbaum in El Roque

▷ Wachsen, wo es feucht und schattig ist: rosettenförmige Aeonium-Pflanzen vulkanischen Boden. Andere kamen als „blinder Passagier", die Samen versteckt im Gefieder von Vögeln oder in einem Stück Treibholz. Die günstigen klimatischen Bedingungen ließen sie sprießen und gedeihen – so das europäische Heidekraut und den Farn, die hier weit über die uns vertraute Größe hinausgeschossen sind.

Exotische Zier- und Nutzpflanzen

Seit der spanischen Eroberung ist die einheimische Flora auf dem Rückzug. Im „biologischen Koffer" der Konquistadoren kamen nicht nur **Zuckerrohr, Mandelbäume** und **Wein** auf die Insel, sondern auch **Hibiskus, Weihnachtsstern** und **Bougainvillea**, ein Potpourri exotischer Zierpflanzen.

Vegetationsformen

Wer heute auf La Palma unterwegs ist, wird je nach Lage und Höhe einer sehr unterschiedlichen Vegetation begegnen. Der folgende Überblick über die verschiedenen Vegetationsformen beschränkt sich auf die endemischen, also kanarischen Pflanzen.

Küstenvegetation (0–500 m)

Der schmale, rasch ansteigende Küstenbereich ist felsig und trocken, die Luft extrem salzig. Nur widerstandsfähige Pflanzen können sich hier behaupten, allen voran die **Kandelaberwolfsmilch** aus der Familie der Dickblattgewächse. Mit ihren gewaltigen Armen erinnert sie an Riesenkakteen. Wie diese speichert sie ihren Lebenssaft im verpanzerten „Blatt". Stattliche, bis zu zwei Meter hohe Exemplare findet man unterhalb von Santo Domingo an der Straße zum Puerto.

Ein weiteres bekanntes Dickblattgewächs ist der **Dachwurz**, eine fast tellergroße Rosette, die sich gern zwischen Dachziegel und Felsspalten krallt.

Legendär ist der **Drachenbaum**: Sein Stamm ist nicht verholzt und zeigt daher keine Jahresringe. Beeindruckt von seinem majestätischen Aussehen, haben ihm Wissenschaftler ein biblisches Alter „von mehreren Tausend Jahren" angedichtet. Auf den übrigen Kanaren fast ausgestorben, bildet er auf La Palma bei Las Tricias sowie in La Tosca noch kleine Haine.

Die **Kanarische Palme**, der die Insel ihren Namen verdankt, sieht man vor allem in Gärten, wo sie als dekorative Schattenspenderin geschätzt ist.

Lorbeer (500–1200 m)

Im feuchten, dem Passat ausgesetzten Inselnorden wächst der **Lorbeerwald**, La Palmas schönste Pflanzenformation. Mit ihrem dichten, immergrünen Kronendach sorgen die Bäume dafür, dass kaum ein Lichtstrahl nach unten dringt. An den lederartigen Blättern kondensie-

> Playa de Nogales – herrlich wilder Lavastrand am Fuß steiler Klippen

ren Nebelschwaden zu Tropfen, die auf den Boden perlen und dort Wildwuchs von Farn, Moos und Efeu nähren.

Fayal-Brezal (1000–1500 m)

Im Übergangsbereich zwischen Lorbeer- und Kiefernwald gedeihen **Gagelstrauch** *(faya)* und **Baumheide** *(brezo).* Sie kommen mit weniger Feuchtigkeit aus und können bis zu einer Höhe von 15 bis 20 Metern anwachsen.

Kiefern (bis 2000 m)

Selbst in trockeneren Lagen wächst die **Kanarische Kiefer,** die auf den Cumbres, aber auch auf dem Grund der Caldera anzutreffen ist. Ihre Rinde ist so dick, dass sie selbst vulkanische Feuersbrünste überlebt. Mit ihren langen, buschigen Nadeln „kämmt" sie die Feuchtigkeit aus den Wolken; dabei hilft ihr die Bartflechte, die wie schütteres Lametta von ihren Zweigen hängt.

Alpinstufe (über 2000 m)

Auf den höchsten Gipfeln sind die Pflanzen großen Belastungen ausgesetzt. Sie haben nicht nur mit starkem Wind, sondern auch mit extremen Temperaturschwankungen zu kämpfen. Zu den Überlebenskünstlern zählen das **La-Palma-Veilchen,** der flammend rote **Natternkopf** und der unverwüstliche **Ginster,** der im Frühsommer die karge Hochsteppe in ein gelbweißes Blütenmeer verwandelt.

Feste und Folklore

Auf La Palma wird das ganze Jahr über, vor allem aber in den Sommermonaten, ausgiebig gefeiert. Jeder Ort hat seinen **Schutzheiligen,** dem es zu huldigen gilt. Eine **Fiesta** beginnt fast immer mit einer Messe und einer Prozession, doch ist der religiöse Akt nur ein Vorwand für das, was anschließend folgt: ein bunter Veranstaltungsreigen, der sich oft tagelang ausdehnt und alles einschließt, was den Bewohnern Spaß macht – Sport und Spektakel, Tanz und Gesang. Es wird gegrillt, was das Zeug hält, ein Weinfass nach dem anderen angestochen.

Allein um die kanarische Musik kennen zu lernen, lohnt der Besuch einer Fiesta. Anfangs treten **Folkloregruppen** in ihren typischen Trachten auf; sie tanzen zu traditioneller Volksmusik, zu den Klängen von Trommel und Gitarre. Danach gibt es teils vertraute, teils ungewohnte Melodien: Der neuen Generation von **Liedermachern** gelingt es, das Kanarische aufzufrischen – viele ihrer Stücke kommen dem nahe, was wir „World Music" nennen. *Ramón Betancor, Kena, Jorge Guerra* und *Lorena Orriba* – sie alle kann man bei einer Dorffiesta antreffen, vielleicht auch *Ima Galguén,* die mit ihrer sanften Stimme die Schönheit La Palmas preist. Inzwischen weit über die Insel hinaus bekannt ist die Gruppe *Taburiente.* „Bajo el piel del agua" (Unter der Haut des Wassers), so lautet der Titel einer ihrer CDs: kraftvolle Poesie, die sich auch andalusischer und afrikanischer Elemente bedient, um der Vision einer befreienden, regionenübergreifenden Musik Ausdruck zu verleihen.

Auf andere Art wollen sich die Jugendlichen befreien, die sehnlichst auf die Zeit nach Mitternacht warten. Subtile Töne sind nun nicht mehr gefragt, einheimische **Rock- und Salsa-Bands** feiern ihren Auftritt und heizen den Fans gebührend ein. Zum Abschluss der Fiesta dürfen sich dann alle an einem riesigen Feuerwerk erfreuen ...

Die schönsten Inselfeste

In der folgenden Übersicht sind die bedeutendsten **Fiestas** zusammengefasst, ergänzt um **Feiertage** und **Festivals.** Die genauen Programme führt die Touristeninformation in Santa Cruz.

In den jeweiligen Ortsbeschreibungen sind alle **lokalen Fiestas** aufgeführt, doch die Termine sind mit Vorsicht zu lesen. Oft verlegt die örtliche Verwaltung die Festlichkeiten auf das nachfolgende Wochenende, um auch den auf anderen Inseln lebenden Palmeros die Teilnahme zu ermöglichen.

■ **31. Dez./1. Januar:** Año Nuevo. Zu jedem Glockenschlag des alten Jahres essen die Palmeros eine Traube – danach ist der Sekt an der Reihe, es wird gesungen und getanzt.

■ **5. Januar:** Cabalgata de los Reyes Magos. Am 5. Januar, dem Vorabend des Dreikönigsfests, feiert man in Santa Cruz, Los Llanos und andernorts die **Ankunft der heiligen drei Könige** mit einer großen Bonbon-Parade. In Santo Domingo wird ein archaisches Mysterienspiel aufgeführt.

■ **6. Januar:** Los Reyes. Brave Kinder bekommen am Tag der **Heiligen Drei Könige** ihre „Weihnachtsgeschenke".

■ **Ende Januar:** Fiesta del Almendro en Flor. In Puntagorda feiert man zwei Tage lang das **Mandelblütenfest** (⇨ Exkurs, Puntagorda).

Feste und Folklore

■ **3. Februar:** Fiesta de San Blas. Der heilige *Blas* ist Schutzpatron von Mazo, Bischof und Märtyrer, Schutzheiliger der Halskranken und Tiere.
MEIN TIPP: Februar/März: Fiesta de Carnaval. Der **Karneval** wandert von einem Ort zum nächsten – und viele Palmeros sind gleich mehrmals dabei. Besonders gut ist die Stimmung in Santa Cruz und Los Llanos. Am Faschingsmontag wird der „Tag der Indianer" (Día de los Indianos, ⇨Exkurs „La Palmas Indianer" im Kapitel „Hauptstadt und Umgebung")

Hörproben La Palma – kanarische Folk-Musik

In kanarische Folk-Rhythmen kann man sich auf Youtube hineinhören! Ausgelassen ist die *isa*, schwermütig sind *malagueña* und *folía*, dynamisch-flott erklingt die *seguidilla* und satirisch-spitz die *polca picona*.

Taburiente

Die Musiker schöpfen aus kanarischen Traditionen und vermischen diese virtuos mit karibischen Rhythmen. Klickt man den Song „La Catedral del Sol" an, sieht man zugleich die Caldera aus der Vogelperspektive.

Luis Morera

Der Allround-Künstler macht auch Folk-Musik, schön: „La Quinta Verde" mit Inselimpressionen.

Ima Galguén

„La Zarza" – mit ihrer klaren Stimme singt die Liedermacherin von den Felszeichnungen der Ureinwohner. Das Video zeigt den archäologischen Fundort La Zarza.
(www.imagalguen.com)

Jorge Guerra

Der palmerische *cantautor* (Liedermacher) schöpft aus lateinamerikanischen Traditionen. Mit seiner Band *Anticraisis Consort* singt er den frechen Song „Son del sinvergüenza".

Timple-Musik

Dem kleinen fünfseitigen Instrument entlocken Meister wie *Benito Cabrera* und *José Antonio Ramos* melancholische und heitere Töne. Das Lied „El mar de nubes, bajo estrellas" untermalt Bilder des palmerischen Wolkenmeers. Zu den zarten Klängen von „Desde La Palma" *(José Antonio Ramos)* sieht man spröde Vulkanlandschaften.

Los Arrieros del Valle de Aridane

Zusammen mit den *Sabandeños* aus Teneriffa und den *Gofiones* aus Gran Canaria eine der ältesten Folk-Gruppen des Archipels (1970). Der Männerchor singt kraftvoll von Liebe und Leid, Emigration und freudiger Rückkehr. Ihre letzte Platte heißt „Alrededor de un volcán" (Rings um einen Vulkan).

Karnevalstruppe in Argual

begangen, der Faschingsdienstag (Martes de Carnaval) ist Feiertag. Das mehrwöchige Fest endet mit dem „Begräbnis der Sardine" (Entierro de la Sardina). Schwarz gewandete Trauergäste schreien sich den Schmerz von der Seele, während die zwischen den Flossen einer riesigen Pappmaché-Sardine befestigten Feuerwerkskörper den Fisch entzünden.

■ **April:** Semana Santa. **Ostern** auf La Palma: Dumpfer Paukenschlag, Weihrauch und Fackelschein – bei prachtvollen Prozessionen werden Heiligenfiguren durch die nächtlichen Straßen getragen, ihnen voran schreiten die Bruderschaften in ihren langen Kapuzenmänteln und Ketten. Offizielle Feiertage sind Gründonnerstag (Jueves Santo), Karfreitag (Viernes Santo) und Ostersonntag (Domingo de Pascua).

■ **3. Mai:** Fiesta de las Cruces. Vielerorts werden Kreuze so fantastisch geschmückt, dass sie sogar Eingang in ein Museum gefunden haben (⇨ Museo del Puro y de la Fiesta de las Cruces, Breña Alta). In Breña Alta und Breña Baja wird die Eroberung der Insel durch die Spanier gefeiert, in Santa Cruz die Gründung der Stadt. In der Nacht davor lohnt ein Blick in die Calle Rodríguez López (nahe Museo Na-

Feste und Folklore

700lp gs

val), wo lebensgroße Puppen, die *Mayos*, die Straße bewachen.

■ **15. Mai:** Fiesta de San Isidro. Der Schutzheilige der Bauern wird mit Festen in Breña Baja und La Laguna geehrt. Höhepunkt ist ein Viehmarkt.

■ **Mitte Mai:** Fiesta de la Muñeca. Fest der „lachenden Puppe" in El Paso.

■ **Anfang Juni:** Fiesta de Corpus Cristi. Wer das **Fronleichnamsfest** besonders farbig erleben möchte, fährt an diesem Tag nach Mazo, wo die Straßen mit herrlichen Blumenteppichen ausgelegt werden.

■ **13. Juni:** Fiesta de San Antonio. In San Antonio del Monte trifft man sich zu einem dreitägigen Fest; Hauptattraktion ist der große **Viehmarkt**.

■ **24. Juni:** Fiesta de San Juan. Zur Sommersonnenwende, in der **Nacht des heiligen Johannes,** werden vielerorts Feuer entzündet. *San Juan* ist auch der Schutzheilige von Puntallana.

■ **28. Juni bis 5. August:** Bajada de la Virgen. Seit die Schneejungfrau 1676 die Palmeros vor einer Dürrekatastrophe bewahrte, wird ihr alle fünf Jahre (2020, 2025) das größte aller Inselfeste gewidmet – nur wenige Feste in Europa können auf eine so lange, nie unterbrochene Tradition zurückblicken! Dann steht die ganze Insel Kopf und nirgends ist ein Bett zu bekommen, denn Palmeros aus aller Welt nutzen die Gelegenheit, um der Heimat einen Besuch abzustatten. Bei der **„Herabkunft der Jungfrau vom Schnee"** wird die Madonnenfigur von ihrer Kapelle in Las Nieves in einer gigantischen Prozession nach Santa Cruz hinabgetragen. Es folgen 14 Tage voller Feierlichkeiten, Aufführungen und Tänze. Kurios sind der „Maskentanz der Zwerge", der „Triumphwagen" und der „Dialog zwischen Festung und Schiff". Ein großartiges Feuerspektakel setzt der Fiesta ein Ende (www.labajadadelavirgen.com).

■ **2. Juli:** Fiesta de los Remedios. Alle zwei Jahre beschenkt die Barmherzige Jungfrau die Bewohner von Los Llanos mit einem dreiwöchigen Veranstaltungsmarathon, am Ende gibt es ein **Jazzfestival** (www.canariasjazz.com).

■ **16. Juli:** Fiesta del Carmen. In den Häfen von Santa Cruz, San Andrés und Tazacorte verlässt die Schutzheilige der Fischer ihre Kapelle und lässt sich übers Meer fahren.

■ **25. Juli:** Santiago Apóstol. Am Jakobstag bleiben alle Geschäfte geschlossen.

■ **August:** Der August steht im Zeichen Marias: Die „Schneejungfrau" (Virgen de las Nieves) wird am **8. August** mit einem **Inselfeiertag** geehrt. Für die „Rosenkranzmadonna" (Virgen del Rosario) steigt am **2. Augustsonntag** eine Fiesta, wobei alle zwei bis drei Jahre eine große Schlacht nachgespielt wird (⇨ Barlovento). Hoher Feiertag ist Mariä Himmelfahrt am **15. August.** Besonders aufwendig wird dieser zu Ehren „der Schmerzensreichen" begangen: Eine farbenprächtige Pilgerprozession schreitet von Los Llanos zur Kirche Nuestra Señora de las Angustias. Und zu guter letzt steigt eine Fiesta für die „Kiefernjungfrau" (Virgen del Pino), die alle drei Jahre von ihrer Kapelle zur Kirche in El Paso getragen wird.

■ **Ende August:** Fiesta de la Vendimia. Großes **Weinfest** in der Gemeinde Fuencaliente. Besonderer Höhepunkt: Lebensgroße Papierpferde *(cabellos fuscos)* tanzen Polka um Mitternacht.

■ **7./8. September:** Fiesta del Diablo. Feuer und Spuk triumphieren beim **Teufelsfest** in Tijarafe (⇨ Exkurs im Kapitel „Der Nordosten").

■ **29. September:** Fiesta de San Miguel. Beim Patronatsfest in Tazacorte tanzen originalgroße, von einer Giraffe angeführte Papierpferde. Der Tag ist zugleich großer Feiertag auf der ganzen Insel.

■ **11. November:** Fiesta de San Martín. Am **Sankt-Martins-Tag** öffnen die Bodegas ihre Türen, zum Wein gibt es geröstete Kastanien und gebackenen Speck.

■ **22. November:** Fiesta de Santa Cecilia. Musikkapellen treffen sich an verschiedenen Orten der Insel und huldigen ihrer Patronin, der heiligen Cäcilie.

■ **24./25. Dezember:** Fiesta de Navidad. **Weihnachten** auf La Palma: Heiligabend kommen die Familien zum Festmahl zusammen, danach besuchen sie die Mitternachtsmesse. In allen Orten werden schöne Weihnachtskrippen *(belenes)* aufgebaut, manchmal auch Krippenspiele aufgeführt.

■ **25. Dezember:** Windjammer-Treffen. Kommen die Atlantik-Segler nach Santa Cruz, gibt es für die Zuschauer Gratis-Glühwein, einen Flohmarkt und Musik.

Feiertage auf La Palma

- **1. Januar:** Año Nuevo (Neujahr)
- **6. Januar:** Los Reyes (Heilige Drei Könige)
- **März:** Martes de Carnaval (Faschingsdienstag)
- **April:** Semana Santa (Ostern)
- Jueves Santo (Gründonnerstag)
- Viernes Santo (Karfreitag)
- Domingo de Pascua (Ostersonntag)
- **1. Mai:** Día del Trabajo (Tag der Arbeit)
- **30. Mai:** Día de Canarias (Tag der kanarischen Autonomie)
- **Mai/Juni:** Corpus Cristi (Fronleichnam)
- **25. Juli:** Santiago Apóstol (Apostel Jakobus)
- **8. August:** Virgen de las Nieves (Schneejungfrau)
- **15. August:** Asunción de la Virgen (Mariä Himmelfahrt)
- **12. Oktober:** Día de la Hispanidad (Entdeckung Amerikas)
- **1. November:** Todos los Santos (Allerheiligen)
- **6. Dezember:** Día de la Constitución Española (Verfassungstag)
- 8. Dezember: Santa Inmaculada Concepción (Mariä Empfängnis)
- **24./25. Dezember:** Fiesta de Navidad (Weihnachten)

◁ Zu Festen wirft man sich in Schale

Altkanarische Kultur

Wohnhöhlen in weichem Tuffgestein, Kultplätze auf spektakulären Gipfeln und mysteriöse, in die Felswand geritzte Zeichnungen: Dies ist die Hinterlassenschaft der **Benahoaritas,** wie sich die prähispanischen Bewohner der Insel nannten. Auch ein paar Brocken ihrer Sprache haben überdauert; Ortsnamen wie Tiguerorte, Tijarafe und Time verweisen auf ihre **berberische Herkunft.** Nachdem die Benahoritas von Nordwestafrika auf die Insel übergesetzt hatten, lebten sie isoliert vom Rest der Welt. Selbst zu den anderen, in Sichtweite gelegenen Inseln unterhielten sie keinen Kontakt. Sie waren Bauern und Ziegenhirten; gingen sie auf Jagd, mussten sie sich mit Waffen aus Stein begnügen, da die Insel über keine Metallvorkommen verfügt.

Die ersten Chronisten beschreiben die Benahoritas als hochgewachsen und kühn, „edle Wilde", die den europäischen Sklavenjägern tapferen **Widerstand** entgegensetzten. So bedurfte es vieler Jahre, bis sie restlos unterworfen waren. 1492, als *Kolumbus* sich anschickte, die „Neue Welt" zu entdecken, sandte die spanische Krone Truppen aus, um endlich auch die Insel La Palma zu „befrieden". Nach sieben Monaten hatten sich alle Stämme bis auf einen ergeben. Nur mit List vermochte Militärführer *Alonso de Lugo* den Widerstand des in der Caldera verschanzten Stammesfürsten *Tanausú* zu brechen. Er versprach ihm einen fairen Waffenstillstand, sofern dieser bereit sei, mit ihm zu

△ Rätselhafte Zeichen der Benahoaritas bei El Paso

verhandeln. Der Fürst willigte ein, doch kaum trat er aus seinem Versteck hervor, überwältigten ihn *Lugos* Soldaten und schleppten ihn an Bord eines Schiffes. Als „Siegestrophäe" sollte er den spanischen Königen vorgeführt werden. Dazu aber kam es nicht: *Tanausú* trat in Hungerstreik und starb noch auf hoher See. Sein Stamm hatte sich in der Zwischenzeit ergeben; die Conquista war damit besiegelt, und die Insel fiel in spanischen Besitz.

Sehenswertes

Erst vor wenigen Jahren wurde damit begonnen, das kulturelle Erbe der Altkanarier der Vergessenheit zu entreißen. Im **Besucherzentrum des Nationalparks** erfährt man einiges über ihre Geschichte, in den **Archäologischen Parks** von La Zarza und Belmaco kann man ihre Felszeichnungen kennen lernen. Wichtige **Fundstellen** gibt es auch bei El Paso, Las Tricias und Santo Domingo. Ein archäologisches **Museum** befindet sich in Los Llanos.

Geschichtlicher Überblick

Erste Besiedlung

Ab 1100 v. Chr.

Phönizische Seefahrer erkunden den Ostatlantik und laufen dabei möglicherweise auch die Kanarischen Inseln an.

Ab 500 v. Chr.

Berber aus Nordwestafrika besiedeln die Kanarischen Inseln in mehreren Schüben. Da sie keinen Kontakt zur übrigen Welt haben und schriftliche Zeugnisse aus jener Zeit fehlen, ist über die Frühgeschichte der Bewohner nur wenig bekannt.

25 v. Chr.

Der römische Vasall König *Juba II. von Mauretanien* entsendet ein Expeditionskorps zum Archipel. Nachzulesen ist dies in der „Naturgeschichte" des Historikers *Plinius d. Ä.* (23–79 n. Chr.). Er nimmt eine relativ genaue Verortung der Inseln vor und versieht La Palma mit dem Namen *Iunonia Maior*.

2. Jh. n. Chr.

Der alexandrinische Geograf *Ptolemäus* verortet den Rand der Welt an den Kanarischen Inseln. Auf der von ihm erstellten Karte ist *Iunonia Maior* (= La Palma) erstmals eingezeichnet. Durch El Hierro, die südwestlichste Insel des Archipels, wird der **Nullmeridian** gezogen.

4. Jh. n. Chr.

Mit dem Zerfall des Römischen Reiches geraten die Kanarischen Inseln aus dem Blickfeld der Europäer.

Die Zeit der Eroberung

1336

Lancelotto Malocello, ein Genueser in portugiesischen Diensten, landet auf der später nach ihm benannten Insel Lanzarote, die 1339 auf der Landkarte des Mallorquiners *Angelino Dulcert* erstmals wieder eingetragen wird.

Ab 1341

Die iberischen Königreiche **Portugal, Kastilien und Aragonien** rivalisieren um den Besitz des kanarischen Archipels und entsenden mehrere Expeditionen. Dabei werden zahlreiche Altkanarier geraubt und als Sklaven verkauft.

1344

Auch die **Kirche** meldet Besitzansprüche an. Papst *Clemens VI.* verleiht den Königstitel über die „herrenlosen" Inseln seinen Günstling *Luis de la Cerda*, Sohn des enterbten *Alfons von Kastilien*. Der Besitzanspruch auf den Archipel geht damit laut christlicher Rechtsauffassung auf die kastilische Krone über. Ab 1351 werden **Missionare** entsandt.

1402–05

Jean de Béthencourt, normannischer Adliger in kastilischem Dienst, erobert die Insel **Lanzarote** und darf sich daraufhin mit dem Titel „König der Kanarischen Inseln" schmücken. Die Eroberung wird auf **Fuerteventura** und **El Hierro** ausgedehnt, doch scheitert der Versuch, auch La Palma einzunehmen. *Béthencourt* kehrt nach Frankreich zurück und überlässt die Verwaltung der Inseln seinem Neffen.

Ab 1418

Der Archipel wird mehrfach verkauft und getauscht, ist vorübergehend auch in **portugiesischem Besitz.**

1447

Der Versuch des andalusischen Adligen *Hernán Peraza,* La Palma (altkanarisch: *Benahoare*) mit einer 500 Mann starken Truppe einzunehmen, scheitert.

1474

Die Heirat von *Isabella von Kastilien* und *Ferdinand von Aragonien* markiert eine wichtige Etappe bei der **Herausbildung des spanischen Staates.** Die vormals um die iberische Vormachtstellung konkurrierenden Königreiche vereinigen sich.

1479

Der Papst als internationale Rechtsinstanz teilt den Atlantik zwischen den aufstrebenden Kolonialmächten Spanien und Portugal auf. Im Vertrag von Alcâcovas wird der kanarische Archipel endgültig Spanien zugesprochen; im Gegenzug erhält Portugal Westafrika und alle weiteren atlantischen Inseln.

1483

Es gelingt den von der spanischen Krone entsandten Militärführern **Gran Canaria** zu unterwerfen.

1492/1493

Die spanische Krone setzt ihr Eroberungswerk fort. *Alonso Fernández de Lugo* landet am 29. September mit einer 900 Mann starken Truppe in Puerto de Tazacorte auf **La Palma.** Nach erbitterten Kämpfen werden die Ureinwohner am 3. Mai des folgenden Jahres zur **Kapitulation** gezwungen. Die Sieger setzen die vorgefundene wirtschaftliche und politische Ordnung außer Kraft und etablieren an ihrer Stelle das spanische Herrschaftsmodell. Über 1000 Altkanarier werden auf dem **Sklavenmarkt** von Sevilla verkauft, die übrige Bevölkerung wird als billige Arbeitskraft eingesetzt, entweder auf den neuen Zuckerplantagen oder als Dienstpersonal.

▷ Koloniale Architektur in Santa Cruz

Geschichtlicher Überblick

1496

Nach zweijährigen Kämpfen ergeben sich auch die Bewohner **Teneriffas** den Truppen Lugos. Dieser wird von der kastilischen Krone zum Generalgouverneur beider von ihm eroberter Inseln ernannt.

Vom Zucker- zum Bananenboom

Ab 1500

Europäische Kaufleute erwerben **Zuckerplantagen** im Westen und Nordosten La Palmas. Zucker wird der große Exportschlager, Santa Cruz avanciert zu einem der wichtigsten Häfen des spanischen Reichs. Als **westlicher Vorposten der Alten Welt** genießt die Insel ein großes Privileg: Sie darf ab 1508 – neben Sevilla und dem damals zu Spanien gehörenden Antwerpen – Handel mit den amerikanischen Kolonien betreiben. Palmerischer Zucker wird eingetauscht gegen exotische Gewürze, auch gegen Silber und Gold geschmuggelt.

Ab 1550

Als Zucker in Amerika billiger produziert werden kann, verlegen sich die palmerischen Großgrundbesitzer erfolgreich auf den Anbau von **Wein.** Wichtigster Abnehmer wird das aufstrebende England. Der blühende Handel lockt **Piraten** an, die Hauptstadt Santa Cruz wird mehrmals attackiert: 1553 vom Franzosen *Le Clerc,* 1585 vom Engländer *Francis Drake.*

1610

Sevilla setzt sich immer mehr als Schaltstelle des Amerikahandels durch, kanarischer Warenverkehr wird eingeschränkt.

1657

Die zentrale Zollbehörde, in der alle nach Amerika auslaufenden Schiffe ihre Abgaben zu entrichten haben, wird von La Palma nach Teneriffa verlegt. Die Insel büßt ihren Status als wichtiger Handelsplatz ein.

Ende 17. Jh.

Der spanisch-britische Kampf um die Vorherrschaft auf den Weltmeeren führt zum Niedergang des palmerischen Weinexports.

18. Jh.

Das wirtschaftliche Machtzentrum verschiebt sich von der Iberischen Halbinsel in den Nordseeraum. England und Holland, bald auch Frankreich dominieren den internationalen Handel. Viele Palmeros sehen sich zur **Emigration nach Mittel- und Südamerika** gezwungen.

1778

Unter König *Carlos III.* wird der Amerikahandel wieder für alle spanischen Häfen freigegeben. La Palma kann jedoch mangels lukrativer Exportgüter nicht am Aufschwung teilhaben.

Ab 1840

Mit der **Zucht von Koschenille-Läusen,** aus denen der begehrte karminrote Farbstoff gewonnen wird, geht es wirtschaftlich wieder voran. Die Euphorie währt allerdings nur kurz, da man in Europa schon bald beginnt, in der Textil- und Kosmetikindustrie die natürlich hergestellten durch synthetische, billigere Farben zu ersetzen.

1852

Den kanarischen Häfen wird der **Freihandelsstatus** gewährt. Von Zoll- und Steuerschranken befreit, werden sie interessant als internationaler Warenumschlagplatz.

Ab 1880

Der Freihandel lockert die ökonomischen Bande zum Mutterland. Die als Industrie- und Handelsmacht weltweit dominierenden **Briten** können sich als führende Wirtschaftskraft auf dem Archipel etablieren. Sie nutzen ihn als Zwischenstopp auf dem Weg in ihre neuen westafrikanischen Kolonien und führen

◁ Enge Kontakte nach Flandern – flämische Kunst in der Kirche von Puerto de Tazacorte

Geschichtlicher Überblick

den **Bananenanbau** ein, um auf dem Rückweg vom Schwarzen Kontinent leeren Laderaum mit profitabler Fracht aufzufüllen.

1898

Nach dem Verlust der letzten Kolonien Spaniens in Übersee (Kuba, Puerto Rico, Philippinen) bemühen sich Deutschland, Frankreich und Belgien vergeblich um den Kauf der Kanarischen Inseln als eines attraktiven Stützpunkts zur Sicherung der Handelsrouten und zur Erschließung Afrikas.

Ab 1914

Der U-Boot-Krieg im Ostatlantik führt zu einer totalen Isolation der Kanarischen Inseln von der Außenwelt.

Ab 1918

Der wirtschaftliche Einfluss der Briten geht zurück, Bananen werden billiger aus den Kolonien in Mittelamerika bezogen. Die spanische Regierung bemüht sich um Reintegration der „vergessenen Inseln", investiert in den **Bau von Straßen und Stauseen.**

1936

Der nach Teneriffa strafversetzte General *Franco* unternimmt am 18. Juli einen **Staatsstreich** gegen die demokratisch gewählte republikanische Regierung in Madrid. Mit den ihm loyalen Truppen aus den spanischen Kolonien Nordwestafrikas setzt er auf die Iberische Halbinsel über und provoziert einen dreijährigen **Bürgerkrieg.** Auf La Palma bricht der Widerstand gegen *Franco* bereits nach wenigen Wochen zusammen.

Tourismus-Ära

Ab 1950

Bis zum Tod des Generals *Franco* (1975) wird Spanien diktatorisch regiert, feudale Verhältnisse werden stabilisiert. Mit Hilfe des Fremdenverkehrs beginnt in Spanien die wirtschaftliche Modernisierung: Ausländisches Kapital, das mit Privilegien angelockt wird, fließt in den Aufbau großer Ferienzentren, u.a. auf den Nachbarinseln Teneriffa und Gran Canaria. Auf den kleinen Inseln ist keine Hoffnung in Sicht, zahllose Palmeros suchen ihr Heil in der Emigration nach Amerika.

1971

Ausbruch des Vulkans Teneguía im Süden La Palmas.

1975–96

Nach *Francos* Tod (1975) werden die Weichen für Spaniens Eingliederung in die westlichen Bündnissysteme gestellt: Das Land wird zur konstitutionellen Monarchie, tritt 1986 der **EG** (später EU) und der **NATO** bei. Die Kanaren als „ultraperiphere Region" erhalten großzügige **EU-Fördergelder** für den Ausbau

La Palma – für einen Urlaub oder für immer

La Palma haben viele Deutsche zu ihrer Lieblingsinsel erklärt. Nicht allein Touristen, die hier ihren Urlaub verbringen, sondern auch solche, die sich ganz von Deutschland verabschiedet haben. Die ersten kamen Ende der 1960er Jahre, als La Palma noch im touristischen Dornröschenschlaf lag. Der Gedanke, Eigentum zu kaufen und sich auf der Insel niederzulassen, verbreitete sich in den 1980er Jahren, speziell nach der Katastrophe von Tschernobyl: Zivilisationsmüde Deutsche suchten einen Fluchtort, an dem Luft und Wasser sauber waren und das nächste Atomkraftwerk Tausende von Kilometern entfernt.

Was lag da näher als La Palma? Dort schien die Welt noch in Ordnung, es gab keine Bettenburgen à la Teneriffa und auch der Alternativtourismus trieb nicht so seltsame Blüten wie auf Gomera. Die Insel war touristische Tabula rasa, ein Neuland, in dem es viel zu entdecken galt.

Doch das Glück der Einzelnen währte nicht lang, rasch gab es zu viele Robinsons, die am Inselglück teilhaben wollten. Und als 1987 die erste Chartermaschine landete, waren die Weichen für den Aufbau einer Tourismusindustrie auch auf La Palma gestellt. In der Folge tauchte die Insel in den Katalogen aller großen Reiseveranstalter auf und auch aus den Immobilienanzeigen von Zeitungen war sie nicht mehr wegzudenken. Als zur Jahrtausendwende im Südwesten nahe der schönsten Inselstrände dann ein Hoteldorf mit über 1000 Betten aus dem Boden gestampft wurde, glaubten viele, nun würde Schritt für Schritt auch La Palma „umgekrempelt".

Mittlerweile landen jede Woche 15 bis 20 Jets auf dem vergrößerten Flughafen und die Zahl der vorwiegend deutschen Urlauber ist auf 100.000 pro Jahr gestiegen. Viele wohnen in den neu geschaffenen Touristenzentren Los Cancajos im Osten, Puerto Naos und im „Princess-Dorf" im Süden. Dort gibt es nun auch Hotels mit Disco und Animation, aber immerhin noch keinen Trubel wie auf den großen Nachbarinseln. „Grüner" Tourismus, so scheint es, ist mit den negativen Erscheinungsformen des Massentourismus nicht verträglich – und weil es so aussieht, als ob wichtige Inselpolitiker diese Meinung teilen, darf man hoffen, dass die Insel noch eine Weile bleibt, wie sie ist. Im Zuge der Finanz- und Wirtschaftskrise werden ohnehin die bereits bestehenden Pläne für neue Touristenstädte, Aquaparks und Golfplätze in den Schubläden verstauben.

der Infrastruktur. Auf La Palma wird eine der modernsten Sternwarten der Welt gebaut.

1996–2008

Die spanische Regierung setzt auf die **Bauwirtschaft** als Konjunkturmotor: Bürgermeister dürfen Agrar- zu Bauland erklären, Naturschutzgebiete zur Bebauung freigeben. Niedrige Kreditzinsen in der (zukünftigen) Eurozone und einfließendes Bankengeld vor allem aus Deutschland und Frankreich sorgen dafür, dass die spanischen Geldhäuser Kredite an jedermann vergeben. Alle scheinen zu profitieren: die Banken durch das expandierende Kreditgeschäft und die Wirtschaft durch den Immobilienboom, der Staat durch sprudelnde Grundsteuer und die Bürger durch günstiges Baugeld.

Im gleichen Jahr, in dem die Insel zum **UNESCO-Biosphärenreservat** erklärt wird (2003), entsteht bei Los Canarios ein touristisches **Großprojekt** mit über 1000 Betten.

2008–2015

Aufgrund der globalen **Finanzkrise** fließt von außen kein Geld mehr ein und die Bauindustrie, Motor der gesamten Wirtschaft, kommt ins Stottern: Der Immobilienpreis geht zurück – so etwas hat es seit Jahrzehnten nicht gegeben!

Die **Schuldenquote** der spanischen Banken steigt auf 110 %, die der Unternehmen auf 145 % und die der Haushalte auf 90 %. Und auch die Schulden des Staates steigen, da bei wegbrechenden Steuereinnahmen ein Heer von Arbeitslosen zu finanzieren ist. Mehrere Jahre muss der Staat seine Gläubiger mit hohen Zinsen locken, um ihnen das Risiko zu versüßen, ihr Geld einem vom Bankrott bedrohten Land zu leihen.

Erst die Geldflut der Europäischen Zentralbank hat die Lage etwas entspannt („alles tun, um den Euro zu retten"). Doch wie soll man die Schulden loswerden? Da man in der Eurozone das Rezept von früher – Abwertung der eigenen Währung zwecks Ankurbelung der Exporte – nicht aufgreifen kann, steht die „innere Abwertung" an. Doch diese ist hart: **niedrigere Löhne** bei höherer Produktivität und zugleich abgesenkte Staatsausgaben für Bildung, Kultur und Soziales – das ist das Mantra, das die Regierung predigt. Die **Arbeitslosigkeit** auf La Palma steigt auf über 30 %, viele Einwohner denken wieder daran zu emigrieren …

Immerhin werden **neue Flugverbindungen** eingerichtet, sodass La Palma von mehr Urlaubern angesteuert werden kann. Und auch die vielen Passagiere von Kreuzfahrtschiffen, die im Winter die Hauptstadt Santa Cruz ansteuern, füllen das Portemonnaie von Restaurant- und Ladenbesitzern.

Die Autorin | 360
Busfahrplan | 349
Hilfe! | 346
Kleine Sprachhilfe | 341
Literaturtipps | 340
Register | 355

11 Anhang

Flammende Blüten im „Garten der Lüste" (Los Llanos)

Literaturtipps

- *Harald Braem:* **Der Vulkanteufel,** Zech Verlag 2011. Spannender Roman, in dem das Teufelsfest in Tijarafe zum Anlass genommen wird, über Ursprung und Untergang der Insel zu spekulieren. Dabei erfährt man Interessantes über altkanarische Legenden und zeitgenössische Sitten. Vom gleichen Autor wurden 2013 im Zech Verlag zwei weitere Titel neu aufgelegt: Der Roman **Tanausú – König der Guanchen** erzählt vom letzten Herrscher der Ureinwohner, der im Hungerstreik starb, als ihn die Konquistadoren als Kriegstrophäe nach Spanien bringen wollten. Und im illustrierten Erzählband **Der Kojote im Vulkan – Märchen und Mythen von den Kanarischen Inseln** berichtet der Ethnologie-Professor u.a. von der „Schlucht der Todesängste" und dem Fels „Idafe", von der „Teufelsmauer" und der „Heiligen Quelle von Fuencaliente".
- *Ines Dietrich:* **Geheimnisse der Insel La Palma – ein Reiseführer durch zwölf Monate,** Konkursbuch Verlag 2014. Anhand des Jahreskalenders stellt die Autorin den Zyklus von Pflanzen vor, erläutert, wann bestimmte Obst- und Gemüsesorten am besten schmecken, und stellt Rezepte vor, die das Wasser im Mund zusammenlaufen lassen. Die schönen Fotos machen Lust, sich in La Palmas Natur zu begeben und den detailliert beschriebenen Spaziergängen zu folgen – mal im Frühjahr, mal im Herbst!
- *Harald Körke:* **Die Kräuter eines langen Lebens,** Konkursbuch Verlag 2013. Viele ältere Palmeros sind eng mit der Natur verbunden. Kenntnisreich und witzig erzählen sie, welches (Insel-)Kraut gegen welches Wehwehchen gewachsen ist und wo man es findet.
- **Meereslaunen – Caprichos de mar,** Konkursbuch Verlag 2011. Kanarische Autoren, Künstler und Fotografen erzählen in Prosa, Bild und Poesie von ihrem Atlantik (gut zum Spanischlernen, weil in zweisprachiger Version).
- *Regina Nössler:* **Wanderurlaub – ein Thriller,** Konkursbuch Verlag 2013. Eine Gruppe von Wanderern, bunt zusammengewürfelt aus der deutschen Mittelschicht, verbringt zehn Tage auf La Palma. Vom Alltag daheim soll nicht die Rede sein und doch kriechen Abstiegsängste, Neid und Potenzgehabe in das ungewohnt intensive Miteinander. Schließlich eskalieren die sich herausbildenden unterschwelligen Feindschaften ... Und en passant erfährt man eine Menge über die palmerische Natur.
- *Rainer Olzem:* **Geologischer Wanderführer La Palma,** RT Verlag 2015. Der Blick des Geologen sieht mehr: Auf 17 vulkanisch spannenden Routen begleitet Herr *Olzem* La-Palma-Wanderer und erklärt ihnen anschaulich, wann, wie und warum just an dieser Stelle ein Vulkan ausgebrochen ist, warum er rot oder schwarz erscheint, sein Gestein glitzert oder eher stumpf aussieht. Er erläutert, warum gerade im Inselsüden die Vulkane noch aktiv sind und vermittelt wissenschaftlich fundiert, dabei lebendig, wie die Kanarischen Inseln entstanden sind – eine faszinierende Lektüre, auch dank der vielen aufschlussreichen Bilder, 3-D-Schnitten und geologischen Skizzen!
- *Udo Oskar Rabsch:* **Der gelbe Hund,** Konkursbuch Verlag 2012. La Palma in den 1950er Jahren, lange bevor der Tourismus Einzug hielt: Deutsche Kriegsflüchtlinge stoßen auf der abgelegenen Atlantikinsel auf Nazi-Schergen, die sich in *Francos* Spanien sicher fühlen können. Gut recherchiert und in hypnotisierender Sprache geschrieben, liest man das Buch in einem Zug.

- **Spanisch für die Kanarischen Inseln – Wort für Wort,** Kauderwelsch Band 161, Reise Know-How Verlag, Bielefeld. Spanisch zum Einsteigen und Auffrischen, bestens geeignet für die schnelle Verständigung. Mit Ausspracheregeln, Wörterlisten und wichtigen Redewendungen. Und ganz nebenbei lernt man auch manch sprachliche Besonderheit und erfährt, was im Umgang mit den Kanariern irritierend wirkt. Ein **AusspracheTrainer** auf CD ist ebenfalls erhältlich.

# Kleine Sprachhilfe

Dieser kleine Sprachführer soll dabei helfen, sich auf La Palma zurechtzufinden: bei der Unterkunftssuche und im Restaurant, bei der Autovermietung und beim Einkaufen. Einige Male mit dem Blick auf die fremden Sätze einschlafen – und schon wird es möglich, durch einen freundlichen Gruß Pluspunkte zu sammeln und mit dem Pensionsbesitzer einen guten Preis auszuhandeln. Damit man beim Essen nichts Falsches bestellt, gibt es am Ende dieses kleinen Führers ein „Gastronomisches Glossar". Wer länger auf La Palma bleiben will, dem sei der Sprechführer **„Spanisch für die Kanarischen Inseln – Wort für Wort"** aus der Kauderwelsch-Reihe empfohlen oder auch der Band „Spanisch Slang", mit dem man seine Kenntnisse gut um typische Wendungen der Alltagssprache erweitern kann (s. „Literaturtipps").

Betonung und Aussprache

Bei der **Betonung** gilt es folgende Grundregeln zu beachten:

■ Aufeinander folgende Vokale werden getrennt gesprochen, jedoch nicht abgehackt, sondern elegant verschliffen *(soy, baile)*.

■ Mehrsilbige Wörter, die auf Vokal, n oder s enden, werden auf der vorletzten Silbe betont *(uno, peseta, buenas tardes)*; Ausnahmen werden mit einem Betonungs-Akzent gekennzeichnet *(adiós, pensión)*.

■ Wörter, die auf einen Konsonanten (außer n und s) enden, müssen auf der letzten Silbe betont werden *(hotel, ayer)*.

■ Wörter, die auf Vokal plus y enden, werden gleichfalls auf der letzten Silbe betont *(estoy)*.

Die **Aussprache** der folgenden Buchstaben(-kombinationen) weicht vom Deutschen ab:
c vor dunklen Vokalen wie k *(casa)*, vor hellen Vokalen wie engl. stimmloses th *(gracias)*
ch wie tsch *(ocho)*
h wird nicht gesprochen *(holá)*
j wie ch in „acht" *(Juan)*
ll wie j *(valle)*
ñ wie nj *(mañana)*
qu wie k *(queso)*
s wie ss *(casa)*
y wie j *(apoyo)*, am Wortende wie i *(hoy)*
z wie engl. stimmloses th *(diez)*

Wichtige Wörter und Redewendungen

Das **umgedrehte Fragezeichen** (¿) vor dem Fragesatz ist eine spanische Besonderheit. Analog wird vor dem Befehlssatz ein **umgedrehtes Ausrufezeichen** (¡) gesetzt.

Allgemeines

Guten Morgen, guten Tag (vormittags)!	¡Buenos días!
Guten Tag (nachmittags)!	¡Buenas tardes!
Guten Abend, gute Nacht!	¡Buenas noches!
Auf Wiedersehen!	¡Adiós!
Tschüss!	¡Hasta luego!
Vielen Dank!	¡Muchas gracias!
Sprechen Sie Deutsch?	¿Habla Usted alemán?
ja, nein	sí, no
ein wenig	un poco
nichts	nada
Wie geht es Ihnen?	¿Como está Usted?
Entschuldigen Sie!	¡Perdón!

Kleine Sprachhilfe

Einen Augenblick, bitte!	¡Un momento, por favor!
Wo liegt ...?	¿Dónde está ...?
Wie heißt ...?	¿Cómo se llama ...?
Wann ist ... geöffnet?	¿A que hora está abierto ...?
Wie spät ist es?	¿Qué hora es?
Haben Sie ...?	¿Tiene ...?
Gibt es ...?	¿Hay ...?
Ich möchte gern ...	Quisiera ...
Ich brauche ...	Necesito ...
rechts/links	a la derecha/a la izquierda
geradeaus	todo derecho
oben/unten	arriba/abajo
heute	hoy
morgen	mañana
gestern	ayer
von ... bis	de ... hasta
Lassen Sie mich bitte in Ruhe!	¡Por favor, déjeme en paz!
Hau ab!	¡Lárgate!
Hör sofort auf!	¡Basta ya!
Hilfe!	¡Socorro!

Wochentage

Montag	lunes
Dienstag	martes
Mittwoch	miércoles
Donnerstag	jueves
Freitag	viernes
Samstag	sábado
Sonntag	domingo

Monate

Januar	enero
Februar	febrero
März	marzo
April	abril
Mai	mayo
Juni	junio
Juli	julio
August	agosto
September	septiembre
Oktober	octubre
November	noviembre
Dezember	diciembre

Zahlen

1	uno, una
2	dos
3	tres
4	cuatro
5	cinco
6	seis
7	siete
8	ocho
9	nueve
10	diez

Unterkunft

Hotel, Apartment, Pension	hotel, apartamento, pensión
Landhaus	casa rural
Haben Sie ein Einzel-/Doppelzimmer?	¿Tiene una habitación individual/doble?
mit eigenem Bad	con baño propio
Wie viel kostet es?	¿Cuánto cuesta?
mit Frühstück	con desayuno
mit Halb-/Vollpension	con media pensión/pensión completa
Kann ich das Zimmer sehen?	¿Puedo ver la habitación?

Restaurant

Die Speisekarte (Weinkarte), bitte!	¡La carta (carta de vinos), por favor!

Kleine Sprachhilfe: Gastronomisches Glossar

Kellner, Kellnerin	camarero, camarera
Hören Sie! (Anrede des Kellners/der Kellnerin)	¡Oiga, por favor!
Ich möchte etwas essen (trinken)	Quisiera comer (beber) algo
Guten Appetit!	¡Qué aproveche!
Prost!	¡Salud!
Die Rechnung bitte!	¡La cuenta, por favor!
Wo ist die Toilette?	¿Dónde están los servicios?

Autoverleih

das Auto	el coche
der Vertrag	el contrato
der Führerschein	el permiso de conducir
der Preis	el precio
die Kreditkarte	la tarjeta de crédito
Benzin bleifrei	gasolina sin plomo
die Tankstelle	la gasolinera
die Straße	la carretera
der Parkplatz	el aparcamiento
Wo kann man ein Auto mieten?	¿Dónde se puede alquilar un coche?

Einkaufen

Wo ist der Markt?	¿Dónde está el mercado?
Gibt es auch eine Fischhalle?	¿Hay también una pescadería?
Laden	tienda
Bäckerei	panadería
Apotheke	farmacia
Wie viel kostet das?	¿Cuánto cuesta?
Das ist teuer/billig.	¡Es caro/barato!
Das gefällt mir!	¡Esto me gusta!
Das ist alles!	¡Más nada!
Kann ich mit Kreditkarte bezahlen?	¿Puedo pagar con tarjeta de crédito?

Gastronomisches Glossar

aceite – Öl
aceitunas – Oliven
agua mineral – Mineralwasser
 – *con gas* – mit Kohlensäure
 – *sin gas* – ohne Kohlensäure
aguacate – Avocado
aguardiente – Schnaps
ahumado – geräuchert
ajo – Knoblauch
al ajillo – mit Knoblauch zubereitet
al salmorejo – in pikanter Weinsoße
albaricoque – Aprikose
albóndigas – Fleischklöße
alcachofas – Artischocken
almejas – Herzmuscheln
almendras – Mandeln
almendrados – Mandelmakronen
anchoas – Sardellen
arepas – gefüllte Teigtaschen
arroz – Reis
asado – gebraten
atún – Thunfisch
aves – Geflügel
azafrán – Safran
azúcar – Zucker
bacalao – Kabeljau
batata – Süßkartoffel
bebida – Getränk
berro – Kresse
besugo – Seebrasse
bien hecho – ganz durch
bienmesabe – Mandelmus
bistec – Beefsteak
bizcochos – süßes Gebäck
bocadillo – belegtes Brötchen
bonito – kleiner Thunfisch
bogavante – Hummer
boquerones – Sardellen
buey – Rind-, Ochsenfleisch
buñuelo – Krapfengebäck
caballa – Makrele

Kleine Sprachhilfe: Gastronomisches Glossar

cabrito en adobo – pikant eingelegtes Zickleinfleisch
café solo – Espresso
café cortado – Espresso mit etwas Milch
café con leche – Milchkaffee
calamares a la romana – panierte Tintenfischringe
calamares en su tinta – Tintenfisch in eigener Soße
caldo – Brühe
caldo de pescado – Fisch- und Meeresfrüchtesuppe
camarones – Garnelen
caña – Bier vom Fass
cangrejo – Krebs
carajillo – Espresso mit Brandy
carne – Fleisch
carne de buey – Ochsenfleisch
carne de cabra – Ziegenfleisch
carne de cerdo – Schweinefleisch
carne de cordero – Lammfleisch
carne de ternera – Kalbfleisch
carne de vaca – Rindfleisch
casero – hausgemacht
cazuela – Fischgericht mit Kartoffeln
cebolla – Zwiebel
cereza – Kirsche
cerveza – Flaschenbier
chicharrones – in *gofio* gewälzte Speckgrieben
chorizo – Paprikawurst
chuleta – Kotelett
churros con chocolate – frittierte Hefekringel mit heißer Schokolade
clacas – einheimische Muschelart
ciruela – Pflaume
cochinillo – Spanferkel
cocido – 1. gekocht, 2. Fleisch- und Gemüseeintopf
coliflor – Blumenkohl
conejo – Kaninchen
consomé – Kraftbrühe
corvina – Schattenfisch
crema – Creme, Suppe
crudo – roh
dulces – Süßigkeiten
embutido – Wurst
empanada – gefüllte Teigtasche

ensalada – Salat
entrecot – Rumpsteak
escaldón – Brühe mit *gofio*
escalope – Schnitzel
espárragos – Spargel
espinacas – Spinat
estofado – Schmorbraten
fideos – Fadennudeln
flan – Karamellpudding
fresa – Erdbeere
fresco – frisch
frito – gebacken
fruta del mar – Meeresfrüchte
fruta – Obst
gallina – Huhn
gambas – Garnelen
garbanzos – Kichererbsen
gazpacho – kalte Gemüsesuppe
gofio – Mehl aus geröstetem Getreide
guisado – Schmorfleisch mit Soße und Kartoffeln
guisantes – Erbsen
helado – Speiseeis
hielo – Eis (zum Kühlen)
hierbas – Kräuter
higado – Leber
hongo – Pilz
huevo – Ei
huevo duro – hartes Ei
huevo pasado – weiches Ei
huevo frito – Spiegelei
huevos revueltos – Rührei
jamón – gekochter Schinken
jamón serrano – luftgetrockneter Schinken
judías – Bohnen
jugo – Saft
langosta – Languste
langostinos – Königskrabben
lapa – Napfschnecke
leche – Milch
leche condensada – Kondensmilch
lechuga – grüner Salat
legumbres – Gemüse, Hülsenfrüchte
lenguado – Seezunge

Kleine Sprachhilfe: Gastronomisches Glossar

lentejas – Linsen
licor – Likör
limón – Zitrone
lomo – Rückenstück
mantequilla – Butter
manzana – Apfel
mariscos – Meeresfrüchte
media ración – halbe Portion
medio hecho – halb durch
mejillones – Miesmuscheln
melocotón – Pfirsich
menú del día – Tagesmenü
merluza – Seehecht
mero – Zackenbarsch
miel – Honig
mojo rojo – rote Soße mit Chilischoten und Knoblauch
mojo verde – grüne Soße mit Koriander und Knoblauch
morcilla – Blutwurst
morcilla dulce – Blutwurst mit Mandeln und Rosinen
mostaza – Senf
mousse au chocolat – Schokoladenmus
naranja – Apfelsine
nata – Schlagsahne
nueces – Nüsse
paella – Reisgericht mit Meeresfrüchten, Fleisch und Gemüse
pan – Brot
panecillo – Brötchen
papas – Kartoffeln
papas fritas – Pommes frites
papas arrugadas – Kartöffelchen mit Salzkruste
parrillada – Grillplatte
pastel – Kuchen, Torte
pata de cerdo – zartes Schweinefleisch
pechuga – Brust
pepinillo – saure Gurke
pepino – Salatgurke
pera – Birne
perdiz – Rebhuhn
perejil – Petersilie

pescado – Fischgericht
pez – Fisch
pez espada – Schwertfisch
pimienta – Pfeffer
pimiento – Paprikaschote
pimientos de Padrón – frittierte kleine Paprika
pincho, pinchito – Spieß
piña – Ananas
plátano – Banane
pollo – Hähnchen
polverones – leichte Gebäckstücke
potaje – Gemüseeintopf
puchero – Eintopf aus Fleisch und Gemüse
pulpo – Krake, Oktopus
queso ahumado – geräucherter Käse
queso curado/duro – reifer Käse
queso semicurado/semiduro – halbreifer Käse
queso tierno – Frischkäse
queso a la brasa – gegrillter Ziegenkäse
queso de almendras – Mandelkuchen
queso del país – palmerischer Käse
ración – große Portion
rape – Seeteufel
ron Aldea – palmerischer Rum
ropa vieja – herzhaftes Fleischgericht mit Kichererbsen
sal – Salz
salchichas – Würstchen
salchichón – Salami
salsa – Soße
sama – Rotbrasse
salmón – Lachs
sancocho – Fisch mit Süßkartoffeln und Gemüse
sangría – Rotweinbowle mit Zitrusfrüchten
sardinas en aceite – Ölsardinen
setas – Speisepilze
solomillo – Filetsteak
sopa – Suppe
sopa de garbanzos – Kichererbsensuppe
sopa de verdura – Gemüsesuppe
tapa – kleines Tellergericht, Zwischenmahlzeit
tarta – Torte
té – Tee

tiburón – Haifisch
tocino – Speck
tollo – Trockenfisch
tortilla española – Omelett mit Kartoffelstücken
tortilla francesa – Omelett
trucha con batatas – Gebäck mit Süßkartoffelmus
truchas con cabello de ángel – Gebäck mit Fasermelonenkonfitüre
turrón – feste, süße Masse aus Mandeln und Eiern
uvas – Weintrauben
vegetariano – vegetarisch
verdura – Gemüse
vieja – karpfenähnlicher Fisch
vinagre – Essig
vino – Wein
vino blanco – Weißwein
vino rosado – Roséwein
vino tinto – Rotwein
vino dulce – süßer Wein
vino semiseco – halbtrockener Wein
vino seco – trockener Wein
vino de la casa – Tafelwein
zanahorias – Möhren
zarzuela – Fischeintopf
zumo – Saft

HILFE!

Dieser Reiseführer ist gespickt mit unzähligen Adressen, Preisen, Tipps und Infos. Nur vor Ort kann überprüft werden, was noch stimmt, was sich verändert hat, ob Preise gestiegen oder gefallen sind, ob ein Hotel, ein Restaurant immer noch empfehlenswert ist oder nicht mehr, ob ein Ziel noch erreichbar ist oder nicht, ob es eine lohnende Alternative gibt usw.

Unsere Autoren sind zwar stetig unterwegs und versuchen, alle zwei Jahre eine komplette Aktualisierung zu erstellen, aber auf die Mithilfe von Reisenden können sie nicht verzichten.

Darum: Schreiben Sie uns, was sich geändert hat, was besser sein könnte, was gestrichen bzw. ergänzt werden soll. Nur so bleibt dieses Buch immer aktuell und zuverlässig. Wenn sich die Infos direkt auf das Buch beziehen, würde die Seitenangabe uns die Arbeit sehr erleichtern. Gut verwertbare Informationen belohnt der Verlag mit einem Sprachführer Ihrer Wahl aus der über 220 Bände umfassenden Reihe „Kauderwelsch". Bitte schreiben Sie an:

REISE KNOW-HOW Verlag
Peter Rump GmbH | Postfach 140666 | 33626 Bielefeld
oder per E-Mail an: info@reise-know-how.de

Danke!

Weitere Titel für die Region von REISE KNOW-HOW

**Spanisch für die Kanarischen Inseln
Wort für Wort**

Izabella Gawin, Dieter Schulze
978-3-89416-465-2

160 Seiten | Band 161

Umschlagklappen mit Aussprachehilfen
und wichtigen Redewendungen / Wörterlisten
Spanisch – Deutsch, Deutsch – Spanisch

7,90 Euro [D]

**AusspracheTrainer Spanisch
für die Kanarischen Inseln (Audio-CD)**

Izabella Gawin, Dieter Schulze

978-3-8317-6085-5

ca. 60 Min. Laufzeit

Die wichtigsten spanischen Vokabeln
und Floskeln aus dem Reisealltag
Muttersprachler sprechen vor, mit Nach-
sprechpausen und Kontrollwiederholungen

7,90 Euro [D]

Im Kauderwelsch Sprachführer sind Grammatik und Aussprache einfach und schnell erklärt. Wort-für-Wort-Übersetzungen machen die Sprachstruktur verständlich und helfen, das Sprachsystem kennenzulernen. Die Kapitel sind nach Themen geordnet, um sich in verschiedenen Situationen zurechtfinden und verständigen zu können – vom ersten Gespräch bis hin zum Arztbesuch. In einer Wörterliste sind die wichtigsten Vokabeln alphabetisch einsortiert und ermöglichen so ein rasches Nachschlagen. Einige landeskundliche Hinweise runden diesen handlichen Sprachführer ab.

www.reise-know-how.de

Weiterer Titel für die Region von REISE KNOW-HOW

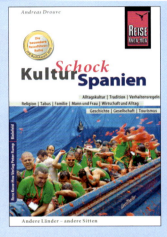

KulturSchock Spanien
Andreas Drouve
978-3-8317-1066-9
264 Seiten
Viele Fotos und Abbildungen
Glossar und ausführliches Register

14,90 Euro [D]

Relaunch – Jetzt in neuem Outfit

Für die Auflage 2014 wurde das Erscheinungsbild vollständig überarbeitet:

+ Neues Kapitel „Verhaltenstipps von A bis Z"
+ Verbesserte Orientierung im Buch
+ Modernisierte Seitengestaltung
+ Größere Fotos
+ Extrainfos

(verweisen auf den Text illustrierende Videos, Sounds und andere Medien, abrufbar über eine spezielle Internetseite)

Geschichtliche, religiöse und soziale Hintergründe | Alltagskultur | Traditionen
Verhaltensregeln | Familienleben | Moralvorstellungen | Mann und Frau
Als Fremder in Spanien | Empfehlungen für den Reisealltag

www.reise-know-how.de

Busfahrplan

■ **Internet:** www.transporteslapalma.com

Linie 100 – Nordumrundung (circunvalación norte)
■ **Santa Cruz** – Puntallana – Barlovento – Santo Domingo – Puntagorda – Tazacorte – **Los Llanos** (4:30 Std.)
tgl. 6.15–21.15 Uhr alle 1–2 Std., 22.30 Uhr, Sa/So seltener
■ **Los Llanos** – Tazacorte – Puntagorda – Santo Domingo – Barlovento – Puntallana – **Santa Cruz** (4:30 Std.)
tgl. 6.15–21.15 Uhr alle 1–2 Std., Sa/So seltener

Linie 104
■ **Los Sauces** – Puerto Espíndola – **San Andrés** (15 Min.)
Mo–Fr 9.10, 11.10, 17.10 Uhr
■ **San Andrés** – Puerto Espíndola – **Los Sauces** (15 Min.):
unmittelbar nach Ankunft des Busses aus Los Sauces

Linie 200 – Südumrundung (circunvalación sur)
■ **Santa Cruz** – Breña Baja – Mazo – Los Canarios – **Los Llanos** (1:30 Std.)
tgl. 6.15–20.15 Uhr alle 2–4 Std., 22.30 Uhr
■ **Los Llanos** – Los Canarios – Mazo – Breña Baja – **Santa Cruz** (1:30 Std.)
tgl. 6.15–20.15 Uhr alle 2–4 Std.

Linie 203
■ **Los Canarios** – Faro – **Cerca Vieja / Hotel La Palma Princess** (30 Min.)
tgl. 9–19 Uhr alle 2 Std.
■ **Cerca Vieja/Hotel La Palma Princess** – Faro – **Los Canarios** (30 Min.)
tgl. 9.45–17.45 Uhr alle 2 Std.

Linie 204
■ **Los Llanos** – Todoque – Puerto Naos – **Charco Verde** (25 Min.)
tgl. 7.30–21.30 Uhr stdl. bis Puerto Naos, nach Charco Verde alle 2 Std.
■ **Charco Verde** – Puerto Naos – Todoque – **Los Llanos** (25 Min.)
tgl. 8–22 Uhr stdl. ab Puerto Naos, alle 2 Std. ab Charco Verde

Linie 207
■ **Los Llanos** – Tazacorte – **Puerto de Tazacorte** (20 Min.)
tgl. 7.45–21.45 Uhr stdl.
■ **Puerto de Tazacorte** – Tazacorte – **Los Llanos** (20 Min.)
tgl. 8–22 Uhr stdl.

Linie 300 – Durch das „Inselrückgrat" (por Cumbre)
■ **Santa Cruz** – Cumbre – El Paso – **Los Llanos** (1:10 Std.)
tgl. 6–22.30 Uhr alle 30–60 Min.
■ **Los Llanos** – El Paso – Cumbre – **Santa Cruz** (1:10 Std.)
tgl. 5.30–22.30 Uhr alle 30–60 Min.

Linie 500
■ **Santa Cruz** – Los Cancajos – **Aeropuerto** (15 Min.)
tgl. 6.30–22 Uhr alle 30–60 Min.
■ **Aeropuerto** – Los Cancajos – **Santa Cruz** (15 Min.)
tgl. 7.10–22.40 Uhr alle 30–60 Min.

Das komplette Programm zum Reisen und Entdecken von
REISE KNOW-HOW

- **Reiseführer** – alle praktischen Reisetipps von kompetenten Landeskennern
- **CityTrip** – kompakte Informationen für Städtekurztrips
- **CityTrip^PLUS** – umfangreiche Informationen für ausgedehnte Städtetouren
- **InselTrip** – kompakte Informationen für den Kurztrip auf beliebte Urlaubsinseln
- **Wohnmobil-Tourguides** – alle praktischen Reisetipps für Wohnmobil-Reisende
- **Wanderführer** – exakte Tourenbeschreibungen mit Karten und Anforderungsprofilen
- **KulturSchock** – Orientierungshilfe im Reisealltag
- **Kauderwelsch Sprachführer** – vermitteln schnell und einfach die Landessprache
- **Kauderwelsch plus** – Sprachführer mit umfangreichem Wörterbuch
- **world mapping project™** – aktuelle Landkarten, wasserfest und unzerreißbar
- **Edition REISE KNOW-HOW** – Geschichten, Reportagen und Abenteuerberichte

Zu Hause und unterwegs – intuitiv und informativ
▶ www.reise-know-how.de

- **Immer und überall** bequem in unserem Shop einkaufen
- Mit **Smartphone**, **Tablet** und **Computer** die passenden Reisebücher und Landkarten finden
- **Downloads** von Büchern, Landkarten und Audioprodukten
- Alle **Verlagsprodukte** und **Erscheinungstermine** auf einen Klick
- **Online** vorab in den Büchern **blättern**
- Kostenlos **Informationen**, **Updates** und **Downloads** zu weltweiten Reisezielen abrufen
- **Newsletter** anschauen und abonnieren
- Ausführliche **Länderinformationen** zu fast allen Reisezielen

Weitere Titel für die Region von REISE KNOW-HOW

Foto: Gawin / Schulze

Zahlreiche Fotos | Praktische Übersichtskarten
Detaillierte Stadtpläne | Großer Insel-Faltplan zum Herausnehme
Ausgesuchte Wanderungen mit detaillierter Streckenbeschreibung
Leichte Orientierung durch intelligentes Nummernsystem
Ausführliches Register | Handliches Format mit stabiler PUR-Bind
Kleine Sprachhilfe Spanisch für Fuerteventura

InselTrip Fuerteventura
Dieter Schulze
978-3-8317-2628-8
144 Seiten | **11,95 Euro [D]**

Mit begleitendem Service für Smartphones, iPad & Co.:
→ GPS-Daten aller beschriebenen Örtlichkeiten
→ Stadtplan als GPS-PDF
→ Mini-Audiotrainer Spanisch

Foto: Gawin / Schulze

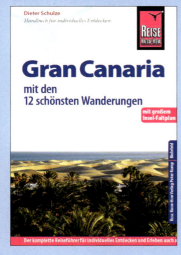

**Gran Canaria
mit den 12 schönsten Wanderungen
und Insel Faltplan zum Herausnehmen**
Dieter Schulze
978-3-8317-2542-7
372 Seiten

16,90 Euro [D]

Reisepraktische Informationen von A bis Z
Sorgfältige Beschreibung aller sehenswerten Orte und Landschaften
12 Wanderungen mit Karten und Höhenprofilen
Ortspläne und Karten | Tipps für Aktivitäten
Unterkunftsempfehlungen für jeden Geldbeutel
Hinweise zu allen Transportmöglichkeiten | Kulinarische Tipps
Ausführliche Kapitel zu Geschichte, Gesellschaft, Kultur & Natur
Kleine Sprachhilfe | Viele ansprechende Fotos

www.reise-know-how.de

Notizen

Register

A

Acro Park 221
Alkoholgrenze 280
Altkanarische Kultur 329
Anreise 276
Apartments 306
Apotheken 297
Archäologischer Park 92
Archäologischer Park
  La Zarza 200
Archäologisches Museum 142
Argual 143, 150
Artefuego 152
Artenschutz 286
Arzt 298
Auslandskranken-
  versicherung 296
Ausrüstung, Wandern 227
Aussteiger 171
Auswanderer 336
Autofähre 278
Autofahren 279
Automobilclubs 281
Autovermietung 72, 278

B

Baden 302
Bajada de la Virgen 327
Bananenmuseum 157
Bank 291
Barlovento 63
Barranco de Buracas 192
Barranco de Izcagua 191
Barranco de Jorado 254
Barranco de las
  Angustias 162, 172, 210, 230
Barranco del Agua 54, 266
Barrierefreiheit 281
Bauernmarkt Mazo 85
Bauernmarkt Puntagorda 188
Bauernmärkte 283
Bauverbot 125
Behinderte 281
Bellido 179
Belmaco 92
Benahoritas 200, 329
Benzin 280
Berber 331
Bergrettung 227
Besucherzentren 297
Besucherzentrum Los Tiles 266
Besucherzentrum
  Nationalpark 212
Bibliothek 51
Bier 290
Bike Marathon 304
Bike-Stationen 301
Biosphärenreservat 54, 337
Bodega-Besuche 98
Bootsausflüge 166, 303
Botanischer Garten 142
Botschaften 282
Breña Alta 80
Breña Baja 80
Briefmarken 299
Briestas 256
Buchung 278
Buenavista de Arriba 41
Buracas-Höhlen 191, 258
Busfahrplan 349
Busse 309

C

Caldera de Taburiente
  207, 230, 259
Camino de la Rosa 191
Camping 282
Casa Luján 51
Cascada Colorada 232
Celta 144
Centro de Artesanía 106
Centro de Visitantes
  Parque Nacional 212
Charco Azul 60, 319
Charco Verde 123, 321
Christen 64
Cueva Bonita 164
Cueva de Belmaco 92
Cuevas de Buracas 258
Cumbre 207
Cumbre Nueva 210, 239
Cumbre Vieja 210, 247

D

Degollada de los
  Franceses 216, 259
Destillerie 60
Deutsche 336
Diebstahl 299
Diplomatische
  Vertretungen 282
Diskotheken 148
Diversnight 304
Dokumente 285
Don Pedro 201
Drachenbaum El Roque 183
Drachenbäume 81, 258, 322

E

Einkaufen 283
Einreisebestim-
  mungen 285
Einwohner 10
El Faro 101
El Hierro 311
El Jesús 175, 251
El Palmar 265
El Paso 132, 234
El Pilar 220, 239
El Pinar 184
El Puertito 195
El Roque 183
El Tablado 202, 265
Emigration 334
Erholung 300
Ermita de San Mauro 184

Register

Ermita de Santa Cecilia 111
Ermita Virgen
  de las Angustias 164
Ermita Virgen
  del Pino 214, 239
Eroberung 331
Escuela de Artesanía 86
Essen 287
Ethno-Museum 51
Exodus 176

F
Fagundo 184
Fähre 278, 311
Fahrradfahren 300
Feiertage 329
Felsgravuren 134
Felszeichnungen 200, 234
Ferienwohnungen 306
Fest der Kiefernjungfrau 138
Fest der Mandelblüte 190
Feste 324
Feuerwasser 61
Fiesta de la Virgen del Pino 138
Fiesta de las Cruces 326
Fiesta del Diablo 183
Fiestas 324
Fisch 288
FKK 302
Flohmarkt 151, 283
Flug 276
Flug-Know-how 276
Flughafen 72, 278
Flutwelle 212
Folk-Musik 325
Folklore 324
Franceses 67, 203, 265
Fremdenverkehrsämter 292
Fuencaliente 98

G
Gallegos 67, 203
Garafía 193

Gastronomisches Glossar 343
Gefahren, Baden 302
Gefahren, Wandern 227
Geisterdorf 265
Geldfragen 291
Geologie 212
Gepäck 276
Gerichte 287
Geschichte 331
Gesteinsrutsch 212
Girocard 291
Glasmacherkunst 152
Glossar Essen und Trinken 343
Gofio 287
Gomera 311
GR 130 224, 307
GR 131 224, 307
Graja 43
Gran Canaria 311
Groenenberg, Jakob 154
Guardia Civil 298

H
Hacienda de Abajo 159
Handy 305
Hauptstadt 19
Hirten 198
Höchstgeschwindigkeit 280
Höhenstraße 215
Höhle 164
Honorarkonsulate 282
Hospital General
  de La Palma 22
Hotels 306
Hoya del Lance 180
Hoya Grande 186

I
Indianer 37
Informationen 292
Inselfeste 324
Inselmuseum 28
Internet 293

J
Jazzfestival 327
Jedey 111, 131

K
Kande aberwolfsmilch 322
Kapelle der Jungfrau
  der Ängste 164
Kapelle Las Nieves 272
Karneval 37, 325
Karten 227
Käse 238
Keramikkunst 87
Kiefernjungfrau 138
Kinder 295
Kleidung 296
Klettergarten 221
Klima 314
Kloster Buenavista
  de Arriba 41
Konsulate 282
Krähe 43
Krankenhaus 22
Krankenversicherung 296
Krater 207, 228
Kreditkarte 291
Kreisverkehr 281
Kriminalität 299
Küche 289
Kultur,
  altkanarische 329
Kunsthandwerk 90
Kunstsammlung (Hotel) 159
Kunstglashütte
  Artefuego 152
Küsten 318

L
La Cumbrecita 214, 228
La Fajana 62, 134, 234, 319
La Galga 53
La Graja 43
La Laguna 126

La Punta 173
La Tosca 67
La Zarza 200
La Zarcita 200
Laguna de Barlovento 65
Landhäuser 306
Landschaften 317
Las Indias 107
Las Manchas 129
Las Nieves 38, 271
Las Norias 126
Las Piedras de Taburiente (Kulturzentrum) 212
Las Tricias 191, 258
Lavawüste 235
Leuchttürme 101
Liedermacher 324
Literaturtipps 340
Llano del Jable 235
Llano Negro 197
Lorbeerwald 54, 203, 267, 322
Los Brecitos 215, 230
Los Canarios 98, 244
Los Cancajos 72
Los Cristianos 311
Los Gemelos 81
Los Llanos 140
Los Quemados 107
Los Sauces 57
Los Tiles 54, 266

M
Magazine 293
Mandelbaumweg 271
Mandelblüte 190
Manolos 42
Marcos y Cordero 268
Marienfigur 138
Märkte 283
Markthalle im Wald 188
Maroparque 42
Mazo 85
Medio Ambiente 22
Medizinische Versorgung 296
Meeresreservat 101
Meerwasserschwimmbecken Charco Azul 60
Mercadillo Mazo 85
Mercadillo Puntagorda 188
Mercados 283
Mietfahrzeug 279
Mineralwasser 290
Mirador de Birigoyo 242
Mirador de Garome 180
Mirador de la Cancelita 143
Mirador de la Concepción 42
Mirador de las Indias 111
Mirador de los Andenes 216, 261
Mirador de los Roques 228
Mirador de Miraflores 184
Mirador de San Bartolomé 53
Mirador del Charco 111
Mirador del Jardín de las Hespérides 53
Mirador del Sur 57
Mirador El Fagundo 203
Mirador El Time 172, 249
Mirador El Topo 203
Mirador Espigón Atravesado 267
Mirador Hoyo Negro 245
Mirador La Tosca 67, 203
Mirador Lomo de las Chozas 213, 229
Mitbringsel 283
Mobiltelefon 305
Mode 148
Mojo-Soße 158, 287
Monasterio del Císter 41
Montaña de la Breña 88
Montes de Luna 93
Morera, Luis 35, 130, 142, 156, 212, 213, 325
Moslems 64
Museen 297
Museo Arqueológico Benahoarita 142
Museo Insular 29
Museo Naval 30
Musik 324

N
Nachbarinseln 311
Nachthimmel 218
Nachtleben 148, 298
Nationalpark 211
Naturschutz 211
Naturschwimmbecken 302, 319
Nightlife 148, 298
Nordosten 45
Nordwesten 169
Notfall 227, 298
Notruf 298
Nuestra Señora de las Nieves 38

O
Observatorium 216, 259
Öffnungszeiten 299
Ostern 326

P
Palme 322
Panne 281
Paragliding 122, 304
Pared de Roberto 216, 260
Parque Arqueológico de Belmaco 92
Parque Cultural La Zarza 200
Pauschalurlaub 306
Personalausweis 285
Petroglyphen La Fajana 134
Pflanzenwelt 321
Picknickplatz El Pilar 220, 239
Picknickplätze 221
Pico Bejenado 139

Pico Birigoyo 242
Pico de la Nieve 215
Pilze 288
Pino 184
Playa Bombilla 125
Playa Chica 103, 319
Playa de Cangrejeros 88
Playa de la Galga 53
Playa de la Veta 179, 321
Playa de las Monjas 123, 321
Playa de los Roquitos 92
Playa de Nogales 52, 319
Playa de Salemeras 319
Playa del Faro 103, 320
Playa del Pozo 88, 319
Playa del Río 92
Playa Nueva 103, 125, 158, 320
Playa Salemera 88
Playa Zamora 103, 320
Polizei 281, 298
Porís de Candelaria 179, 254, 321
Portugiesische Galeere 303
Post 299
Preise 291
Preiskategorien Restaurants 289
Preiskategorien Unterkunft 308
Puderschlacht 37
Puerto 186
Puerto de Tazacorte 162, 249
Puerto Espíndola 60
Puerto Naos 117
Puntagorda 184, 256
Puntallana 50

Q
Quallen 303

R
Radfahren 300
Rastro 151
Rauchen 299
Refugios 307
Regionenüberblick 12
Reiseveranstalter 227
Reisevorbereitung 286
Reiten 304
Reservierung 307
Roque de los Muchachos 208, 216, 259
Roque Faro 203
Rotes Kreuz 227
Routenvorschläge 14
Rückbestätigung 277
Rum-Destillerie 60
Rumproduktion 61

S
Sabina 93
Salinen 101
Salzfelder 101
Salzgärten von El Faro 102
San Andrés 58
San Antonio 80, 97, 100
San Antonio del Monte 198
San José 80
San Nicolás 111, 131
San Pedro 81
Santa Cruz 20, 271
Santo Domingo 193, 265
Schafzucht 198
Schiff 278, 311
Schifffahrtsmuseum 30
Schlacht von Lepanto 64
Schlucht der Ängste 162, 172, 210, 230
Schmugglerbucht 179, 254, 321
Schneejungfrau 38, 327
Schutzheilige 324
Schutzhütten 307
Seerettung 227
Segeln 303
Seidenherstellung 133
Semana Santa 326

Sicherheit 299
Somada Alta 263
Spanisch 341
Speisekarten 290
Speisen 287
Sperrnummer 291
Spiel-Schlacht 64
Spirale 201
Sport 300
Sport-Events 304
Sprachhilfe 341
Starlight Reservat 218
Stausee Barlovento 65
Steckbrief La Palma 10
Sternbeobachtung 218
Sternwarte 216, 259
Strände 302, 318
Südosten 69
Südwesten 113
Südzipfel 95
Surfen 303
Surfer 158

T
Tabak 82
Tabakmuseum 81
Tajuya 132
Tankstellen 280
Tauchen 303
Taxi 311
Taxi Verde 226
Tazacorte 155
Telefonieren 305
Teleskope 219
Temperaturen 314
Tenagua 49
Tenegua 97
Teneriffa 311
Tennis 304
Teppiche 90
Teufel 183
Textilarbeiten 90
Tiere, Mitnahme 285

Tigalate 93
Tijarafe 177
Todoque 126
Töpferatelier 87
Torre del Time 251
Touren 14
Touren, organisierte 227
Tourismus 10, 335
Touristeninformation 292
Transvulcania 304
Trinkgeld 291
Tubo de Todoque 129
Tunnel 268, 279

U
Umweltbehörde 22
UNESCO 54, 219, 337
Unfall 281
Unterkunft 306
Ureinwohner 200, 329

V
Vegetation 321
Velhoco 41
Verbannte 195
Verkehrsmittel 309
Verkehrsregeln 280
Verwaltung 10
Viehmarkt 199
Vorwahl 305
Vulkan 207
Vulkan Martín 247
Vulkan-Restaurant 131
Vulkanausbrüche 97
Vulkanröhre 129
Vulkantrip 99

W
Wale 167
Wand des Roberto 260
Wanderkarten 227
Wanderungen 224
Wasser 290

Wasserfall 232
Wasserfälle
   Marcos y Cordero 268
Wasserschlucht 54, 266
Wassersport 303
Wein 97, 179, 289
Weinmuseum 130
Wellenlinien 201
Wetter 314
Whale-Watching 167
Wirtschaft 337
WLAN 293
Wörterliste Essen
   und Trinken 343

Z
Zeit 10
Zentrum 205
Ziegenkäse 288
Zigarrenherstellung 82
Zisterzienserinnen 41
Zoll 286
Zuckerbaron 154
Zuckerrohr 61
Zwillingsdrachenbäume 81

650lp gs

Die Autorin

Izabella Gawin studierte Spanisch, Deutsch und Kunst und schrieb ihre Doktorarbeit über die Kolonialgeschichte der Kanarischen Inseln. Doch statt eine akademische Laufbahn einzuschlagen, zog sie es vor, unterwegs zu sein. Sie hat das Reisen zum Beruf gemacht und zahlreiche Bücher zu europäischen Zielen verfasst – auf der Internationalen Tourismusbörse in Berlin wurde sie mit dem ITB-Award ausgezeichnet. Die Kanaren haben es ihr so angetan, dass sie dort jedes Jahr mehrere Monate verbringt. Bei REISE KNOW-HOW erschienen von ihr die Titel „Gomera", „El Hierro" und „Spanisch für die Kanarischen Inseln" (zusammen mit *Dieter Schulze*).

Fotonachweis

Die Kürzel an den Abbildungen stehen für folgende Personen, Firmen und Einrichtungen:

ar   Ana Rodríguez
cl   Mario Cruz Leo
gs   Izabella Gawin und Dieter Schulze
jtb José Tormo Berzosa
mb   Angel Martínez Bermejo
pp   Manuel Pérez Puigjané
rc   Carolina Roig Cejalvo
rg   Ralf Gärtner
www.fotolia.de © Henry Czauderna

Wir bedanken uns für die freundliche Abdruckgenehmigung.